外國語文論叢

第 7 辑

Collected Essays of Foreign Languages and Literatures
Volume VII

Sichuan University Press
四川大学出版社

责任编辑：张　晶
责任校对：余　芳
特约校对：康军德　卢　辰
封面设计：米迦设计工作室
书名题字：辜正坤
责任印制：王　炜

图书在版编目(CIP)数据

外国语文论丛. 第7辑 / 张叉主编. —成都：四川大学出版社，2017.12
ISBN 978-7-5690-1490-7

Ⅰ.①外… Ⅱ.①张… Ⅲ.①外语教学-教学研究-文集 Ⅳ.①H09-53

中国版本图书馆CIP数据核字（2017）第319144号

书名　**外国语文论丛　第7辑**
Waiguo Yuwen Luncong　Di-qi Ji

主　　编　张　叉
出　　版　四川大学出版社
地　　址　成都市一环路南一段24号（610065）
发　　行　四川大学出版社
书　　号　ISBN 978-7-5690-1490-7
印　　刷　成都国图广告印务有限公司
成品尺寸　170 mm×240 mm
插　　页　2
印　　张　25.5
字　　数　479千字
版　　次　2017年12月第1版
印　　次　2017年12月第1次印刷
印　　数　0 001～1 000册
定　　价　78.00元

◆读者邮购本书，请与本社发行科联系。电话：(028)85408408/(028)85401670/(028)85408023　邮政编码：610065
◆本社图书如有印装质量问题，请寄回出版社调换。
◆网址：http://www.scupress.net

北京大学外国语学院教授、博士研究生导师，国务院有特殊贡献专家称号获得者，国际中西文化比较协会会长，中国外国文学学会莎士比亚研究会会长，原北京大学世界文学研究所所长、北京大学文学与翻译学会会长辜正坤于二〇一七年三月三日在北京大学外国语学院新楼重题。

外國語文論叢

辜正坤书

北京大学外国语学院教授、博士研究生导师，国务院有特殊贡献专家称号获得者，国际中西文化比较协会会长，中国外国文学学会莎士比亚研究会会长，原北京大学世界文学研究所所长、北京大学文学与翻译学会会长辜正坤于二〇一七年三月三日在北京大学外国语学院新楼重题。

序一

此中有真意，欲辨已忘言

云、贵、川是西南地区的重要省份，彼此关系十分密切。作为长期从事外语教学与外语研究的老兵，我对西南地区的外语教学与外语研究是特别关注的。早在2008年12月，我就听说四川师范大学外国语学院全面主持工作的是张叉教授，年龄四十出头，正是年富力强的时候。2010年5月，“西南—西北地区外语教学法研究会”更名为“西部地区外语教育研究会”，西南大学外国语学院院长文旭教授任会长，我与其他几位同志任副会长，西南大学外国语学院副院长刘承宇教授任秘书长，张叉教授与其他两位同志任副秘书长，这样我对他有了更多了解。2010年10月，研究会更名后举行的第一次学术盛会“第九届西部地区外语教育研讨会”在云南师范大学外国语学院隆重举行。在研讨会闭幕式上，张叉教授作为“第十届西部地区外语教育研讨会”承办单位的领导，应邀登台介绍四川师范大学外国语学院的基本情况并表达欢迎之意。他在发言中，古今中外信手拈来，引经据典，诙谐幽默，引起了大会的轰动，给与会者留下了非常深的印象。这是我对他认识的进一步深化，此后我同他一直保持更加密切的联系。

据我所知，张叉教授师从教育部“长江学者奖励计划”特聘教授、国家级重点学科比较文学与世界文学学科带头人、教育部跨世纪优秀人才、中国比较文学学会会长、四川大学文学与新闻学院院长曹顺庆先生，攻读比较文学与世界文学专业博士学位，得到了很好的学术培养与学术锻炼。他发表在《明清小说研究》2002年第3期上的《猪八戒贪色之缘由考辨》、《东方丛刊》2004年第1期上的《陶渊明和华兹华斯的生死观》、《四川外语学院学报》2006年第2期上的《罗伯特·弗罗斯特诗歌中的自然》、《当代文坛》2006年第6期上的《中外文学中的理想社会——论陶渊明和华兹华斯的生态文明建构》、《四川师范大学学报》（社会科学版）1999年第1期上的《罗伯特·弗罗斯特诗歌中的时代内涵》、《比较文学与世界文学》（*Comparative Literature and World Literature*）2016 年第 1 期上的“Where Is Comparative Literature Going：An Interview with Professor Susan Bassnett”、《比较文学：东方与西方》（*Comparative Literature: East and West*）2016 年第 24 卷第 1 期上的“Comparative Literature：Issues and Prospect — An Interview with Professor Svend Erik Larsen”、《中外文化与文论》第 35 期上的《乐黛云教授访谈录》等学术研究作品，我都阅读过。从这些作品中可以看出，他的学术兴趣广泛，学术基础扎实，乐于思考，勤于钻研，长年从事科学研究，在中国古典文学、英美文学、比较文学研究等领域有很深的造诣。

2008 年以来，张叉教授先后主编《外国语文论丛》第 1 辑至第 6 辑，为此长期操劳，经常在业余时间里工作，甚至寒暑假都较少休息。可以讲，在主编《外国语文论丛》这方面，他付出了许多心血。中国有句谚语说的是“功夫不负有心人”，我是很相信的。而作为回报，他主编的《外国语文论丛》汇聚了国内乃至国外一些外国语文学者的研究成果，出版以后受到了读者和学界的一致好评。因此，这次受邀为《外国语文论丛》第 7 辑作序，我感到荣幸，于是，欣然命笔。

《外国语文论丛》第 7 辑收录了外国语文方面的学术论文 33 篇，经分类整理，细分为“外国语言学研究”“比较文学研究”“外国文学研究”“外国文化研究”“翻译学研究”“小学英语教学研究”“中学英语教学研究”“大学英语教学研究”8 大板块，论丛结构科学合理，逻辑关系清晰明了，便于读者阅览。

《外国语文论丛》第 7 辑论文中，有不少佳作。限于篇幅，我想按照论丛目录中的顺序，在这里向读者特别推荐以下 6 篇。

1. 张叉教授撰写的《汉英指示语中的中英历史文化研究》：这篇论文的最大特点是跨越了文字学、语言学、文学、文化学、历史学等众多学科。论文能够从甲骨文、金文来进行分析，能够从《周易》《尚书》《诗经》《礼记》《左传》《论语》《尔雅》《孟子》等儒家经典著作，《国语》《史记》《汉书》《旧唐书》《清史资料》《中国史纲要》《秦汉史》等历史著作，《三国演义》《西游记》《楚辞》等古典文学作品，《圣经》《英国史》《我的心儿在高原》等外文资料中信手拈来进行佐证，从而得出自己的结论，并不是目前外语界每一个同志都能做到的，这一点很可贵。作者思维活跃，视野开阔，立论科学，资料翔实，捭阖自如，佐证充分，结论正确，值得一读。

2. 杜威·佛克马教授撰写的《曹顺庆〈比较文学变异学〉英文版序言》，韩宜儒同学、赵利娟同学翻译，梁昭副教授审校：我之所以向大家推荐这一篇论文，有三个原因。第一个原因，这篇论文是介绍四川大学曹顺庆教授的比较文学学科理论的英文专著的。曹顺庆教授是第一批教育部“长江学者”特聘教授，是学术界特别是比较文学界公认的领军人物、比较文学中国学派的优秀代表。他的这部英文专著系统阐释了中国学者在比较文学学科方面的理论，是在比较文学西方中心主义霸权话语背景下中国学派发出的重要声音。他的这部专著能在世界著名的德国海德堡施普林格出版社出版，是很了不起的，是中国学者不断走向世界、得到世界认可的大事。第二个原因，这篇论文的作者佛克马也是一位享誉世界的大家，评价学术成果是很精准的，他对曹顺庆教授的这部英文专著有自己独到的见解，值得我们关注。第三个原因，这篇论文是佛克马教授为曹顺庆教授英语专著写的序言的第一个公开发表的汉语译本，这对于学术界的中文读者来说特别有意义，有利于进一步推动中外比较文学研究的交流，深化中国比较文学在世界比较文学中的融合。

3. 托马斯·奥·毕比教授撰写的《世界文学的伦理观》，雷昌秀博士、张凸同学翻译，朱华教授审校：毕比教授是宾夕法尼亚州立大学比较文学与德语“艾德温·尔勒·斯巴克斯”教授，宾夕法尼亚州立大学日耳曼斯拉夫语言文学系主任，比较文学部门与项目协会会长，《比较文学研究》、布卢姆斯伯里系列丛书《作为世界文学的德国文学》主编，在学术研究特别是比较文学研究上取得了有目共睹的成绩。论文选取世界文学的伦理观来研究，选题有意义，在论证过程中，有理有据，说理充分，最后得出的结论也令人信服。

4. 亚伦·李·摩尔博士撰写的《福克纳在法国的接受与存在主义的影响》：改革开放之后，尤其是最近一二十年来，国内比较文学研究逐渐走向世界，出现了方兴未艾、蓬勃发展的良好势头，我想我们加强同国际交流是很重要的。我们不仅需要了解国内同行在干什么，还需要知道国外同行在干什么，而这篇论文为我们提供了一个了解国外同行是如何进行比较文学研究的机会。实际上，这篇论文谈美国南方文学的大家福克纳在法国的接受，谈存在主义的影响，它的研究也是十分到位的。

5. 李泉博士撰写的《西学视域中神话与民间故事关系辨析研究》：神

话与民间故事的关系可以从多个角度来研究，而从西学视域来进行这个工作叫人眼前一亮，为我们提供了新的视野，有了新的发现，这一点很重要。

6. 胡志红教授、黄铄同学撰写的《环境公正生态批评：缘起、特征及意义》：我所知道的情况是，胡志红教授在生态批评研究方面获得过两个国家社科基金项目，这一点很不容易，而他在生态批评研究上，在国内处于前沿。这篇论文对环境公正生态批评进行总结性的研究，条理清楚，归纳到位，使我们得以从中了解环境公正生态批评的缘起、特征和意义。

在《外国语文论丛》第 7 辑学术论文中，既有关于中小学英语教学的思考，也有对高校英语教学的探析；既有对生活用语的总结归纳，也有对文学和翻译理论的分析研究；既有国内学者研究的学术成果，也有对国外优秀理论文章的引用借鉴。这些论文从不同角度，以不同的方式就外国语言教学、外国语言理论、外国语言实践等进行了探讨和研究，是业内 41 位学者的智慧结晶，是语言学和教育学领域新近推出的一批研究成果，对语言学和教育学界尤其是外国语言学和外国教育学界人士具有积极的参考作用，希望能受到读者的欢迎和肯定。

我注意到，《外国语文论丛》第 7 辑论文中，有 11 篇是用外语撰写而成的，这些论文的数量是论文总数量的三分之一。11 篇外语撰写的论文中，有 1 篇是日文，其他 10 篇为英语。为了保证论丛质量，张叉教授特地邀请到了英国专家哈利·李·波拉德、美国专家亚伦·李·摩尔进入编辑委员会，重点审阅这 10 篇论文。两位外国专家认真、仔细的审阅，是保证论丛质量的一个关键，这种认真负责的工作态度值得充分肯定。

这些年来，国内高等院校外国语院系、研究中心、研究所等编辑和出版的外国语言、文学、文化研究类学术论丛数量不少，为国内外语研究做出了贡献。当然，这些学术论丛也参差不齐，有的甚至出版一两辑后就终止了。张叉教授主编、出版《外国语文论丛》的工作却一直没有中断，他如此不断进取、孜孜不倦，十分难得，值得充分肯定。

今年 3 月 16 日，张叉教授告诉我，他主编的《外国语文论丛》已经顺利通过中国知网的评审，而且双方签署了合作协议，把论丛收入中国知网。不久，他又告诉我，《外国语文论丛》第 1 至 6 辑已经在中国知网完成拆分、扫描、上网，可以更为广泛地供国内外学者进行更加深入的切磋、交流了。这个令人振奋的消息，说明论丛的编辑、出版质量已经得到认同。中国知网在国内学术界具有很高的地位和很大的影响力，所以作为他的同行、好友，我对他主编的论丛能够收进中国知网感到由衷的高兴。我希望他把论丛收入中国知网这件事情作为动力，再接再厉，不要松懈，让这本学术论丛的水平如芝麻开花——节节高，得到越来越多的读者的欢迎和肯定。

每年的上半年，专科生、本科生、硕士研究生、博士研究生都要毕业离校，大学教师在这段时间都是非常繁忙的。我也不例外，这半年以来的工作非常多，所以匆匆写下这些文字，权且作为张叉教授主编的《外国语文论丛》第7辑的序言吧。

原一川

2017年9月于昆明

序二

我一见彩虹高悬天上，心儿便欢跳不止

《诗经·邶风·式微》：

式微式微，
胡不归？
微君之故，
胡为乎中露！
式微式微，
胡不归？
微君之躬，
胡为乎泥中？[①]

《外国语文论丛》第6辑出版于2012年，现在已经过去四年，久违了。千呼万唤，第7辑即将面世。

一

自2008年以来，我主编的《外国语文论丛》已在四川大学出版社顺利推出6辑，其中，第1、2、4辑为综合类，第3、5、6辑是专辑类。[②] 同第1、2、4辑一样，本辑也是综合类。这辑综合类论丛设置了“外国语言学研究”“比较文学研究”“外国文学研究”“外国文化研究”“翻译学研究”

① 阮元校刻，《十三经注疏》上册，北京：中华书局，1980，第305页。

② 《外国语文论丛》第3辑是“外语教学专辑”，第5辑是“小学英语教学专辑”，第6辑是“初中英语教学专辑”。

“小学英语教学研究”“中学英语教学研究”“大学英语教学研究”8个栏目，门类较为齐全，所收论文也部分反映了国内外尤其是川、渝、滇等国内西南地区学者在外国语文领域的最新研究成果，值得学界关注。

四川省高等学校外语教学指导委员会委员、四川师范大学外国语学院罗苹教授是我二十多年的同事与朋友，其学术背景我十分了解。她2003年进入北京外国语大学俄语学院，2006年获得俄语语言文学专业博士学位，返回四川师范大学外国语学院工作。那时候，全国各高校拥有博士学位的教师还不多，四川师范大学也是如此，四川师范大学外国语学院更是如此。当时，学院有教职工83人，其中取得博士学位的加上她才3人，在全院教职工总人数中仅占3.6%，博士的确是稀有人才。2008年，她又进入黑龙江大学外国语言文学博士后流动站从事研究工作，2011年顺利出站。获取博士学位原本难得，至于完成博士后流动站研究工作，则更加难得了。罗苹教授经过博士、博士后严格的学术锤炼之后，具备坚实的专业基础，其科学研究工作进展良好。“长期以来，她孜孜不倦地致力于语义学、语言符号学研究，在标记理论框架下的俄语反义词不对称性研究在国内及俄罗斯居于学术前沿。”① 我们知道，语言的符号属性和符号特征向来是语言学家与符号学家所关注、探讨的重要问题。非对称二元性是词汇符号的一个普遍特性，也是词汇符号不同于其他符号的一个重要特性。罗苹教授为本辑论丛撰写的论文《词汇符号的非对称二元性初探》运用系统、结构、能指和所指等符号学的基本概念，对词汇符号的结构、词汇符号的对称性与非对称二元性进行了探讨。词汇符号的非对称二元性充分表明，“词汇符号没有约定俗成的‘记号’的固定性，其能指与所指的对应关系是波动的、开放的，处在不断的发展变化之中，这也使得词汇符号系统成为一种经济的、弹性的、对生活世界情境敏感的符号系统”②，“非对称二元性是词汇符号的动态特征，也是词汇符号发展变化的重要前提之一”③。这篇对词汇符号的非对称二元性进行研究的论文结构清晰，论证充分，结论正确，为我们提供了重要的学术参考。

曹顺庆教授是四川大学文学与新闻学院国家级重点学科比较文学与世界

① 张叉，《〈外国语文论丛〉第4辑·前言》，张叉主编，《外国语文论丛》第4辑，成都：四川大学出版社，2010，第12页。

② 罗苹，《词汇符号的非对称二元性初探》，见本《外国语文论丛》第7辑，第42页。

③ 罗苹，《词汇符号的非对称二元性初探》，见本《外国语文论丛》第7辑，第42页。

文学学科带头人、中国比较文学学会第四任会长、四川省比较文学学会第一任会长，在推动比较文学中国学派的建立方面做出了卓越的贡献：

> 比较文学肇始于欧地，成法国学派。继而延至美域，又成美国学派。法国学派以有实证关系之影响研究为中正，余为乱逆，斯无异乎作枷锁以自戴也。美国学派砸欧人之枷锁，垦平行研究为新疆，其功斐然。然其目中唯有欧美，独无亚非，画地为牢，坐井观天，是与吐丝自缚者何异？东土之钱钟书先生、季羡林先生、曹顺庆先生、乐黛云女士诸俊杰振臂疾呼，挥汗耕耘。于是乎，毫末而成合抱，垒土而为九层，中国学派自襁褓弱婴而成盔甲壮夫矣。法国学派偏于欧，美国学派推重及美，西方中心乃其共病。曹顺庆先生隳西方中心之高楼，筑东西平等之大厦，以跨文明平等对话为基石，以变异研究为特色，此汗青之大绩，有目之共睹也。①

这里提到的“以跨文明平等对话为基石，以变异研究为特色”，正是比较文学中国学派区别于法国学派与美国学派的重要标志。2013 年，曹顺庆教授的英语学术专著《比较文学变异学》（*The Variation Theory of Comparative Literature*）在德国海德堡施普林格出版社（Springer，Heidelberg，Germany）出版，系统阐述了比较文学变异学理论，在国际学术界产生了很大的反响。荷兰乌特勒支大学②人文学院教授、国际比较文学学会前会长杜威·佛克马（Douwe Fokkema，1931—2011）欣然用英语撰成《曹顺庆〈比较文学变异学〉英文版序言》（“Foreword”）③，对这部专著进行了全面介绍。美中不足的是，专著已经出版四年了，而序言至今还没有汉译版刊发，这使得国内外尤其是国内广大汉语读者无法欣赏到这篇序言。四川大学文学与新闻学院文学人类学专业硕士研究生韩宜儒同学与中华文化国际传播专业硕士研究生赵利娟同学合作翻译了这篇序言，四川省比较文学学会副秘书长、四川大学文学与新闻学院专家梁昭副教授对翻译工作进行了精心的指导，并对译文进行了认真的审校，终成我们渴望已久的汉译版序言。2017 年 4 月 8 日，我得到曹顺庆教授序言汉语版刊发的授权，由是在本辑将此序言推出，以弥补美中之不足。威廉·华兹华斯（William Wordsworth，1770—1850）《无题（我一见彩虹高悬天上）》（“My heart leaps up when I behold”）：

---

① 张叉，《沁园春·河·序》，《四川师大报》2015 年 4 月 27 日第 4 版。

② “乌特勒支大学”在荷兰文中作“Universiteit Utrecht”，翻译成英文为“Utrecht University”。

③ 非常遗憾的是，杜威·佛克马教授已于 2011 年辞世，未能看到曹顺庆教授这部英语专著出版。

我一见彩虹高悬天上，
心儿便欢跳不止。[①]

My heart leaps up when I behold
A rainbow in the sky. [②]

佛克马教授在《曹顺庆〈比较文学变异学〉英文版序言》中提出，比较文学法国学派是片面强调影响研究的，而美国学派又只关注审美阐释而忽略非欧洲语言文学的研究，曹顺庆教授的专著所提出的变异学理论是对比较文学法国学派和美国学派的回应，它使我们更加清醒地认识到比较文学学科所处的复杂的现实情况，这对于中国比较文学学者跨越语言障碍、摆脱文化封闭性局限来说，是一次非常有益的尝试。佛克马教授认为，曹顺庆教授正确地假设了美学经验是跨文化文学研究的不变因素，“同时认为对文学文本做出更为具体的审美回应似乎也非常必要”[③]。“变异学理论相当乐观地认为，我们能够在不同文化体系中发现文本的文学性。这已是被我们的阅读经验所证实的有效假设。因此，我建议应尝试着理解并应用曹顺庆教授所提出的变异学理论。”[④] 佛克马教授的这篇序言对于推动曹顺庆教授的比较文学变异学理论更好地走出国门，让国际学术界尤其是比较文学界更全面、更系统地听到中国学者的声音发挥了积极的作用。

我认识托马斯·奥·毕比（Thomas O. Beebee）教授，是在2016年7月3日在成都市京川宾馆二楼国际会议厅举行的“第七届中美双边比较文学国际学术研讨会”上。他在台上作会议主持，身材清瘦，白发苍苍，思路清晰，语言犀利，给人留下了深刻的印象。他是宾夕法尼亚州立大学（The Pennsylvania State University）比较文学与德语“艾德温·尔勒·斯巴克斯”教授（Edwin Erle Sparks Professor），宾夕法尼亚州立大学日耳曼斯拉夫语言文学系主任，比较文学部门与项目协会会长，学术期刊《比较文学研究》（*Comparative Literature Studies*）、布卢姆斯伯里系列丛书（the

---

① 华兹华斯著，《华兹华斯诗歌精选》，杨德豫译，太原：北岳文艺出版社，2000，第2页。

② *The Collected Poetry of William Wordsworth*, Ware: Wordsworth Editions Limited, 1994, p. 79.

③ 杜威·佛克马撰，《曹顺庆〈比较文学变异学〉英文版序言》，韩宜儒、赵利娟译，梁昭审校，见本《外国语文论丛》第7辑，第53页。

④ 杜威·佛克马撰，《曹顺庆〈比较文学变异学〉英文版序言》，韩宜儒、赵利娟译，梁昭审校，见本《外国语文论丛》第7辑，第54页。

Bloomsbury series）《作为世界文学的德国文学》（*German Literature as World Literature*）主编，是国际知名学者。2017 年 4 月 7 日，我看到他发表在国际英语学术期刊《比较文学与世界文学》（*Comparative Literature and World Literature*）2016 年第 2 期上的一篇题为《世界文学的伦理观》（“The Ethics of World Literature”）的论文，当天即给他去信：“希望能够得到您授权，将其翻译成汉语发表在我主编的《外国语文论丛》第 7 辑或第 8 辑上。”去信仅两三个钟头，他便回复了：“我乐意授您此权。”得到他的授权后，我邀请到成都理工大学工程技术学院外语系讲师、四川大学文学与新闻学院比较文学与世界文学专业博士研究生雷昌秀携四川师范大学外国语学院英语系学生张凸担任翻译工作。他们译出论文后，我又邀请四川师范大学外国语学院翻译专业学位硕士点负责人、四川师范大学翻译研究中心主任朱华教授对译文进行了审校。

早在 1827 年 1 月 31 日，约翰·沃尔夫冈·冯·歌德（Johann Wolfgang von Goethe，1749—1832）便在同约翰·彼得·爱克曼（Johann Peter Eckermann，1792—1854）的谈话中提出了“世界文学”的概念，断言“民族文学在现代算不了很大的一回事，世界文学的时代已快来临”[①]。但是，世界文学研究却是在 20 世纪 90 年代才兴起的，这一工作还有待进一步深化。毕比教授的《世界文学的伦理观》是一篇专门研究世界文学的佳作。长期以来，西方国家在讨论文学的价值与意义的时候，总无法绕开伦理的问题，但是就阅读、阐释和翻译的伦理观而言，世界文学的研究和传播又构成了独特的挑战。毕比教授的这篇论文认为，歌德与爱克曼的谈话所涉及的伦理问题仍然是世界文学学者的试金石。论文通过对比研究当代世界文学一些理论，对当代哲学审美阅读模式是否能解读世界文学任务提出了质疑：“人们或许可以通过慰藉（Trost）思想，将歌德的世界文学伦理观与后来的奥尔巴赫、谢永平、寇玛和拉马扎尼的主张联系在一起。那么世界文学又能为读者提供什么样的安慰呢？这样的安慰，比如，不作虚假的承诺，又是如何在伦理上破灭的呢？”[②] 能够提出质疑，说明眼睛是亮的，眼睛亮是好事，王树山编著《俗谚》：“瞎子脚下无好路。”[③]

---

① 爱克曼辑录，《歌德谈话录》，朱光潜译，北京：人民文学出版社，1978，第 113 页。

② 托马斯·奥·毕比撰，《世界文学的伦理观》，雷昌秀、张凸译，朱华审校，见本《外国语文论丛》第 7 辑，第 61 页。

③ 王树山编著，《俗谚》，北京：中国社会出版社，2008，第 138 页。

2016年7月2日，我赴成都市京川宾馆出席“第七届中美双边比较文学国际学术研讨会”，次日，在餐厅吃早饭时，见到同桌一位参会代表，看上去五十开外，中等身材，头发有些花白，气质不同于常人。他待人谦逊，谈话平和，视野开阔，析理殊异，予我以掀盖如故之感。他就是研讨会的特邀嘉宾黄维樑先生，香港中文大学中文系教授、著名的文艺理论专家。在我表示希望对他做一次比较文学的专题访谈之后，他立即接受了邀请，说目前手头的工作较多，访谈大概要向后推一推。虽然他非常繁忙，但是我对他的访谈还是在今年夏季即开始实施，秋季顺利完成，并撰成了《守正创新，开辟中国比较文学研究的新天地——黄维樑教授访谈录》和《加强“以中释西”文学批评，构建中国比较文学的话语体系——黄维樑教授访谈录》两篇访谈录，这里先收录第一篇。

访谈中，黄维樑教授回顾了“中美双边比较文学研讨会”，说“这个会议对中国比较文学学科的复兴，以及中外学术的交往，有很大的推动作用”[①]。他评论了四川的比较文学研究现状，说四川大学的比较文学研究“在全国名声非凡，也为世界多国同行所重视。川大的比较文学研究成果丰硕，各种著作以及相关的中文英文学术期刊，甚有影响；像你们四川师范大学，四川多个院校，也有比较文学的课程；你们还有四川省比较文学学会，成绩斐然”[②]，“成都可说已成比较文学之都”[③]。他总结了香港文化，说“香港是中西文化交汇之城，知识分子的言谈与书写，常常喜欢中文与外文（主要是英文）夹杂、中华事物与西方事物比较，文学学术界早有中西比较文学的土壤”[④]。他谈论了香港比较文学，说“中文大学是香港以至台湾、大陆比较文学的重要基地”[⑤]。他剖析了中国文学研究的流弊，说“术语搬来搬去，而做的研究原地停着”[⑥]。他讨论了中国比较文学，说“20世纪70

① 张叉、黄维樑，《守正创新，开辟中国比较文学研究的新天地——黄维樑教授访谈录》，见本《外国语文论丛》第7辑，第64页。

② 张叉、黄维樑，《守正创新，开辟中国比较文学研究的新天地——黄维樑教授访谈录》，见本《外国语文论丛》第7辑，第65页。

③ 张叉、黄维樑，《守正创新，开辟中国比较文学研究的新天地——黄维樑教授访谈录》，见本《外国语文论丛》第7辑，第65页。

④ 张叉、黄维樑，《守正创新，开辟中国比较文学研究的新天地——黄维樑教授访谈录》，见本《外国语文论丛》第7辑，第70页。

⑤ 张叉、黄维樑，《守正创新，开辟中国比较文学研究的新天地——黄维樑教授访谈录》，见本《外国语文论丛》第7辑，第71页。

⑥ 张叉、黄维樑，《守正创新，开辟中国比较文学研究的新天地——黄维樑教授访谈录》，见本《外国语文论丛》第7辑，第72页。

年代末改革开放以后，内地的比较文学逐渐复苏、发展而至繁荣，现在如日方中，声势浩大”①。他分析了数字化时代下的比较文学，说“比较文学的跨文化研究可使东方和西方的异质文化得以对话、沟通、交融，可以起到缓解文化冲突的作用。跨文化研究涉及的文献数量极大，其实际操作已成为一个学术企业”②，“面对人文资讯的大海洋——也许就像中国古代的愚公一样，努力不懈，对待眼前的大山”③。他展望了中国的崛起，说“‘中国梦’就是国家富强、人民幸福。目前我国已离‘小康社会’愈来愈近；习近平先生雄才大略，在上下一心、全民努力的配合下，此梦必圆”④。他展望了中国比较文学，说“比较文学的研究天地，极为辽阔。‘一带一路’的倡议，好好实行，对我国和其他相关国家，是双赢——应该说是多赢”⑤。他还归纳了比较文学学科基本特征，提出了比较文学研究者应该具备的基本素养。

亚伦·李·摩尔（Aaron Lee Moore）先生是我认识的美国朋友，美国文学刊物《弗洛伊德县月光》（*Floyd County Moonshine*）的编辑，在《比较文学与文化》（*Comparative Literature and Culture*）、《宾夕法尼亚文学期刊》（*Pennsylvania Literary Journal*）、《跨学科文学研究：文学批评和理论期刊》（*Interdisciplinary Literary Studies: A Journal of Literary Criticism and Theory*）、《寒山评论》（*Cold Mountain Review*）、《沙河评论》（*Sandy River Review*）、《向上的愿望》（*Ascent Aspirations*）、《米勒池》（*Miller's Pond*）、《南方腹地》（*Deep South*）等刊物发表过学术论文和诗歌、小说等文学作品若干，比较文学研究是其专长。美国威廉·福克纳（William Faulkner，1897—1962）是一个可以同英国威廉·莎士比亚（William Shakespeare，1564—1616）相提并论的重要作家，“正如莎士比亚是英国文艺复兴时期最伟大的作家一样，

① 张叉、黄维樑，《守正创新，开辟中国比较文学研究的新天地——黄维樑教授访谈录》，见本《外国语文论丛》第7辑，第73页。

② 张叉、黄维樑，《守正创新，开辟中国比较文学研究的新天地——黄维樑教授访谈录》，见本《外国语文论丛》第7辑，第74页。

③ 张叉、黄维樑，《守正创新，开辟中国比较文学研究的新天地——黄维樑教授访谈录》，见本《外国语文论丛》第7辑，第76页。

④ 张叉、黄维樑，《守正创新，开辟中国比较文学研究的新天地——黄维樑教授访谈录》，见本《外国语文论丛》第7辑，第76页。

⑤ 张叉、黄维樑，《守正创新，开辟中国比较文学研究的新天地——黄维樑教授访谈录》，见本《外国语文论丛》第7辑，第77页。

福克纳也是美国南方文艺复兴最杰出的代表"[①]。摩尔先生用英语为本辑论丛撰写的论文《福克纳在法国的接受与存在主义的影响》（"Faulkner's Reception in France and the Influence of Existentialism"）对福克纳在法国的接受与存在主义的影响情况进行了考察。

摩尔先生的这篇论文认为："至少从学术的意义上来看，福克纳不是存在主义哲学家与理论家。"（"Faulkner was not an existential philosopher or theorizer, at least not in the academic sense."[②]）福克纳能够在法国得到积极的接受，主要是由其作品中存在主义主题运用居于主宰地位所决定的，而这个情况又反过来慢慢吸引了早期法国现代主义学者、作家与翻译家的注意力。尽管法国存在主义哲学家让－保罗·萨特（Jean-Paul Sartre，1905—1980）对福克纳《喧哗与躁动》（*The Sound and the Fury*）中时间的形而上学持批评态度，但是他依然在福克纳的写作中发现了许多值得称道之处。论文从存在主义的角度对福克纳的诸多作品进行了批评，对最近学术界忽视这一解读的现象进行了解释，认为对于福克纳经典作品的解读来说，存在主义现象学批评（existential-phenomenological criticism）仍然是应用性很强的理论框架。周静琪、何爱英主编《汉语谚语词典》："井越淘，水越清；事越摆，理越明。"[③] 此言不差。

美国 19 世纪著名抒情诗人、现代英美诗歌先驱艾米莉·狄金森（Emily Dickinson，1830—1886）给世人留下了1 775首诗作，生前不为人所看重，死后名声大噪，"如今，人们已将她当作与惠特曼同名的十九世纪美国最伟大的诗人"[④]。她写自然，写生死，写友谊，写爱情，写宗教，写艺术，写政治，写社会，其诗歌主题十分丰富。她重意象，"认为诗歌应通过具体形象体现思想，诗人应以生动的意象表达抽象概念"[⑤]。她从小就表现出对父亲的偏爱，25 岁开始隐居，终身未嫁，感情生活"让人匪夷所思。仔细研读狄金森诗歌，分析其诗歌中的意象和主题，我们可以发现狄金森对父亲特

---

① 刘海平、王守仁主编，杨金才主撰，《新编美国文学史》第三卷，上海：上海外语教育出版社，2002，第 340 页。

② Aaron Lee Moore，"Faulkner's Reception in France and the Influence of Existentialism"，见本《外国语文论丛》第 7 辑，第 108 页。

③ 周静琪、何爱英主编，《汉语谚语词典》，北京：商务印书馆，2006，第 346 页。

④ 梁亚平著，《美国文学简介》，上海：东华大学出版社，2006，第 27 页。

⑤ 常耀信著，《精编美国文学教程》（中文版），天津：南开大学出版社，2005，第 88 页。

殊的情感。由此可见，狄金森的厄勒克特拉情结不言而喻”[①]。不过，从诗歌主题与意象的角度来研究其厄勒克特拉情结却还是空白。云南师范大学外国语学院英语语言文学专业硕士研究生周志丹同学、滇西科技师范学院外国语学院张正勇副教授与云南师范大学外国语学院原一川教授合作撰写的论文《追随太阳的雏菊——从诗歌主题和意象分析艾米莉·狄金森的厄勒克特拉情结》选题好，视角新，填补了这一空白。论文从弗洛伊德的精神分析理论的角度，通过分析狄金森诗歌中的太阳-自然、玫瑰-爱情和雏菊-死亡意象与象征主题，得出结论，认为狄金森深受厄勒克特拉情结的困扰，但其潜意识里的厄勒克特拉情结最终得到了升华。

四川师范大学外国语学院讲师、硕士研究生导师李泉是四川大学文学与新闻学院曹顺庆教授的高足，也是我的同门博士研究生师兄兼朋友。我邀他为本辑论丛撰稿，他欣然允诺，很快撰成论文《西学视域中神话与民间故事关系辨析研究》。西方古典文学研究界向来十分关注古典神话同传统民间故事之间的关系，力图厘清二者之间错综复杂的关系，在学理上依据二者的本质特征对其进行严格意义的界定。李泉博士的这篇论文结合西方神话学领域的研究成果，考察了神话与民间故事可以作为学理划分基础的本质性特征，认为“从内容来看神话与民间故事互相重叠，但决不应混为一谈”[②]，神话和民间传说都包含有神圣性故事和世俗性故事，“神话与民间传说都从不同程度上受到了叙事规则的控制，只是这种控制在民间故事中更为明显，形式也更为粗糙”[③]。这篇论文为国内的文学人类学研究和国内的西方神话学研究、西方民俗学研究提供了可供参照的异域观点与研究方法。

四川师范大学外国语学院日语系主任舒斌副教授长期为《外国语文论丛》撰稿，支持论丛编辑工作。她用日语为本辑论丛撰写的论文《从家庭问题思考 K 的自杀》（「家族問題から K の自殺を考える」）对日本近代文学大家夏目漱石（なつめ そうせき，1867—1916）的名作《心》（『こころ』）进行了研究。论文从明治时期家庭关系及亲子关系的变化出发，结合当时相关的新制度和年轻人开始脱离传统的新思想，从 K 出生的家庭和送

① 周志丹、张正勇、原一川，《追随太阳的雏菊——从诗歌主题和意象分析艾米莉·狄金森的厄勒克特拉情结》，见本《外国语文论丛》第 7 辑，第 126 页。

② 李泉，《西学视域中神话与民间故事关系辨析研究》，见本《外国语文论丛》第 7 辑，第 140 页。

③ 李泉，《西学视域中神话与民间故事关系辨析研究》，见本《外国语文论丛》第 7 辑，第 140 页。

出当养子的家庭、再就是受“先生”之邀寄宿后以及“先生”与寄宿家的女儿婚后可能出现的疑似家庭的角度另行解读了 K 的自杀要因，使得从出生家庭、养子经历直至寄宿、与“先生”的谈话，一步步走向自杀的过程和诱因更加明晰。论文凸显了现代日本的家庭和亲子关系问题，帮助读者对漱石其人其作有了更具现代意义的认识。

2017 年 8 月 17 日，我到河南大学参加“中国比较文学学会第十二届年会暨国际学术研讨会”。次日上午，开幕式召开，在主席台上就座的有 14 人，其中，外国专家只有 1 人。这位外国专家是白种人，身材高大，满头银丝，格外显眼。当日下午，这位外国专家交叉使用英语、汉语作了一场题为“Confucianism and A-aesthetic Religiousness”的主旨演讲，不仅内容丰富、观点新颖，而且演讲者表情丰富，手势生动，给人留下深刻的印象。根据大会主持人介绍，这位外国专家就是夏威夷大学哲学系教授、北京大学哲学系教授，著名哲学家与汉学家罗杰·托马斯·埃姆斯（Roger Thomas Ames）。茶歇时，我走过去跟埃姆斯教授打招呼，并简单交谈了几句，接过了他递过来的名片。返回成都后，我按照他名片上的电子邮箱地址去了一封信，索要他的大会主旨演讲演示文稿，才过了一会儿，他就把演示文稿传了过来，十分热心。我又去了一封信，请他为《外国语文论丛》赐稿，不久，他就把一篇题为《一名在中国的富布赖特法案基金受助者：在儒家思想和美国实用主义之间构建一个文化对话的平台》（“A Fulbrighter in China: Constructing a Platform for a Cultural Dialogue between Confucianism and American Pragmatism”）的论文投过来了，我大为感动。

埃姆斯教授在这篇论文中敏锐地指出：“在 21 世纪头几十年之内，最为重要的关系可能是拥有最发达经济的、现存的超级大国美国同拥有最快经济增长的、人口最多的国家中国之间的关系。”（“And probably the most important international relationship in the first decades of the 21st century is that between the remaining superpower with the most developed economy, America, and most populace country with the fastest growing economy, China.”①）“两个差异巨大的文明——中国和美国——如何才能更好地相互理解？”（“How can these two profoundly different civilizations—China and the United States—

① Roger Thomas Ames，“A Fulbrighter in China: Constructing a Platform for a Cultural Dialogue between Confucianism and American Pragmatism”，见本《外国语文论丛》第 7 辑，第 178 页。

come to know each other better?"[①]）“我已经开始相信，儒家思想和美国实用主义可以发挥富有成效的类比的作用，以此推动中国和美国学术界之间的文化对话。”（“I have come to believe that Confucianism and American pragmatism can serve as productive analogies for promoting a cultural dialogue between the academies of China and America."[②]）埃姆斯教授的论文将孔子的核心概念“仁”和杜威的理念“个性”进行了比较研究，在儒家角色伦理、道德想象力同杜威伦理之间的对话方面进行了讨论，同时，还就这两大传统能够在何种程度共享以人类为中心的宗教性方面进行了探索。

随着环境公正运动的深入发展，生态中心主义哲学尤其是深层生态学受到了严厉批判，生态批评似乎已经四面楚歌。于是乎，20 世纪 90 年代中后期，第一阶段生态中心主义型生态批评的部分学者认真评估诸方批评，认真总结生态批评学术的成败得失，进行了重大的学术调整，将环境公正引入生态批评学术领域，生态批评进入第二阶段，这就是环境公正型生态批评。四川师范大学文学院胡志红教授带领四川师范大学外国语学院英语语言文学专业硕士研究生黄铄同学撰写的论文《环境公正生态批评：缘起、特征及意义》对环境公正生态批评进行研究，为我们梳理出环境公正生态批评的概貌。论文认为，由于生态中心主义哲学理论的先天局限，生态批评遭到了环境公正人士和环境哲学内部多方的批判，因而导致生态批评发生转型，走向环境公正生态批评，从而极大地深化了生态批评的内容，拓展了学术空间。论文在分析生态批评环境公正转型的动因后，归纳出了“种族视野”“拓展生态批评的考察范围”“批评手段的多样化”“倡导大力修正第一阶段环境经典的尺度”“强化文学与环境关系的跨文化甚至跨文明研究”“强调生态批评的跨学科性”六个环境公正生态批评的新特征，指出了生态批评环境公正发展的两大总趋势，“一方面，西方生态批评的全球化趋势发展迅猛，另一方面，各个国家和地区生态批评家自觉的本土化意识正日益显现出来，也就是说，这些非西方国家和地区的学者希望建构具有本土特色的生态批评理论”[③]。《环境公正生态批评：缘起、特征及意义》是胡志红教授 2013 年

---

① Roger Thomas Ames, “A Fulbrighter in China: Constructing a Platform for a Cultural Dialogue between Confucianism and American Pragmatism”，见本《外国语文论丛》第 7 辑，第 178 页。

② Roger Thomas Ames, “A Fulbrighter in China: Constructing a Platform for a Cultural Dialogue between Confucianism and American Pragmatism”，见本《外国语文论丛》第 7 辑，第 179 页。

③ 胡志红、黄铄，《环境公正生态批评：缘起、特征及意义》，见本《外国语文论丛》第 7 辑，第 199 页。

国家社会科学基金项目“美国少数族裔生态批评理论研究”（项目编号13BWW005）的阶段性研究成果，在国内生态批评研究领域处于领先地位，诚可以供同行参照。

骆海辉教授是我的同乡、同行、同龄、同志，惺惺相惜，互相支持。他为本论丛撰写的论文《〈三国演义〉泰译本的译者目的探析》一下子让人想起刘备入川的事情来。汉建安十六年，益州牧刘璋遣法正将四千人迎先主，“先主留诸葛亮、关羽等据荆州，将步卒数万人入益州。至涪，璋自出迎”[①]，延至东山，相见甚欢。先主望蜀之全胜，饮酒乐甚，曰：“富哉！今日之乐乎!”[②] 东山遂名富乐山。骆海辉教授是绵阳师范学院外国语学院院长，绵阳师范学院就坐落于富乐山之腰。他能够在三国文化辉光之照耀下从事《三国演义》翻译研究，这大概就是宋人苏麟所言之“近水楼台先得月，向阳花木易为春”[③] 吧，我十分羡慕。查尔斯·亨利·布鲁威特－泰勒（Charles Henry Brewitt-Taylor，1857—1938），又译“邓罗”，是晚清政府以重金聘请的洋务人士，不仅为中国近代学校教育的发展与近代海关制度的建立做出了重要的贡献，而且还历尽艰辛，两次将《三国演义》全文翻译为英语。骆海辉院长的论文《〈三国演义〉泰译本的译者目的探析》以译者目的为视角研究了《三国演义》泰译本。论文在对泰译本简单介绍和对相关研究扼要检讨之后，逐一详细分析了邓罗再度翻译《三国演义》的目的。这些目的总结起来有三点：“一是希望以己之力为《三国演义》再添一部英文译本，二是期望借一部东方特色的中国古典小说译本来集中展现自己作为中国文化专家的成就，三是希望借此译本来纪念自己在第一次世界大战中英年早逝的儿子雷蒙德。”[④]《〈三国演义〉泰译本的译者目的探析》是骆海辉院长四川省哲学社会科学重点研究基地西部区域文化研究中心项目“中国文化对外传译语境下的《三国演义》英译研究（编号 XBYJB1312）”的阶段性研究成果，其创见很值得品味。

约翰·辛普森（John Simpson）《牛津英语谚语词典》（*Oxford Concise*

① 陈寿撰，《三国志》第四册，北京：中华书局，1982，第881页。

② 祝穆撰，《方舆胜览》，转引自：郑定理，《朱德、彭德怀赠宋哲元的挽联》，《四川文物》1984年第3期，第60页。

③ 俞文豹编撰，《清夜录》，转引自：黄信，《近水楼台先得月，向阳花木易为春》，《国际商报》2006年2月14日第7版。

④ 骆海辉，《〈三国演义〉泰译本的译者目的探析》，见本《外国语文论丛》第7辑，第220页。

Dictionary of Proverbs)："鸡蛋不打破，蛋卷做不成。"[①]（"You cannot make an omelette without breaking eggs."[②]）同样，不进行教学实践，教学改革便无法实现。四川师范大学附属实验学校英语骨干教师杨天添长期从事小学英语教学工作，勤于探索，乐于实践，为本辑论丛撰写了论文《小学英语教学中学生思维能力培养的思维导图研究》。首先，论文从英国脑力开发专家托尼·巴赞（Tony Buzan）及其著作《儿童思维导图》（*Mind Map for Kids*）切入，论述了思维导图在小学英语教学中的价值。接着，论文从结合教材发展学生思维的深度与通过话题教学发展学生思维的广度两个方面，介绍了思维导图在小学英语教学中的实施情况。最后，论文通过教学反思，总结出三点，即"发展学生思维的深度和思维的广度是相辅相成的"，"每一张思维导图只能有一个主题"，"利用色彩和字体的变化激发学生的兴趣"。[③]《小学英语教学中学生思维能力培养的思维导图研究》是杨天添老师 2015 年"四川中小学教师专业发展研究中心"项目"在小学英语教学中运用思维导图发展思维能力的实证研究"（编号 TER2015－012）的阶段性研究成果，是其教学实践的经验总结，值得同行关注。

2010 年 9 月，从高一年级起，四川省普通高中学校全部开始实施课程改革。2016 年 6 月 7 日至 8 日，四川省普通高等学校招生全国统一考试顺利进行，标志着四川省高中课程改革实施从高一到高三第二个循环完成。现在，已经是第七个年头，进入第三个循环了。总结四川省普通高中学校英语课程改革的过去，既有成绩，亦有不足，而如何在现有成绩的基础上把这一工作进一步推进，显得非常重要。孙子说过："知彼知己者，百战不殆；不知彼而知己，一胜一负；不知彼，不知己，每战必殆。"[④] 要把普通高中学校英语课程改革进一步推向前进，普通高中英语教师是一大关键。这样，摸清四川省普通高中英语教师的现状也就非常必要了。2014 年 6 月 16 日至 30 日，四川省教育科学研究院在全省范围内进行了普通高中教师现状调查，其中就包括英语学科。四川省教育科学研究院副院长、四川省普通高中课程改

---

① 张叉译，未公开刊发。

② John Simpson, *Oxford Concise Dictionary of Proverbs* (Third Edition), Oxford: Oxford University Press / Shanghai: Shanghai Foreign Language Education Press, 1998, p. 204.

③ 杨天添，《小学英语教学中学生思维能力培养的思维导图研究》，见本《外国语文论丛》第 7 辑，第 267 页。

④ 《孙子·谋攻篇》，中国人民解放军军事科学院战争理论研究部，《孙子兵法新注》，北京：中华书局，2005，第 23 页。

革领导小组办公室成员、四川省普通高中课程改革专家指导组成员、四川省普通高中课程改革英语学科专家组组长董洪丹撰写的《四川省普通高中英语教师现状调查与分析》是四川省教育科学研究院针对四川省普通高中英语教师的现状所进行的调查与研究成果。论文摸清了四川省内包括英语在内的 14 个学科的普通高中教师的基本情况，梳理出了四川省内普通高中英语教师队伍专业素养的五大状况，即“学历达标率较高”“专业能力能够满足教学需要”“教师自我学习意识增强”“教学观念发生良性转变”“重视校本教研在促进教师专业成长中的作用”[①]，分析了四川省内普通高中英语教师队伍中存在的五大问题，即“性别结构不合理，男教师比例偏低”，“年龄、教龄结构不合理，年轻教师比例偏大”“学历达标率不够，硕士比例太低”“工作时间太长，身体状况差”“生存状况堪忧”[②]，并就解决这五大问题提出了相应的建议。李永芳主编《英汉双解英语谚语辞典》（第二版）：“陡坡在前，决心勇攀。”[③]（“Put a stout heart to a stey brae.”）[④] 董洪丹副院长的《四川省普通高中英语教师现状调查与分析》对研究四川省普通高中英语教师的现状，分析四川省普通高中英语教师的发展，推动四川省普通高中英语课程的改革，都具有参考价值。

2012 年 11 月 6 日，四川师范大学教务处向全校印发《关于做好 2012 级“陶行知创新实验班”有关工作的通知》：“根据《关于做好‘陶行知创新实验班’试点工作的通知》（校字［2010］100 号）精神，经研究，学校决定继续在 2012 级本科生中试办‘陶行知创新实验班’，实施‘卓越人才培养计划’。”[⑤] 四川师范大学外国语学院教学科研骨干刘芹利副教授积极响应，成功申报了 2012 年四川师范大学校级教改重点项目“乔纳森 CLEs 视野下的英语专业陶行知实验班泛读教学探讨”（序号 4）与 2013 年四川省教育厅四川师范大学基础教育课程研究中心外语课程研究中心“基础教育外

① 董洪丹，《四川省普通高中英语教师现状调查与分析》，见本《外国语文论丛》第 7 辑，第 282 - 292 页。

② 董洪丹，《四川省普通高中英语教师现状调查与分析》，见本《外国语文论丛》第 7 辑，第 292 - 298 页。

③ 张叉译，未公开刊发。

④ 李永芳主编，《英汉双解英语谚语辞典》（第二版），上海：上海外语教育出版社，2009，第 451 页。

⑤ 《关于做好 2012 级“陶行知创新实验班”有关工作的通知》，四川师范大学教务处印发，2012 年 11 月 6 日，第 1 页。2012 年 11 月 7 日，四川师范大学官方新闻网也全文刊发了《关于做好 2012 级“陶行知创新实验班”有关工作的通知》。

语课程研究第三批科研项目”重点项目“乔纳森 CLEs 视野下的基础英语教学探讨”（编号 JCWYKC 201305）。李永芳主编《英汉双解英语谚语辞典》（第二版）：“面团已发酵，且将面包烤。”[①]（“As they brew, so let them bake.”）[②] 经过认真调查研究，刘芹利副教授撰写出了论文《乔纳森 CLEs 视野下英语专业“陶行知创新人才培养实验班”泛读教学改革实践》。论文认为，美国建构主义理论家、教育心理学家戴维 · H. 乔纳森（David H. Jonassen）提出的创设建构主义学习环境（Constructivist Learning Environments，简称 CLEs）将最大程度解决传统英语教学存在的问题，有助于为“陶行知实验班”英语课程设计出符合新时代要求的建构主义学习环境，并设计出了适合“陶行知实验班”的英语泛读课程教学改革实践模式。通过教学实验，“不管从教学效果还是学生成绩方面来看，乔纳森 CLEs 设计模型指导陶行知实验班英语泛读课程教学改革既调动了实验班学生学习的积极性和主动性，扩展了学生的知识面，又培养了学生的综合能力，尤其是运用英语的综合能力，最终实现应用型、复合型的卓越人才培养”[③]。《乔纳森 CLEs 视野下英语专业“陶行知创新人才培养实验班”泛读教学改革实践》是刘芹利副教授课题研究的阶段性成果，重在解决人才培养过程中的具体问题，具有实际意义。

本论丛撰写论文的作者、译者、校者中，既有像杜威 · 佛克马教授这样的国际著名专家，又有像原一川副校长这样的国内知名学者；既有像罗苹教授这样的高等院校的专家，又有像董洪丹副校长这样基础教育界的学者；既有像托马斯 · 奥 · 毕比主编这样白发苍苍的先生，又有像赵利娟同学这样青春年少的后学。他们从不同视角、不同层次为我们展示了不同的思考、不同的发现，为我们切磋琢磨、共同进步提供了良好的机会。

二

本辑《外国语文论丛》收入 41 名作者、译者、审校者的论文 33 篇。

---

① 张叉译，未公开刊发。

② 李永芳主编，《英汉双解英语谚语辞典》（第二版），上海：上海外语教育出版社，2009，第 79 页。

③ 刘芹利，《乔纳森 CLEs 视野下英语专业“陶行知创新人才培养实验班”泛读教学改革实践》，见本《外国语文论丛》第 7 辑，第 363 页。

41名论文作者、译者、审校者中，国内37名，占总数的90.2%；国外4名，占9.8%。

41名论文作者、译者、审校者中，大学教师19名，占总数的46.3%；中学教师7名，占17.1%；小学教师2名，占5%；博士研究生1名，占2.4%；硕士研究生10名，占24.4%；本科生1名，占2.4%；研究机构研究人员1名，占2.4%。

41名论文作者、译者、审校者中，男士19名，占46.3%；女士22名，占53.7%。

33篇论文中，外国语言学研究3篇，在论文总篇数中占9.1%；比较文学研究5篇，在论文总篇数中占15.2%；外国文学研究5篇，在论文总篇数中占15.2%；外国文化研究3篇，在论文总篇数中占9.1%；翻译学研究5篇，在论文总篇数中占15.2%；小学英语教学研究2篇，在论文总篇数中占6%；中学英语教学研究8篇，在论文总篇数中占24.2%；大学英语教学研究2篇，在论文总篇数中占6%。

33篇论文中，基金项目研究成果有9篇，在论文总篇数中占27.3%；非基金项目研究成果有24篇，在论文总篇数中占72.7%。

在基金项目研究成果9篇中，2013年国家社会科学基金项目研究成果1篇，2013年度广西高等学校人文社会科学研究项目研究成果1篇，2016年四川省社科规划基地四川省比较文学研究基地项目研究成果1篇，2012年四川师范大学校级教改重点项目与2013年四川省教育厅四川师范大学基础教育课程研究中心外语课程研究中心基础教育外语课程研究第三批科研项目重点项目研究成果1篇，四川省哲学社会科学重点研究基地西部区域文化研究中心项目与四川外国语言文学中心项目研究成果1篇，2014年攀枝花学院翻译研究所一般研究项目研究成果1篇，四川省中小学教育专家培养对象专项课题研究成果1篇，2015年四川中小学教师专业发展研究中心项目研究成果1篇，2016年四川省教育厅人文社科重点项目研究成果1篇。

本辑论丛有作者、译者、审校者若是，有论文若是，让人觉得仿佛置身于花香之中，艾伦·金斯伯格（Allen Ginsberg，1926—1997）《俳句：无题》（“Four Haiku”）：

侧过头望去
我的背后爬满

樱桃色的花儿

就在我身旁
在空气中
扑鼻芬芳①

Looking over my shoulder
my behind was covered
with cherry blossoms.

Lying on my side
in the void;
the breath in my nose. ②

三

“盖文章，经国之大业，不朽之盛事”③，故不可不敬畏，不可不审慎。身为论丛主编，我对编辑论丛是怀着一颗敬畏、审慎的心的，“出门如见大宾，使民如承大祭”④。我在主编这辑论丛的具体过程中，也是这样做的。

姑举一例。我在最后审定托马斯·奥·毕比教授的论文“The Ethics of World Literature”译文《世界文学的伦理观》时，发现了两大存疑之处：

第一个疑点是，原文中有一条夹注为“Wallace，14”，而在原文文末的“Works Cited”中，却找不到与之相对应的文献。⑤

第二个疑点是，原文中有一处文字作“Philology of World Literature”，

① 艾伦·金斯伯格著，《金斯伯格诗选》，文楚安译，成都：四川文艺出版社，2000，第98页。

② 艾伦·金斯伯格著，《金斯伯格诗选》，文楚安译，成都：四川文艺出版社，2000，第99页。

③ 曹丕，《典论·论文》，郭绍虞主编，《中国历代文论》第一册，上海：上海古籍出版社，2001，第159页。

④ 《论语·颜渊》，阮元校刻，《十三经注疏》下册，北京：中华书局，1980，第2502页。

⑤ 详见：Thomas O. Beebee，“The Ethics of World Literature”，*Comparative Literature and World Literature*，Volume 1，Issue 2，2016，pp. 25，29.

注释中作“Philology and Weltliteratur”，“of”与“and”前后矛盾。① 到底当以“of”为准还是以“and”为依据？一时叫人不知所措，难以下手。

鉴于这两大疑点，我立即于2017年5月6日给毕比教授去了一封信进行咨询。2017年5月15日，他给我写了一封回信，就我提出的问题一一进行了解答。原来，夹注“Wallace，14”相应的文献确实缺失，而“Philology of World Literature”译自德语“Philologie der Weltliteratur”，有误。德语中的“der”的意思既可以是“of”，也可以是“and”，但是在这篇论文中应是“of”。文献缺失，自然是大事，而“of”与“and”，虽仅一字之差，然失之毫厘，谬以千里，不可谓小事。因此，我根据他的讲解与提供的资料，及时以“译者注”的形式作了三个方面的处理：

第一个处理是，在译文中相应位置补出了一条注释：Wallace，Cynthia R. *Of Women Borne: A Literary Ethic of Suffering*. New York：Columbia University Press，2016，p. 14.

第二个处理是，将注释“Eric Auerbach，‘Philologie der Weltliteratur’，in David Damrosch，Natalie Melas，and Mbongiseni Buthelezi，eds.，*The Princeton Sourcebook in Comparative Literature*，Princeton：Princeton UP，2009，p. 126”中的“Philology and Weltliteratur”更正为“Philologie der Weltliteratur”。

第三个处理是，按照“Philologie der Weltliteratur”对应于“Philology of World Literature”的情况，将译文“《语文学与世界文学》”改成“《世界文学的语文学》”。

当然，要对论丛之编辑怀着一颗敬畏、审慎的心，就肯定要增加工作量。这是必须的，也是值得的。埃德蒙·斯宾塞（Edmund Spenser，约1552—1599）《爱情小诗》第26首（“Amoretti：Sonnet 26”）：

> 轻而易举就如愿以偿的事物，
> 各类人对它们大多不够重视。②
>
> for easie things that may be got at will,

---

① 详见：Thomas O. Beebee，“The Ethics of World Literature”，*Comparative Literature and World Literature*，Volume 1，Issue 2016，p. 27.

② 埃德蒙·斯宾塞著，《斯宾塞诗选》，胡家峦译，桂林：漓江出版社，1997，第63页。

most sorts of men doe set but little store.[①]

四

《外国语文论丛》的撰稿、编辑工作，让人想起了英国著名的文学人物贝奥武甫（Beowulf）。贝奥武甫是盎格鲁－撒克逊时期（the Anglo-Saxon Period，450—1100）吟游诗歌中最早、最重要、最有价值的作品，英国文学史上第一首至今还保存完整的英语诗歌，英国文学史上第一部重要的民族史诗（folk epic），流传至今欧洲最完整的史诗《贝奥武甫》（*Beowulf*）[②] 中的主角，是个 6 世纪神话中的勇士（a 6-century hero）。他早年英勇顽强，斩妖除魔，先后战胜海洋巨怪格兰代尔（a sea monster Grendel），制服格兰代尔的母亲母怪（the she-monster），晚年临危不惧，老当益壮，打败邪恶火龙（a fiery dragon）[③]，表现出了不怕困难、艰苦卓绝的奋斗精神。《外国语文论丛》的撰稿、编辑工作虽不是打仗，但也是需要一些贝奥武甫这种精神的，所以特地选择了《贝奥武甫》古英语手抄本（the *Beowulf* manuscript）文字作为本辑论丛的封面衬图。

五

为了提高《外国语文论丛》的编辑、出版质量，我特地邀请到了 7 位高等教育界的专家任学术顾问。他们是——

• 四川大学杰出教授、教育部“长江学者”特聘教授，跨世纪优秀人才，国家级教学名师，比较文学国家级教学团队负责人，比较文学国家级精品课程负责人，四川省学术与技术带头人，北京师范大学教授，贵州师范大学特聘教授，国际英文学术期刊《比较文学与世界文学》（*Comparative*

---

① *Amoretti and Epithalamion*, by Edmund Spenser, London: William Ponsonby, 1595.

② 《贝奥武甫》在6 世纪时便以口头形式流传于民间，到10 世纪出现手抄本。不过，美国学者海伦·迈克多恩内尔（Helen McDonnell）、尼尔·E. 纳卡达特（Neil E. Nakadate）、约翰·普福德勒歇尔（John Pfordresher）、托马斯·E. 秀梅特（Thomas E. Shoemate）认为它创作于8 世纪。不少学者的看法是，它以文学形式记录下来应该在7 世纪末 8 世纪初。

③ 《贝奥武甫》长达3 183行，贝奥武甫战胜格兰代尔、制服格兰代尔的母亲的描写见第1 ~1 798行，打败火龙的描写见第 1 799 ~3 183 行。

Literature and World Literature）主编，英文学术集刊《比较文学：东方和西方》（*Comparative Literature: East and West*）主编，CSSCI集刊《中外文化与文论》主编曹顺庆；

• 四川外国语大学副校长，中国外语界面研究学会会长，重庆市教委英语中心组组长，重庆市高师外语教学与研究组组长，重庆市比较文学学会副会长，重庆市学术技术带头人董洪川；

• 北京大学外国语学院教授，享受国务院特殊津贴专家，国际中西文化比较协会会长，中国莎士比亚研究会原会长，北京大学外国语学院世界文学研究所原所长，美国国际名人传记研究院“二十世纪成就奖”获得者辜正坤；

• 香港中文大学教授，美国马卡莱斯特学院（Macalester College）客座教授，台湾佛光大学文学系教授，台湾高雄中山大学客座教授，澳门大学客座教授，四川大学客座教授，香港新亚洲出版社总编辑，中国文心雕龙学会顾问，香港作家联会副监事长，《华文文学》顾问，香港市政局图书馆文学顾问，“梁实秋文学奖翻译奖”及“首届国际潮人文学奖散文奖”获得者黄维樑；

• 丹麦奥尔胡斯大学（Aarhus University）比较文学教授，南丹麦大学（Southern Danish University）欧洲文化与符号学教授，欧洲科学院（Academia Europaea）院士，欧洲科学院文学与理论研究分会主席，国家与国际博士论文委员会主席，丹麦人文研究基金会（Danish Research Foundation for the Humanities）人与自然人文研究中心主任斯文德·埃里克·拉森（Svend Erik Larsen）；

• 云南师范大学副校长，云南师范大学外国语学院教授，教育部高等学校外语类专业教学指导委员会英语分会委员，国际多语教育协会中国区多语能力与多语教育研究会会长，云南省外语教育学会会长，云南省小学外语教学研究会会长原一川；

• 北京外国语大学教授，全国英语教学法专家，教育部“国培计划”专家，中央教科所外语教育研究中心主任，教育部课程改革小组核心成员，教育部《国家英语课程标准》研制专家组核心成员张连仲。

本辑论丛所收33篇论文中，基础英语教学研究方面的有10篇，在论文总篇数中占30.3%，比例不小。为了提高编辑、出版质量，我特地邀请到了3位基础教育界的专家任副主编。

我邀请到的第一位基础教育界的专家是四川省特级教师、成都市龙泉驿区教育科学研究院教育发展研究部副部长、成都市龙泉驿区中学英语教研员黄诚。他是中国教育学会外语教学专业委员会会员，国家基础教育研究中心外语实验中心研究员，四川师范大学外国语文研究所特聘研究员，四川西部教育研究院专家组成员，成都市教育学会外语教学专业委员会理事，成都市教育学会基础教育课程改革委员会会员，成都市龙泉驿区教育学会外语教学专业委员会秘书长，成都市教科研高中英语中心组成员，成都市高中英语课改中心组成员，成都市高中英语学科教师研培专家组成员，全国教育科研优秀教师，成都市英语学科带头人；主持或主研市级及以上教育科研课题 8 项，参编学术著作 6 部，公开发表、获得奖励的学术论文 20 余篇。黄诚老师协助我编辑这辑论丛，重点负责论丛中基础英语教学研究方面的论文的审稿、改稿、定稿等工作。

我邀请到的第二位基础教育界的专家是成都市龙泉中学英语骨干教师、四川省教育厅四川师范大学基础教育课程研究中心外语课程研究中心特聘研究员、成都翻译协会乡土文学翻译专委会委员康军德。他长期工作在高中英语教学的第一线，教学经验丰富，教学成绩突出。他历任成都市龙泉中学德育部主任，成都市淮口中学副校长，成都市经济技术开发区实验中学副校长，管理经验丰富，管理成绩突出。他还积极从事科研工作，副主编英语教学研究学术著作 2 部，参编英语教学研究教材 1 部。康军德老师协助我编辑这辑论丛，重点负责论丛中基础英语教学研究方面的论文的审稿、改稿、定稿等工作。

我邀请到的第三位基础教育界的专家是重庆市巴蜀中学校高级教师、重庆市骨干教师杨斌。他在高中英语教学的岗位上工作了 27 年，是一名优秀的教师。他乐于教学，善于教学，为清华大学、北京大学输送了 100 多名学生，包括重庆市高考总分状元 2 名、重庆市高考英语单科状元 3 名，是重庆市“史上最牛文科班”缔造者之一。他率先垂范，关心青年教师成长，指导的教师中获得中央电视台教师风采大赛全国总冠军的 1 名、课堂教学大赛国家级一等奖的 2 名、课堂教学大赛重庆市市级一等奖的 1 名 。他乐于科研，善于科研，主持、主研了国家级重点课题子课题 4 项，在国家二级、三级出版社出版教学类著作 8 部，在核心期刊、普通期刊发表学术论文 5 篇，获全国论文评比一等奖 1 个、首届中国英语教学法论文一等奖 1 个、全国英语教学成果一等奖 1 个、全国教研成果一等奖 1 个。杨斌老师协助我编辑这辑论丛，重点负责论丛中基础英语教学研究方面的论文的审稿、改稿、定稿等工作。

黄诚老师、康军德老师与杨斌老师在基础外语教育方面很有研究，是适合作本辑论丛的副主编，重点负责论丛中基础英语教学研究方面的论文的编辑工作的。

为了提高《外国语文论丛》的编辑、出版质量，我特地邀请到了英国威尔士圣三一大学（University of Wales Trinity Saint David）的哈利·李·波拉德（Harry Lee Pollard）和美国英文期刊《弗洛伊德县月光》（*Floyd County Moonshine*）的编辑亚伦·李·摩尔（Aaron Lee Moore）两名外国朋友加入编辑委员会，他们对论丛中所有用英语撰写的论文进行了审订。

为了提高《外国语文论丛》的编辑、出版质量，我还邀请到了23名中国同行任编辑委员会委员，他们绝大多数是西南地区外语界的领军人物。如：中国多语能力与多语教育研究会会长、西南大学外国语学院院长刘承宇，四川省高等学校外语研究会副会长、成都理工大学外国语学院院长段成，四川师范大学外国语学院教授、翻译硕士俄语笔译方向研究生导师罗苹，攀枝花学院翻译研究所常务副所长、攀枝花学院外国语学院院长廖红，四川省级精品课程“英语视听说”负责人、成都学院外国语学院院长李萍，全国英语诗歌研究会副会长、西南交通大学外国语学院院长李成坚，教育部职业院校外语类专业教学指导委员会委员、成都纺织高等专科学校外国语学院院长王朝晖，四川省翻译协会理事、绵阳师范学院外国语学院院长骆海辉，国际教育学院党委书记兼副院长、西华大学外国语学院院长陈达，电子科技大学外国语学院硕士研究生导师、成都师范学院外国语学院院长邹威华，四川省认知语言学研究会副会长、成都文理学院外国语学院院长王维民，四川省中学英语特级教师、盐亭县教师进修校校长董治章，北京师范大学兼职研究员、四川师范大学附属实验学校校长邱华，四川师范大学外国语学院学科教学硕士研究生导师、四川博睿特外国语学校校长陈武。

六

原一川教授在为本辑论丛撰写的序言开篇即是：“云、贵、川是西南地区的重要省份，彼此关系十分密切。作为长期从事外语教学与外语研究的老兵，我对西南地区的外语教学与外语研究是特别关注的。”他在这里说自己是“老兵”，我感到有一些“言过其实”：其一，他是50年代末期出生的人，一点也不能算老啊。其二，他是外语界叱咤风云的专家型领导与领军型专家，是帅，哪里能够说是兵啊。不过，他在这里说“云、贵、川是西南地区的重要省份，彼此关系十分密切”，倒是完全正确的。我是四川师范大学教师，他是云南师范大学副校长，我是四川盐亭人，他是四川简阳人，祖籍都是四川，也算是故乡人啊。他长期以来对我的关心、关照、鼓励、帮助，说明他这句话是完全正确的。

原一川教授学问大，地位高，但是从不拿架子，待人非常谦和。每一次我见到他，他便像兄长一样对我嘘寒问暖，关心我的学习、工作、生活。我主编《外国语文论丛》，白手起家，创业艰难，草创阶段也谈不上学界影响，在这种情况下，他给予我指导和帮助。他为《外国语文论丛》第3辑、第4辑与本辑，都是撰赐了大稿的，对于即将出版的第8辑，他也撰赐了大作。更让我感动的是，他在教学科研、行政管理工作非常繁忙的情况下，拨冗为本辑论丛撰下序言，由是感激。

七

北京大学辜正坤教授是一位多才多艺的大专家，不仅在西方语言、西方文学、西方文化、中外翻译等方面有很深的造诣，而且在中国语言、中国文学、中国文化、中国绘画、中国书法等方面也有很高的修养。2010年9月30日，他欣然提笔，为拙编《外国语文论丛》题下了横、竖两幅刊名，论丛第3辑即开始刊用。这两幅墨宝“法古贤笔势而得其神韵，法古而不泥于古，点横竖钩撇中规中矩，潇洒流畅，一气天成”[①]。尽管如此，辜正坤教授精益求精，在刊名题写方面，孜孜以求更好。2017年3月3日，他再次欣然提笔，为拙编《外国语文论丛》重新题下了横、竖两幅刊名。这两幅新题的墨宝更加潇洒、流畅，更加灵动、传神，因此也更为珍贵、难得，本辑论丛即开始刊用。这两幅新题的墨宝为论丛增添了更多的光辉，由是感激。

---

① 张叉，《〈外国语文论丛〉第3辑〈前言〉》，张叉主编，《外国语文论丛》第3辑，成都：四川大学出版社，2010，第17页。

八

罗伯特·弗罗斯特（Robert Frost，1874—1963）《我窗前的树》（“Tree at My Window”）：

我窗前的树哟，窗前的树，
夜幕已降临，让我关上窗户；
但请允许我不在你我之间
垂下那道障眼的窗帘。①

Tree at my window, window tree,
My sash is lowered when night comes on;
But let there never be curtain drawn
Between you and me. ②

四川师范大学教务处处长毕剑教授对本辑论丛的编辑、出版提出了宝贵的意见和大力的帮助，由是感激。

张　叉
2017年9月19日
于四川师范大学

① 理查德·普瓦里耶、马克·查理森编，《弗罗斯特集》（上），曹明伦译，沈阳：辽宁教育出版社，2002，第322－323页。

② *The Poetry of Robert Frost*, edited by Edward Connery Lathem, New York: Henry Holt and Company, 1979, p.251.

目　录

外国语言学研究

比较文学研究

外国文学研究

外国文化研究

翻译学研究

小学英语教学研究

中学英语教学研究

大学英语教学研究

外国语言学研究

汉英指示语中的中英历史文化研究

张 叉[1,2]

1. 四川师范大学 外国语学院，四川成都，610101

2. 四川大学 文学与新闻学院，四川成都，610065

摘 要：语言是民族的心灵，也是民族历史、文化的地质层，而指示语则是蕴含民族历史、文化信息的化石。本文以汉英指示语为切入点，对中华民族与英吉利民族的历史文化进行追踪研究，勾勒出中英两国在家庭与个人、群体与个体、男性与女性、年长与年幼、敬人与自谦、等级与特权等方面的历史文化概况。

关键词：汉英指示语；中英历史文化；地质层；化石；概况

德国语言学家威廉·冯·洪堡（Wilhelm von Humboldt，1767—1835）认为："各个民族的语言是各个民族的心灵，他们的心灵也就是他们的语言，说这两者是等同的一点也不过分。"[1]中国诗人郑敏（1920—）认为："语言之根在于无意识之中，是一个种族自诞生起自然的积累，其中有无数种族文化的历史文化踪迹，是这个种族的历史文化地质层，世界上各种民族的语言都是其本民族物质与精神的历史。"[2]语言是民族的心灵，也是民族历史、文化的地质层，而指示语（deixis，或译指代、直指）[3]则是蕴含民

收稿日期：2016-12-16

作者简介：张叉（1965—），男，四川盐亭人，四川师范大学外国语学院教授、硕士研究生导师，四川大学文学与新闻学院2014级比较文学与世界文学博士研究生，四川师范大学外国语言文学一级学科硕士点建设专家委员会第一任主任，四川师范大学第八届学位委员会外国语学院分学位委员会主席，四川师范大学外国语文研究所第二任所长，四川省教育厅四川师范大学基础教育课程研究中心外语课程研究中心第一任主任，成都翻译协会乡土文学翻译专委会主任，四川省比较文学研究基地兼职研究员，四川省比较文学学会理事，四川省高等学校外语教学指导委员会委员，四川省大学英语二三级考试委员会委员，四川省高中英语课程改革核心组成员，中国西部地区外语教育研究会副秘书长，国际学术期刊《美中外语》（*US-China Foreign Language*）与《中美英语教学》（*Sino-US English Teaching*）审稿专家，国内学术文集《外国语文论丛》主编，主要从事英美文学、比较文学与比较文化研究。

族历史、文化信息的化石。汉语、英语指示语即是佳例，可以从中感知中华民族与英吉利民族（the English nationality）的心灵，寻找到两个民族的历史文化踪迹，描绘出中英两国历史文化的概貌。

一

“指示语”一词来源于希腊语，意为“指点”（pointing）或“标示”（indicating），它是语用学（pragmatics）的一个重要范畴。一般认为，指示语可分为人称指示语（personal deixis）、时间指示语（time deixis）、地点指示语（place deixis）、话语指示语（discourse deixis）和社交指示语（social deixis），内容极为丰富。为了研究沉淀在汉英指示语中的中英历史文化，需要先将汉英指示语加以列表对比。本文仅把人称指示语中的人称代词，社交指示语中的亲属称谓词、敬词和谦词纳入研究范围。

人称指示语是指谈话双方用话语传达信息时的相互称呼，人称代词（personal pronoun）属于常见的人称指示语。汉英人称代词有较强的可比性。

表1　人称代词

<table>
<tr><td></td><td colspan="4">汉语</td><td colspan="4">英语</td></tr>
<tr><td>数</td><td colspan="2">单　数</td><td colspan="2">复　数</td><td colspan="2">单　数</td><td colspan="2">复　数</td></tr>
<tr><td>格</td><td>主格</td><td>宾格</td><td>主格</td><td>宾格</td><td>主格</td><td>宾格</td><td>主格</td><td>宾格</td></tr>
<tr><td rowspan="9">第一人称</td><td colspan="4">余（予）</td><td rowspan="5">iċ</td><td rowspan="5">mē̆（meċ）</td><td rowspan="5">wē̆；古英语中除复数外，还有双数 wit</td><td rowspan="5">ūs（ūsiċ）；古英语中除复数外，还有双数 unc（uncit）</td></tr>
<tr><td>吾（余）</td><td>吾（余）：很少用</td><td>吾（余）</td><td>吾（余）：很少用</td></tr>
<tr><td colspan="2">姎：汉代南方少数民族使用</td><td colspan="2">姎徒</td></tr>
<tr><td colspan="2">朕：秦代前使用，不分贵贱</td><td colspan="2"></td></tr>
<tr><td colspan="2">天：至高无上的君主</td><td colspan="2"></td></tr>
<tr><td colspan="2">帝：君王的称号</td><td colspan="2"></td><td colspan="4" rowspan="4"></td></tr>
<tr><td colspan="2">皇：君也</td><td colspan="2"></td></tr>
<tr><td colspan="2">予一人（余一人）：古代天子使用</td><td colspan="2"></td></tr>
</table>

续表1

<table>
<tr><th></th><th colspan="4">汉语</th><th colspan="4">英语</th></tr>
<tr><td rowspan="4">第一人称</td><td colspan="2">朕：自秦代始作皇帝专用</td><td colspan="2"></td><td colspan="4" rowspan="3"></td></tr>
<tr><td colspan="2">孤、寡人、不榖：封建王侯使用</td><td colspan="2"></td></tr>
<tr><td colspan="2">姎：女人自称</td><td colspan="2"></td></tr>
<tr><td colspan="2">我</td><td colspan="2">我们</td><td>I</td><td>me</td><td>we</td><td>us</td></tr>
<tr><td rowspan="9">第二人称</td><td colspan="4">汝（女）：在《尚书》中用于君臣间，不表示轻贱</td><td rowspan="5">þū</td><td rowspan="5">þē；þeċ</td><td rowspan="5">ġē；古英语中除复数外，还有双数ġit</td><td rowspan="5">ēow（ēowiċ，īow）；古英语中除复数外，还有双数inċ（inċit）</td></tr>
<tr><td colspan="4">尔（爾）：“爾”为“尔”的繁体</td></tr>
<tr><td colspan="4">若</td></tr>
<tr><td colspan="4">侬：古代吴地方言，史书、民歌中常用</td></tr>
<tr><td colspan="2">你：六朝后期出现</td><td colspan="2"></td></tr>
<tr><td colspan="2">伊：唐宋以后用，指女性</td><td colspan="2"></td><td colspan="4" rowspan="3"></td></tr>
<tr><td colspan="2">妳：指称女性</td><td colspan="2">妳们：指称女性</td></tr>
<tr><td colspan="2">您；恁（同“您”，多见于元曲）</td><td colspan="2"></td></tr>
<tr><td colspan="2">你</td><td colspan="2">你们</td><td colspan="4">you</td></tr>
<tr><td rowspan="7">第三人称</td><td colspan="4">伊：约自六朝始使用</td><td rowspan="4">hē（阳性）；hēo（阴性）；hit（中性）</td><td rowspan="4">hine（阳性）；hīe（阴性）；hit（中性）</td><td colspan="2" rowspan="4">hīe（阳性/阴性/中性）</td></tr>
<tr><td>夫</td><td></td><td>夫</td><td></td></tr>
<tr><td>之：限于主谓短语</td><td>之</td><td>之：限于主谓短语</td><td>之</td></tr>
<tr><td></td><td>诸：用于句尾</td><td></td><td>诸：用于句尾</td></tr>
<tr><td colspan="2">他</td><td colspan="2">他们</td><td>he</td><td>him</td><td rowspan="3">they</td><td rowspan="3">them[4]</td></tr>
<tr><td colspan="2">她</td><td colspan="2">她们</td><td>she</td><td>her</td></tr>
<tr><td colspan="2">它</td><td colspan="2">它们[5]</td><td colspan="2">it</td></tr>
</table>

社交指示语是指反映参加会话者的社交身份与社会关系用作称谓的词。本文纳入考察的有汉英亲属称谓（kinship terms）、敬词（terms of respect 或 polite expressions）与谦词（self-depreciatory expressions）。

亲属称谓指用于指示具有亲属或姻亲关系的人的词，在社会生活中使用频率较高。汉英亲属称谓也具有较大可比性，可以按一层关系、两层关系、三层关系之构成方法加以分类对比。

表2 一层配偶关系构成的亲属称谓

汉语	丈夫	妻子
英语	husband	wife

表3 一层生育关系构成的亲属称谓

汉语	父亲	母亲	儿子	女儿
英 语	father	mother	son	daughter

表4 一层同胞关系构成的亲属称谓

<table>
<tr><td>汉语</td><td>哥哥</td><td>弟弟</td><td>姐姐</td><td>妹妹</td></tr>
<tr><td>英语</td><td colspan="2">brother</td><td colspan="2">sister</td></tr>
</table>

表5 两层关系构成的直系血亲亲属称谓

<table>
<tr><td rowspan="2">汉语</td><td>祖 父</td><td>祖 母</td><td>孙 子</td><td>孙 女</td></tr>
<tr><td>外祖父</td><td>外祖母</td><td>外孙子</td><td>外孙女</td></tr>
<tr><td>英语</td><td>grandfather</td><td>grandmother</td><td>grandson</td><td>granddaughter</td></tr>
</table>

表6 两层关系构成的姻亲亲属称谓

<table>
<tr><td rowspan="6">汉语</td><td rowspan="3">公公</td><td rowspan="3">婆婆</td><td>大伯子</td><td>大姑子</td><td rowspan="6">女婿</td><td rowspan="6">儿媳妇</td></tr>
<tr><td>小叔子</td><td>小姑子</td></tr>
<tr><td>内兄</td><td>大姨子</td></tr>
<tr><td rowspan="3">岳父</td><td rowspan="3">岳母</td><td>内弟</td><td>小姨子</td></tr>
<tr><td>姐夫</td><td>嫂子</td></tr>
<tr><td>妹夫</td><td>弟媳</td></tr>
<tr><td>英语</td><td>father-in-law</td><td>mother-in-law</td><td>brother-in-law</td><td>sister-in-law</td><td>son-in-law</td><td>daughter-in-law</td></tr>
</table>

表 7　两层关系构成的旁系血亲亲属称谓

汉语	伯父	姑母	侄子	侄女
	叔父	姨母		
	舅父	伯母	外甥	外甥女
	姑父	嫂母		
	姨夫	舅母		
英语	uncle	aunt	nephew	niece

表 8　堂表兄弟姊妹构成的亲属称谓

指称对象	汉语	英语
父亲的兄弟姐妹的子女	堂兄	cousin
	堂弟	
	堂姐	
	堂妹	
母亲的兄弟姐妹的子女	表兄	
	表弟	
	表姐	
	表妹	

社交指示语中的敬词（terms of respect 或 polite expressions），是褒扬对方或与对方有关的人、事、物等以示尊敬的词。对于某些具有特殊身份的人，汉语和英语都有一些特定的敬词予以指称。

表 9　常见的用以指称具有特殊身份的人的敬词

指称对象	汉语	英语
君主	陛下、圣上、皇上、万岁	Your Majesty，His Majesty
君后	皇后、娘娘	Your Majesty，Her Majesty
王子	殿下、千岁	Your Highness，His Highness
公主	公主	Your Highness，Her Highness
大臣/法官	大人、阁下	Your/His Excellency， Your/Their Excellencies
主席、总统	主席/总统、先生	Your Honour，His Honour，Mr. President

续表9

指称对象	汉语	英语
男性	老爷、主人、先生	Lord，Mister（缩写为 Mr.），gentleman
未婚女性	小姐	lady，mistress，miss
已婚女性	夫人	lady，madam，Misses（缩写为 Mrs.）

对于普通身份的人，汉语也有一些敬词予以指称。社交指示语中的谦词(self-depreciatory expressions)，是贬抑自己或与自己有关的人、事、物等以示谦虚的词。汉语有一套谦词，英语没有指示普通人的敬词和谦词。

表10　汉语中常见的用于指称普通人的敬词和谦词

敬词		谦词	
构词方式	例词	构词方式	例词
加“令”敬称对方亲属或相关的人	令尊、令堂、令郎、令爱、令兄	加“家”，谦称比自己辈分高或年龄大的亲属；加“舍”，谦称比自己辈分低或年龄小的亲属	家父、家母、家兄、舍弟、舍侄
加“尊”	尊堂、尊姓、尊夫人	加“卑”或“贱”	卑职、贱姓、贱内
加“贤”	贤侄、贤婿、贤妹	加“愚”	愚见、愚婿、愚妹
加“贵”	贵姓、贵体、贵处	加“贱”或“蔽”	贱姓、贱体、蔽处
加“大”	大名、大札、大驾	加“小”	小姓、小号、小妹
加“高”	高论、高僧、高徒	加“拙”	拙见、拙文、拙徒
加“上”	上司、上级、府上	加“下”	下属、下官、舍下
加“先”或“前”	先生、先辈、前辈	加“后”或“晚”	后生、后学、晚生
加“公”或“老”	李公、赵公、张老		

二

以上将汉英语中某些常见指示语作了简单的列表对比，在此基础上下文将追踪研究汉英指示语中蕴含的中英历史文化，以勾勒出中英两国在家庭与个人、群体与个体、男性与女性、年长与年幼、敬人与自谦、等级与特权等方面的历史文化概貌。

（一）家庭与个人

对家庭与个人的不同价值取向是中国和英国文化的一个重要特征。中国古代农业文明十分发达，大约在公元前2000多年，长江流域已进入农耕时代，黄河中游亦已实现从原始渔猎向农耕过渡。从西周到战国，铁器开始在农耕中逐渐使用，生产力大大提高。自商代始，朝廷专门设置田官管理农业工作。到了周代，又有“天子亲耕”制度，推动农业工作，“乃择元辰，天子亲载耒耜，措之于参保介之御间”[6]。天子亲耕不仅只是天子之事，三公、九卿、诸侯、大夫也要参加，“帅三公九卿诸侯、大夫，躬耕帝藉。天子三推，三公五推，卿诸侯九推”[7]。“《臣工》，诸侯助祭遣于朝也。”[8]《诗经·周颂·臣工》记录了天子亲耕仪式的全过程，“庤乃钱镈，奄观铚艾”[9]，《诗经·周颂·噫嘻》则描写了耕耘公田的宏大场面，“亦服尔耕，十千维耦”[10]。中国古代高度发达的农耕文明提供了丰裕的衣食保障，使先民对土地产生了深深的眷恋，从而养成了安土重迁的乡土性格。《周易·坤》：“坤厚载物，德合无疆。”“地势坤，君子以厚德载物。”[11]《国语·晋语六》：“吾闻之，唯厚德者能受多福，无德而服者众，必自伤也。”[12]《周易·系辞》：“乐天知命，故不忧。安土敦乎仁，故能爱。”[13]《汉书·元帝纪》：“安土重迁，黎民之性；骨肉相依，人情所愿也。”[14]“今所为初陵者，勿置县邑，使天下咸安土乐业，亡有动摇之心。”[15]这些都是恋土观念的文字表述与阐发。中国人对故土的依恋范程度深，即使身为帝王，也不例外。刘邦即是一例，《史记·高祖本纪》：

> 高祖还归，过沛，留。置酒沛宫，悉召故人父老子弟纵酒，发沛中儿得百二十人，教之歌。酒酣，高祖击筑，自为歌诗曰：“大风起兮云飞扬，威加海内兮归故乡，安得猛士兮守四方!”令儿皆和习之。高祖乃起舞，慷慨伤怀，泣数行下。谓沛父兄曰：“游子悲故乡。吾虽都关中，万岁后吾魂魄犹乐思沛。”[16]

秦统一王朝的建立，实现了中国社会由以宗族组织形式为基础的宗法社会向以小农个体家庭为基础、以专制君主独裁统治为政体的官僚统治制度的转变，中国人的故土观念更加浓了，对故土的依恋进一步演化为对家庭的依恋。不难理解，在中国传统文化中，家庭重于个人，个人受家庭的支配，个人服从于家庭。《论语·里仁》："父母在，不远游，游必有方。"[17]《增广贤文》："美不美，乡中水；亲不亲，故乡人。"[18]薛道蘅《人日思归》："入春才七日，离家已二年。"[19]应瑒《别诗》："行役怀旧土，悲思不能言。"[20]李白《静夜思》："举头望山月，低头思故乡。"[21]这些都是中国人重视家庭、眷恋家乡情感的表露。甚至连陈祎[22]这样志诚意坚的西行取经的高僧也难免不时闪动思乡之念，《西游记》第八十回：

> 老师父缓观山景，忽闻啼鸟之声，又起思乡之念。兜马叫道：
> "徒弟！
> 我自天牌传旨意，锦屏风下领关文。
> 观灯十五离东土，才与唐王天地分。
> 甫能龙虎风云会，却又师徒拗马军。
> 行尽巫山峰十二，何时对子见当今？"[23]

在中国传统文化中，家庭是社会组织的细胞，是社会构成的基本单位。易中天《闲话中国人》："传统中国的组织结构、国家制度、伦理道德，都是以家庭为根基、模式和本源的。这就叫'家本位'。"[24]"它最基本的单位是家庭，家庭不可再分割为个人。这不是说个人不存在，而是说任何个人一旦脱离了他的家庭（也包括一切类似于家庭的单位），其存在便不再具有社会性意义。"[25]曹顺庆注《四库全书总目毛诗正义四十卷提要》"我国家经学昌明，一洗前明之固陋"："国：诸侯的封地。家，卿大夫的封地。"[26]汉语中"国家"一词由"国"和"家"构成，"国"和"家"常常并提，《史记·仲尼弟子列传》："仲弓问政，孔子曰：'出门如见大宾，使民如承大祭。在邦无怨，在家无怨。'"[27]又，《史记·仲尼弟子列传》：

> 子张问："士何如斯可谓之达矣？"孔子曰："何哉，尔所谓达者？"子张对曰："在国必闻，在家必闻。"孔子曰："是闻也，非达也。夫达者，质直而好义，察言而观色，虑以下人，在国及家必达。夫闻也者，色取仁而行违，居之不疑，在国及家必闻。"[28]

中国宗法制产生于商后期，确立于西周，"纵观整个中国历史，宗法制度一直深深地影响着中华民族的生活"[29]，而宗法制之长期遗存便"导致了‘家国同构’的格局，所谓‘忠孝相通’，‘求忠臣于孝子之门’”[30]。“国家”包含的是“国”和“家”两个层次，是地域、民族与家庭、家族之总和，政治与伦理相混，家庭伦理与国家伦理两位一体。《大学》第一章：

> 古之欲明明德于天下者，先治其国；欲治其国者，先齐其家；欲齐其家者，先修其身；欲修其身者，先正其心；欲正其心者，先诚其意；欲诚其意者，先致其知；致知在格物。[31]

第十章：“一家仁，一国兴仁；一家让，一国兴让；一人贪戾，一国作乱。”[32]《孟子·离娄上》：“天下之本在国，国之本在家，家之本在身。”[33]《礼记·礼运》：“故圣人以礼示之。故天下国家可得而正也。”[34]《周易·家人》：“父父，子子，兄兄，弟弟，夫夫，妇妇，而家道正，正家而天下定矣。”[35]这些都反映了国与家的互通性，同时也说明家为国之本。梁启超说：“吾中国社会之组织，以家族为单位，不以个体为单位，所谓家齐而后国治是也。周代宗法之制，在近日其形式虽废，其精神犹存也。”[36]

“家庭在中国社会组织结构中，是最基本和最常规的单位。‘最基本’，就是‘不可再分割’；‘最常规’，就是‘普遍性模式’。”[37]易中天《闲话中国人》：

> 公是公家，国是国家，老板是东家，老婆是浑家，同姓是本家，全体是大家，别人是人家，自己是自家。农家、渔家、船家、店家、商家、厂家、女人家、孩子家、姑娘家、学生家、行家、专家、野心家，没有什么不是“家”。当然是“家”了，“家”是“本位”么！[38]

家融合于国，国包含着家，家与国密切联系，难分难解。1950年10月19日，中国人民志愿军跨过鸭绿江开赴朝鲜战场，提出的口号是“抗美援朝，保家卫国”，保家就是卫国，卫国就是保家，家与国完全融为一体。2009年4月3日发布的歌曲《国家》中有唱词“家是最小国，国是千万家”[39]，是这种家、国融为一体观念的传承与演绎。

而在英国传统文化中，宗法观念极其淡漠，家庭结构简单，个人是社会组织的细胞。易中天《闲话中国人》：

在西方，家庭就不是最基本的，因为它可以再分割，即分割为“个人”。个体的、单独的、具有独立人格和自由意志的“个人”，才是社会组织结构中最基本的单位。也就是说，在以“个体意识”为思想内核的西方文化那里，社会是由个人组成的，而不是由家庭组成的。家庭只是社会组织的形式之一。既不是唯一的形式，也不是通用的形式，当然也不是最常规的形式。社区、教区、政党、国家，都有自己的组织形式，和家庭没什么关系。一个人，“成家”也好，“出家”也好，也完全是他个人的事。只要合法，别人就管不着。这种以“个人”为单位组成社会的概念，就叫“个体本位”；反映到意识形态领域，就是“个人主义”。[40]

在英国文化中，个人重于家庭，个人较少受家庭的支配，个人较少服从于家庭。《旧约全书·创世记》：“人要离开父母，与妻子连合，二人成为一体”[41]，流露出西方人对父母家庭的轻视。《新约全书·马太福音》：“爱父母胜过爱我的，不配作我的门徒。”[42]这明显带有个人主义色彩。在资本主义“民主、平等、自由”和“个性解放”等思想的影响下，个性高扬，个人主义膨胀。英语中，表示“国”的单词无论“country”还是“state”均同表示“家”的单词“family”与“home”没有直接、明显的联系，“country”与“state”的概念主要表示地域性和民族性的含义。

汉英指示语储存了不少中英两国文化对家庭和个人不同价值取向的信息，这主要可以从汉英社交称谓的家庭化、血缘观念化两个方面看出端倪。

1. 汉英社交称谓的家庭化

汉语社交称谓具有家庭化的特征，而英语社交称谓则没有这种现象。首先，汉语社交称谓中社会角色具有家庭化色彩，如“君父”“臣子”“父母官”“子民”“老爷”“少爷”“小姐”“师父”“师母”“师兄”“师弟”“师姐”“师妹”。其次，在实际的社交活动中称谓普遍出现家庭化倾向，即普遍使用本指亲属成员的称谓来指称没有亲属关系的人，如“爷爷”“婆婆”“伯父”“伯母”“叔叔”“阿姨”“哥哥”“弟弟”“姐姐”“妹妹”。英语中的“grandfather”“grandmother”“uncle”“aunt”等则一般局限于指称亲属成员，而不用指称没有亲属关系的人。

2. 汉英社交称谓的血缘观念化

中国在上古时期产生了宗法制。它由父系家长制演化而来，是以家庭为中心，根据血统的远近区分嫡庶亲疏的一种等级制度。宗法制和宗法观念在秦汉以后更加严格，其影响是中国人特别强调血缘关系。《左传·成公四年》：“非我族类，其心必异。”[43]《国语·晋语》：“异姓则异德，异德则异类……同姓则同德，同德则同心，同心则同志……”[44]中国的家庭成员地位有严格区分，英国人则不然。从指示语看，汉语的亲属称谓按男女长幼、内外嫡庶的标准反复界定。如：《尔雅·释亲》中所记的宗族直系，由本人上推四代、下推八代，共十三代：“父为考，母为妣，父之考为王父，父之妣为王母，王父之考为曾祖王父，王父之妣为曾祖王母，曾祖王父之考为高祖王父，曾祖王父之妣为高祖王母。”“子之子为孙，孙之子为曾孙，曾孙之子为玄孙，玄孙之子为来孙，来孙之子为晜孙，晜孙之子为仍孙，仍孙之子为云孙。”[45]故仅涉及宗族直系的亲属称谓便有“父、祖、曾祖、高祖、子、孙、曾孙、玄孙、来孙、晜孙、仍孙、云孙”，凡十二个之多。英语亲属称谓的划分则趋于简单（见表4至表8）。

（二）群体与个体

在一定程度上，家庭与个体的关系就是群体与个体的关系，中英两国文化对家庭和个人的不同价值取向又导引出两国文化对群体与个体的不同价值取向。具体而言，中国文化重群体轻个体，群体本位占据了统治地位，个体被排斥到无足轻重的位置，消解于群体本位之中。孔子之“毋我”[46]和孟子之“善与人同，舍己从人”[47]，宣扬的即是这种价值观。汉语中可找到不少强调群体价值的词汇和表达法，如：“同心一意”“同心同德”“同心戮力”“同心合意”“同气之亲”“同气共类”“同气相求”“同仇敌忾”“同功一体”“同归殊途”“同舟之惧”“同舟而济”“同舟共济”“同舟共救”“同而不和”“同明相照”“同袍同泽”。

英国文化的价值取向则是重个体轻群体。对个体的重视，乃是西方文化之基本属性，蒋承勇论述说：“就西方文化和西方文学来说，如果不能逮住‘人’这一红线或母题，也无法找到进入西方文化殿堂的钥匙。‘人’之‘文化属性’，彰显的乃是‘人’之‘精神存在’——确切说是‘个体的人’之‘精神存在’。”[48]个体与群体是一对矛盾，其力量之对比不是此消彼长，就是彼消此长，所以西方文化对个体的重视导致的结果便是对群体的轻视。作为西方文化的一个重要组成部分，英国文化重个体轻群体之价值取向十分明显。这种价值观的形成具有悠久的历史，仅中世纪之《大宪章》（*the Great Charter*，or *the Magna Carta*）即为一例。1215年6月15日，贵族代表向约翰递交了一份文件，由约翰和25名贵族签署生效，此即《大宪章》。宪章共63条款，其中有一条是关于国民权利的，国民据此享有人身自由等权利。如：未经“合法裁决和本国法律的审判，不得将任何人逮捕监禁”[49]，这类条文业已具有强调个人价值的色彩，在13世纪的中国是难以想象的。

在人称指示语中，汉语第一人称单数“余（予）”“我”等同其他人称代词在书写上并无二致，而英语中同样的第一人称单数“I”则与其他人称代词在书写上明显不同，即它永远是以大写的形式出现的（见表1）。大写的“I”是个人主义和自我存在的象征，带有膨胀了的个人主义的倾向。

汉英人称代词在汉英诗歌中也有不同的处理。如中国10世纪南唐李煜（937—978）的词《清平乐》：

别来春半，触目愁肠断。砌下落梅如雪乱，拂了一身还满。 雁来音信无凭，路遥归梦难成。离恨恰如春草，更行更远还生。[50]

开宝八年（975年），宋太祖赵匡胤攻破南唐都城金陵，李煜降，见俘，太平兴国三年（978年），客死北宋都城汴京。他这首《清平乐》饱含着自己作为亡国之君的失意惆怅，在离愁别恨的抒发中将自我浇溶于由石砌、落梅、乱雪、鸿雁、春草所造的意境之中，字里行间不见一个人称代词“我”，从而使词作抒发出的情感更加自然、逼真、清凄、婉约、缠绵、细腻、生动、感人。

英国18世纪罗伯特·彭斯（Robert Burns，1759—1796）的《我的心儿在高原》（“My Heart's in the Highlands”）诗：

My heart's in the Highlands, my heart is not here,
My heart's in the Highlands a-chasing the deer,
A-chasing the wild deer, and following the roe—
My heart's in the Highlands, wherever I go![51]

我的心呀在高原，我的心不在这里，
我的心呀在高原，追逐着鹿麋。
追逐着野鹿，追踪着獐儿，
我的心呀在高原，不管我上哪里。[52]

彭斯出身于苏格兰西南部一个普通农民之家，从小参加农耕，15岁左右成为主要劳动力，成年后主要生活在家乡，边劳动，边创作，被称为“艾尔郡吟游诗人”（Bard of Ayrshire）、“农夫诗人”（Ploughman Poet），对苏格兰这片土地有着深厚的感情。为了表现他对苏格兰高原这片故土的眷恋和热爱，这首《我的心儿在高原》反复用了“my”（我的）和“I”（我）这同一人称代词的两种形式。周金云研究发现：“‘my’在第一诗节中使用了4次，在全诗则使用了8次；‘I’在全诗共出现了5次：重复使用人称代词，可突出作者自我，由‘我’造境，即由诗人自己主宰着诗境。”[53]

上述两种现象在汉英诗歌中是普遍的，它反映了中英两国文化对个体和群体的不同态度。

在汉英第一人称代词的实际运用中，都有以复数代替单数，即以“我们”代替“我”、以“we（us）”代替“I（me）”表示谦虚的用法，但这种情况在汉语中更加普遍，它是中国人将个体融入群体观念的流露。群体由个体组成，没有个体便没有群体，东西方皆如此。与英国不同的是，在中国传统文化中，个体依赖于群体而存在，离开群体而凸现个体是难以想象和接受的。

（三）男性与女性

在中国古代农业文明时期，男女两性在生产和家庭中的作用与地位是有非常明确的划分的。“男”字在甲骨文中为“”（一期前八·七·一）、“”（一期铁一三二）、“”（一期京二一二二）[54]，“从田从，与《说文》男字篆文略同，惟甲骨文之田力为左右相并，而篆文乃上田下力也。象原始耒形，从田从力会以耒于田中从事农耕之意。农耕乃男子之事，故以为男子之称。”[55]“男”字在金文中为“”（男矢方彝）、“”（弔男父匜）、“”（齐侯敦男女无期）[56]，表示“力”的部分更像原始耒形，“男，丈夫也。从田从力，言男用力于田也”[57]。“女”字在甲骨文中为“”（一期乙一三七八）、“”（一期乙八七一四）、“”（四期通别一新九）[58]，“象曲膝交手之人形。妇女活动多在室内，曲膝交手为其在室内居处之常见姿态，故取以为女性之特征，以别于力田之为男性特征也”[59]。“女”字在金文中为“”（女壴方彝）、“”（矢方彝）、“”（雚女觶）[60]，多数保留了甲骨文曲膝交手之人形风貌，显示了女性的社会地位是低下的。“妇”字在甲骨文中为“”（一期存一·一〇一四）、“”（一期卜七二三）[61]。

徐中舒主编《甲骨文字典》：“从女从 [illegible]，与《说文》妇字篆文同。”[62]“妇”字在金文中为“[illegible]”（觥文）、“[illegible]”（妇鸟形觚）、“[illegible]”（守妇觯）[63]，左右结构，一边是扫帚，一边是或完全下跪，或略微弯腿，或站立的女人。《说文·女部》：“妇，服也。从女，持帚洒扫也。”[64]从甲骨文、金文中的“男”“女”“妇”字来看，在中国农业文明时期，男性从事物质生产活动，成了社会的主宰，而女性则只从事家务，为男性的附庸。

在英语中，亲属称谓“husband”（丈夫）亦可作动词，其原始义为“till，cultivate”[65]（耕作）。“distaff”一词可作名词，义为“纺纱杆”（a tick or spindle on to which wool or flax is wound for spinning[66]），表示“手工纺纱杆”，“妇女们干的事务〈指做饭、缝纫等〉”，“妇女，女性”“母系”[67]，作形容词修饰词义为“妇女的，有关妇女的”（of or concerning women[68]）。由“distaff”派生而来的“distaffer”词义为“家庭中的女性成员，〈俚〉妇女”[69]。这说明在英国古代漫长的农业文明时期，男性的社会分工是在外农耕，男性是物质生产的中坚力量，女性的社会分工是在内理家，女性只是物质生产的补充力量，这样的社会分工决定了男性的地位高于女性。“history”（历史）一词由“his”（他的）和“story”（故事）构成；“man”一词除表示“men in general；a fully grown human male”（男人；成年男性）外，尚有“the human beings；the human race”[70]（人类）之义；“the weaker sex”（弱小的性别）的意思是“women regarded collectively”[71]（妇女统称），拔高男性和贬低女性的倾向非常明显。

从指示语看，汉语敬词“先生”和英语敬词“Mister”“gentleman”“sir”等用于指称男性，婚否不限。对于女性，则要视其婚否用不同的敬词指称。对于未婚女性，汉语用“小姐”，英语用“miss”；女性一旦结婚便使用丈夫家的姓而将娘家的姓弃而不用，具体而言，汉语用“丈夫家的姓＋夫人”，英语用“Misses（Mrs）＋丈夫家的姓”指称。如宋美龄同蒋介石结婚后称作“蒋夫人”，“Hillary Diane Rodham”（希拉里·黛安·罗德姆）同“Bill Clinton”（比尔·克林顿）结婚后称为“Mrs. Clinton”（克林顿夫人）。这样，从称呼上看，女性一旦结婚即为丈夫的附庸。从涉及男女两性指示语的排列顺序看，总是男在前女在后，如汉语之“父母”“夫妻”“子女”“兄弟姊（姐）妹”和英语之“father and mother”（父母）、“husband and wife”（夫妻）、“son and daughter”（子女）、“brother and sister”（兄弟姊/姐妹)。对于第三人称单数男性或女性，汉语用“他”而非“她”，英语用“he（him)”而非“she（her)”予以指称。

但是，古代中国的宗法观极强，兼之严格的礼教，故中国文化比英国文化更加强调男尊女卑。《史记·乐书》：“化不时则不生，男女无别则乱登，此天地之情也。”[72]汉代以前的中国女性都是没有名字的，用以指称她们的方式有四个：一是以字配姓，如“伯姬”“仲子”；二是以姓搭在夫氏上，如“卫孔姬”“晋赵姬”；三是以姓连在夫爵上，如“楚息妫”“齐棠姜”；四是以姓与子连，如“陈夏姬”“宋景曹”。这说明女性完全没有自己的人格，其人格只有依从于男性。在对妻子的称谓上，表现出了蔑视之倾向，如“贱内”“拙荆”“糟糠”“敝帚”等。在人称指示语（见表1）中，古汉语有一个人称代词“姎”，是用以指称女性以别于男性的。《说文·女部》：“姎，女人自称，我也。”[73]《广韵·唐韵》：“姎，女人自称。”[74]在第二人称中，唐宋以后有一个指称女性的“伊”。“妳”是指称第二人称单数女性的。在谦词中，“妾”是女性用以自称的。英语指示语中则没有相应的人称代词和谦词把女性同男性分开。在第三人称复数代词中，汉语用“他们”指称男性，用“她们”指称女性，男女之间似有一条难以逾越的鸿沟，英语则无论男女均用“they（them)”，男女之间似是平等的。在现代汉语第二人称代词中，人们普遍使用“你”兼指男女两性，专门用于指称女性的“妳”已消失。在第三人称代词中，如指称人中既有男性也有女性，人们普遍使用“他们”而不是“她们”或“他（她）们”。

中英两国文化在男女两性观念上的巨大差异在汉英指示语亲属称谓里得到了充分的体现。《尔雅·释亲》以男性为中心，把父系亲属称为宗族，把母系亲属称为母党，把妻系亲属称为妻党，把因嫁娶结成的亲属关系成为婚姻，从而列举这些亲属称谓并加以解释。汉语中的亲属词在包含一层关系的词中，每一种关系形成的词都因性别之不同而分出尊卑，即夫重于妻，父重于母，子重于女，兄弟重于姊妹，堂亲重于表亲，不同的称谓均体现了这种差别。在包含两层关系的词中，先按父系、母系等上述八个方面区分，再区别亲属称谓指称人的性别，这样一来就两次使用男尊女卑的观念规定这些亲属的地位，而两层关系亲属称谓也用不同的称谓反映了这两次规定。三层亲属称谓指称人的地位按男尊女卑的观念规定三次，三层词也反映了这种规定。[75]在英语亲属称谓中则没有类似的区分。在两层关系直系血亲亲属称谓中，汉语区分性别是多层次的，既因亲属称谓指称人性别的不同而不同，又因第二层关系人的性别相异而相异（见表5）。在古汉语中，不但父系中的“祖父”“祖母”（古称“王父”“王母”）不同于母系之“外祖父”“外祖母”，而且“曾祖父”“曾祖母”“高祖父”“高祖母”也与相应的母系亲属称谓不同。同样，不但“孙子”不用于指称“外孙”，而且“曾孙”“玄孙”“来孙”“昆孙”“仍孙”“云孙”亦不用于相应的母系亲属。在两层关系构成的姻亲词中，汉语区分性别是多层次的，既按亲属称谓指称人区分，也依第二层关系人区分，即在长一辈方面区分父系和母系方面，平辈中区分丈夫和妻子方面以及兄弟和姊妹方面；英语则仅按亲属称谓指称人区分（见表6）；在两层关系构成的旁系血亲亲属称谓中，汉语区分性别是多层次的，即两层词区分两次，三层词区分三次。除按亲属称谓指称的性别区分外，又按第二层关系人的性别将长一辈的词分为父系的和母系的，将小一辈的词分为兄弟方面的和姊妹方面的（见表7）。常用的三层旁系亲属称谓有五个，它们指称五个层次长一辈旁系亲属的配偶，又要再次区分性别。英语相应的称谓则仅依亲属称谓指称人的性别区分一次。在堂表兄弟姐妹的词中，汉语在性别上进行了三次区分：一是将父系和母系分开，二是在父系区分兄弟方面和姊妹方面把父亲兄弟方面同母亲姊妹方面分开，三是按亲属指称人区分。[76]汉语的这种严格和多次区分使这组词在数量上有八个之多，英语与之相应的词则既不知指称人的性别，亦不知是归父系还是属母系，在数量上只有一个（见表8）。

在中国，主张男女平等的人曾经就“他”与“她”的使用进行过激烈的讨论。汉语中原本只有“他”而没有“她”，“她”是在“五四”运动男女平等的呼声中才创作出来的。“她”产生后，有人反对在第三人称代词使用上对男女进行区分，主张把“他”作为男女公共的符号，“他”字下男性注“男”字，写作“他男”，女性注“女”字，写作“他女”，还有的人反对使用“她”，而主张把“伊”作为女性第三人称单数的代词。[77]

在西方，反对性别歧视的人对“he”“she”“him”“her”“his”“himself”和“herself”进行改革，创造了新的中性单数人称代词。如美国妇女知名领导人、语言学家瓦达·温（Varda One）建议用“ve”“vis”“ver”分别代替“he/she”“his/her”“him/her”；妇女运动作家玛丽·奥罗范（Mary Orovan）建议用“co”“cos”“co”“coself”，还有人提出用“tc”“tem”“ter”和“xe”“xen”“xes”以及“tey”“tem”“ter”等等，提出的方案已多达十余种，不过均未得到广泛采用。

随着时代的发展和社会的演进，汉英指示语所反映出的男尊女卑的社会现象已有极大改变，女性已赢得了越来越多与男性平等的权利。由于社会生产方式从以体力为主向以脑力为主转变，男女两性社会地位的差异将进一步缩小。但男女不平等是个复杂的社会现象，它是男女两性生理特点、社会分工、生产方式、生产力、生产关系、宗教习俗和文化传统等诸因素所决定的。从母系社会的女尊男卑、父系社会的男尊女卑，到现代社会女性社会地位一定程度的提高，有史以来，男女两性之间从未真正平等过。仅弄出几个“伊”“她”“他男”“他女”“ve”“vis”“ver”之类的词是无法根本解决男女平等问题的。

（四）年长与年幼

中国古代的宗法制和礼教都强调长幼之序，而英国古代的宗法和礼教观极其淡漠，故对长幼之序不特别强调。“长”字在甲骨文里作“”（一期合集六〇五七）、“”（三期后上一九·六）、“”（五期前二·八·三）[78]，“象人长发之形”[79]。“长”字在金文中作“”（长日戊鼎）、“”（长由盉）、“”（庶长画戈）[80]，发长则年纪较大，人形下一竖画表示人拄之杖，本义为长短之长，引申为长幼之长。“老”字在甲骨文中作“”（一期前七·三五二）、“”（一期乙八八九三）、“”（二期林一·二六·七）[81]，“象老者依杖之形”[82]。“老”字在金文中作“”（殳季良父壶）、“”（归父盘）、“”（辛中姬鼎）[83]，亦若老者依杖之形。年老，则在氏族中地位高。《礼记·祭义》：“先王之所以治天下者五：贵有德，贵贵，贵老，敬长，慈幼。” “敬长，为其近于兄也。”[84]《礼记·中庸》：“燕毛，所以序齿也。”[85]“燕”通“宴”，“燕毛”指“宴饮时按照头发颜色的深浅来别长幼，排座次”[86]。《礼记·祭义》：“昔者有虞氏贵德而尚齿，夏后氏贵爵而尚齿，殷人贵富而尚齿，周人贵亲而尚齿。虞、夏、殷、周，天下之盛主也，未有遗年者，年之贵乎天下久矣。”[87]尚齿即尊重老人，老人受到全氏族的尊重和照顾。《礼记·乡饮酒之礼》：“六十者坐，五十者立侍，以听政役，所以明尊长也。”[88]“六十者三豆，七十者四豆，八十者五豆，九十者六豆，所以明养老也。民知尊长养老，而后乃能入孝弟。民入孝弟，出尊长养老，而后成教。成教而后国可安也。”[89]“孔子曰：

‘吾观于乡，而知王道之易易也。’”[90]郑玄注：“乡，乡饮酒也。易易，谓教化之本，尊贤尚齿而已。”[91]已经把尊长之事同安邦定国紧密连在一起了。明代朱元璋复乡饮酒礼，亦系序齿而座，继承了尊长之传统。这在文学作品中也有间接反映，《三国演义》第五回：“众扶韶升帐而坐，两行依爵位年齿分列坐定。”[92]《西游记》第一回：“众猴听说，即拱伏无违。一个个序齿排班，朝上礼拜。”[93]易中天对中国传统文化中尊长的内涵作过诙谐的总结：

> 试看中国古代推崇的杰出人物和英雄人物，从成汤文王到秦皇汉武，从周公孔子到关羽包拯，哪一个不被描绘成老成持重、长须飘然的模样？年轻漂亮的，不是品性不端（如吕布），就是气量狭小（如周瑜），或者拈花惹草，或者惹是生非。诸葛亮出山时不过二十多岁，舞台上的形象也是一嘴长须，就因为中国人一贯认为“嘴上无毛”，必定“办事不牢”。[94]

要尊长，必然要抑幼，故形成了中国传统文化长尊幼卑的观念和尊长抑幼的习俗。“长幼”有两层含义，一是年龄，二是辈分，辈分比年龄重要。若是同辈或并非本家，算不清辈分，则需按年龄排序，此乃“叙齿”。若是同宗同族，则需按辈分排序，此乃“排辈”。

从亲属称谓看，汉语除按性别多次区分亲属成员外，还在一定范围内区分年龄的长幼，以此作为补充划分亲属的地位，使之更加详细；英语则不然。在一层同胞关系构成的亲属称谓中，汉语按年龄长幼区分出了“哥哥”“弟弟”和“姐姐”“妹妹”，英语中与之对应的“brother”和“sister”则没有这样的区分（见表4）。在两层关系构成的平辈关系姻亲词（见表6）中，汉语无论第二层关系人或亲属称谓指称人，只要是同胞关系就区分年龄之长幼，英语则不然（见表6）。汉语中的“大伯子”“小叔子”“内兄”“内弟”“姐夫”“妹夫”和“大姑子”“小姑子”“大姨子”“小姨子”“嫂子”“弟媳”同英语的“brother-in-law”和“sister-in-law”分别形成了对应关系。在两层关系构成的旁系血亲亲属称谓中，汉语父亲兄弟方面的旁系血亲亲属称谓按年龄长幼分出了“伯父”与“叔父”、“伯母”与“婶母”，英语里与此对应的则只有“uncle”“aunt”两词，不分长幼（见表7）。汉英在堂表兄弟姊妹这组亲属称谓方面亦相去甚远：汉语的这组词区分年龄大于或小于亲属称谓关系人，在数量上有八个，有长幼之分。英语的这组称谓则只有一个，无长幼之别（表8）。中国古代特别注重兄弟间的长幼，素有“伯仲叔季”之说，兄可与父并提称“父兄”，弟可与子侄共提称“子弟”。由于中国古人在兄弟姊妹间、绝大多数平辈亲属间、父母的男性长辈及其配偶间区分年龄的长幼，所以汉语的亲属词有“伯祖父”与“叔祖父”、“伯祖母”与“叔祖母”、“堂伯”与“堂叔”、“堂伯母”与“堂叔母”这样的称谓，英语里则没有与之对应的称谓。中国文化长尊幼卑的观念不仅用于划分亲属成员的地位，而且可推广至社交之中，如在某些称谓前加“老”“先”“前”等字便构成敬词（见表10）。英国文化则相反，若于社交场合用亲属称谓称呼没有血缘关系的长辈，往往将对方降一辈，如把“grandfather”降至“uncle”。

（五）敬人与自谦

人是自然性与社会性之合一，礼是人社会性的体现和人类文明的标志，礼是中英两国文化的重要组成部分，敬与谦是礼仪的核心内容。敬表示敬人，谦表示自谦。敬人和自谦这一准则在汉英指示语中有很多反映，如两种语言中都有敬词（见表9）。对身份地位特殊的君主，汉语不能用“你”“他”，英语不能用“you”“he（him）”指称，而要分别代之以“陛下”“圣上”“皇上”“万岁”和“Your / His Majesty”；对王子，汉英语要分别以“殿下”和“Your / His Highness”指称；对大臣或法官，汉英语分别以“大人、阁下”和“Your / His Excellency”“Your / Their Excellencies”指称，等等。汉英语中也有一些表示自谦的用法，如用第一人称复数“我们”代替“我”，用“we（us）”代替“I（me）”。

但是，在礼仪的问题上，中英两国传统文化有一定的差异。中国是礼仪之邦，是非常讲究礼仪的。《论语·为政》：“生事之以礼，死葬之以礼，祭之以礼。”[95]《论语·颜渊》：“非礼勿视，非礼勿听，非礼勿言，非礼勿动。”[96]《礼记·礼运》：“美恶皆在其心，不见其色也。欲一以穷之，舍礼何以哉?”[97]“夫礼，先王以承天之道，以治人之情。故失之者死，得之者生。”[98]这些都是理论阐述，也有实例记载。《左传·僖公九年》：

夏，会于葵丘。寻盟，且修好，礼也。

王使宰孔赐齐侯胙，曰：“天子有事于文武，使孔赐伯舅胙。”齐侯将下拜。孔曰：“且有后命。天子使孔曰：‘以伯舅耋老，加劳赐一级，无下拜。’”对曰：

“天威不违颜咫尺。小白，余敢贪天子之命，无下拜？恐陨越于下，以遗天子羞，敢不下拜？”下，拜，登，受。[99]

谦是礼的重要组成部分，中国古人十分重视。关于谦，《周易》中专立了《谦》卦，且其卦爻辞全吉。《周易·系辞下》：“《谦》，德之柄也。”“《谦》以制礼。”[100]《周易·谦·彖》：“天道亏盈而益谦，地道变盈而流谦，鬼神害盈而福谦，人道恶盈而好谦。谦尊而光，卑而不可逾，君子之终也。”[101]汉儒韩婴则在《外传》卷八中将谦提高到了加强自身修养和协调社会关系之高度。中国文化形成了一套特有的人文事理和道德规范，根据这些人文事理和道德规范，中国人喜欢有意抬高对方以示对对方的尊敬，对自己则有意贬抑，以体现自己甘居人下的谦虚态度，这是英国人所无法比拟的。反映在与礼俗有关的指示语中，就是涉及对方时都用敬称，涉及自己时都用谦称，形成了汉语指示语特有的现象。

1. 汉语中有一套敬词，复杂性超过英语中的敬词

汉语中有一套比英语更复杂的敬词。除了用以指称具有特殊身份地位的人的敬词（见表9）外，汉语还有一套广泛用于指称普通人的敬词（见表10），这是英语所没有的。如：(1)“您”与“恁”。“您、恁”（见表1）作社交指示语指称第二人称单数，属于敬辞。(2)“家”与“舍”。中国上古时期，诸侯封地称“国”，大夫封地称“家”，庶民无封地，可能只有“舍”。“家”为“自家”，“舍”为“客舍”，故“家”尊“舍”卑。因此，在指称自己的亲属时，如果被指称人辈分比自己高或年龄比自己大，则要在前面加一个“家”字，以示尊敬，如“家父”“家母”“家兄”“家姊”。如果被指称人辈分比自己低或年龄比自己小，则不能在前面加“家”。(3)“令”。“令”可表示美好。《汉语大字典》：“令，善；美好。”[102]《尔雅·释诂》：“令、类……善也。”[103]在指称对方亲属时，一律在前面加个“令”字，表示对对方的尊敬，如“令尊”“令堂”“令爱”“令郎”等。

2. 汉语中有一套谦词，英语中没有

汉语中还专门有一套谦词（见表10），亦是英语所没有的。如用“家父”“舍妹”分别指自己的“父亲”“妹妹”等。汉语中的敬词划分较细。如“陛下”“圣上”“皇上”“万岁”用于指称君主，“皇后”“娘娘”用于指君主之妻。同理，汉语用于指称王子、公主的敬词也严格区分，英语相应的词则不然（见表9）。

汉语对谦词的划分亦较为繁细。如对自己的弟弟、妹妹要分别称作“舍弟”“舍妹”，以示自谦。“舍”是不能用以称呼自己的父亲和兄长的。

汉语中某些谦词对自己的贬抑已达到了无以复加的程度，如“犬(狗)”“妾”。狗在中国文化中为低贱之物，许多与之相关的词语如“狼心狗肺”“狗急跳墙”“狗血喷头”等皆因此而成贬义词，但在“子”“女”前加“犬”构成“犬子”“犬女”，可谦称自己的儿子、女儿。在中国，妾的地位十分低下。“妾”在甲骨文中为“”（一期前四・二五・八）、“”（一期铁二〇六・二）、“”（一期乙二七二九）[104]，在金文中为“”（复尊）、“”（伊簋）、“”（克鼎）[105]。“妾”在甲骨文和金文中均为上下结构，下面是“女”，上面是“辛”，形象亦大体一致。下面的“女”是一个或朝左或向右的侧面女人，双手交叉放于胸前。甲骨文“妾”字下面的“女”字是一个完全下跪的女人，金文“妾”字下面的“女”字则是一个屈膝而未下跪的女人，均显示了其地位之卑下。其实，“妾”的身份就是奴隶，《尚书・周书・费誓》：“马牛其风，臣妾逋逃，勿敢越逐。”[106]“臣”是男奴隶，“妾”为女奴隶。甲骨文“妾”上面的“辛”字像一把平头刀，上部是刀头，下部是一个长刀把。金文“妾”上面的“辛”字“基本上同于甲骨文的形体，最上部加了一横，表示铲割的东西”[107]。《汉语大字典》：“辛，罪。《说文・辛部》：‘辛，辠也。’清朱骏声《说文通训定声・坤部》：‘辛，大辠也。’”“又犯罪。郎瑛《七修内稿・天地类・支干》：‘辛，被罪也。’”[108]从甲骨文和金文中“妾”字的形象看，妾就是一个卑躬屈膝、头上顶着一把刑刀的女奴隶。其实，妾乃犯罪之女奴，《说文・辛部》：“妾，有罪女子给事之得接于君者。”[109]妾既是犯罪之女奴，其地位之低便可想而知了。有史料可以为证，《睡虎地秦墓竹简・封诊式》：“丙，乙妾也，乙使甲曰：丙悍，谒黥劓丙……”[110]丙为乙之妾，乙对丙不认同，故派甲对她进行黥劓之残酷惩罚，这说明“妾”在秦代以前完全属奴隶之列。即使在秦代以降漫长的封建社会中，“妾”的地位也是极低的。但是，古代中国妇女常以“妾”自称，甚至再加上贬抑之词“贱”“小”自称“贱妾”“小妾”，其自贬之低已无以复加。英国社会宗法观念淡漠，不甚讲究礼仪，而且资产阶级价值观是“人人平等”，这些都同英语中敬词和谦词欠发达有一定的关系。

不过，随着时代的发展，不管在中国还是英国，对于礼仪都有轻形式、

重内容，追求人人平等之趋势。这种趋势在指示语的使用上有两种表现：第一，象征旧的制度和特权的一些用语已废弃不用，如“陛下”“大人”“老爷”等。第二，一些昔日仅局限于指称少数身份地位特殊的人的用语，其指称对象已扩大到普通百姓，如“先生”“小姐”“公子”“夫人”和“Mister（Mr.）”“Sir”“gentleman”“Miss”等。

（六）等级与特权

等级和特权源于等级制，等级制源于阶级社会。约公元前 2070 年，启建立夏朝，标志着中国阶级社会出现。在英国，约于公元前 1000 年至前 100 年间，比利奇族（Belgae）入侵不列颠，表明贫富不均和阶级分化已出现。《左传·昭公七年》：“天有十日，人有十等。”[111]这便是对阶级社会的高度概括，等级是阶级社会的特征。《国语·晋语》：“公食贡，大夫食邑，士食田，庶人食力，工商食官，皂隶食职，官宰食加。”[112]其社会可谓等级森严。等级制在文学作品中有很多体现，如《三国演义》第五回：

> 只见玄德背后转出张飞，高声大叫：“俺哥哥斩了华雄，不就这里杀入关去，活拿董卓，更待何时！”袁术大怒，喝曰：“俺大臣尚自谦让，量一县令手下小卒，安敢在此耀武扬威！”[113]

中英两国社会等级和特权的社会文化现象在汉英指示语中有诸多反映。如汉语中对天子、诸侯、大夫、士、庶人及其配偶等不同成员在不同情况下的称谓，《礼记·曲礼下》中都作了严格规定：“诸侯见天子，曰：臣某侯某。其与民言，自称曰寡人。其在凶服，曰适子孤。临祭祀，内事，曰孝子某侯某；外事，曰曾孙某侯某。”[114]又，《礼记·曲礼下》：

> 天子之妃曰后，诸侯曰夫人，大夫曰孺人，士曰妇人，庶人曰妻。公侯有夫人，有世妇，有妻，有妾。夫人自称于天子，曰老妇；自称于诸侯曰寡小君；自称于其君，曰小童。自世妇以下，自称曰婢子。子于父母，则自名也。列国之大夫，入天子之国，曰某士，自称曰陪臣某。于外曰子。于其国，曰寡君之老。使者自称曰某。[115]

对于祖父、祖母、父亲、母亲、丈夫、妻子等，在其生前与死后祭祀这样的不同场合，其称谓都是不一样的。《礼记·曲礼下》：“祭王父曰皇祖考，王母曰皇祖妣。父曰皇考，母曰皇妣。夫曰皇辟。生曰父、曰母、曰妻，死曰考、曰妣、曰嫔。寿考曰卒，短折曰不禄。”[116]曹顺庆主编《中华文化原典读本》注：“王父：即祖父。”“王母：即祖母。”“嫔：本指君王的侍妾，这里特指已死的妻子。”“寿考：指长寿。”[117]可见，在祭祀的场合，祖父、祖母、父亲、母亲、丈夫分别称为“皇祖考”“皇祖妣”“皇考”“皇妣”“皇辟”。对于父亲、母亲、妻子，生前分别称为“父”“母”“妻”，死后分别称为“考”“妣”“嫔”。长寿称为“卒”，短寿称为“不禄”。

又如，“我”“你”“他”和“I（me）”“we（us）”“you”“he（him）”“she（her）”用于指称一般人，“陛下”“殿下”和“Your/His/Her Majesty”“Your/His/Her Highness”则只限于指称君主等身份地位特殊的少数人（见表1、表9）。汉语中第一人称单数代词“林”“烝”“天”“帝”“皇”“王”“后”“辟”“公”“侯”也只限于指身份地位特殊的少数人。《尔雅·释诂》：“林、烝、天、帝、皇、王、后、辟、公、侯，君也。”[118]郭璞注：“皆天子诸侯南面之君异称也。”[119]“天”，至高无上的君王。《说文·一部》：“天，颠也。至高无上，从一、大。”[120]“帝”“王”，《白虎通·号》：“德合天地者称帝，仁义合者称王。”[121]《说文·王部》：“皇，大也。”[122]《简明古汉语字典》：“皇，天；天神。”[123]《楚辞·离骚》：“陟升皇之赫戏兮，忽临睨夫旧乡。”[124]王逸注：“皇，皇天也。”[125]《诗经·大雅·文王》：“思皇多士，生此王国。”[126]朱熹集注：“皇，美。”[127]“朕”在秦代以前是个普通第一人称单数代词，无论贵贱俱可使用。自秦代始只用作皇帝自称，皇后听政亦可称“朕”，其他人不再使用。《史记·秦始皇本纪》：“王为‘泰皇’。命为‘制’，令为‘诏’，天子自称曰‘朕’。”[128]这样一来，“朕”就成了皇帝的专利和其地位至高无上的标志。“寡人”用作自谦，意为“寡德之人”，但它与“予一人（余一人）”“孤”一样本身便含有“独一无二”之意，在形式上它们只有单数而无复数，体现了君王权力的至上性、至尊性和无偶性。在第二和第三人称中，对君主、君主之妻的子女是不能用“你”“他”“她”和“you”“he”“she”的，而要用一套间接委婉或带溢美色彩的敬词“陛下”“殿下”“公主”和“Your/His/Her Majesty”“Your/His/Her Highness”，以示尊敬（见表9）。“皇上”之“皇”即为“皇帝”之“皇”，“皇帝”乃由“三皇”之“皇”与“五帝”之“帝”糅合而成。据《史记·秦始皇本纪》载，“皇帝”之称始于秦代。战国时期各国最高统治者以“王”为称号，秦王嬴政统一中国后，认为自己“德兼三皇，功包五帝”[129]，故将古代传说中最为尊贵的三皇五帝的称号合起来称作“皇帝”，它体现了君主专制下君主地位的神圣和权力的无限。“圣上”之“圣”意为“最崇高的，圣人”，在中国文化尊卑有序的观念中，上尊下卑，由“皇”“圣”分别同“上”合成的“皇上”“圣上”，更体现出了崇高和尊贵。至于“陛下”，《汉语大字典》：“陛，帝王宫殿的台阶。因以‘陛下’为对帝王的尊称。”[130]裴骃引蔡邕集解《史记·秦始皇本纪》：

> 陛，阶也，所由升堂也。天子必有近臣立于陛侧，以戒不虞。谓之“陛下”者，群臣与天子言，不敢指斥，故呼在陛下者与之言，因卑达尊之意也。[131]

很清楚，“陛下”是间接、委婉的指示语，体现了天子的神圣和不可冒犯。《孟子·万章上》：“天无二日，民无二王。”[132]《史记·高祖本纪》：“天无二日，土无二王。”[133]《清世宗实录》卷四四：“天无二日，民无二主，乃天经地义。”[134]强调了天子的唯一性。上自帝王将相下至贩夫走卒都清楚，人皆有一死，寿高万岁亦不可能，即使古之圣贤明君、英雄豪杰，亦概莫能外。称皇帝为“万岁”，是对皇帝的吹捧和拔高，是皇帝位高权重、泰山压顶之必然结果。英语指示语“Your/His/Her Majesty”中的“majesty”意为“greatness”（宏伟，庄严），且它与前面形容词性所有格任何时候都是以大写字母开始的，体现了君主或君后独特的身份与地位。“Your /His /Her Highness”之“highness”由自由词素（free morpheme）“high”和粘着词素（bound morpheme）“-ness”构成，“-ness”只是一个附在形容词后派生出名词的后缀，表示状况、性质和程度；“high”乃该词之主体部分，意为“最好的；第一的；最合格的”（rating or ranking as best, first, or most eligible[135]），“冠于同类之上的”（ranking above others of the same kind[136]），可谓荆中翘楚。可见，不管在古代中国还是古代英国，社会诸成员之间是不平等的。他们的地位或高或低或尊或卑，由此构成金字塔式的不平等社会关系，君主高居塔尖。

当然，中英两国社会在等级和特权方面是有一些差异的，即中国社会等级的划分比英国更为严格，权力更为集中。中国约于公元前2070年进入夏朝，这是奴隶社会也即阶级社会之肇始。到殷商时期（前1600—前1046），政治上形成了由天子、诸侯、卿、大夫、士组成的层次分明的中央集权，这种中央集权自秦代（前221—前189）始得到大大加强。另外，中央集权又同宗法血缘家族进行了结合，所以古代中国从国家到最小的社会细胞——家庭，都充斥着严格的等级观念。《周易·系辞上》："天尊地卑，乾坤定矣。卑高以陈，贵贱位矣。动静有常，刚柔断矣。"[137]《史记·乐书》："天尊地卑，君臣定矣。高卑已陈，贵贱位矣。动静有常，小大殊矣。"[138]意即天地万物按一定的自然序列由卑下而崇高森然罗列，社会中贵贱尊卑的等列也是以此确立的。《论语·述而》："子曰：'加我数年，五十以学《易》，可以无大过矣。'"[139]《旧唐书·文苑传》："昔仲尼演三代之《易》，删诸国之《诗》，非求胜于昔贤，要取名于今代。"[140]据这类记载，可知至少在孔子生活的春秋末期《周易》已成书，这从另一角度说明，中国社会严格的等级观和等级制是由来已久的。

英国进入阶级社会的时间要比中国晚几百至上千年。阎照祥《英国史》第一章：

> 铁器使用加快了国家的出现。不列颠南部的克尔特人建立了若干小国。由于最后一批（大约在公元前2世纪末至公元前75年之间）进入不列颠的布立吞部落被称为比尔盖人，所以当时的诸王国又被称作"比尔盖王国"。[141]

在盎格鲁-撒克逊时代（5世纪中叶—1066年）中后期，英国的王权逐渐强大，虽然拥有军权、财产权、财政权、立法权、司法权和行政权，但在不同程度上还要受法律、教会和贤人会议等种种限制。阎照祥《英国史》第二章：

> 英吉利人是在原始社会解体时直接进入封建社会的，公众的民主意识仍然残留着，长期被公认的习惯法有着深厚久远的影响，对国王和王室有着强韧的约束力。不少君主在重大场合一再表示维护遵守法律。个别违反习惯法的国王还受到惩处。"七国时代"开始后，许多王国都制定法典，如《艾塞伯特法典》《伊尼法典》等，内容大多是重申已有的习惯法，一经公布，对国王均有制约作用。[142]
>
> …………
>
> 英坎特伯雷大主教和约克大主教的活动和影响不受国界限制。他们可直接规劝

国王服从教规，勤政爱民。坎特伯雷大主教不仅利用各种宗教活动影响和约束王权，还借用加冕礼向大众和国王展示他作为上帝和教廷使者的威仪。国王为使自己的权力合法化神圣化，也乐于借用神权的庇护。[143]

…………

贤人会议是盎格鲁－撒克逊时代的一种特有的中央机构，它既是国王的助手，又是王权的制约者。贤人会议存在的意义，是它保留了群体表决、多数认可的原则，将民主遗风演化为一种新型的民主制度，对以后英国政治制度的发展产生了深远影响。[144]

君权至上是中国古代社会政治思想的核心，“君臣为五伦之首”[145]。周王贵为天子，俯视万国，“溥天之下，莫非王土，率土之滨，莫非王臣”[146]。周王之权不可谓不大，而自秦始历代皇帝之权复过之者远矣。王、皇皆君，君主宰一切，对臣下有生杀予夺之权，君要臣生，臣不得不生，不生便是不忠，君要臣死，臣不得不死，不死便是不忠。从人称指示语看，汉语有一套专供封建王侯使用的人称代词“孤”“寡人”“不穀”等，英语里则没有相应的代词（见表1）。汉语中的“皇上”“万岁”等仅用以指称皇帝，皇后、王子、公主等各有相应不可互换的指示语，级别都明显低于皇帝的称呼。英语里的“Your Majesty”不仅可以指君主，亦可指君后；“Your Highness”也可兼指王子和公主（见表9）。

三

语言是社会文化的重要载体，指示语则集中体现了一个民族的历史、心理、宗教、习俗、道德观、价值观、伦理观等现象，是社会文化的地质层。汉英指示语在记录中英两个民族的心灵，反映中英两国历史、文化方面非常敏感，非常积极，非常丰富，是中英两个民族历史、文化极富价值的化石。作为中英两个国家历史文化的化石，汉英指示语小中见大，五彩斑斓，但又不免支离破碎，扑朔迷离。指示语本身只是化石，绝不等同于全方位、多角度拍摄下来的电影胶片，汉英指示语所反映出来的只是中英两国丰富多彩的历史文化的侧影。然而，了解一点汉英指示语中积淀的中英历史文化的内涵，无疑有益于更好地认识、掌握和使用这些指示语。

注释：

[1] Wolfram Wilss, *The Science of Translation: Problems and Methods*, Shanghai: Shanghai Foreign Language Education Press, 2001, pp. 34 – 35.

[2] 郑敏，《语言观念必须革新》，《文学评论》1996 年第 4 期，第 72 页。

[3] “deixis: noun [mass noun] the function or use of deictic words, forms, or expressions.” 详见：*The New Oxford Dictionary of English*, edited by Judy Pearsall, Shanghai: Shanghai Foreign Language Education Press, 2001, p. 486. “话语中的典型指示信息是一些指称信息，包括空间、时间、移动等概念；也指话语进程（the ongoing discourse）、会话双方相互识别及相互关系。这些指示信息依靠一系列与语境有直接联系的词语，通过它们的语法特征和意义表达出来。这些词语在语用学上统称为‘指示语’……”详见：何自然编著，《语用学概论》，长沙：湖南教育出版社，1988，第 17 页。

[4] 本表列出了古汉语与现代汉语中的人称代词。其中，古汉语人称代词只列出了一部分，其他的还有“台”“己”“身”“而”“乃”“彼”“之”“其”“卬”“身”“甫”“言”等，详见：《尔雅・释诂》，阮元校刻，《十三经注疏》下册，北京：中华书局，1980，第 2573 页；陈霞村，《古代汉语虚词类解》，太原：山西教育出版社，1992，第 27 – 140 页。

[5] 本表列出了古英语（Old English）与现代英语（Modern English）中的人称代词，未列中古英语（Middle English）与早期现代英语（Early Modern English）中的人称代词。中古英语人称代词有“ich / ic / ik / ı̣̌ / wē / mĕ̌ / ŭ̌s / þŭ̌ / þou / ʒĕ̌”“þĕ̌”“ʒọu”“ʒọw”“hĕ̌”“ha”“a”“e[ə]”“hĕ̌”“hīe”“hit”“it”，详见：徐中舒主编，《甲骨文字典》，成都：四川辞书出版社，1990，第 1299 页。

[6] 《礼记・月令》，阮元校刻，《十三经注疏》上册，北京：中华书局，1980，第 1356 页。

[7] 《礼记・月令》，阮元校刻，《十三经注疏》上册，北京：中华书局，1980，第 1356 页。

[8] 阮元校刻，《十三经注疏》上册，北京：中华书局，1980，第 590 页。

[9] 阮元校刻，《十三经注疏》上册，北京：中华书局，1980，第 591 页。

[10] 阮元校刻，《十三经注疏》上册，北京：中华书局，1980，第 592 页。

[11] 阮元校刻，《十三经注疏》上册，北京：中华书局，1980，第 18 页。

[12] 徐元诰撰，王树民、沈长云点校，《国语集解》，北京：中华书局，2002，第 393 页。

[13] 阮元校刻，《十三经注疏》上册，北京：中华书局，1980，第 77 页。

[14] 班固撰，《汉书》第一册，北京：中华书局，1962，第292页。
[15] 班固撰，《汉书》第一册，北京：中华书局，1962，第292页。
[16] 司马迁撰，《史记》第二册，北京：中华书局，1959，第389页。
[17] 阮元校刻，《十三经注疏》下册，北京：中华书局，1980，第2471页。
[18] 朱用纯、逸名编，《朱子家训·增广贤文》，乌鲁木齐：新疆青少年出版社，1996，第117页。
[19] 沈德潜选，《古诗源》，北京：中华书局，1963，第360页。
[20] 沈德潜选，《古诗源》，北京：中华书局，1963，第132页。
[21] 王琦注，《李太白全集》上册，北京：中华书局，1977，第346页。
[22] 玄奘的俗家姓名，作“陈祎”，或作“陈祎”，有争议，无确论。《旧唐书》载“姓陈氏”，翦伯赞主编《中国史纲要》、张传玺主编《简明中国古代史》载“姓陈”，皆仅言其姓，未提其名。《辞海》《中国佛教百科全书》与钱文忠著《玄奘西游记》作“陈祎”，《中国历史大辞典》《中国大百科全书》与马祖毅著《中国翻译简史》作“陈祎”。兹采“陈祎”说。
[23] 施耐庵、罗贯中著，《水浒传》（中），北京：人民文学出版社，1975，第1018页。
[24] 易中天著，《闲话中国人》，上海：上海文艺出版社，2006，第175页。
[25] 易中天著，《闲话中国人》，上海：上海文艺出版社，2006，第176页。
[26] 曹顺庆主编，《中华文化原典读本》，北京：北京师范大学出版社，2011，第53页。
[27] 司马迁撰，《史记》第七册，北京：中华书局，1959，第2190页。
[28] 司马迁撰，《史记》第七册，北京：中华书局，1959，第2204页。
[29] 张岱年、方克立主编，《中国文化概论》（修订版），北京：北京师范大学出版社，2004，第46页。
[30] 张岱年、方克立主编，《中国文化概论》（修订版），北京：北京师范大学出版社，2004，第49页。
[31] 王国轩译注，《大学·中庸》，北京：中华书局，2006，第4页。
[32] 王国轩译注，《大学·中庸》，北京：中华书局，2006，第26页。
[33] 阮元校刻，《十三经注疏》下册，北京：中华书局，1980，第2718页。
[34] 阮元校刻，《十三经注疏》下册，北京：中华书局，1980，第1415页。
[35] 阮元校刻，《十三经注疏》上册，北京：中华书局，1980，第50页。
[36]《新大陆游记》节录，《饮冰室合集·专集》第5辑，转引自：张岱年、方克立主编，《中国文化概论》（修订版），北京：北京师范大学出版社，2004，第49页。
[37] 易中天著，《闲话中国人》，上海：上海文艺出版社，2006，第175页。
[38] 易中天著，《闲话中国人》，上海：上海文艺出版社，2006，第177页。
[39]《国家》，王平久作词，金培达作曲，成龙和刘媛媛主唱，中国移动、文化部艺术

司、国家民委文化宣传司、龙世嘉蓝国际传播机构等单位出品，2009 年发行。

[40] 易中天著，《闲话中国人》，上海：上海文艺出版社，2006，第 176 页。

[41]《圣经》，中国基督教协会新标准修订版·新标准和合版，第 4 页。

[42]《圣经》，中国基督教协会新标准修订版·新标准和合版，第 17 页。

[43] 阮元校刻，《十三经注疏》下册，北京：中华书局，1980，第 1901 页。

[44] 徐元诰撰，《国语集解》，北京：中华书局，2002，第 337 页。

[45] 阮元校刻，《十三经注疏》下册，北京：中华书局，1980，第 2592 页。

[46]《论语·子罕》，阮元校刻，《十三经注疏》下册，北京：中华书局，1980，第 2490 页。

[47]《孟子·公孙丑上》，阮元校刻，《十三经注疏》下册，北京：中华书局，1980，第 2691 页。

[48] 曾繁亭，《文学史研究与文化研究——蒋承勇教授访谈录》，《外国文学研究》2007 年第 6 期，第 3 页。

[49] 阎照祥著，《英国史》，北京：人民出版社，2003，第 58 页。

[50] 王仲闻校订，《南唐二主词校订》，北京：中华书局，2007，第 25 页。

[51]《彭斯抒情诗选》，袁可嘉译，长沙：湖南文艺出版社，1996，第 18 页。

[52]《彭斯抒情诗选》，袁可嘉译，长沙：湖南文艺出版社，1996，第 19 页。

[53] 周金云，《中英诗歌情景关联比较初探》，《广东民族学院学报》1997 年增刊外国语言文学专辑，第 60 页。

[54] 徐中舒主编，《甲骨文字典》，成都：四川辞书出版社，1990，第 1477 页。

[55] 徐中舒主编，《甲骨文字典》，成都：四川辞书出版社，1990，第 1477 页。

[56] 这只是金文中的部分“男”字，其余的还有。详见：容庚编著，张振林、马国权摩补，《金文编》，北京：中华书局，1985，第 900 - 901 页。

[57]《说文·田部》，许慎撰，《说文解字》，北京：中华书局，1963，第 291 页。

[58] 这只是甲骨文中的部分“女”字，其余的还有，详见：徐中舒主编，《甲骨文字典》，成都：四川辞书出版社，1990，第 1299 页。

[59] 徐中舒主编，《甲骨文字典》，成都：四川辞书出版社 1990 年版，第 1299 页。

[60] 这只是金文中的部分“女”字，其余的还有

。详见：容庚编著，张振林、马国权摩补，《金文编》，北京：中华书局，1985，第783—785页。

[61] 徐中舒主编，《甲骨文字典》，成都：四川辞书出版社，1990，第1304页。

[62] 徐中舒主编，《甲骨文字典》，成都：四川辞书出版社，1990，第1304页。

[63] 这只是金文中的部分“妇”字，其余的还有……。详见：容庚编著，张振林、马国权摩补，《金文编》，北京：中华书局，1985，第794－795页。

[64] 许慎撰，《说文解字》，北京：中华书局，1963，第259页。

[65] *The New Oxford Dictionary of English*, edited by Judy Pearsall, Shanghai: Shanghai Foreign Language Education Press, 2001, p. 896.

[66] *The New Oxford Dictionary of English*, edited by Judy Pearsall, Shanghai: Shanghai Foreign Language Education Press, 2001, p. 535.

[67] 王同亿主编，《汉英大学词典》，北京：科学普及出版社，1986，第630页。

[68] *The New Oxford Dictionary of English*, edited by Judy Pearsall, Shanghai: Shanghai Foreign Language Education Press, 2001, p. 535.

[69] 王同亿主编，《汉英大学词典》，北京：科学普及出版社，1986，第630页。

[70] *The New Oxford Dictionary of English*, edited by Judy Pearsall, Shanghai: Shanghai Foreign Language Education Press, 2001, p. 2090.

[71] *The New Oxford Dictionary of English*, edited by Judy Pearsall, Shanghai: Shanghai Foreign Language Education Press, 2001, p. 1121.

[72] 司马迁撰，《史记》第四册，北京：中华书局，1959，第1196页。

[73] 许慎撰，《说文解字》，北京：中华书局，1963，第264页。

[74] 转引自：《汉语大字典》（上），成都/武汉：四川辞书出版社/湖北辞书出版社，1995，第1037页。

[75] 贾彦德，《中西常用亲属词的语义对比研究》，李华主编，《英汉语言文化对比研究》，上海：上海教育出版社，1996，第153页。

[76] 贾彦德，《中西常用亲属词的语义对比研究》，李华主编，《英汉语言文化对比研究》，上海：上海教育出版社，1996，第154页。

[77] 黄兴涛，《“她”字背后的复杂历史》，《读者报》2015年11月21日，第32版。

[78] 这只是甲骨文中的部分“长”字，其余的还有……，详见：徐

中舒主编，《甲骨文字典》，成都：四川辞书出版社，1990，第 1041 页。

[79] 徐中舒主编，《甲骨文字典》，成都：四川辞书出版社，1990，第 1041 页。

[80] 这只是金文中的部分“长”字，其余的还有[illegible]、[illegible]、[illegible]、[illegible]、[illegible]、[illegible]、[illegible]、[illegible]、[illegible]、[illegible]、[illegible]、[illegible]、[illegible]。详见：容庚编著，《金文编》，北京：中华书局，1985，第 665 页。

[81] 这只是甲骨文中的部分“老”字，其余的还有[illegible]、[illegible]、[illegible]、[illegible]。详见：徐中舒主编，《甲骨文字典》，成都：四川辞书出版社，1990，第 960 页。

[82] 徐中舒主编，《甲骨文字典》，成都：四川辞书出版社，1990，第 960 页。

[83] 这只是金文中的部分“老”字，其余的还有[illegible]、[illegible]、[illegible]、[illegible]。详见：容庚编著，《金文编》，北京：中华书局，1985，第 589 页。

[84] 阮元校刻，《十三经注疏》下册，北京：中华书局，1980，第 1594 页。

[85] 阮元校刻，《十三经注疏》下册，北京：中华书局，1980，第 1629 页。

[86] 曹顺庆主编，《中华文化原典读本》，北京：北京师范大学出版社，2011，第 222 页。

[87] 阮元校刻，《十三经注疏》下册，北京：中华书局，1980，第 1599 页。

[88] 阮元校刻，《十三经注疏》下册，北京：中华书局，1980，第 1683 页。

[89] 阮元校刻，《十三经注疏》下册，北京：中华书局，1980，第 1683 页。

[90] 阮元校刻，《十三经注疏》下册，北京：中华书局，1980，第 1683 页。

[91] 阮元校刻，《十三经注疏》下册，北京：中华书局，1980，第 1683 页。

[92] 罗贯中著，《三国演义》（上），北京：人民文学出版社，1979，第 42 页。

[93] 吴承恩著，《西游记》（上），北京：人民文学出版社，1980，第 6 页。

[94] 易中天著，《闲话中国人》，上海：上海文艺出版社，2006，第 188 页。

[95] 阮元校刻，《十三经注疏》下册，北京：中华书局，1980，第 2462 页。

[96] 阮元校刻，《十三经注疏》下册，北京：中华书局，1980，第 2502 页。

[97] 阮元校刻，《十三经注疏》下册，北京：中华书局，1980，第 1422 页。

[98] 阮元校刻，《十三经注疏》下册，北京：中华书局，1980，第 1414—1415 页。

[99] 阮元校刻，《十三经注疏》下册，北京：中华书局，1980，第 1800 页。

[100] 阮元校刻，《十三经注疏》上册，北京：中华书局，1980，第 89 页。

[101] 阮元校刻，《十三经注疏》上册，北京：中华书局，1980，第 31 页。

[102]《汉语大字典》（上），成都/武汉：四川辞书出版社/湖北辞书出版社，1995，第 111 页。

[103] 阮元校刻，《十三经注疏》下册，北京：中华书局，1980，第 2568 页。

[104] 这只是甲骨文中的部分“妾”字，其余的还有[illegible]、[illegible]、[illegible]、[illegible]、[illegible]、[illegible]，详见：徐中舒

主编，《甲骨文字典》，成都：四川辞书出版社，1990，第230页。

[105] 容庚编著，张振林、马国权摹补，《金文编》，北京：中华书局，1985，第155页。

[106] 阮元校刻，《十三经注疏》上册，北京：中华书局，1980，第255页。

[107] 左民安著，《细说汉字——1000个汉字的起源与演变》，北京：九州出版社，2005，第488页。

[108]《汉语大字典》（下），成都/武汉：四川辞书出版社/湖北辞书出版社，1995，第4036页。

[109] 许慎撰，《说文解字》，北京：中华书局，1963，第58页。

[110] 林剑鸣著，《秦汉史》上册，上海：上海人民出版社，1989，第57页。

[111] 阮元校刻，《十三经注疏》下册，北京：中华书局，1980，第2048页。

[112] 徐元诰撰，王树民、沈长云点校，《国语集解》，北京：中华书局，2002，第350页。

[113] 罗贯中著，《三国演义》（上），北京：人民文学出版社，1979，第45页。

[114] 阮元校刻，《十三经注疏》上册，北京：中华书局，1980，第1266页。

[115] 阮元校刻，《十三经注疏》上册，北京：中华书局，1980，第1267页。

[116] 阮元校刻，《十三经注疏》上册，北京：中华书局，1980，第1269页。

[117] 曹顺庆主编，《中华文化原典读本》，北京：北京师范大学出版社，2011，第208页。

[118] 阮元校刻，《十三经注疏》下册，北京：中华书局，1980，第2568页。

[119] 阮元校刻，《十三经注疏》下册，北京：中华书局，1980，第2568页。

[120] 许慎撰，《说文解字》，北京：中华书局，1963，第7页。

[121] 陈立撰，吴则虞点校，《白虎通疏证》上，北京：中华书局，1994，第43页。

[122] 许慎撰，《说文解字》，北京：中华书局，1963，第10页。

[123] 经本植、杜仲陵、向熹、张永言、罗宪华、严延德编，《简明古汉语字典》，成都：四川人民出版社，1986，第260页。

[124] 洪兴祖撰，《楚辞补注》，北京：中华书局，1983，第47页。

[125] 洪兴祖撰，《楚辞补注》，北京：中华书局，1983，第47页。

[126] 阮元校刻，《十三经注疏》上册，北京：中华书局，1980，第504页。

[127] 朱熹集注，《诗集传》，上海：上海古籍出版社，1958，第175页。

[128] 司马迁撰，《史记》第一册，北京：中华书局，1959，第236页。

[129] 或曰："德高三皇，功过五帝。"详见：白钢主编，《中国政治制度史》上卷，天津：天津人民出版社，2002，第204页。"功过五帝，地广三王，而羞与之侔。"详见：林剑鸣，《秦汉史》上册，上海：上海人民出版社，1989，第47页。"功劳高于古代所有的帝王……"详见：张传玺主编，《中国古代史纲》（上）（修订

本)，北京：北京大学出版社，2004，第124页。

[130]《汉语大字典》(下)，成都/武汉：四川辞书出版社/湖北辞书出版社，1995，第4130页。

[131]《史记》第一册，北京：中华书局，1959，第237页。或曰，蔡邕是言出乎《独断》卷上，然文字略有不同："陛，阶也，所由升堂也。天子必有近臣执兵陈于陛侧，以戒不虞。谓之'陛下'者，群臣与天子言，不敢指斥，故呼在陛下者而告之，因卑达尊之意也。"详见：《汉语大字典》(下)，成都/武汉：四川辞书出版社/湖北辞书出版社，1995，第4130页。

[132] 阮元校刻，《十三经注疏》下册，北京：中华书局，1980，第2735页。

[133] 司马迁撰，《史记》第二册，北京：中华书局，1959，第382页。

[134] 转引自：翦伯赞主编，《中国史纲要》第三册，北京：人民出版社，1979，第289页。

[135] *Webster's Third New International Dictionary*, Springfield: Merriam-Webster, 1961, p. 2662.

[136] *The New Oxford Dictionary of English*, edited by Judy Pearsall, Shanghai: Shanghai Foreign Language Education Press, 2001, p. 863.

[137] 阮元校刻，《十三经注疏》上册，北京：中华书局，1980，第75页。

[138] 司马迁撰，《史记》第四册，北京：中华书局，1959，第1194页。

[139] 阮元校刻，《十三经注疏》下册，北京：中华书局，1980，第2482页。

[140] 刘昫等撰，《旧唐书》第十五册，北京：中华书局，1975，第4982页。

[141] 阎照祥著，《英国史》，北京：人民出版社，2003，第4页。

[142] 阎照祥著，《英国史》，北京：人民出版社，2003，第25页。

[143] 阎照祥著，《英国史》，北京：人民出版社，2003，第25页。

[144] 阎照祥著，《英国史》，北京：人民出版社，2003，第27页。

[145]《大义觉迷录》，中国社科院清史所编，《清史资料》第4辑，北京：中华书局，1980，第4页。

[146]《诗经·小雅·北山》，阮元校刻，《十三经注疏》上册，北京：中华书局，1980，第463页。

词汇符号的非对称二元性初探

罗 苹

四川师范大学 外国语学院，四川成都，610101

摘 要：语言的符号属性和符号特征一直是语言学家和符号学家探讨的重要问题。非对称二元性是词汇符号的一个普遍特性，也是词汇符号不同于其他符号的一个重要特性。本文运用符号学的基本概念——系统、结构、能指和所指等，对词汇符号的结构、词汇符号的对称性与非对称二元性进行探讨，指出非对称二元性是词汇符号的动态特征，也是词汇符号发展变化的重要前提之一。

关键词：词汇符号；非对称二元性；能指；所指

一、引 言

语言系统是一个特殊的符号系统。“语言的符号属性和符号特征一直是语言学家和符号学家探讨的重要问题，也是语言符号学研究的基本起点。”[1]非对称二元性是词汇符号的一个普遍特性，也是词汇符号不同于其他符号的一个重要特性。本文拟运用符号学的基本概念——系统、结构、能指和所指等，对词汇符号的非对称二元性进行初步探讨，以为进一步探讨该问题，并为全面系统地研究词汇的符号属性做出有益的尝试。[2]

语言符号结构的非对称二元性最早由日内瓦学派学者谢·卡尔采夫斯基（С. Карцевский）提出。他在 1929 年发表了堪称语言不对称性研究经典之作的《语言符号结构的非对称二元性》（«Об асимметричном дуализме

收稿日期：2017 - 03 - 08

作者简介：罗苹（1975—），女，四川简阳人，俄语语言文学博士，四川师范大学外国语学院教授，翻译硕士俄语笔译方向研究生导师，主要从事俄语语义学、翻译理论与实践研究。

лингвистического знака»)。在这篇论文里，卡尔采夫斯基指出，语言符号及其意义的界域并不完全吻合，同一个符号可以有几个意义，而同一个意义又可以用几个符号表达。任何一个符号都具有与别的符号形成同音异义或同义的潜能，即符号由思维现象的这两个系列的交叉构成。因此，语言符号能指和所指的关系是波动的、紧张的。能指趋向于获得另外的意义，所指趋向于能够被原有能指以外的其他能指表达。两者处于不对称状态，处于不稳定的平衡状态。他认为，正是语言符号结构的这种非对称二元性才使得语言有可能发展。[3]

二、词汇符号的结构

索绪尔认为，任何语言符号的单位都是由概念和音响形象构成的双面性心理实体，并用所指（signifie）和能指（signifiant）这两个术语分别指称这两面。他以“树”（arbor）一词为例，用以下图形说明了能指和所指的关系：

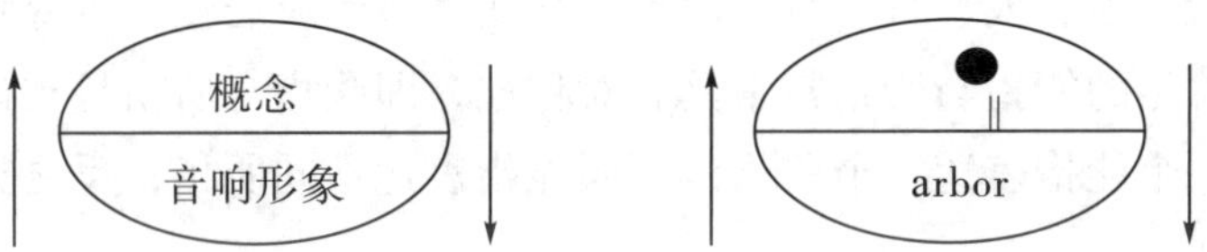

在“树”这个词中，概念（左图）相当于想象中的心理形象（右图），音响形象（左图）则用表示声音的字母（右图）代表。椭圆形整体即为符号，上下半圆则分别为所指和能指。这个图形既能表明能指与所指彼此间的对立，又能表明它们和它们所从属的整体（符号）间的对立。[4]

作为语言符号的基本层级单位，词汇符号也是由能指和所指构成的双面性实体。“词以其双维度性（двухмерность）与音位（фонема）和模型（модель）相区别，因为其原初形式总是声音和意义的有机统一体。”[5]

三、词汇符号的对称性

索绪尔语言符号学认为，世界原本是杂乱无序、一片混沌的，有了语言以后，语言才给世界以结构，世界才有秩序。[6]

许国璋曾从语言学的角度分析了初民传说中的“混沌初开”。他认为，

“混沌”是初民对世界的一种无所名状的称呼；“初开”是人类对存在进行分别认识和分别命名的第一步，命名即是用语言来区别存在中的各个实体，例如天、地、水、人、兽、鱼、鸟等[7]。事实上，幼儿认识世界即是从识别个别的人和物开始的，其咿呀学语的过程便是对本来一无所知的世界整理的过程，也是建立秩序的过程。

现代符号学家池上嘉彦从符号学的角度描述了人类有关“语言”这个符号体系的各种活动：对环绕自己的外界现象或对象，从与自身的关联的角度出发，赋予意义，并以代码的形式使其秩序化；或者遵照代码创造、解释信息，使之维持这种秩序的功能，进而创造、解译超越代码信息以修正原有秩序，创造新秩序，等等。[8]上述活动中的第一步实际上就是人类给自己周围的事物赋予意义，并通过语言给自己所处的世界输入秩序。

词汇符号的基本功能之一正是给自己的周围世界命名，将其秩序化。“词的功能在以下序列中得以确定：音位（意义区分功能）、词（称名功能）、句子（交际功能）。因此，词是称名单位、命名单位。”[9]

因此，从最初的产生来看，词汇符号往往是用来称名某一特定的事物或现象，如天、地、人、日、月、星等，从而把自己所居住的世界秩序化。此时，词汇符号的能指与所指常常具有对称性，即能指与所指呈现出一一对应的关系：一个能指表达一个所指，不同能指表达不同所指；反之亦然。

四、词汇符号的非对称二元性

上述词汇符号能指与所指的对称状态实际上只是一种理想的情况。正如池上嘉彦所指出：“‘符号形式’和‘符号内容’之间相互依存的关系的对称运动只限于假设二者以‘理想的’代码为依据的场合，即对各种符号都十分明确地规定了其‘符号形式’和‘符号内容’，并使二者之间具有排他性的一对一的对应关系。”[10]例如莫尔斯电码。

实际上，能指与所指的非对称二元性才是词汇符号的常态。词汇符号的一个重要特性是与客观现实的直接相关性，该特性导致词汇符号处在不断的发展变化之中。但是词汇符号的变化往往不会始终坚持“一个能指表达一个所指，不同能指表达不同所指”的对称发展原则，该原则带来的最直观的后果将是词汇符号系统庞大到令人无法掌握的地步，从而失去符号系统的意义。因此，这种变化往往呈非对称趋势，或能指不变而所指发生变化，或所指不变而能指发生变化，从而使作为整体的词汇符号呈现出非对称二元性。

词汇符号的非对称二元性可分为两类：（1）同一能指表达多个所指；（2）多个能指表达同一所指。

（一）同一能指表达多个所指

词汇符号能指与所指非对称发展的一个趋向是，能指保持不变而所指发生变化。根据各所指之间是否存在联系，又可大致分为两类：（1）同一能指表示的多个所指之间保持某种程度的联系，即一词多义现象；（2）同一能指表示的多个所指之间缺乏内部联系，即同音异义现象。

1. 一词多义现象

一个词刚产生的时候总是用来指称某一特定的事物或现象。然而随着社会的发展，新事物和新现象不断涌现，人们需要给它们命名。一一对应的命名方式会使词汇符号系统无限扩大，符号数量很快就会与记忆容量的限度发生冲突，使人无法掌握。因此，从语言的经济原则出发，通过借用一些手段，使原本单义的词汇符号获得新义，即词汇符号能指不变，而对应所指的事物不断发生变化，从而产生新的词汇——语义变体（所指），出现同一个能指表示几个不同所指的情况，形成一词多义现象。可见，“一词多义是一个历史过程，是词语语义‘分裂’、语义展开的过程”[11]。

导致一词多义的语义展开一般按照思维中的联想规律，沿着两条路径进行：

（1）一个词用来指与原来表示事物相似的现象。如“酝酿”：①造酒的发酵过程；②比喻做准备工作。酒造出之前有一段发酵过程，某些事情做成之前也要有一段准备过程，两者有某种相似之处。

（2）一个词用来指与原来表示事物相关的现象。如“翻译”：①把一种语言文字的意义用另一种语言文字表达出来；②做翻译工作的人。“翻译”的原义是表示一种动作行为，后来把实施这种动作行为的人也称为“翻译”，两者有相关之处。

一词多义是词汇符号的一个重要特征。“自然语言中词的最为显著的特征之一可以认为是其非单义性。原则上所有的词（实际上是极多的词）在语言中都有一个以上的意义。”[12]词汇符号除了专有名词、纯术语外，多义现象居多。而语言符号以外的符号往往呈单一性，即不容许对其意义内容作任何附加的解释，它的直接的、唯一的“意义”并不随它执行功能的具体环境不同而改变。[13]例如，无论在什么条件下汽车司机对公路上的单行路标志都只能作一种解释，即“此路段单向行驶”。

2. 同音异义现象

语言在反映与表现世界时，首先面临的矛盾就是世界的丰富性与语言手段的贫乏性之间的矛盾。受“人”的特性制约，只能使用较少的材料表现丰富无比的大千世界。这一方面表现在从人口中发出的具有区别性的语音数量总是有限的；另一方面，尽管语音分层组合后可以获得一个较大的量（姑且不说这些量与丰富无比的大千世界比较起来还是很少的），但“人”所能记住并运用自如的语言单位与组合形式是有限的。就一般人来讲，合起来也就是数千种。超过这个数量，就非“人”力之所及了。[14]因此，用同一个语音形式来表达若干个互不关联的意义（即同音异义现象）也就成为人类语言的一个普遍现象。例如汉语的“杜鹃”（鸟，身体黑灰色，腹部有黑色横纹）和“杜鹃”（常绿或落叶灌木，叶子椭圆形，花多为红色），英语的“bank”（银行）和“bank”（河岸）等等。

由于同音词能指相同而所指毫无关联，一些学者将同音异义现象视为否定现象。同音词有时被称作“病”词，因为同音现象降低了词的信息功能，不同意义却有相同的表达形式。对同音现象持消极评价的人认为，语言自身发展会不断消除这种现象。[15]

当然，不少学者并不同意上述观点。如果不是由于表达形式的不成功而造成模棱两可，或有意使用双关结构，说话人通常不会注意到同音异义现象。而另一方面，尽管词汇系统中一些同音词在消失，另一些同音词又会随之出现。

实际上，从符号学的观点来看，词汇同音异义现象的普遍存在表明，语言是一种特殊符号系统，具有其他符号系统不具备的独特规律。这不是类似于代码的“规约性的”“被发明的”符号系统，而是历史形成的，按照自己的规则和规律存在与发展的系统。正如池上嘉彦所指出的，“人类所具有的局限性与可能性——‘语言’以适合它们的形式表现出来了。它不同于为了有效地达到目的而有意创造出来的人工语言，而是具有通过与人这个当事者的密切关系产生出来的‘自然性’的东西”[16]。

（二）多个能指表达同一所指

词汇符号能指与所指非对称发展的另一个趋向是，所指保持不变而能指发生变化。

如上所述，词汇符号是声音和意义的结合体。在语言体系中，词义是一种相对稳定的思想、心理现实，是人的思维意识反映现实的产物。[17]也就是说，词义的对象不是真实的世界，而是概念化的世界，是人们对客观世界中的事物、现象和关系进行认知而产生的思维结果。因此，随着人类认知能力、思维水平的不断提高，对客观世界的认识也变得越来越精细。而当这些精细的思维结果在人脑中有区别时，人们就迫切需要用不同的词语来表现，不管在这个区域内已有多少个词语，于是就出现了多个能指对应同一个（或大致相同的）所指的现象，即同义现象。也就是说，人类精神与意识精细到什么程度，在语言中同义词也就会发达到什么程度。所以，有人说，一种语言中，同义词的多少与操这种语言的人群的思维水平有很大的关系，因为同义词就是为表现这种区别而生的。同义词的丰富程度可以作为人类精神与意识细密程度的一把标尺。[18]

当多个能指对应同一个所指时，完全同义词，即词义完全相同、在所有语境中都是等义关系的词就产生了。例如汉语的“和－同”“吞－咽”，英语的“word building － word formation”（构词法），等等。

但多数情况下，顺应语言的经济性原则，这类词会产生这样或那样的区别，形成多个能指表达一个大致相同的所指的情况，即部分同义词。例如，当“sky”进入英语时，同本族语“heaven”是完全同义的，都表示自然界的天空和上帝、天使们的精神王国。但逐渐地，“sky”用来表示物质的天空，而“heaven”则指精神的王国。[19]

五、非对称二元性是词汇符号的动态特征

能指与所指关系的开放性，使得词汇符号的使用成为一种不断超越编码的活动。面对尚未被编成代码的生活世界情境，语言使用者一方面必须创造新的代码，以充分表达自己的思想，另一方面他又想尽量让别人理解自己的意思，所以创新必须是有章可循的。[20]换句话说，人类在处理新经验的时候，一般不采取从完全空白的状态着手进行的方法，而是首先将其纳入我们的知识总和，确定可以在新知与旧知的交叉点上找到该现象的坐标。这就导致词汇符号主要沿着两根轴线发展变化，或能指获得另外的意义，或所指能被原有能指以外的其他能指表达，从而使词汇符号呈现出非对称二元性。

因此，词汇符号的非对称二元性充分表明，词汇符号没有约定俗成的“记号”的固定性，其能指与所指的对应关系是波动的、开放的，处在不断的发展变化之中，这也使得词汇符号系统成为一种经济的、弹性的、对生活世界情境敏感的符号系统。可以认为，非对称二元性是词汇符号的动态特性，是词汇符号发展变化的重要前提之一。正如雅各布森所指出的，我们完全接受卡尔采夫斯基的观点，语言符号的非对称结构是语言变化必不可少的先决条件。[21]

另一方面，由于词汇符号能指与所指的非对称动态变化，词汇在系统中不是孤立存在的，它们之间存在千丝万缕的联系。词汇系统因而也不是一个杂乱无章的静态系统，而是具有较强结构组织性的、不断符号化的动态系统。罗斯·奎连曾提出一个著名的语义记忆模式（又称为Q模式）。根据该模式，可以把词位设想为某个树形图的顶端，把词语的若干义项看作该树形图中的支点，义项的语义特征则构成支点下面的许多分支，而所有这些语义特征都可以作为新的语义树形图的支点，从而将该词语与其他具有相同语义特征的词语连在一起。“这一模式，就其全部复杂性而论，依据的是一种无限符号化过程。从视为类型的符号（即位于树形图顶端的词位——本文作者注）出发，人们可以由核心透视到最深远的边际，即整个文化单位宇宙；而其中每一单位又可以转过来变成核心，并进而创造出无限边际。”[22]可见，语言使用者记忆中的语义结构既庞大又复杂，成千上万个语义特征上下交叉，相互连接，构成一个无边的立体语义网络。如果再考虑词汇符号能指间的关系的话，毫无疑问，这将是一个更为复杂的网络系统。

六、结束语

以上我们对词汇符号的结构、词汇符号的对称性与非对称二元性进行了初步探讨，并指出非对称二元性是词汇符号的动态特征，也是词汇符号发展变化的重要前提之一。当然，本文对此问题的探讨不够透彻，还有许多问题有待我们进一步探究。

注释：

[1] 王铭玉，《谈语言符号学理论系统的建构》，《外语学刊》2007年第1期，第107页。

[2] 本文的部分内容已于此前有所论述，详见：罗苹，《词汇符号的不对称性》，北京：世界知识出版社，2012。

[3] С. Карцевский，“Об асимметричном дуализме лингвистического знака”，*История языкознания XIX-XX веков в очерках и извлечениях*，В. А. Звегинцев（ред.），М.：Просвещение，1965，с. 87－90.

[4] 索绪尔，《普通语言学教程》，高名凯译，北京：商务印书馆，1980，第 101－102 页。

[5] Н. М. Шанский，*Лексикология современного русского языка*，М.：ЛКИ，2007，с. 21.

[6] 郭鸿，《现代西方符号学纲要》，上海：复旦大学出版社，2008，第 81 页。

[7] 许国璋，《许国璋论语言》，北京：外语教学与研究出版社，1991，第 9 页。

[8] 池上嘉彦，《符号学入门》，北京：国际文化出版公司，1985，第 151 页。

[9] Д. Н. Шмелев，*Современный русский язык. Лексика*，М.：Комкнига，2006，с. 53.

[10] 池上嘉彦，《符号学入门》，北京：国际文化出版公司，1985，第 46 页。

[11] Л. В. Николенко，*Лексикология и фразеология современного русского языка*，М.：Академия，2005，с. 29.

[12] Ф. А. Литвин，*Многозначность слова в языке и речи*，М.：Высшая школа，1984，с. 4.

[13] 王铭玉，《语言符号学》，北京：高等教育出版社，2004，第 38 页。

[14] 韩宝育，《语言与人的意义世界》，北京：中国社会科学出版社，2002，第 38 页。

[15] 杨洁，《俄语词汇学教程》，上海：上海外语教育出版社，2009，第 49 页。

[16] 池上嘉彦，《符号学入门》，北京：国际文化出版公司，1985，第 151 页。

[17] 郭聿楷，《语义学概论》，北京：外语教学与研究出版社，2002，第 48 页。

[18] 韩宝育，《语言与人的意义世界》，北京：中国社会科学出版社，2002，第 184－185 页。

[19] 汪榕培、王之江，《英语词汇学》，上海：上海外语教育出版社，2008，第 91－92 页。

[20] 丁尔苏，《语言的符号性》，北京：外语教学与研究出版社，2000，第 106 页。

[21] 钱军，《结构功能语言学——布拉格学派》，长春：吉林教育出版社，1998，第 115 页。

[22] 乌蒙勃托·艾柯，《符号学理论》，卢德平译，北京：中国人民大学出版社，1990，第 144 页。

俄语口头－谈话语中的分节现象

张　焰

四川师范大学　外国语学院，四川成都，610101

摘　要：本文依据奥·阿·拉普捷娃关于分节现象的理论，探讨作为俄语标准语口头－谈话语分体语句中的分节现象产生的条件及其特性。分节为对话和独白中都存在的口语典型句法模式的产生和形成提供了理想的言语基础，是构建口头－谈话语语句的常见方式。

关键词：口头－谈话语；分节现象；分解性句法结构

一、引　言

口头－谈话语是现代俄语标准语的一个分体，服务于日常口头－言语交际的各个领域。口头－谈话语分体从组合和聚合方面拥有自己的语言手段，本文着重介绍和分析作为构建俄语口头－谈话语句方式的分节现象。由于口语的非正式性、无准备性，口语语句中多有结构松散、形式上看起来非常“无组织”的句式[1]，这些分解性的句法结构正是我们讨论的分节形象。

早期俄语学界对分节现象问题关注的重点是对言语中最明显和最普遍的复指结构——带主位一格结构的研究。阿·马·别什科夫斯基（А. М. Пешковский）在《科学视角下的俄语句法》（«Русский синтаксис в научном освещении»）一书中明确了这一概念，他建议用术语“表象一格”

收稿日期：2017－03－05

基金项目：2016 年四川省教育厅人文社科重点项目“俄语口语词序象似性研究”（编号 16SA0011）的阶段性成果。

作者简介：张焰（1968—），女，四川乐山人，俄语语言学博士，四川师范大学外国语学院讲师，主要从事俄语口语学研究。

（именительный представления）来表示带主位一格的结构。他把表象一格归入“既不构成句子，也不构成其成分的词和词组”[2]的种类。

继别什科夫斯基之后，很多语言学家（Н. С. Валгина，А. С. Попов，В. В. Бабайцева，А. Е. Майорова，Т. П. Степанова，Т. Р. Коновалова 等）对主位一格的结构进行了探讨。但是上述研究基本局限在结构本身及其在文语－书面语中的运用。本文将依据奥·阿·拉普捷娃（О. А. Лаптева）有关分节现象的理论，讨论口头－谈话语中言语流的分节现象及其对口语中典型的分解性句法结构的影响。

二、口头－谈话语中的特殊句法结构——分节现象

拉普捷娃在研究口头－谈话语之后将自己的研究对象扩展到口头科学言语和电台、电视言语。在研究口头独白文本离散性特征的三部著作中，作者运用对言语材料的直接观察法，总结出口头文本内在的特有属性：在作为口头标准语之一的口头－谈话语的言语流中呈现出的句法和语调上的分节现象。如果说在书面语中句子是构建文本的意义－结构基本单位，是书面语独白文本断句的基础，那么在口头语中完全是另一种情况。

在口头－谈话语中，展开式对话和独白中出现的冗长对白不仅为文本中句子的出现而且还为其他性质的成分的出现提供了条件。书面独白文本切分为一组组的词组和句子，口头独白文本则切分为各种结构和长度的言语分割段，即分节段。

无论是分节段还是句子，都要受限于左右两边的语调切分（其中包括停顿）。分节部分句法构成完全是任意的：停顿可以出现在感叹词和语气词的前面和后面，可以位于词、词组、句子的交界处，甚至句子和词组的组成成分之间，也就是说，实际上可以在任何位置分节。但是，从说话人角度来看分节是任意的，从听话人的角度来看分节则是非任意的。

从结构上来看，分节段可以等同于句子（语句）、词组，也可以大于或小于词组。分节组成部分同语句句法组织部分的不等同导致语句本身结构发生一系列变化。[3][4][5]

三、分节现象的主要特征

按照拉普捷娃的研究，分节现象的主要特征是其作为功能单位的分节段追求语义、语法和交际的独立性。

分节段的功能在于构建语句，充当独立的交际单位。信息的推进是通过在有一定长度的言语材料中以分节段形式呈现的，并且分节段内部的语法联系表现稳固。

正是由于分节段追求交际独立性，因此其形态－结构表现出以下特点：（1）分节段的动词化程度高，（2）头语重复和指后照应的性能有提升。

同普通文语和文语－书面语的等同句相比，有分节现象的语句中动词总数量增多。动词分节段出现在语句中和其述谓中心外，同时构成补充的述谓关系（述谓化现象），这就提升了分节段的形式－结构和语义的独立性。

动词化程度增高时分节段中出现自有的动词使用规则，而这在共同标准语中却是禁用的：*Как только мы организовали ввод порядка /* [6] *не даже на* 20 *tblщу запросов / а всего-навсего у нас было около* 6 *тыщу запросов в год //* [7] *со всеми красивостями пришлось покончить // пришлось покончить//*. 正如例句所示，分节段表现出极高的独立性。

动词性的分节段相邻导致句子结构叠加：*Но естественно / что понимать работы Павлова / можно очень по-разному / интерпретировать //*.

分节段的头语重复和指后照应性能的提升可导致主位一格句子结构、补充结构、重复结构以及各种形式的语法修正。

主位一格句子结构在口头独白中经常出现，特别是一格组成成分中包含带 который 的从句或者其他冗长的组合：*Ну / вот такого рода редкие события / которые нельзя исключить / они может быть / играют определенную роль / в процессах.*

带有各种形式的补充、说明和信息推进的分节段的补充结构，不具有严格的结构形式：*Звездное небо нам показали / Артюхин с нами встретился / космонавт /.*

对模仿谈话语的言语分割支持在语气停顿后做补充的可能性，可使用或长或短的任何结构形式分节段来说明、补充，但它们不具有语法的完整性，因此也很难类型化：*Первый год пришел довольно успешно / С января месяца /.*

重复结构形式不清晰。重复可以是词、词组、句子任何部分，其中包括全部和部分述谓中心，通常是在语句中。这样的重复有一定的功能 —— 进一步说明、更正、强调，推进信息的进一步深入。例如：（1）*Поэтому здесь / видимо надо / надо / значит как говориться четко определить заказ /*；（2）*В – в технической области / как правильно / нет однозначной истины / которую / можно прийти / в науках естественных // Этой / однозначной истины нет / и собственно говоря / научная дискуссия / направлена / на выработку / оптимальной технической политики //.*

各种语法上的修正为说话人在有限的思考时间内提供了选择正确语法手段的可能，这也是得益于言语的分节化，同时可以从中观察到对性、数、格、介词支配和连词的修正以及限定词引入等现象。例如：（1）*Э-э / я думаю / таким образом / это еще / так сказать / эта / формула / конечно / нуждается и в дальнейшем развитии / и обсуждении /*；（2）*Мне кажется // что / качество продукции / и производительность труда // это // показатели и / и / или / формулы проявления / или факторы / можем сказать / эффективности производства //*；（3）*Слово для / вступительное слово / предоставляется...*

这样，在语句分节的条件下可观察到分节段对句法独立性的追求。分节句法是综合性的。分节动词化增强同独立性提升相关，独立性提升同停顿功能负重提升相关。

虽然口头文本主要交际单位是语句，然而分节段同样也应被视为言语理解（认知）和述谓单位，它本身不具有交际完结性，也不是句法范畴单位。分节对词组和句子的言语功能有影响，其结果是词组和句子的结构偏离。说话分节处正是说话人和听话人注意的焦点。

四、结　语

作为构建口语语句方式的分节化为对话和独白中的口语典型句法模式的产生和形成提供了理想的言语基础。从其自身的句法结构来看，分节既可以等同于句子（语句）、词组，也可以大于或小于句子、词组。正是分节组成部分与语句句法组织部分的不等同，导致语句本身结构发生一系列变化，由此也牵出一些特殊的口语词序现象和口头－谈话语中特有的分解性句法结构：主位一格结构、补充结构、重复结构、语法修正等。

注释：

［1］崔卫，《现代俄语口语实践语法教程》，北京：外语教学与研究出版社，2012，第182页。

［2］А. М. Пешковский Русский синтаксис в научном освещении. 8－ое изд.，доп. М.：Языки славянской культуры，2001，с. 404－407.

［3］О. А. Лаптева Дискретность в устном монологическом тексте // Русский язык. Текст как целое и компоненты текста（Виноградовские чтения XI）. Редокол.：Шведова Н. Ю.（отв. ред.）и др. М.：Наука，1982，с. 77－105.

［4］О. А. Лаптева Языковые основания выделения и разграничения разновидностей современного русского литературного языка // Вопр. яз.. 1984，№ 6. с. 54－68.

［5］О. А. Лаптева Синтаксическая дискретность монологического высказывания в устной научной речи // Функциональные стили. Лингвометодические аспекты. М.：Наука，1985，с. 118－132.

［6］/ 代表未完结句中停顿。

［7］// 代表完结句停顿。

比较文学研究

曹顺庆《比较文学变异学》英文版序言

杜威·佛克马[1]（撰）

1. 乌特勒支大学　人文学院，荷兰乌特勒支，80125

韩宜儒[2]　赵利娟[3]（译）

2，3. 四川大学　文学与新闻学院，四川成都，610064

梁　昭[4]（审校）

4. 四川大学　文学与新闻学院，四川成都，610064

摘　要：本文是作者为四川大学文学与新闻学院院长、长江学者曹顺庆教授2013年在德国施普林格出版社出版的英文学术专著《比较文学变异学》撰写的序言。序言对专著进行了全面、积极的评价，认为比较文学法国学派片面强调影响研究，美国学派只关注审美阐释而忽略非欧洲语言文学的研究，专著所提出的变异学理论是对法国学派与美国学派的回应，它使我们更直接、清醒地认识到比较文学复杂的现实，这对于中国比较文学学者跨越语言障碍、摆脱文化封闭性局限来说，是一次极其有益的尝试。

编者按：本文据以下文献译出：Douwe Fokkema，"Foreword"，Shunqing Cao，*The Variation Theory of Comparative Literature*，Heidelberg：Springer，2013，pp. v－vii. 原文署名在文末，且其前有"荷兰乌特勒支"字样，兹将其前置于标题之下，署名之下新拟作者信息。原文中无"摘要""关键词"与"作者简介"，此系编者所加。经曹顺庆教授2017年4月8日授权，特将此文翻译、刊发于此，以飨学界。

收稿日期：2017－04－10

作者简介：杜威·佛克马（1931—2011），男，荷兰乌特勒支大学人文学院教授，国际比较文学学会前会长，与爱尔如德·伊布思合著《现代主义臆想》和《知识与责任：以问题为导向的文学研究方法》，与汉斯·伯顿斯合编《国际后现代主义：理论和文学实践》，主要从事欧洲和中国文学、文学理论、现代主义和后现代主义研究。

译者简介：韩宜儒（1990—），女，山东淄博人，四川大学文学与新闻学院2015级文学人类学专业文学人类学方向硕士研究生，主要从事文学人类学研究。

赵利娟（1994—），女，四川达州人，四川大学文学与新闻学院2016级中华文化国际传播专业汉语国际传播研究方向硕士研究生，主要从事中华文化国际传播研究。

审校者简介：梁昭（1979—），女，广西柳州人，四川大学文学与新闻学院副教授，四川省比较文学学会副秘书长，主要从事比较文学和文学人类学研究。

关键词：《比较文学变异学》；变异学理论；差异性；同一性；审美惯例

西方世界尚未意识到，中国的比较文学研究已经蓬勃发展了几十年。1985 年，中国比较文学学会第一届年会在深圳召开，标志着中国比较文学研究进入了一个全新阶段。作为新当选的国际比较文学学会主席，我参加了此次会议，并从这些年轻的参会者眼中看到了充沛的能量和热切的期望。不过，在首届会议之前，已有钱钟书、杨周翰等杰出学者积极展开了文学的国际性研究，他们对英语和欧洲传统以及中国文学史和哲学史有着旁人无可比拟的见解。另外值得一提的是北京大学的乐黛云，她是各种学会和研讨会的有力组织者。同时，还有一批高素质的年轻学者，以出版中英文学术期刊、举办学术会议、组织地方学会的形式，维持了比较文学研究的热度，这批学者包括曹顺庆、谢天振、王宁、张隆溪等。

如前所述，所有这些活动事实上并不为国外学界所知。因此，曹顺庆教授的《比较文学变异学》英文著作的出版，对于中国比较文学学者跨越语言障碍以及摆脱文化封闭性局限来说，是一次极其有益的尝试。该书旨在与欧洲、美洲、印度、俄罗斯以及南非和阿拉伯世界的国外学者进行对话（世界多极化的格局由来已久）。如若不接受曹顺庆教授博学论述的挑战将会是一个极大的损失，其在书中的论述包含许多中肯的观点，但如果我们不能完全同意，就必须要表达我们自己的意见，以使如此有意义的讨论继续下去。

变异学理论是对先前“法国学派”片面强调影响研究的回应，同时也是对美国学者受新批评影响只关注审美阐释而忽略非欧洲语言文学研究的回应。我们的中国同行正确地意识到了之前比较文学研究中的缺憾，并完全能够予以修改和完善。然而，重要的是曹著描述了在各种历史背景下各类学派的兴起和互动。法国学派和美国学派之间的许多误解产生于第二次世界大战期间，当时跨越大西洋的知识互动几无可能。在 20 世纪 20 年代，俄罗斯的形式主义受制于政治迫害和压制，其学术价值几乎消失殆尽，这也与大多数国际学者无法通读俄语原文有关。幸好罗曼·雅各布森从苏联逃往捷克斯洛伐克，并在那里遇到了结构主义学者穆卡洛夫斯基和比较文学学者雷内·韦勒克，后来他为逃避纳粹的迫害定居于美国，因此俄国形式主义的遗产得以拯救和保存。目前，俄国形式主义的德语翻译是最准确的（也存在双语版本），因而更好地保存了什克洛夫斯基、艾亨鲍姆、迪尼亚诺夫、雅各布森以及其他学者的主要观点。可想而知，如果缺失了这些思想成果，现代的文学研究将无法进行。正如1980年我去拜访钱钟书时，他曾说，要理解理论的旅行，具备德语、法语、英语的知识是必不可少的。如今，在雷内·艾金伯勒的建议之下，欧洲比较文学专业的学生被要求至少掌握一种非欧洲语言。事实上，比较文学学者的重任已日渐明显……另一方面，各种语言的知识交流极大地丰富了人类社会，因为这不仅沟通了不同文化的世界，同时也成为文化消费的主要组成部分。正如法语文学作家阿敏·马卢夫（Amin Maalouf）所说，如果想让世界资源在可预见的未来生活中不被耗尽，并从人类生存发展的长远利益着想，那我们必须逐步减弱对物质消费的依赖。

回到变异学理论。那些获得外语知识的学者正是凭此跨越了文化的界限，进而侧重于研究文化的差异性和相似性以及潜在的审美体验。曹顺庆对“法国学派”与美国比较文学研究的描述，使我们对复杂的现实有了更直接、清醒的认知。事实上，也有许多优秀的跨文化研究者，比如美国的日本问题研究专家厄尔·迈纳、在美国教学的华裔学者刘若愚、研究宋词的日本学者吉川幸次郎，以及研究唐诗的美国汉学家宇文所安。他们全都讨论过同质性与异质性、共同性与差异性的问题，并且也都敏锐地意识到了曹顺庆教授在本书中所提到的变异学问题。

曹顺庆及其在四川大学的研究团队并没有声称解决了比较文学的基础性问题。变异学理论已经意识到同一性和差异性的问题，但如何定义和识别同一性？对此，曹正确地假设了美学经验是跨文化文学研究的不变因素，同时认为对文学文本做出更为具体的审美回应似乎也非常必要。文学性（Literariness，or *literaturnost*），这个首次被俄罗斯形式主义者使用的术语，不是排他性的文本现象，而是来自给定文本和不可预测的读者之间的交流。文本特性固然重要，但在此过程中并非决定性因素。众所周知，在实证研究的基础上，某些文本相比于其他文学文本，更容易在特定的读者中引发文学反响或审美共鸣。但美学反应仍然是脆弱和动荡的，毕竟人与人是不同的，甚至同一个人的认知和情绪反应也是不断变化的。正如那句话所说：今天我认为生动美妙的文本，也许在明天看来就暗淡无趣了。

近年来，有两位学者极大地促进了对审美性生产和文学接受的研究。其中之一是俄罗斯符号学家尤里·洛特曼（Yury Lotman），他指出了同一美学（the aesthetics of identity）与对立美学（the aesthetics of opposition）的区别，以至于他能够将口头文学（目的在于识别与鉴定）纳入其争论范围之中。

洛特曼只关注文本属性而忽略读者或听众的反应，所以他当然不能解决所有的美学问题。德国学者齐格弗里德·施密特（Siegfried J. Schmidt）引入了审美惯例这一概念，使这项研究更进了一步。稍做一些修订和规范，我在《知识与责任：以问题为导向的文学研究方法》[*Knowledge and Commitment: A Problem-Oriented Approach to Literary Studies*，与爱尔如德·伊布思（Elrud Ibsch）合著，2000 年版] 一书中重新探讨了审美惯例（aesthetic convention）的概念，此处不再展开。只提一点：惯例是协调问题的相当松散的社会协议。人们可以自由地运用审美惯例来解释某个特定的文学文本：众所周知，作者的审美意图可以被读者识别与赞同，但也可能被忽略，比如政治当局会故意忽略文本的虚构性，并重新解读书中人物角色的言辞，好像他们就是作者的代言人。尽管我认为所有主流文化，或者至少其所带的脚本中，存在审美惯例的空间，但多种文化已经意识到了文本的审美阅读在宗教或主导性世界观压制下的具体情形。同时，对文本的审美回应也超越了大多数低等受教育者和那些为了生计而疲于奔命之人的理解范围，比如民工以及生活极端贫困的农民。

对特定文学文本的审美反应可以来自学校或者家人和朋友的学习。我们所有的读者可能认为某些文本相比于其他文本更有价值，因为这些文本允许读者进行审美性阅读。因此，事实上是我们在制定审美规范。但正如上文所提到的，潜在的审美反应可能会被放弃。而在后种情形之下，文化交流的宝贵价值也会随之丧失。

变异学理论相当乐观地认为，我们能够在不同文化体系中发现文本的文学性。这已是被我们的阅读经验所证实的有效假设。因此，我建议尝试理解并运用曹顺庆教授所提出的变异学理论；同时，如果你认为该理论是无效的，那么可以发表你的观点并发给曹教授看，以便他所期望的跨文化对话与交流得以实现。

世界文学的伦理观

托马斯·奥·毕比[1]（撰）

1. 宾夕法尼亚州立大学　日耳曼斯拉夫语言文学系，宾夕法尼亚斯泰特科里奇，16802

雷昌秀[2]　张　凸[3]（译）

2. 四川大学　文学与新闻学院，四川成都，610065

3. 四川师范大学　外国语学院，四川成都，610101

朱　华[4]（审校）

4. 四川师范大学　外国语学院，四川成都，610101

摘　要：长期以来，西方国家在讨论文学的价值与意义的时候都离不开伦理问题。然而，就阅读、阐释和翻译的伦理观而言，世界文学的研究和传播构成了独特的挑战。本文注意到，歌德与埃克曼的谈话所涉及的伦理问题仍然是世界文学学者的试金石。通过与当代世界文学进行理论的对比，本文对当代哲学审美阅读模式是否能解读世界文

编者按：本文据以下文献译出：Thomas O. Beebee, "The Ethics of World Literature", *Comparative Literature and World Literature*, Volume 1, Issue 2, 2016, pp. 25－29. 原文署名之下无作者信息，此乃编者所加。原文为夹注与脚注并用，为了在格式上同《外国语文论丛》第7辑其他论文保持一致，译文全部处理为脚注。经作者托马斯·奥·毕比教授2017年4月7日授权，特将此文翻译、刊发于此，以飨学界。

收稿日期：2017－04－26

作者简介：托马斯·奥·毕比（1955—），男，加利福尼亚圣莫尼卡人，宾夕法尼亚州立大学比较文学与德语“艾德温·尔勒·斯巴克斯”教授，宾夕法尼亚州立大学日耳曼斯拉夫语言文学系主任，比较文学部门与项目协会会长，学术期刊《比较文学研究》、布卢姆斯伯里系列丛书《作为世界文学的德国文学》主编，主要从事文学理论与批评、翻译理论与实践研究。

译者简介：雷昌秀（1975—），女，四川成都人，四川大学文学与新闻学院2016级比较文学与世界文学专业比较文学方向博士研究生，成都理工大学工程技术学院外语系讲师，主要从事比较文学与世界文学研究。

张凸（1995—），男，四川成都人，四川师范大学外国语学院2014级英语专业本科生，主要从事英美文学研究。

审校者简介：朱华（1958—），男，安徽潜山人，四川师范大学外国语学院教授、硕士研究生导师、翻译专业学位硕士点负责人，四川师范大学翻译研究中心主任，四川省精品课程“旅游学概论”负责人，主要从事翻译与跨文化交际研究。

学任务提出了质疑。

关键词：文学伦理学；中国文学；审美；世界文学；约翰·沃尔夫冈·冯·歌德

文学伦理问题的讨论涉及面广，形式多样，在此我无暇对其每个曲折历程进行追溯。“伦理学”是众多英语词汇中看似只可意会不可严格定义的一个。我首先从它的基本定义谈起。伦理学涉及行为的系统化、规范化和正确方向的指引。我们都知道有这么一种伦理批评，这类批评对作品里的人物和行为做出道德品质判断。比如说，安提戈涅坚持为哥哥收尸，她的态度是符合伦理道德呢，还是只是任性或公然抗命的表现？这种对文学人物的道德评判，首先见于柏拉图的《理想国》（*Republic*）和高尔吉亚的《海伦颂》（*Encomium of Helen*），并一直延续至今。在同一本书中，柏拉图首次将史诗和悲剧人物的伦理标准与作品对观众的总体效果联系起来，联系方式看起来直接、合理。从逻辑上讲，个体人物和言行的伦理特点，就像是通过扩展、延伸变成作品的伦理特点，然后又通过作者传递给读者。于是伟大作家被看成是高尚的德育工作者和虔诚的神职人员的接班人。另一方面，受后现代主义的影响，一种新的伦理批评观出现了：它认为伦理的时间流向是相反的，是从读者流向文本。文本读者应该表现得“心胸宽广、专心致志，忘却自我或虚怀若谷，并敏锐地接受文本的他者性”[1]。

然而世界文学的伦理观又是什么样的呢？既然世界文学不是单一文本，而是一种网状的文本关系，世界文学引发的伦理问题实质上更倾向于系统化而非个性化。文学文本通过叙述方式，即通过具体的语言使用（语义、句法、修辞）和叙述手法来传递价值体系、规范和伦理问题。在叙述伦理研究的背景下，这些叙述手法得到广泛深入的研究。叙述伦理学的研究传统可以追溯到数十年前，如果算上高尔吉亚和柏拉图的话，甚至可以追溯到几千年前。然而，随着文学的新实践，以及叙述学、后殖民研究、性别研究和新媒体的发展，新的问题又出现了。从20世纪90年代，也就是世界文学领域开始构建逻辑性理论以来，世界文学的辩论就一直以伦理学为基础，只是伦理立场几乎很少得到清晰展现，这也正是本文下面要尝试探究的。

在世界文学的形成过程中有这么一件大事。那是1827年1月31日的早上，德国作家约翰·沃尔夫冈·冯·歌德告诉朋友约翰·皮特·埃克曼，他最近一直在读一本已经译成法文的中国小说。埃克曼听后很吃惊，觉得这样的东西一定看上去很奇怪。但歌德打消他的疑虑说，实际上，中国人的“思想、行为和情感跟我们几乎完全一样，而且我们很快就会发现，我们和他们完全一样，只是在他们那里，一切都比我们这里更加无暇、纯洁和得体”[2]。稍后，埃克曼又问歌德，他读的那本特别的小说是否是同类体裁中特好的本子。歌德回答说，不是的，它只是成千上万这样的作品中的一部而已，而且当德国人还生活在丛林里的时候，中国人就已经在创作这些小说了。歌德在这里表达了他理想人性的理念，也就是希望有相似的思想、行为和情感基础的文化之间存在普遍的可译性。他后来的很多作品都体现了这样的理念。歌德还进一步说，他在伦理上欠了中国人亲情债，这是一种年轻人对长者的尊重之情。歌德暗示，欧洲人应向中国人学习如何变得更明白、纯洁和优雅。经过与法国作曲家贝朗热的放肆行为的一番比较后，歌德做出了他关于世界文学的第一次声明：“我越来越觉得，诗歌是人类共同的财富，不言而喻，从事诗歌创作的人在任何时候、任何地方都有千千万万。”[3]没有人会因为写了一首好诗就自认为做了一件多么了不起的事情。“但是，说真的，要是我们德国人不能跳出周围狭隘的圈子向外看的话，我们就很容易陷入这种学究式的自负之中。”[4]或许我们有理由认为，歌德这话是在说他的交谈者埃克曼无知：不知道中国人竟然会写小说，不知道世界上有着共同的人性。

这场初步讨论之后，歌德得出了他关于世界文学的著名宣言：“如今，民族文学这个术语已经没有什么意义；世界文学的时代即将到来，我们每个人都应该为它的早日到来而努力奋斗。”[5]正如人们常谈到的那样，歌德的世界文学理念是一种自然而然的新观念：世界文学不是一样东西，不是一个实体、市场或商业化过程中的副产品，而主要以启蒙思想为首要目标。其次，人们常谈的是歌德宣言中的“必须”（muss），一种带来世界文学的道义上的责任。歌德说，我们人人都必须努力使其快些到来，但是“我们人人”是什么意思呢？这里的“我们”是否包括作家、评论家、教师、学生和读者？歌德要我们帮忙带来世界文学：这是我们欠别人的。正如欧洲人在开化前很长一段时间里，在小说创作方面就欠了中国人一样，这也是活在当下、眼界受国门限制的人欠未来若干代人的。歌德的世界文学是一种阐释学，是要让那些原本藏起来的、看不见的东西世界化。

从整个谈话中我们发现，这种向他者虚心学习的伦理观，在歌德最初的“世界文学来临了”的主张中随处可见。这种伦理观也散见于歌德其他相同主张的名著中。例如，苏格兰人托马斯·卡莱尔“已经写了席勒生平，而且还对席勒做了全面评价，好像德国人以前很难这样去做”[6]。弗里德里希·席勒是一位重要的德国作家，也是歌德的朋友，但是歌德这里并没有把对席勒的根本或“正确”评价留给自己，也没有留给席勒的那些德语读者。歌德这里彻底改变了赫尔德认为文化与作家存在绝对同一性的观点，从而给出了另一种悖论：文化有权珍视自己的作家，因为这些作家是他们的；文化也可能会误解或忽略他们的某些方面，较全面的文学理解来自跨文化比较。伦理上，知识分子有义务去关心世界是如何看待“他们的”作家的。歌德为德国文化保留了一个光荣位置：世界文学的催化剂。他告诫知识分子要耐心、宽容，几乎要以哈罗德·布鲁姆意义上的那种创造性的误读，再次将误解从一无是处的垃圾堆中拯救出来：“所有民族都注意着我们，对我们或赞美、谴责，或吸收、排斥，或模仿、歪曲，或理解、误会，或敞开心扉、紧闭心门。我们必须坦然接受这一切，因为答案对我们非常重要。”[7]至于这个重大意义的具体实质是什么，却并没有说出来。

因此，歌德会以英雄形象出现在谢永平（Pheng Cheah）的近期世界文学著作《何为世界？作为世界文学的后殖民文学》（*What Is a World?: Postcolonial Literatures as World Literature*）之中一点都不奇怪。因为这位德国思想家提出了世界文学（*Weltliteratur*），这是一种精神理念，一种对他者的伦理观照形式。谢永平是这样阐释世界文学的伦理特点的：“文学……因其自身存在，而在源源不断的世界创造中发挥积极作用，并通过他者的到来，打开世界之门，通过角色的退场和上场（disclose and constitute actors）来创造世界。”[8]这里的退场，可能就是艾瑞克·奥尔巴赫（Eric Auerbach）著名论文《世界文学的语文学》（“Philologie der Weltliteratur”）[9]中的意旨。他这样说道：“我们的地球，即世界文学的场所，并不仅仅指人类一般或共同的东西。”[10]一般的或普遍的东西带来的是一种静态的，而非动态的、面向未来的世界文学观念。受空间交流限制，世界文学同样如此。在谢永平看来，通过让他者到来，世界文学带来一种安慰，或者说慰藉，一种我们愿意稍做回归的想法。谢永平认为，哲学家格·威·弗·黑格尔保有一种精神和内在性，但是这种观念是以冲突而非阐释为基础，这样新的“文明冲突”就产生了。在这种文明冲突之中，根本对立的艺术方法无法与之杂糅或共存，而只能相互消解。黑格尔的世界文学是纵向的，而非横向的，欧洲处于它的顶端。之后卡尔·马克思把世界文学归结为全球市场的运作，这种运作消除了人类社会各领域的区域和地方壁垒:“通过对全球市场的掠夺,资产阶级让每个国家的生产和消费都带上了国际化特征,……单个民族创造的智力产品成为共同财产。民族一边倒和狭隘主义越来越不可能。在无数的民族文学和地方文学中出现了世界文学。”[11]马克思的词语“民族一边倒和狭隘主义”好像来自歌德与埃克曼的谈话。但他认为世界文学并不是按编年史的时序发展,在其空间、商业的概念中,文学所传递的时间维度被废除了。歌德知识交换的观点蜕变成了消除宗派主义的“硬货物”(hard goods)交换。世界文学是一种“共同财产”(common property)而非“共同财富”(common possession)的理念推动消除文学中民族和语言差异这个幽灵,这是奥尔巴赫的最后预言。

谢永平的海德格尔式世界文学构想,即世界文学是通向世界的窗口,用哲学的方法将我们与文学伦理学联系在一起。文学伦理学并没有明确地召唤出世界文学。在众多考察文学中伦理问题的哲学家中,丹尼尔·雅各布森(Daniel Jacobson)的成果可能最适用于世界文学,也最接近歌德的提议。雅各布森认为,通过将正常情况下我们不可能视为有价值的东西转化为有价值的东西,文学作品揭示出那些不被认可的价值,而且让我们觉得它的视角可能和我们的不一样,从而使读者有切身感受,心胸更加开阔:

> 叙述艺术的根本伦理功能是为想象亲知提供伦理视角,这些视角是叙述艺术作品明显涉及,却未必主张的。这种亲知模式与诗学主张兼容,但是它不要求这样,我们可以向作品学习,但不必受教于它。因此这不是对说教作品或宣传的偏见。……观点新奇、重要,但不一定要正确或真实,这样的作品才能最好地服务于广义的想象亲知目标。[12]

当然,雅各布森的观点只是一般的文学伦理理论,而非世界文学伦理理论。不过,我们可以这样假设:读者的价值观与文本的价值观之间,文化距离越大,想象亲知的空间就越广。当我让世界文学专业的学生阅读印度史诗《罗摩衍那》时,我并不是想把他们都变成优秀的印度教徒,虽然在印度文化史上,这部史诗的确发挥了这样的作用。当所谓的“民族文学”作为丰碑建构起来以加强读者在想象群体中的认同感时,世界文学却能更好地发挥雅各布森文学伦理学中的“想象亲知模式”(imaginative acquaintance model)的作用。

在名为“世界文学教学”的一辑论文集中，凯瑟琳·寇玛（Kathleen Komar）描述了一个体现文学的想象亲知力量的重要时刻。事情是这样的：罗德尼·金骚乱期间，她正在洛杉矶的加州大学给学生们上世界文学课。1992年的这次骚乱导致洛杉矶市大部分地区瘫痪，并引发不同族群间的相互对抗——黑人对白人，黑人对亚裔，等等。族群间的紧张关系又演变成暴力事件。寇玛的世界文学班上也存在这种紧张关系。班上的教学大纲里列有两本德国作品，涉及正义、贫穷和压迫问题。寇玛这样叙述道：“我们讨论两部作品中出现的问题：当本该维持社会正义和公平的法律和政治体系自身都变得肮脏、腐败时，社会会发生什么？……突然，我那些原本因为种族和民族猜忌而不愿意彼此面对的学生，找到了一条述说他们个人情感和在各种场合遭到的不平待遇的途径。”[13]寇玛能把这次机会变成“教育契机”，是因为她把直接感受和距离奇妙地结合在一起：学生的注意力被集中在作品中同样的问题上，而作品的问题处理方式对大家来说都很陌生，因此谈论这些比谈论他们自身要容易。通过距离化和“想象亲知”，世界文学与教学之间的存在关系确立了起来。

但是在什么情况下，对某个观点的一知半解和不求甚解，会变成麻烦而非好事呢？杰汉·拉马扎尼（Jahan Ramazani）引用了西尔维娅·普拉斯（Sylvia Plath）的著名诗歌《切口》（“Cut”）：

破坏者，
神风特攻队员——

你那三K党
巴布什卡头巾上的
污点
色彩变暗，光泽褪去……

然后拉马扎尼这样注释道：“普拉斯的比喻性跳跃，尤其是从她自己跳到纳粹集中营中的犹太人和日本的原子弹受害者，被批评为太过自由和杂乱无章。……帕拉斯将同盟国的破坏者与轴心国的神风特攻队、三K党与俄罗斯老太太的头巾放在一起，模糊他们间的政治历史差异好像很不负责任，除非她的隐喻性关联也是在强调本世纪中叶诗学无意识中记录和凝聚的区域性和全球性暴力。”[14]普拉斯的诗歌是一种歌德式的对他者的阐释性理解，还是一种缺乏理解深度或联系的意象苦思、一种笼统的东方主义？这种痛苦真的是我们这些漂泊在无尽的世界文化关联海洋里的读者自身的痛苦吗？

人们或许可以通过慰藉（Trost）思想，将歌德的世界文学伦理观与后来的奥尔巴赫、谢永平、寇玛和拉马扎尼的主张联系在一起。那么世界文学又能为读者提供什么样的安慰呢？这样的安慰，比如不作虚假的承诺，又是如何在伦理上破灭的呢？我们这些阅读、研究、教授世界文学的人，应该好好努力来分析我们的谎言，从而面对我们这项研究课题的伦理问题。

注释：

[1] Cynthia R. Wallace, *Of Women Borne: A Literary Ethic of Suffering*, New York: Columbia University Press, 2016, p. 14. 译者注：原文中只有文中夹注，而文末相应的参考文献缺失，兹以注释形式补出这条文献。

[2] Johann Wolfgang von Goethe and Johann Peter Eckermann, "Conversations of World Literature (1827)," in David Damrosch, Natalie Melas, and Mbongiseni Buthelezi, eds., *The Princeton Sourcebook in Comparative Literature*, Princeton: Princeton UP, 2009, p. 21.

[3] Johann Wolfgang von Goethe and Johann Peter Eckermann, "Conversations of World Literature (1827)," in David Damrosch, Natalie Melas, and Mbongiseni Buthelezi, eds., *The Princeton Sourcebook in Comparative Literature*, Princeton: Princeton UP, 2009, p. 22.

[4] Johann Wolfgang von Goethe and Johann Peter Eckermann, "Conversations of World Literature (1827)," in David Damrosch, Natalie Melas, and Mbongiseni Buthelezi, eds., *The Princeton Sourcebook in Comparative Literature*, Princeton: Princeton UP, 2009, p. 23.

[5] Johann Wolfgang von Goethe and Johann Peter Eckermann, "Conversations of World Literature (1827)," in David Damrosch, Natalie Melas, and Mbongiseni Buthelezi, eds., *The Princeton Sourcebook in Comparative Literature*, Princeton: Princeton UP, 2009, p. 23.

[6] Fritz Strich, *Goethe and World Literature*, trans. C. A. M. Sym. Port Washington, New York: Kennikat P, 1972, p. 349.

[7] Eric Auerbach, "Philologie der Weltliteratur", in David Damrosch, Natalie Melas, and Mbongiseni Buthelezi, eds., *The Princeton Sourcebook in Comparative Literature*, Princeton: Princeton UP, 2009, p. 126. 译者注：原文中此条注释的“Philology and

Weltliteratur”有误，当作“Philologie der Weltliteratur”，故在此予以更正。

[8] Pheng Cheah. *What Is a World?: Postcolonial Literatures as World Literature*, Durham, NC: Duke UP, 2016, p. 186.

[9] 译者注：原文中作“Philology of World Literature”，注释中作“Philology and Weltliteratur”，“of”与“and”前后矛盾。“Philology of World Literature”译自德语“Philologie der Weltliteratur”，有误。德语中的“der”在这里的意思是“of”，故译作“《世界文学的语文学》”。

[10] Karl Marx and Friedrich Engels, “The Communist Manifesto”, in Theo D'haen, César Domínguez and Mads Rosendahl Thomsen, ed., *World Literature: A Reader*, New York: Routledge, 2013, p. 17.

[11] Karl Marx and Friedrich Engels, “The Communist Manifesto”, in Theo D'haen, César Domínguez and Mads Rosendahl Thomsen, ed., *World Literature: A Reader*, New York: Routledge, 2013, p. 17.

[12] Daniel Jacobson, “Sir Philip Sydney's Dilemma: On the Ethical Function of Narrative Art”, *The Journal of Aesthetics and Art Criticism*, Vol. 54, No. 4 Autumn, 1996, p. 333.

[13] Kathleen L. Komar, “World Literature in a Microcosm”, in David Damrosch. ed., *Teaching World Literature*, ed., New York: The Modern Language Association, 2009, Print, p. 107.

[14] Jahan Ramazani, “Traveling Poetry”, in Virginia Jackson and Yopie Prins, ed., *The Lyric Theory Reader*, Baltimore: Johns Hopkins UP, 2014, pp. 593 – 594.

守正创新，开辟中国比较文学研究的新天地

——黄维樑教授访谈录

张　叉[1,2]　黄维樑[3]

1. 四川师范大学　外国语学院，四川成都　610101

2. 四川大学　文学与新闻学院，四种成都　610065

3. 香港中文大学　中文系，中国香港　999077

摘　要：本文是四川师范大学教授张叉对香港中文大学教授黄维樑围绕比较文学所作的专题访谈。访谈中，黄维樑教授回顾了“中美双边比较

编者按：张叉教授对黄维樑教授所作的专题访谈由两部分组成，这里刊出的是第一部分。第二部分即将另行刊发，详见：张叉、黄维樑，《加强“以中释西”文学批评，构建中国比较文学的话语体系——黄维樑教授访谈录》，《燕山大学学报》（哲学社会科学版）2018 年第 1 期。

收稿日期：2017 - 09 - 16

基金项目：2016 年四川省社科规划基地四川省比较文学研究基地项目“比较文学中外名人访谈录”（项目编号 SC16E036）阶段性研究成果。

作者简介：张叉（1965—），男，四川盐亭人，四川师范大学外国语学院教授、硕士研究生导师，四川大学文学与新闻学院 2014 级比较文学与世界文学博士研究生，四川师范大学外国语言文学一级学科硕士点建设专家委员会第一任主任，四川师范大学第八届学位委员会外国语学院分学位委员会主席，四川师范大学外国语文研究所第二任所长，四川省教育厅四川师范大学基础教育课程研究中心外语课程研究中心第一任主任，成都翻译协会乡土文学翻译专委会主任，四川省比较文学研究基地兼职研究员，四川省比较文学学会理事，四川省高等学校外语教学指导委员会委员，四川省大学英语二三级考试委员会委员，四川省高中英语课程改革核心组成员，中国西部地区外语教育研究会副秘书长，国际学术期刊《美中外语》（*US-China Foreign Language*）与《中美英语教学》（*Sino-US English Teaching*）审稿专家，国内学术文集《外国语文论丛》主编，主要从事英美文学、比较文学与比较文化研究。

黄维樑（1947—），男，香港人，美国俄亥俄州立大学（Ohio State University）博士，曾任香港中文大学中文系教授、美国马卡莱斯特学院（Macalester College）客席讲座教授、台湾高雄中山大学客座教授、台湾佛光大学教授、澳门大学客座教授、香港比较文学学会秘书、香港作家协会主席、香港市政局图书馆文学顾问，现为四川大学客席讲座教授，香港作家联会副监事长，中国文心雕龙学会、《华文文学》与《外国语文论丛》等多个学术文化机构顾问，著有《中国诗学纵横论》《香港文学初探》《中国现代文学导读》《中西新旧的交汇》《从文心雕龙到人间词话》《壮丽：余光中论》《黄维樑散文选》《迎接华年》等著作约二十部，同他人合编《中国比较文学学科理论的垦拓——台港学者论文选》与《爱读式文心雕龙精选读本》等著作若干部，作品入选各地选集，编入大学与中学语文教材，已获“梁实秋文学奖翻译奖”“首届国际潮人文学奖散文奖”等奖项，主要从事比较文论和汉语新文学研究。

文学研讨会”与四川比较文学，总结了香港文化与香港比较文学，剖析了中国文学研究流弊与中国比较文学，研究了数字化时代与比较文学，展望了中国崛起与比较文学新天地，阐述了比较文学学科的基本特征与比较文学研究者应具备的基本素养。

关键词：比较文学；中国学派；以中释西；《文心雕龙》；“一带一路”

张　叉：黄教授，能够有这么一个机会来访谈您，我感到很高兴。

黄维樑：张教授，能够有这么一个机会来接受您的访谈，我也感到很高兴。

一、“中美双边比较文学研讨会”与四川比较文学

张　叉：2016年7月1日至3日，在四川省成都市京川宾馆举行了“第七届中美双边比较文学国际学术研讨会”（The 7th Sino-American Comparative Literature Symposium）。作为研讨会主办单位邀请的来自香港学界著名的比较文学专家，您对这一届研讨会有何评价？

黄维樑：中美双边比较文学国际学术研讨会开始于1983年，大概是每隔四年一届，在中美两国轮流举行，到今年为止，成功举办了7届，已有34年的历史，很受重视，影响深远。首届会议由钱钟书先生和美国厄尔·迈纳（Earl Miner）教授主持，于1983年在北京举办。钟书先生在北京深居简出，不喜欢抛头露面，他出席此次会议，可能是“逼不得已”的，毕竟出席了，可见其重视。三十多年来，这个会议对中国比较文学学科的复兴和中外学术的交往起到了很大的推动作用。本届研讨会在传承往届会议传统的基础上，以“比较文学与世界文学：跨文化对话”为主题，持续探索，促进中美比较文学之间的交流，贡献有目共睹。我应邀出席，深感荣幸。

比较文学学者应该在其母语之外通晓两种或两种以上外语。我在母语之外能把握的是英语。读博士班的时候，修了法语和日语，考试通过了，“日久失修”，都忘得差不多了。就此而言，我称不上真正的专家。是次蓉城论文，中西学者少长云集。听各家说法，看各家鸿文，怎能不是滴钦盛哉，使我获益良多？至少有三篇论文以“世界文学”为论题，作者都是西人，视野广阔，不可多得。曹顺庆教授论的是“世界文学与中国学派”，开阔中有其坚毅，令人注目倾耳。其他高论，不能细说。开幕式有成都市时任副市长

傅勇林致辞，他用英语讲市政与学术，流利得体；原来他学而优则仕，已有博士学位，专业正是比较文学。

张　叉：据我所知，在“第七届中美双边比较文学国际学术研讨会”期间，还举办了比较文学讲习班。您能就此介绍一下情况吗？

黄维樑：您刚才提到的讲习班是此会的另一特色，踊跃听讲者二百多人。这些年轻学者也是研讨会的听众，所以与会名家言无虚发，所嘉之惠，都入五百只聪耳，以言传播效益，其大无比。在研讨会宣读论文，往往只有10分钟至20分钟，千里迢迢甚至万里迢迢就来讲一二十分钟，哪能“人尽其才”？兼办讲习班，让学者多有用武之地，善莫大焉。我也有幸讲了一场。从前我在香港中文大学办文学研讨会，港外远来的学者，我都安排他们到其他大学做演讲，就是基于这个考虑。

张　叉：把这次研讨会放在成都市召开，您认为有何特殊意义？

黄维樑：四川大学在成都，其比较文学研究，在全国名声非凡，也为世界多国同行所重视；四川大学的比较文学研究成果丰硕，各种著作以及相关的中英文学术期刊，甚有影响；像你们四川师范大学，以及四川其他院校也有比较文学课程；你们还有四川省比较文学学会，成绩斐然；你们的曹顺庆教授又是中国比较文学学会会长，这次会议在成都举行，顺理成章，成都可说已成比较文学之都。这次隆重的国际性比较文学大会的举办地点是成都的“京川宾馆”；20世纪90年代末有一次盛会，也在此宾馆，我也有幸参加。近二十年前那一次，开会时我对曹顺庆教授开玩笑说：“你们四川的比较文学的‘大军’，与北京的‘大军’，相会于此，地点正是‘京川宾馆’。有象征意义！”2016年这一次，是第二次较量。

张　叉：在比较文学研究中四川的高等院校越来越活跃，显著的表现是积极创办专门研究比较文学的学术刊物，创办包含比较文学研究的学术刊物，客座主编国际比较文学学术刊物。其中，最引人注目的是四川大学文学与新闻学院院长、长江学者曹顺庆主编的英文集刊《比较文学：东方与西方》（*Comparative Literature*：*East and West*）每年在四川大学出版社出版两辑；他主编的国际英文期刊《比较文学与世界文学》（*Comparative Literature and World Literature*）每年在美国出版四期；他主编的《中外文化与文论》是CSSCI来源期刊，每年在四川大学出版社出版两辑；他主编的《比较文学报》是全球发行的专门的比较文学报刊，他应邀客座主编了若干期的《比较文学和文化》（*Comparative Literature and Culture*）是美国普渡大学

（Purdue University）的国际A级学术期刊，由普渡大学出版社出版。这些刊物在比较文学界产生了很大的影响。西南交通大学外国语学院前院长傅勇林主编的《华西语文学刊》设有“语言文字研究”“语源研究”“译学研究”“比较文学与文论研究”“语言教学与改革研究”等栏目，每年在四川文艺出版社出版一辑，在比较文学研究方面产生了积极影响。您怎样看待这一现象？

黄维樑：您做了很好的说明，我再补充一点。前几年，我收到你们曹顺庆教授主持编撰的《中外文论史》（四川出版集团巴蜀书社，2012年）这套大书，启册悦读，心领神会，一直赞叹无已。执笔者有曹教授等数十人，耗时前后二十多年，凡四卷共八编，连目录、前言、参考书目、后记，共约4180页，皇皇巨著，是迄今唯一一本广泛涵盖中外文学理论的史书。主编者把世界文学理论史从古希腊、中国、印度作为第一个阶段，共划分为七个阶段，每个阶段为一编，每个阶段约三百年。七编分别为：“中外文论的滥觞与奠基”“中国两汉、古罗马与印度孔雀王朝及贵霜帝国时期文论”“公元三至六世纪的中外文论”“公元七至九世纪的中外文论”“公元十至十三世纪的中外文论”“公元十四至十六世纪的中外文论”“公元十七至十九世纪的中外文论”（二十世纪的中外文论不在本书范围内）。七大编有如世界七大建筑，加上第一编（有如建筑群的中央大厦）“中外文论的纵向发展与横向比较”，全书共八编，前面还有主编者的“前言”和“导论”。

此书涵盖的国家有中国、希腊、印度、罗马、埃及、阿拉伯、波斯、意大利、英国、法国、德国、日本、朝鲜、越南、泰国、美国，跨越欧亚非美四洲，跨越不同的文明。在视野、规模方面，远非威廉·文萨特（William Wimsatt）和克林斯·布鲁克斯（Cleanth Brooks）的《文学批评简史》（*A Short History of Literary Criticism*），以及雷纳·韦勒克（Rene Wellek）的《近代文学批评史》（*A History of Modern Criticism*）所能企及。此书的总体性、全面性、宏观性厘然可见。这样的一套总体性中外文论史，诚为中外文论学术界的首先创制。如果目前汉语的国际性地位可与英语看齐，或者如果此书有英语等外文译本，那么，这部宏微并观、纵横比较、内容富赡、析评精彩、彰显中国文论价值的《中外文论史》，是在国际文论学术界响亮“发声”了。

张　叉：2015年，四川师范大学大西南文学研究中心成立，次年创办中文集刊《大西南文学论坛》，中国作家协会会员、澳门大学中文系教授朱寿桐与中国当代少数民族文学研究会理事、四川师范大学文学院教授白浩任主编，每年在中国文联出版社出版一辑，集中研究四川在内的大西南文学。您怎样评价这种区域文学研究热潮？

黄维樑：朱寿桐博士是澳门大学中文系的“杰出教授”，学博识卓，我认识多年，对他非常钦佩。他与白浩教授主编这本集刊，必有可观。很巧，他们今年底有“旧体诗写入汉语新文学史”的专题，几个月前向我征稿，8月底我已遵命做了功课，交卷了。顺便一提，朱寿桐教授主张用“汉语新文学”来代替别扭的“现当代文学”这一名称，我发表过文章支持其说。

说到你们四川学人办刊物，我也阅读过您2008年开始主编、出版的《外国语文论丛》，刊物办得很好。您能够在大约十年前私人创办这么一个集刊，而且一直坚持到现在，有眼光，也有勇气。办这样的学术刊物在经济上是要倒贴的。当今拜金成风，您如此坚持，难能可贵。我们应该多鼓励和支持这样的工作，这也正是您向我约稿我立即就答允的一个主要原因。我注意到，给这本集刊撰稿的学者不只是你们四川师范大学校内的，还有电子科技大学、成都理工大学、西华师范大学、西南科技大学、西南交通大学、西南大学、重庆交通大学、云南师范大学、广西师范大学、四川大学、北京大学、香港教育学院、美国理海大学（Lehigh University）、加拿大西蒙弗雷泽大学（Simon Fraser University）与加拿大全球英语学院（Canada Global English College）等校外、省外乃至国外的，说明您办刊是开放性的，路子很好。现在这本集刊已入选中国知网，这是对您工作的肯定。正如您所期待的那样，这本集刊可以在比较文学研究方面做一些事情。您告诉我，本辑（第7辑）新设了“比较文学研究”栏目，一口气收录了5篇文章。比较文学研究需要国际交流，写这5篇文章的有中国学者，还有外国专家，这是非常好的一件事情。

张　叉：要进一步提高这本集刊的质量，该如何着手？

黄维樑：如何提高学术刊物质量的问题，说来话长。有的刊物组稿、审稿都比较严格，这有助于提高刊物的水平。然而，知识天地极为广阔，即使编者博学，也不可能鉴别一切稿件的优劣得失。请专家匿名审稿是提高稿件素质的一个办法，但这样做成本必定大大提高，出刊周期也必定长了。还有，专家审稿也不保证水平必然提高。1996年美国发生的索卡尔恶作剧（Sokal Hoax）事件，说明名学刊名编辑保证不了品质。事实上，物理学家索卡尔向著名学报《社会文本》（*Social Text*）编辑部提交的，经鉴别后刊登的，是一篇故意安排的弄虚作假、错漏百出的所谓论文。

二、香港文化与香港比较文学

张 叉：比较文学是同文化联系在一起的，所以在向您请教香港比较文学的问题之前，想先就香港的文化问题向您请教。香港是由一个落后的小渔村发展而来，人们来来往往，聚聚散散，流动性极大，且从殖民时期开始算，只有短短100多年的历史，难怪余英时说“香港根本没有文化”，林怀民说“香港是文化沙漠”。您在1985年华汉文化事业公司出版的著作《香港文学初探》的代序《香港绝非文化沙漠》中，驳斥了香港“没有文化”与“文化沙漠”之说。谈谈这个问题好吗？

黄维樑：林怀民是个舞蹈艺术家，讲话夸张一点，想当然一点，情有可原。余英时毕业于新亚书院，是个历史学者，20世纪70年代担任过香港中文大学的副校长，竟然说“香港根本没有文化”，我只有为他这样一位“大师兄”（我也毕业于新亚书院，不过我入学时，新亚书院已连同崇基学院、联合书院合为香港中文大学）感到难过。1985年他发表《香港根本没有文化》那篇文章后，我随即写了八九千字的文章加以批评，题目是“香港有文化，香港人不堕落”。文章发表多年后收于拙著《中西新旧的交汇：文学评论选集》（作家出版社，2013）。我至今难以理解，历史学者竟然完全做不到“平理若衡，照辞如镜”（《文心雕龙·知音》），论点如此偏颇。

张 叉：香港文化的特色是什么？

黄维樑：香港文化（包括文学）向来活泼纷繁。中与西，古与今，雅与俗，二元且多元；文化关键词词头“multi-”，后殖理论的形容词“hybrid”，是陈腔滥调，用来形容，却最适合不过。学术界似乎没有香港文化史一类的著作，我尝试把香港文化的发展分为四期：早期至1911、1911至1949、1949至1997、1997至今。对最近三四十年，可以《清明上河图》的“超级现代豪华版”来形容香港的广义文化图像；首位特首董建华的国际都会文化大愿景，美国《时代》周刊封面专题的“New-Lon-Kong”即“纽（约）-伦（敦）-（香）港”，值得特写一番。

香港的社会福利不差，还有不薄的“文化福利”（我自铸的词语）：政府最近二十多年来对文学和其他艺术的拨款支持每年都有二三十亿港元。相比于我国和世界各大城市，香港文化的成就有多大多高，这要通过具体而细密的比较才能得到论断，难矣哉！以“通俗”文化而言，金庸的武侠小说享誉华人世界；“双龙出海”（我自铸的另一词语），李小龙和成龙的武功电影，流行到海外，从北美到南非开普敦，都有诸色人等的粉丝。我们可以说：香港文化的扬名，有赖于香港武功的给力。

张　叉：20 世纪 50 至 70 年代，内地的比较文学一度消沉、中断乃至寂灭。在这一历史阶段，香港乃至台湾的比较文学则出现了生机勃勃的景象，请您谈谈这方面的情况。

黄维樑：比较文学研究的是不同语言、不同国家、不同文化传统的文学，剖析比较其异同，或追寻其相互影响的轨迹。比较文学兴起于 19 世纪的欧洲，美国在 20 世纪接其绪，而比较的兴趣和论述方法则源远流长。20 世纪比较文学作为学术专业进入中国之前，清末的知识分子接触西方文学时，就已一边阅读一边比较：中国小说和法国小说的起笔有何不同？狄更斯和司马迁的文笔，谁更超卓？五四新文化运动以来，比较文学在中国兴起并发展；20 世纪 50 至 70 年代，内地的比较文学变得消沉以至寂灭。

一方唱罢，另一方登场。20 世纪 50 年代开始，海峡对岸台湾的学术文化受西方特别是美国的影响越来越大，留美之风大炽。“来来来，来台大；去去去，去美国”成为青年学子的口头禅。在台湾，比较文学在 60 年代兴起，至 70 和 80 年代而大盛。

20 世纪 70 年代中叶开始，在香港中文大学短期或较为长期从事中西比较文学教学和研究的华裔学者有余光中、梁锡华、我（以上属香港中文大学中文系），袁鹤翔、周英雄、郑树森、王建元（以上属香港中文大学英文系），另外有美国人李达三（John Deeney，属香港中文大学英文系）；香港大学则有钟玲和黄德伟。

1985 年中国比较文学学会成立大会暨首次学术研讨会在深圳大学召开。会议汇集了内地老中青不同年龄段的比较文学研究者，香港的一些同行则赴深圳参与盛会；说到交流互动，这是个“华丽登场”。就记忆所及，香港中文大学的袁鹤翔、李达三、周英雄和我都出席了；“外来的和尚”会念经，每人都做了演讲。我讲了一两场，内容是美国的新批评和加拿大佛莱（Northrop Frye）的原型论（archetypal criticism）。1985 年以前和以后到香港中文大学访学的内地文学学者或比较文学学者，络绎于途。他们在香港中文大学一般居留一个月到三个月，与香港中文大学英文系、中文系和“比较文学与翻译研究中心”成员（基本上为中英文系讲师、教授）交流，他们在香港中文大学图书馆阅读查看各种资料，与若干中大学者从事合作研究，参加学术研讨会或座谈会，或主持讲座。

张　叉：在香港的比较文学中，为何是香港中文大学而非其他地方成为香港比较文学最重要的园地？

黄维樑：香港是中西文化交汇之城，知识分子的言谈与书写中常常喜欢夹杂中文与外文（主要是英文），比较中华事物与西方事物，文学学术界早有中西比较文学的土壤。20世纪70年代中叶开始，一些有台湾背景和留美经历的文学学者，加上有香港背景和留美经历的文学学者，先后到香港的一些大学任教，天时（此时比较文学大盛）、地利（香港有中西交汇、中西比较的土壤）加上人和（进来了有留美经历的学者），于是在大学里特别是在香港中文大学里，比较文学赫然出现。

1997年香港回归，首任特首董建华在1999年的施政报告中表示把香港定位为“亚洲国际都会”，说在文化方面要见纽约、伦敦之贤而思齐。差不多与此同时，美国《时代》周刊有专辑论1997年后的香港，封面上专辑标题是“自铸伟辞”（这四个字出自《文心雕龙》）式的“New-Lon-Kong”），意思是香港很可能发展成为和纽约、伦敦一样的国际大都会。20世纪60年代起香港经济快速发展，衣食足而后知文化，香港又长久以来为中西文化交汇之地，因此，80年代的香港，虽然比不上纽约或伦敦，但如果说是“小纽约”或“小伦敦”，应该不会引起太大的异议。以言西方文化，纽约、伦敦之外，应该至少加上巴黎。20世纪80年代的香港，可说是迷你型的纽约、伦敦、巴黎，是个“小纽伦巴”（a mini-New-Lon-Pa）。香港华裔学者与内地学者同种同文，都是“龙的传人”；内地学者尤其是年青的一代，要窥探、接触境外以西方为马首的文化学术新世界，香港地利人和，是经济便捷的首站。

张　叉：您能具体谈谈香港中文大学是如何在香港的比较文学研究中发挥重要作用的吗？

黄维樑：上述香港中文大学中文系和英文系的学者，多少都参与接待过交流活动，我是参与较多者之一。所费心血、时间、精力最多的，是李达三。他拟定计划、筹措经费、接待访客、安排活动、合作研究，日以继夜，工作繁重。1985年，当时40岁的刘介民到香港中文大学访学，以后多次到港和李达三从事比较文学合作研究。二人多年多番互动，编印了多册资料集和文集。刘介民和李达三的关系，亦师亦友，延续了30年，见证了香港和内地交流互动的盛况。曹顺庆是当年另一位到香港中文大学访学的年轻学者，他曾与我合作编写了《中国比较文学学科理论的垦拓——台港学者论文选》（北京大学出版社，1998）一书。我在此书的序言中写道：

> 中文大学是香港以至台湾、大陆比较文学的重要基地。德国的海德堡和日本的京都，都有“哲学家之径”。在我看来，中文大学的山村路、中央道、士林路可连成一线，谓之“比较文学家之径”。香港的、台湾的、内地的、其他地方的比较文学学者，在这条路上行走，或上学，或回家，或前往参加研讨会，或回宾馆休息，他们在山径上沉思冥想，柳暗花明，涉及的常常是比较文学的问题。李达三、袁鹤翔、周英雄、朱立民、钟玲、乐黛云、张隆溪、雷文（Harry Levin）、奥椎基（A. Owen Aldridge）等等，都在这里留下了他们比较文学的足迹和思维。[1]

前文已提到刘介民、曹顺庆，引文述及的乐黛云、张隆溪，此外还有谢天振、王宁等，都是内地学者。

20世纪西方的文学批评理论，有精神分析批评、英美新批评、现象学批评、神话与原型批评、西方马克思主义批评、结构主义批评、解释学批评、接受美学与读者反应批评、解构主义批评、女性主义批评、新历史主义批评、后殖民主义批评等，可谓风起云涌，西风吹遍全球。求知若渴的内地年轻学者，在“小纽伦巴”取西经，往往大有收获。返回内地后，他们继续努力，不少人争取机会出国进修。凭着聪颖勤奋，加上运气，很多当年似云而来的青年学者，都平步青云，在各地成为教授、博士生导师、系主任、学院院长、学会会长、长江学者、讲座教授。当年的萌芽学者（budding scholar），其茁壮成长，多少都蒙受了香港中文大学的阳光和雨露。

张　叉：有内地学者在著作中写道：“香港自1997年回归祖国以后，西方中心论被迫隐退，带来了多元文化的繁荣，形成了比较文学的新的国际性。”“回归比较文学及其诗学本身的研究倾向正悄然兴起。例如，黄维樑等人就不断在比较诗学研究中努力发掘传统诗学在现代的阐释作用，尝试进行中西诗学的互释、互识、互证和互补。”您赞同这种判断吗？

黄维樑：香港在英国殖民地时期，整个社会有相当程度的英国化，或者说西化。不过，在香港，中国传统文化向来有强大的生命力，香港本来就以中西合璧的多元文化为格局，1997年回归之后，基本上维持这个格局。至于您上面所引和我有关的说法，要知道，我早在大学时期（1965—1969

年)，已引用《文心雕龙》的论点写作文学评论（当然也引用英美的理论），如评论余光中的作品；1983 年已有正式的学术论文，比较刘勰与“新批评家”（The New Critics）对结构的看法；1989 年在研讨会上指出《文心雕龙·辩骚》是现代实际批评的雏形；1992 年在研讨会上发表论文，用《文心雕龙》“六观法”析评白先勇的小说《骨灰》。这些“发掘传统诗学（用于）现代的阐释”的作为，早在 1997 以前好多好多年就有了。以上所说，请参见拙著《文心雕龙：体系与应用》（文思出版社，2016）一书，特别是第 276 页。

三、中国文学研究流弊与中国比较文学

张　叉：您在 2016 年香港文思出版社出版的专著《文心雕龙：体系与应用》第一章中指出：“20 世纪西方文论百川争流，自有其多姿与壮美之处，让中华的文学研究者得益，开阔视野，增加批评的资源，有非常丰富的收获，但其流弊也不少。”[2]请问，其流弊主要有哪些?

黄维樑：有些西方文论，提出者为新而新，新造一大堆词语概念，所谓“jargons”。他们可能患有科学有用、人文无用的自卑症，力求人文学论文向科学研究看齐，新造的“术语”更多，书写更为“technical”，结果是制造了大量的“艰难文论”。这些“文论”，术语搬来搬去，而做的研究原地停着。中华学者引入西方文论的流弊之一，就是制作了这类“艰难文论”。在 20 世纪 60 年代中叶，哈佛大学文学教授道格拉斯布什（Douglas Bush），以及后来芝加哥大学教授韦恩·布斯（Wayne Booth），还有中华学者钱钟书和夏志清等，对此现象痛心疾首。上面我提过索卡尔恶作剧，约二十年前纽约大学一位理科教授阿兰·索卡尔（Alan Sokal），“写作”一篇文理结合的“论文”，搞了个恶作剧，即所谓“索卡尔恶作剧”，拆穿了“艰难文论”的西洋镜——真的是西洋镜，美国的文论界大为骚动。这些西方文论的流弊、恶习如此，但崇洋慕新者现在仍然很多。十多年前我发表了《唉，艰难文论》，可说是讨文论“恶性西化”的檄文。

张　叉：中国比较文学陷入绝境了吗?

黄维樑：近年比较文学学术界有几个热门议题，其一是危机论。一些美国学者认为比较文学陷入危机，甚至已死亡。我不以为然。比较文学学者可从事影响研究、平行研究、跨学科研究、跨文化研究、翻译研究、世界文学

研究（这是近年一大热点），什么都可以。正如刘象愚教授说的，只要是以文学为本位、以比较为方法的就行。目前中国的比较文学繁荣兴盛，没有危机，但令人不安的现象之一是，我们有沉重的负荷：相关文献读不胜读。

张　叉：20 世纪 70 年代末，中国开始改革开放，内地的比较文学出现转机，继而迎来新气象。您怎样评价内地近四十年来的比较文学？

黄维樑：改革开放以后，内地的比较文学逐渐复苏、发展而至繁荣，现在如日方中，声势浩大。上面述及 2012 年曹顺庆主编《中外文论史》的出版，这是内地的比较文学"声势浩大"的例证之一。您和我分别谈到的其他比较文学刊物和种种专著，以及种种相关学术活动，亦然。

经过改革开放以来近四十年的发展，国家经济发达，社会日进，国力强大。内地学术人口众多，"势大"不必说，近年更颇为"财雄"。学术文化发展快速，人所共见，有时我们几乎可以联想到高速公路和高速铁路的气势。尽管学术腐败的事件时有发生，学术成品良莠不齐（而实际上如何评比学术论著价值的高低，向来是困难的事，《文心雕龙》对评价之难早有卓论），目前内地的学术文化，可以用"非常兴旺"来形容。学术界大幅度向西方开放，"海归"的留学生数目增多，中西交流互动频繁，中西兼通的年轻一辈学者日增。比较文学作为一个学科，其发皇有了良好的条件。中国经济强大了，文化输出的呼声日高，建立中国学派（或建立具中国特色的比较文学理论）的意识日浓；有数十年来的学术积淀，成派的底子厚了。中国学派？学够强，则派可立。而建构中国学派的主力，无疑应该是内地的学者。

张　叉：从历史来看，香港与内地在比较文学发展方面是不平衡的，您能就此简单勾勒一下吗？

黄维樑："文化大革命"期间万马齐喑，文学创作和文学研究包括比较文学等活动大多停顿。在此内地非常时期，香港正常发展，在学术思想和研究实绩方面，在刚开始改革开放的内地学术界看来，这小岛在好些领域包括比较文学都领先内地。但是，时代和形势会变化，领先可能变为滞后；反之亦然。

大概是 1993 年的春天，我和李达三教授等到北大开会，讨论用英文编撰的中国文学术语手册一事。我们在开会期间，收到新近由春风文艺出版社出版的《世界诗学大辞典》（*The World Poetics Dictionary*）。这大开本的数百页巨册，由乐黛云、赵毅衡等主编，数十位内地学者撰稿，且由钱钟书题写书名，这是又快又好的学术成果的佳例。内地的比较文学学刊，如《中国比较文学》《中外文化与文论》多年来持续出版，已面世的比较文学专著琳琅满书架满书室；比较文学在大学里成为重要的学术专业；不同性质和规模的比较文学研讨会，在国内不同地方经常召开，连全球性的国际比较文学会议也定于2019年在国内举行了；内地背景的张隆溪于2016年当选为国际比较文学学会的会长。香港的比较文学呢？香港中文大学校园里的“比较文学家之径”呢？在20世纪末，郑树森、周英雄、袁鹤翔、李达三等都已先后离开香港中文大学，以后英文系和中文系的教授，或者由于学术经历不符合研究要求，或者由于学术兴趣不在此，就渐渐地少见于与比较文学相关的活动了。香港的其他大学，就我见闻所及，似乎也少有把比较文学，特别是中西比较文学，当作一桩大事的。不过，如果从中国比较文学的“阐发派”角度来看，香港的学者，引用西方理论来阐释中国文学的，至今大有人在，然则比较文学可说仍然生存。

四、数字化时代与比较文学

张　叉：您最近提出了“比较文学是数字化时代的企业”的观点，能在此谈谈这个问题吗？

黄维樑：我在《燕山大学学报》（哲学社会科学版）2017年第1期上发表了一篇笔谈文章，题目叫《比较文学：数字化时代的企业》（“Comparative Literature as an Enterprise in the Digital Age”），提出了“比较文学是数字化时代的企业”的观点。[3]

曹顺庆教授认为，比较文学应该进入跨文化研究的新时代。比较文学从一开始就是跨文化的，跨的主要是欧洲各国间的语言与文化。例如，研究英国与法国、法国与德国间文学的相互影响。曹顺庆教授的跨文化研究，范围扩大了，指的是中国与西方之间文学（包括文论，下同）文化的研究。他认为，比较文学的跨文化研究可使东方和西方的异质文化得以对话、沟通、交融，可以起到缓解文化冲突的作用。跨文化研究涉及的文献数量极大，其实际操作已成为一个学术企业。要企业成功，我们必须有博学、投入且勤奋的研究人员。这方面的人才虽然难得，我还是衷心支持曹教授的主张。这次中美学者济济一堂，正是一种跨文化对话。

文明日进必然导致资讯日增。比较文学开始时，相关资讯如池，后来如湖，后来如海，海越来越大。昔日比较文学的业务要成功，借用莎士比亚的话来说，我们要武装起来面对一海的资讯；现在是数字化时代，各种相关的资讯四方八面以飞翔船的速度汹涌而来，比较文学学者如要其“企业”成功，首先就要“武装”起来面对汪洋一般的资讯。目前中国经济的国内生产总值（GDP）仅次于美国；我猜想，中国在文学研究方面的GD“P”已超过美国了。这里的“P”指出版物（publication）。这一猜想，在我最近读报后，更觉可信。北京师范大学出版科学研究院副院长赵玉山撰文指出，2016年中国的人文社科类图书出版，竟达34.5万种这个惊人数字，总印数更高达54.5亿册，其中文学类书籍所占比例极高。赵玉山的文章刊于2017年8月22日出版的《中国出版传媒商报》第3至第6页。出版物数量如此庞大，相关学术机构如何搜集资料加以分类、储藏、编目，如何使研究人员阅读、消化、研探、评价，然后凭其勤奋用功、缜密思维，进一步研究，推陈出新，得出成果——您说，是不是得有类似企业管理的精神与制度才行？

张　叉：比较文学形成数字化时代的“企业”的负面后果是什么？

黄维樑：如果没有形成“企业”，或者企业的管理不善，则弊端一定出现。这里只举“不能消化”“不慎评审”的论文写作与发表一个事例。巴赫金发现小说有“复调”；我们发现身处的社会有“多调”“多声道”——这是个多元文化的世界。文学学术界有好声音（有些来自“美国之音”），也有噪音。教授们从院长经费预算中拿到研究资金，院长们不时发现交来的研究成果充塞了学术噪音。噪音形成的原因之一是研究者对学术界的论著未能好好消化，或者研究者喜作惊人的“艰难”议论。“艰难文论”就是一种学术噪音。约二十年前美国有“索卡尔恶作剧”，又称“骚哥恶作剧”（Sokal Hoax）事件，是对“艰难文论”的一大讽刺；今天我们还有许多难懂的论著。道格拉斯·布什、钱钟书、韦恩·布斯等先后呼吁，请同行写出令人读得懂的文章，我应和他们的呼声。

在数字化时代，知识资讯爆炸以至过剩，评论界常有“喧议竞起，准的无依”（这里引的是约1 500年前钟嵘的说法）的现象；不过，意见领袖或权威迟早总会崛起，比较文学界也如此。新的理论、范式会先后登上学术的舞台，然后，让我再借用莎翁在《麦克白》里面的话，很多学者会像聪明愚人一样，在舞台上讲啊讲啊，时刻/日日/月月/年年之后，就再也没有声音了。

张　叉：如何才能把数字化时代的比较文学企业做大、做强？

黄维樑：尽管如此，比较文学在沟通不同文化民族等方面，还是大有价值的。从事的人，兴味浓郁，有时同行间交流，像是个斯文安静的“狂欢节”，就和2016年7月成都的研讨会一般。中美比较文学研究的种种活动，数十年来取得了巨大成效。比较文学这个大企业，值得大家同心协力。我们要喜悦地“武装”起来，面对人文资讯的大海洋——也许就像中国古代的愚公一样，努力不懈，对待眼前的大山。

五、中国崛起与比较文学新天地

张　叉：比较文学的研究同国运密切相关，国运兴则研究兴，国运衰则研究衰。2012年11月29日，习近平总书记系统阐释了“中国梦”，为中华民族描绘了美好的未来。您对“中国梦”有何评价？

黄维樑：比较文学是文化的一部分，国运兴则文化兴旺、研究精进。“中国梦”就是国家富强、人民幸福，目前我国已离“小康社会”愈来愈近；习近平先生雄才大略，上下一心，全民努力，此梦必圆。

张　叉：“中国梦”同“美国梦”“欧洲梦”在内容上有共同之处吗？如果有，主要是什么？

黄维樑：基本上没有分别，都是希望富强、幸福、世界和平。要说分别嘛，有中国特色的富强、幸福、和平，就是多了中国文化的色彩。中国圆梦了，“己达人达”，我们尽可能惠及世界其他各国。如此则世界大同有望。

张　叉：近代以来，中国的仁人志士苦苦探索强国道路，纷纷把眼光投向西方文化，在西学未果、自强日盛的背景下，又把目光投向中国文化。2009年，全国政协委员潘庆林提出“恢复繁体字”议案；2015年，著名电影导演冯小刚呼吁“恢复部分有文化含义的繁体字”；2015年，著名学者乐黛云重新提出以“和而不同”理念重构世界秩序，国学之风渐盛。您认为，中国文化将来会回归到传统的道路上去吗？如果会回归，那么可能是多大的程度上的回归？

黄维樑：恢复繁体字这议题，兹事体大，非常非常大。正反两方面的意见一定极多，此处不论。“和而不同”说可促进世界各国和谐共处，这是个理想，但知易行难。至于国学，我们当然要认识、研究，吸收其精粹。我想起北京大学中文系提倡过的“守正创新”精神。“正”应该就是中国文化传统中的精粹，如德行中的仁、义、礼、智、信。缠足纳妾抽鸦片这些，今天当然绝对没有人会重新提倡。回到传统？传统内容千汇万状，回到传统的什么事物？很多传统文化理念都不是“小葱拌豆腐”那样一清二白的，比如“天人合一”。又如“不时不食”这句老话是否今天仍然适用？就算在集思广益的充分讨论、定夺后实行，对传统文化的继承，还是不能通通定于一尊二尊的。时代变了，从其异者而观之，比起古代，我们现在这个世界，文化极其多元，万花齐放。当然，从其同者而观之，则仍然有普遍的核心价值。

张　叉：2013 年 9 月与 10 月，中国国家主席习近平分别提出建设“新丝绸之路经济带”与“21 世纪海上丝绸之路”即“一带一路”的倡议，这为比较文学研究提供了更为广阔的天地。请问，如何将中国比较文学研究同这一倡议有机结合起来？

黄维樑：比较文学的研究天地，一向极为辽阔。“一带一路”的构想，好好实行，对我国和其他相关国家，是双赢——应该说是多赢。如果比较文学要与“一带一路”结合，那只是多一些“聚焦”而已：聚焦于一些沿线国家文学的比较研究。例如，古称波斯的伊朗，有奥马卡·阳穆的《鲁拜集》（*Rubaiyat*；近读潘建伟的新书，他提到这本诗集的另一个译名《醽醅雅》，确为雅译），此书早有中文翻译，也有不少研究，我们大可加强研究。当然，没有翻译过、研究过的沿线各国作品极多，都是可以增加的对象。上面才说“守正创新”，这样做正是开辟研究的新天地——过去大家拿作比较的，多是西方国家。

张　叉：确如您刚才所言，“过去大家拿作比较的，多是西方国家”。“一带一路”朝西，沿线的是中亚、西亚、欧洲诸国；朝东，沿线的是朝鲜、韩国、日本；朝南，是东南亚、南亚、非洲诸国。就比较文学研究而言，欧洲国家早有涉猎，而中亚、西亚、东南亚、南亚、非洲国家则鲜有问津。比如印度，它是四大文明古国之一，历史、文化、文学的传统非常悠久，成果非常丰硕，又是中国的近邻，但是中印比较文学研究的工作却十分滞后。这种状况，如何才能逐步加以改变？

黄维樑：就我所知，朝鲜、韩国、日本、越南、印度等国文学与中国文学的关系，包括其相互影响，都有人做了研究。例如：日本的《源氏物语》与我国《红楼梦》的比较，韩国诗话所传承的我国诗话的比较等。深圳大学的郁龙余教授对中印文学和文论也下过大工夫，取得好成果。历史悠久、作品纷繁，我们的比较工作是做不完的。

六、比较文学学科基本特征与比较文学研究者基本素养

张 叉：关于比较文学学科的基本特征，在学术界有不同的看法。有的学者认为是“开放性、边缘性”，而有的学者则认为是“跨越性”，即“跨国、跨学科、跨文明”。您的高见是什么？

黄维樑：“跨越性”这一点不用解释。不跨语言、国族、文化，如何比较？平行研究除了不同语言、国族、文化的文学本身的比较研究之外，还包括文学与历史、文学与哲学、文学与绘画、文学与音乐、文学与电影等等的研究，这些当然又是跨学科的。文化与文明的意义，有时是重叠的：文化可以包括文明，文明中有文化。说跨文明，当然也没有问题。

至于开放性，在开放的社会（所谓“open society”），在不违法、不妨碍他人自由的前提下，学术研究当然是开放的。国家改革开放了三十多年，开放性还是问题吗？

至于“边缘性”，则是个相对的说法。领土的边缘性，一看地图就了然；学术研究的中心与边缘，却并不绝对。外国学者，如果人人都在研究内地的文学，你偏偏研究香港的，你属于边缘；香港文学方面，如果人人都在研究金庸，你偏偏研究黄维樑，你属于边缘。如果人人都在研究杜甫，你偏偏醉心于研究皮日休，你属于唐诗研究的边缘；如果你是研究生却坚持如此，你的导师可能对你说：“同学，你如此边缘，今日可以休矣！”但你可以一直坚持，大不了换个导师。

比较文学学科的基本特征之一是其边缘性？研究比较文学的，如果能够有钱钟书博学和勤奋的若干分之一，研究后发表成果，在大学者之后，进一步证明“东海西海，心理攸同”，这样的学说，对促进世界文化大同的认识，对加强全人类“民胞物与”情怀的了解，以期尽量消弭争端、促进和谐共处有帮助，则比较文学之为用大矣哉！愈来愈多学者研究比较文学（当然不是为了证明上述观点才研究它），成果丰硕，成为人文学科的重要组成部分，它怎么会是边缘的？

张 叉：您认为，一个人要做好比较文学研究工作，需要具备哪些基本素养？

黄维樑：在我看来，一个人要做好比较文学研究工作，需要具备以下四点：

首先，要了解自己的兴趣和能力——古希腊神庙说的“Know thyself”。

其次，要博学、审问、慎思、明辨、笃行。

第三，要有良好的外语修养。

最后，要不忘中华文学、文论。

我的回答，不过是一个老生常谈而已，仅仅供您和其他同行参考——应该说是我与大家共勉。

张　叉：黄教授，您拨冗接受我的访谈，耐心回答了我提出的问题，我很感激。

黄维樑：张教授，我们都是比较文学研究领域的同行，能够和您交流，我很高兴，很感谢。

注释：

[1] 黄维樑，《序》，黄维樑、曹顺庆编，《中国比较文学学科理论的垦拓——台港学者论文选》，北京：北京大学出版社，1998，第2页。

[2] 黄维樑，《文心雕龙：体系与应用》，香港：文思出版社，2016，第13页。

[3] 黄维樑，《比较文学：数字化时代的企业》，《燕山大学学报》（哲学社会科学版）2017年第1期，第12页。

历届中美双边比较文学国际学术研讨会研究

雷昌秀[1]　张　叉[2，3]

1．四川大学　文学与新闻学院，四川成都　610065

2．四川师范大学　外国语学院，四川成都　610101

3．四川大学　文学与新闻学院，四川成都　610065

摘　要：“中美双边比较文学国际学术研讨会”是中美比较文学界学者们交流、对话的盛会，迄今已成功举办七届，在国内外比较文学界产生了不容忽视的影响。本文从历届研讨会的基本情况、历届研讨会的主题和议题、历届研讨会取得的成就、历届研讨会取得成就的原因以及研讨会未来展望五个方面着手，对历届“中美双边比较文学国际学术研讨会”进行了综述性的研究。

关键词：中美双边比较文学；国际学术研讨会；主题；议题；成就；原因；展望

为促进中国、美国的比较文学发展，构建中国、西方比较文学学者之间

收稿日期：2017－09－12

作者简介：雷昌秀（1975—），女，四川成都人，四川大学文学与新闻学院2016级比较文学与世界文学专业比较文学方向博士研究生，成都理工大学工程技术学院外语系讲师，成都翻译协会乡土文学翻译专委会委员，主要从事比较文学与世界文学研究。

张叉（1965—），男，四川盐亭人，四川师范大学外国语学院教授、硕士研究生导师，四川大学文学与新闻学院2014级比较文学与世界文学博士研究生，四川师范大学外国语言文学一级学科硕士点建设专家委员会第一任主任，四川师范大学第八届学位委员会外国语学院分学位委员会主席，四川师范大学外国语文研究所第二任所长，四川省教育厅四川师范大学基础教育课程研究中心外语课程研究中心第一任主任，成都翻译协会乡土文学翻译专委会主任，四川省比较文学研究基地兼职研究员，四川省比较文学学会理事，四川省高等学校外语教学指导委员会委员，四川省大学英语二三级考试委员会委员，四川省高中英语课程改革核心组成员，中国西部地区外语教育研究会副秘书长，国际学术期刊《美中外语》（*US-China Foreign Language*）与《中美英语教学》（*Sino-US English Teaching*）审稿专家，国内学术文集《外国语文论丛》主编，主要从事英美文学、比较文学与比较文化研究。

的对话、交流与合作平台，自 1983 年以来，中国、美国比较文学学界联手合作，轮流在中国、美国举办“中美双边比较文学国际学术研讨会”（The Sino-American Comparative Literature Symposium），迄今已成功举办 7 届。历届“中美双边比较文学国际学术研讨会”主办方严格遵循平等对话原则，以最敏感的学科意识、最前沿的视角，拟定大会主题和议题，邀请资深专家、学者作大会主题发言，就比较文学发展过程中取得的成就、面临的机遇和挑战展开广泛、深入、细致的对话和讨论。唯其如此，历届研讨会成为中美两国乃至国际比较文学学术界的盛事，极大地促进了两国比较文学的发展。盛事如斯，却还没有见到公开发表的对历届研讨会进行较为全面介绍的文章。鉴于此，本文拟在较充分地占有资料的基础上，对历届“中美双边比较文学国际学术研讨会”进行一个综述性的研究。

一、历届研讨会的基本情况

在对历届“中美双边比较文学研讨会”进行分类研究之前，有必要对每届研讨会的基本情况作一个简单的综述。

（一）第一届研讨会的基本情况

“第一届中美双边比较文学研讨会”（The 1st Sino-American Comparative Literature Symposium）由中国社会科学院外国文学研究所、文学研究所和美中学术交流委员会联合发起，于 1983 年 8 月 29 日至 31 日在中国北京万寿宾馆举行。中美双方各派出 10 人组成的代表团参加会议，中方代表团成员有王佐良、杨宪益、杨周翰、许国璋、周珏良、袁可嘉、钱中文、周发祥、赵毅衡、张隆溪，美方代表团成员有厄尔·迈纳（Earl Miner）、刘若愚（James J. Y. Liu）、西利尔·白之（Cyril Birch）、欧阳祯（Eugene Eoyang）、唐纳德·范格尔（Donald Fanger）、保尔·富塞尔（Paul Fussell）、巴巴拉·克·勒华尔斯基（Barbara Kiefer Lewalski）、巴巴拉·赫·史密斯（Barbara Herrnstein Smith）、林顺夫（Shuen-Fu Lin）、余宝琳（Pauline Yu）及随行工作人员凯娜·鲁宾。列席会议的还有中国相关高校和科研机构的代表。研讨会由中国现代著名作家、文学研究家、中国社会科学院副院长钱钟书和美国当代著名日本文学、英国文学和比较文学研究专家、美国普林斯顿大学资深教授厄尔·迈纳主持，“钟书先生在北京深居简出，不喜欢‘抛头露面'，他出席此次会议，可能是'逼不得已'的，毕竟出席了，可见其重视"[1]。钱钟书在研讨会上致开幕词，强调"在这种讨论会里，全体同意与否不很要紧，而且似乎也不该那样要求。讨论者大可以和而不同，不必同声一致"[2]，为此后研讨会定下了"平等对话、和而不同"的基调。会议期间，中美双方代表分别围绕文学理论、类比研究和文艺理论与实践三个议题，宣读各自论文，交流研究成果，畅谈研究体会。虽然这次会议是中美比较文学界的首次合作，却给与会者带来了"一种兴奋的开始感"[3]，是一次"多声部大型对白"[4]，其意义正如钱钟书在开幕词中指出的那样，"此次会议对于将来中美比较文学者继续对话有重要的意义，我们不但开创了记录，而且也平凡地、不铺张地创造了历史"[5]，它"沟通了两国学者的学术研究，增进了比较文学学者间的友谊，这为今后两国学者间交流比较文学研究的成果打通了一条渠道"[6]。

会后，美国代表团还前往上海，先后与上海社会科学院文学研究所、华东师范大学的学者进行了学术交流。[7]《世界文学》《中国比较文学》《外国文学》等中国权威学术期刊纷纷发表简讯和文章对这次会议进行报道、回顾和总结。[8]

（二）第二届研讨会的基本情况

"第二届中美双边比较文学研讨会"（The 2nd Sino-American Comparative Literature Symposium）于1987年10月24日至11月11日在美国的普林斯顿大学、印第安纳大学、加州大学洛杉矶分校依次召开，中美双方代表团分别在中国比较文学学会会长、中国北京大学教授杨周翰和普林斯顿大学比较文学系教授、系主任厄尔·迈纳（Earl Miner）带领下参加了会议。中方代表团成员有王佐良、乐黛云、张隆溪、刘象愚、孙景尧、金丝燕、应锦襄和肖兵，美方代表团成员有芝加哥大学比较文学中心主任余国藩（Anthony C. Yu）、哈佛大学宇文所安（Stephen Owen）、哥伦比亚大学余宝琳（Pauline Yu）、普林斯顿大学东方语言文化系主任浦安迪（Andrew Plaks）、霍普金斯大学拉泽尔·齐夫（Larzer Ziff）、伯拿大学印度研究所所长巴巴拉·米勒（Barbara Miller）、纽约大学季摩西·雷斯（Timothy Reiss）、加州大学洛杉矶分校彼德·李（Peter Lee）和印第安纳大学欧阳祯（Eugene Eoyang）等。大会议题原本为"历史与文学""接受与翻译""传统与创新"等，但讨论却集中在"文学、历史和文学史"上。此次研讨会"准备比较充分，讨论比较集中，学术水平也有所提高，过去各人宣读论文、互不观照的现象也有所克服，会议论文在很多方面都展开了交流和对话”[9]，研讨会取得了圆满成功。

《文学评论》1988 年第 3 期发表了乐黛云的《历史 · 文学 · 文学史——中美第二届比较文学双边讨论会侧记》，这是对本届研讨会的总结性的文章。

（三）第三届研讨会的基本情况

继 1983 年和 1987 年两次中美比较文学双边讨论会分别在中美两国举行之后，中断了十多年的这一高层次的中美两国学者在比较文学领域内的双边理论对话于 2001 年恢复[10]，这就是“第三届中美双边比较文学研讨会”(The 3rd Sino-American Comparative Literature Symposium)。这届研讨会由中国清华大学和美国耶鲁大学共同发起主办，于 2001 年 8 月 11 日至 14 日在中国清华大学举行。中美代表团分别在国际文学理论学会秘书长、清华大学教授、清华大学比较文学和文化研究中心主任王宁和耶鲁大学比较文学系主任麦克尔 · 霍魁斯特（Michael Holquist）的带领下出席会议。中方代表团成员有北京大学乐黛云、上海师范大学孙景尧、中国社会科学院文学研究所钱中文、四川大学曹顺庆、中国社会科学院文学研究所叶舒宪、台湾淡江大学蔡振兴、佛山大学张平功、清华大学曹莉、广东外语外贸大学毛思慧、清华大学肖鹰、香港岭南大学孙艺风等，美方代表团成员有耶鲁大学孙康宜(Kang-i Sun Chang)、耶鲁大学理查德 · 布劳德海德（Richard Brodhead)、加州大学厄湾分校希利斯 · 米勒（Hillis Miller)、耶鲁大学达德利 · 安德鲁(Dudley Andrew)、威斯廉大学的刘辛民、耶鲁大学赛瑞斯 · 哈姆林（Cyrus Hamlin)、耶鲁大学吉野健司（Kenji Yoshino)、圣路易斯华盛顿大学詹姆斯 · 沃希（James Wertsch)、纽约大学张旭东等，出席本次会议的还有来自中美两国主要高校和科研机构的专家学者。此次会议主题为“比较文学的全球化：走向新的千年”，下设 8 个议题：

（1）比较文学在西方和中国的历史回顾；

（2）中西方文论比较研究；

（3）文化研究及其在中西方的不同形态；

（4）后现代、后殖民理论及其东西方变体；

（5）全球化及其对未来人文科学的影响；

（6）中西方重要理论家比较研究；

（7）20世纪中美文学交流探讨；

（8）比较文学与文化研究的冲突与共融。[11]

围绕这些议题，中外学者先后在会上作了重要发言。会议期间，还组织了小型中美青年学者研讨会，讨论文化身份与生态批评等问题。会议最后一天，部分中美学者与中国作家就文学创作、文学批评、文学翻译及文学市场等问题展开探讨。[12]这是中美比较文学界在中断了十多年后，重新开启的具有建设性的平等对话的盛会，对中美比较文学的共同发展有着深远的影响，体现了中美“不同文化间的交流与对话”[13]。

本届研讨会举行之前，《外国文学》2001年第3期刊发了题为《第三届中美比较文学双边讨论会将在北京举行》的简讯[14]，研讨会举行之后，《中国文化研究》2001年第4期刊发了题为《第三届中美比较文学双边讨论会在北京举行》的简讯。[15]

（四）第四届研讨会的基本情况

“第四届中美双边比较文学研讨会”（The 4th Sino-American Comparative Literature Symposium）由美国杜克大学和中国清华大学共同发起主办，于2006年10月6日至8日在美国杜克大学举行。中美双方代表团分别在中国比较文学学会副会长、中国清华大学比较文学与文化研究中心主任、杜克大学中国传媒研究中心客座研究员王宁和美国艺术与科学院院士、杜克大学威廉·莱恩比较文学讲座教授、清华大学客座教授弗雷德里克·詹姆逊（Fredric Jameson）带领下出席会议。[16]中方代表团成员有清华大学陈永国、南京大学周宪、华中师范大学胡亚敏、中国社会科学院王逢振、厦门大学周宁、南开大学许德金、清华大学生安锋等，美方代表团成员有杜克大学简·根斯（Jane M. Gaines）、刘康，加拿大蒙特利尔大学吕彤林（Lu Tonglin），哥伦比亚大学布鲁斯·罗宾斯（Bruce Robbins），杜克大学斯格特·塞维特、肯尼斯·苏林（Kenneth Surin）、戴维·普莱茨（David Price），伊利诺斯大学徐钢等。本次会议主题为“文学与视觉文化：中国视角与美国视角”（Literature and Visual Culture：Perspectives from China and the US），下设4个议题：

(1) 文学与不同视觉文化形式的相互作用;

(2) 文化进程和政治进程对文学生产、传播和消费的形塑;

(3) 市场在文学生产和消费中的角色;

(4) 文学理论、文学研究方法与文化研究以及其他人文学科互动交流的有效性等。

本次会议用跨学科的视角和眼光来审视当代文学和视觉文化研究中出现的种种问题，诸如视觉文化与传统的文字文化跨越语言的和文化的边界所形成的互动，是中美著名大学共同在美国举办的首次专门讨论文学和视觉文化的高规格学术研讨会。[17]

(五) 第五届研讨会的基本情况

“第五届中美双边比较文学研讨会”(The 5th Sino-American Comparative Literature Symposium) 由中国上海交通大学人文艺术研究院主办，美国哈佛大学比较文学系和清华大学比较文学与文化研究中心共同协办，于 2010 年 8 月 12 日至 14 日在中国上海交通大学徐汇校区举行。中美代表团分别由王宁和大卫·达姆罗什 (David Damrosch) 带领，张隆溪、谢天振、叶舒宪、曹顺庆、查明建、史志康、康士林、都岚岚、陈静、何成洲、丹麦奥尔胡斯大学的麦兹 ·罗森达尔·汤姆森 (Mads Rosendal Thomsen)、希利斯·米勒 (Hillis Miller)、苏源熙 (Haun Saussy)、马丁·普契纳 (Martin Puchner)、谢永平 (Pheng Cheah)、托马斯· 奥·毕比 (Thomas O. Beebee)、马歇尔·布朗 (Marshall Brow) 等 60 多位来自中国、美国的专家学者与国际学术期刊主编参加了此次会议。大会还首次邀请到两位欧洲学者作为观察员出席会议，一位是权威国际学术期刊《世界比较文学评论》(*Neohelicon*) 主编，来自匈牙利科学院的彼德·海居 (Péter Hajdu)，另一位是来自丹麦奥尔胡斯大学的汤姆森。

此次会议主题为“走向世界文学阶段的比较文学” (Comparative Literature: Toward the Stage of World Literature)，下设 9 个议题:

(1) 全球化与世界文学的存在;

(2) 文学疆界的扩大和建构世界文学的意义;

(3) 翻译在重建世界文学中的能动作用;

(4) 用英文和中文重写世界文学史的可能性探讨;

(5) 什么样的作品应被视为世界文学;

(6) 如何确定评判世界文学的标准;

(7) 后殖民写作对重建世界文学的贡献;

(8) 华裔美国文学对经典重构的贡献;

(9) 在文学受到严峻挑战之际有无必要编辑世界文学选集。[18]

与会学者就这些议题展开了广泛深入的交流、对话。

这次研讨会极具特色,“首先是会议的主题和所有安排基本上都由中国学者提出并策划,从而初步实现了中外文学交流和对话中的中国话语权的主导性转变”;“其次,出席本次会议的中美双方学者的规格都很高,在以往历次会议上较为罕见”;“此外,国内各主要高校,如北京大学 、中国社会科学院文学研究所、复旦大学、南京大学、北京外国语大学和上海外国语大学等,也派出了比较文学学科的领军人物出席并发言。再者,会议首次邀请了两位欧洲学者作为观察员出席会议:来自丹麦奥尔胡斯大学的汤姆森和来自匈牙利科学院的彼德·海居”。[19]此次会议影响重大,《人民日报》《文艺报》《中国文化报》《中华读书报》等国内主流报纸及上海市的媒体都对会议作了报道。大会精选16篇论文,以“比较文学:走向世界文学的(重新)建构” (Comparative Literature: Toward a (Re) construction of World Literature)为主题,由王宁主编,刊发在2011年12月初出版的国际比较文学界的权威刊物《世界比较文学评论》(*Neohelicon*)第38卷第2期上。[20]

(六)第六届研讨会的基本情况

“第六届中美双边比较文学研讨会”(The 6th Sino-American Comparative Literature Symposium)由中国清华大学比较文学与文化研究中心和美国普渡大学比较文学与宗教研究中心共同发起主办,于2013年5月2日至4日在美国普渡大学举行。参加这次研讨会的中国学者有中国比较文学学会副会长、清华大学外语系教授、教育部“长江学者”特聘教授、清华大学比较文学与文化研究中心主任王宁,中国比较文学学会副会长、四川大学文学与新闻学院院长、四川大学杰出教授、中国教育部“长江学者”特聘教授曹顺庆,中央民族大学外国语学院院长郭英剑,扬州大学外国语学院副院长秦旭,上海交通大学副教授、富布赖特学者都岚岚,中国华北电力大学外国语学院教师王苗苗等。参加这次研讨会的美国学者有普渡大学比较文学系教授、系主任查尔斯·罗斯（Charles Ross），普渡大学宗教与中国社会中心主任、社会学教授杨峰刚（Fenggang Yang），普渡大学语言文化学院院长、古希腊语古罗马研究教授凯斯·狄更斯（Keith Dickson），普渡大学语言文化学院副教授丹尼尔·谢（Daniel Hsieh），普渡大学比较文学系黄雨晗，田纳西大学东亚研究系教授酒井·J. 堀口（Noriko J. Horiguchi），普渡大学西班牙语系教授霍华德·曼兴（Howard Mancing），普渡大学比较文学系副教授、宗教学系主任杜兰·安吉莉卡（Duran Angelica），普渡大学语言文化学院教师王赤影（Chi-ying Alice Wang），伯明顿蒙古佛教文化中心的阿嘉·洛桑图旦·久美嘉（Arjia Rinpoche），普渡大学出版社主编斯蒂文·托托西·德·让普泰内克（Steven Tötösy de Zepetnek），华盛顿大学比较文学系严冰（Bing Yan），圣母大学教授林丽君（Sylvia Lin），著名汉学家、中国文学翻译家葛浩文（Howard Goldblatt）。此次会议主题为“比较文学、宗教与社会：跨文化的视角”（Comparative Literature, Religion and Society: Cross-Cultural Perspectives），下设8个议题：

（1）比较文学与世界文学；
（2）宗教与社会文本的踪迹；
（3）解读美国；
（4）亚洲形象；
（5）中国经典与文学复兴；
（6）莫言作品英译葛浩文主题发言；
（7）文学与文化中的宗教；
（8）中国宗教的文本代表。

王宁和葛浩文分别代表中美两国学界作了主题发言。王宁的主题发言“中国的世界主义与世界文学”从全球化的视角探讨了世界主义的崛起以及在世界文学领域内的反映，提出了中国学界的积极对策。葛浩文基于自己长期从事中国文学翻译的经验，论证了中国当代文学在世界文学中的地位以及莫言荣获诺贝尔文学奖的积极意义。[21]本次研讨会“在世界语境中探讨关于文学、宗教与社会的研究方法，是将比较文学研究拓展到跨文明翻译以及跨学科领域研究的一次有益的尝试，对促进东西方视域中的文学与文化的发展，宗教、历史与社会语境在全球范围内的融合起到了积极的作用”[22]。

（七）第七届研讨会的基本情况

“第七届中美双边比较文学研讨会”（The 7th Sino-American Comparative Literature Symposium）由中国四川大学文学与新闻学院和美国宾夕法尼亚州立大学共同主办，于2016年7月1日至3日在中国四川成都京川宾馆举行。大会中方主席是四川大学教授曹顺庆、清华大学教授王宁，美方主席是宾夕法尼亚州立大学教授托马斯·奥·毕比（Thomas O. Beebee）。此次大会主题为“跨文化语境中的比较文学”（Comparative Literature in the Context of Crossing-Culture），下设4个议题：

（1）比较文学前沿研究；

（2）世界文学与比较文学；

（3）比较文学与翻译；

（4）文学与其他学科。

会议以主题报告和圆桌论坛两种方式进行，300多名来自中国内地、香港，以及17名来自欧美的著名学者参加了研讨会。研讨会的中方主要发言人有四川大学曹顺庆、清华大学王宁、四川大学赵毅衡、香港中文大学黄维樑、北京师范大学方维规、中山大学童庆生、四川大学唐小林、四川大学徐新建、四川大学傅其林、华中师范大学邹建军、四川师范大学胡志红、中国社会科学院张江。外方主要发言人有美国宾夕法尼亚州立大学托马斯·毕比、华盛顿大学马歇尔·布朗（Marshall Brown）、圣地亚哥联合大学塞萨·多明戈斯（César Domínguez）、比利时鲁汶大学西奥·德汉教授（Theo D'haen）、亚利桑那大学李点。300多名学者齐聚一堂，大会讨论异常热烈，笑声、掌声不断。除了中美比较文学学者外，还有来自欧洲的国际学术刊物主编和院士等，是规模最大、规格和国际化程度最高的一次盛会。“本届研讨会在传承往届会议传统的基础上，以‘比较文学与世界文学：跨文化对话’为主题，持续探索，促进中美比较文学之间的交流，贡献有目共睹。”[23]

本届研讨会主办方还举办“全国比较文学青年教师高级讲习班”，“200余名学者参与”，“着意于多重角度扩展与会者的研究视野”[24]，取得了很大成功。

对于本届研讨会，《光明日报》《华西都市报》《中外文化与文论》、四川新闻网、四川大学新闻网等国内众多报刊和主流媒体都进行了报道。[25]

二、历届研讨会的主题和议题

按照合作原则，中美双边比较研讨会在中国和美国轮流举行，因此第一、第三、第五和第七届研讨会的召开地点在中国，而第二、第四和第六届的地点在美国。虽然每次研讨会都是中美双方联合举办，但是中、美两地举办的研讨会主题各有特色，体现出在不同比较文学发展背景和阶段下双方侧重的不同以及合作的深化。

（一）在中国举行的研讨会的主题和议题

第一届研讨会召开前后，即20世纪80年代，比较文学作为独立的学科体系在中国才刚刚建立，不仅在国际上脚跟未稳，在国内也饱受争议和质疑。这一时期，中国的比较文学更多的是学习欧美，借用西方比较文学话语和术语进行比较文学研究，举办国际会议也是摸着石头过河，这一点可以从第一届研讨会的议题可以看出。首先，与后面几届研讨会不同，会议主办方没有给会议拟出明确主题，与会者宣读各自论文，从论文内容可以看出，与会者主要受欧美比较文学框架影响，围绕比较文学学科中的文学理论、文学影响、文学类比和文学体裁等，基本运用影响研究和平行研究的方法进行理论与实践两方面的探讨和对比研究。第三届和第五届研讨会主题分别是“比较文学的全球化：走向新千年”和“走向世界文学阶段的比较文学”，两个“走向”不仅凸显了比较文学发展所处的全球化语境，也反映了中国比较文学界力图从边缘走向中心，打破西方话语垄断地位，加入世界文学行列的心声，因此会上很多学者就经典和世界文学标准提出新的看法。而第七届研讨会主题是“比较文学与世界文学：跨文化对话”，其中“跨文化对话”，一方面表明比较文学界的强力主张，另一方面也暗含着中国学者的文化自信。这种自信更多来自这一时期中国比较学者对世界比较文学做出的贡献，突破了原来法国实证研究和美国平行研究对比较文学发展的束缚，大胆提出异质文明、文化间的变异研究，给比较文学的发展注入新的活力。有了这种学理创新，中国学者才有真正的自信，主张不同文化间的平等对话，以增强文化间的互识、互信和互补。这反映出中国比较文学已经逐步摆脱边缘性地位，走向国际舞台。正如王宁教授指出的那样，“比较文学的最早阶段是世界文学，进入全球化时代的比较文学的最高阶段也是世界文学，在这方面，中国学者将大有作为”[26]。

（二）在美国举行的研讨会的主题和议题

在美国举行的历届中美双边比较文学国际学术研讨会主题和议题分别是：“历史与文学、接受与翻译、传统与创新”“文学与视觉文化：中国视角和美国视角”和“比较文学、宗教与社会：跨文化的视角”。会议议题从文学史的重新书写，到文学与视觉艺术的关系，再到跨文化视角，这些议题都具有一个共同特点：“跨越”性，即跨民族、跨语言、跨学科和跨文化。这反映了整个比较文学所经历的一系列危机和挑战。第一次危机来自比较文学的“不比较”，只研究有实际影响的文学关系史，变相将比较的标准置于欧洲中心主义之下。第二次危机来自平行比较，更多地在没有事实交往和影响的文学间“求同”，使西方比较文学陷入“死亡”危机。这几次研讨会正是在这样的学术背景下召开的，反映了美国比较文学寻找新出路的需求。第二届研讨会议题实际围绕“文学、历史和文学史”展开，这是对以西方经典文学、主流民族文学为中心的文学编撰体系的考问，对所谓“权威”“经典”的挑战，反映了突破欧洲中心主义的要求。第四届研讨会将讨论范围从文学内部延伸到视觉艺术领域，是一次跨学科的具体实践。第六届研讨会明确提出“跨文化的视角”，实际上是对中国学者主张的回应和实践。这三次会议的主题和议题也反映了美国比较文学界在面临学科发展困境时，主动突破中心主义，跨越语言、学科、文化障碍的发展历程。

无论是从边缘向中心靠近，还是从中心向外突围，中美比较文学界的合作和互动日益加强，中美之间所进行的努力和实践都反映出比较文学的特点：“比较文学作为一门崭新的人文学科，倡导大量的翻译介绍、全景式的比较方法和角度、跨学科的国际视野，是最适合打破传统学科的学术藩篱和门户之见、最容易直接与国际接轨的前沿阵地。”[27]

中美双边比较文学国际学术研讨会延续平等对话传统，讨论主题不仅从比较文学、诗学间的传统话题拓展到其他领域，而且也反映出中国和美国比较学界学术诉求和侧重的差异。研讨会的议题往往触及比较文学热点，反映比较文学在发展过程中面临的机遇和挑战，与会专家献计献策，所提出的观点和看法往往代表了比较文学的最新发展动态和学术前沿，引领中美乃至整个世界比较文学的发展。

三、历届研讨会取得的成就

历届中美双边比较文学国际学术研讨会参会学者队伍不断壮大，组织形式不断丰富，参会专家级别不断提高，国际化程度不断提升，国际合作不断升级，科研成果不断涌现，科研成果的质量不断提升，影响力不断增强，后备力量不断壮大，取得的成就异常显著。

（一）参会学者队伍不断壮大

从与会人员的数量上看，历届中美双边比较文学国际学术研讨会中美双方都会派出10人以上的专家代表团。这一人数基本维持在10至15人，变化不太大，但是来自各相关高校和科研机构的学者和代表的人数却在不断增加，从第一届的超过20人逐渐发展到第七届的300人以上。与会的青年学者也越来越多，老中青三代同堂。中美乃至国际学界参加研讨会的学者队伍不断壮大，研讨会日益兴盛。

（二）研讨会组织形式不断丰富

历届中美双边比较文学国际学术研讨会的组织形式不断丰富，不断多样化。从最初简单的论文宣读到后来的多种形式并举。如与会专家进行主题发言和答问，专家带队进行小组议题讨论，举办圆桌论坛，这些丰富多彩的形式有利于更多的学者真正参与大会的交流、学习和讨论，使议题的广度不断拓展，深度不断加强，学术研究和创新方面均取得重大突破。

（三）专家级别不断提高

应邀出席历届中美双边比较文学国际学术研讨会的专家的级别越来越高。历届与会者除了来自各高校及科研机构的代表，还有享誉海内外的专家、学者和学术带头人。他们多为各比较文学学会的会长、副会长，比较文学系主任、各研究所所长和权威学术期刊的主编、院士等。他们在比较文学界取得重大学术成就，是各种国际比较文学会议的座上宾。近年来，世界顶级学术期刊的主编们也逐渐加入与会者行列，极大地提高了中美双边比较文学国际学术研讨会的声望和国际影响力，他们有《世界比较文学评论》（*Neohelicon*）

执行主编彼德·海居、《朗文世界文学选》主编戴姆拉什、《诺顿世界文学选》主编马丁·普契纳、《比较文学研究》（*Comparative Literature Studies*）主编托马斯·奥·毕比、《现代语言季刊》（*Modern Language Quarterly*）主编马歇尔·布朗、《比较文学与文化》（*Comparative Literature and Literature*）主编斯蒂文·托托西·德·让普泰内克（Steven Tötösy de Zepetnek）等。他们不仅作为嘉宾出席，还委托大会为其期刊遴选优秀论文，这表明愈来愈多的与会学者的研究已达到国际一流水平，国际影响力越来越大。

（四）国际化程度不断提升

中美双边比较文学国际学术研讨会的国际化程度愈来愈高。应邀出席历届研讨会的代表还有来自中美两国以外的学者，如第五届研讨会嘉宾彼德·海居院士来自匈牙利科学院，第六届研讨会嘉宾斯蒂文·托托西·德·让普泰内克来自欧洲科学院，第七届研讨会嘉宾西奥·德汉来自比利时天主教鲁汶大学英语文学与比较文学系、塞萨·多明戈斯来自西班牙圣地亚哥联合大学。这表明研讨会正逐渐突破中美两国地域的限制，面向越来越多中美以外的学者，国际化程度越来越高。

（五）国际合作不断升级

随着中美双边比较文学国际学术研讨会的国际化程度不断加深，中国与美国乃至世界比较文学间的合作程度也越来越高。除共同举办研讨会，北京师范大学文学院与美国亚利桑那大学还联合创办了国际著名学术期刊《比较文学与世界文学》（*Comparative Literature and World Literature*），其他世界顶级学术期刊也纷纷邀请中国知名学者担任嘉宾编辑，为期刊遴选高质量文章，编辑专辑。如四川大学文学与新闻学院院长曹顺庆教授受《比较文学与文化》（*Comparative Literature and Culture*）邀请担任杂志编辑，清华大学比较文学与文化研究中心主任王宁教授接受《世界比较文学评论》（*Neohelicon*）邀请等。

（六）科研成果不断涌现

历届中美双边比较文学国际学术研讨会催生的比较文学科研成果不断涌现，令人振奋。研讨会上宣读的论文不断刊发在各类，特别是高级别的学术刊物上。《世界文学》《中国比较文学》《外国文学》《文学评论》《文艺研究》《文学艺术理论》《中外文化与文论》《中外语文论丛》《比较文学与世界文学》《世界比较文学评论》等纷纷刊登来自研讨会的优质论文。比如，第一届研讨会中方代表宣读的10篇论文分别刊发在当年的《文艺研究》和《文艺理论研究》上，其中，发表在《文艺研究》1983年第4期的有张隆溪的《诗无达诂》等5篇[28]，发表在《文艺理论研究》1983年第4期的有周发祥的《也谈唐诗自然意象的具体性——与华生等人商榷》等5篇[29]。第五届研讨会中的16篇中外学者的论文集中刊发在世界权威期刊《世界比较文学评论》2011年第38卷第2期上。又如，据不完全统计，到现在为止，中外方代表在第七届研讨会上宣读的论文有6篇分别刊发在国际英文学术期刊《比较文学与世界文学》（*Comparative Literature and World Literature*, Volume 1，Issue 2，2016）、CSSCI学术集刊《中外文化与文论》第35期、中文核心学术期刊《燕山大学学报》（哲学社会科学版）与中国知网收录中外文学术集刊《外国语文论丛》第7辑等学术刊物上。其中，发表在《比较文学与世界文学》上的有托马斯·奥·毕比的“The Ethics of World Literature”1篇[30]，发表在《中外文化与文论》第35期的有黄维樑的《“情采通变”：以〈文心雕龙〉为基础建构中西合璧的文学理论体系》1篇[31]，发表在《燕山大学学报》（哲学社会科学版）2017年第1期的有王宁的《跨文化对话：数字化时代的比较文学》等3篇[32]，发表在《外国语文论丛》第7辑的有托马斯·奥·毕比的《世界文学的伦理观》1篇[33]。

（七）科研成果的质量不断提升

历届中美双边比较文学国际学术研讨会催生的比较文学科研成果的质量不断提升。参加研讨会议的学者的文章能够逐渐在权威期刊，尤其是在世界级顶级学术刊物上发表，表明越来越多学者的学术研究水平业已达到国际水平。以乐黛云、王宁、叶舒宪为代表的中国学者，他们的很多文章不断出现在国际著名刊物上，在国际学术舞台上起着举足轻重的作用。同时，刊载这些高质量、高水平的文章，这些权威期刊可以进一步提升自己的形象，扩大影响力。与会学者们的文章不断被学术界下载、引用和转载，使会上的热点、前沿问题在会后或其他学术会议上继续进行、讨论下去，推动中国比较文学不断走向世界，推动世界比较文学向前发展。

（八）影响力不断增强

除了与会学者的论文不断发表，引起整个学术界的关注外，中美双边比较文学国际学术研讨会取得的成功，还引来越来越多国内外报纸杂志和媒体对它的关注和报道。围绕研讨会所发表的文章也越来越多。比如，首届研讨会后，《文学评论》1983 年第 6 期发表盛生的《中美学者比较文学讨论会在京举行》，《世界文学》1983 年第 5 期发表钱满素的《中美双边比较文学讨论会在京举行》，《外语教学与研究》1988 年第 3 期发表昕的《中美学者比较文学讨论会在京举行》，《外国文学》1983 年第 10 期发表徐海昕的《多声部大型对白——中美双边比较文学讨论会散记》，《中国比较文学》1984 年第 1 期发表姚望的《有意义的开端——记中美双边比较文学讨论会》，对会议基本情况和内容、意义等进行报道。第二届研讨会后，《国外文学》《文学评论》1988 年第 3 期分别发表乐黛云的《朝向中西文学对话的新阶段——记第二届中美双边比较文学讨论会》和《历史·文学·文学史——中美第二届比较文学双边讨论会侧记》。关于第三届研讨会，《中国文化研究》2001 年第 4 期发表了无名氏的《第三届中美比较文学双边讨论会在北京举行》，《文学报》2001 年 9 月 6 日 A01 版发表了斯义宁的《体现不同文化间的交流与对话》，《外国文学》2001 年第 3 期发表了宁文的《第三届中美比较文学双边讨论会将在北京举行》，《文学评论》2002 年第 1 期发表王宁的《第三届中美比较文学双边讨论会述评》。关于第四届研讨会，《光明网·中华读书报》2006 年 11 月 8 日、《中国作家网》2006 年 1 月 21 日、《中国比较文学》2007 年第 1 期均发表安峰的同名文章《第四届中美比较文学双边讨论会在美国举行》对会议进行报道，《外国文学研究》2006 年第 6 期发表安峰的《第四届中美比较文学双边讨论会综述》对会议进行综述。关于第五届研讨会，《上海交通大学新闻网》2010 年 8 月 13 日发表文章《第五届中美比较文学双边讨论会在交大举行》，《中华读书报》2010 年 8 月 18 日发表陈菁霞的《世界文学正从乌托邦变为审美现实》，《中国社会科学报》2010 年 9 月 2 日发表李玉、刘津芳的《世界文学的判定标准具有相对性》，《中国比较文学》2010 年第 4 期刊发汪沛的《第五届中美比较文学双边讨论会在上海举行》，《上海交通大学学报》（哲学社会科学版）2010 年第 5 期发表无名氏的《第五届中美比较文学双边讨论会在上海交通大学举行》，《当代外语研究》2010 年第 9 期发表汪沛的《走向世界文学阶段的比较文学——第五届中美比较文学双边讨论会综述》。关于第六届研讨会，《外国文学研究》2013 年第 3 期发表王苗苗、曹顺庆的《“第六届中美比较文学双边研讨会：比较文学、宗教与社会”综述》。关于第七届研讨会，四川大学新闻网等国内众多报刊和主流媒体都对其进行了报道。其中，《四川新闻网》2016年7月2日发表陈淋的《全球300名学者参加第七届中美双边比较文学研讨会》，《四川大学新闻网》2016年7月4日发表《第七届中美双边比较文学国际学术研讨会召开》，《光明日报》《中国作家网》2016年7月4日均发表了李晓东、危兆盖的《第七届中美双边比较文学国际学术研讨会举行》，《华西都市报》2016年7月12日发表了赵渭绒、曹誉峰、李寰的《第七届中美双边比较文学国际学术研讨会召开》。可以说，正是有了这些新闻媒体对历届中美双边比较文学国际学术研讨会的事前预报和事后及时、细致、深入的总结和反思，学界才能对研讨会有更加全面的了解和借鉴，在此基础上后期举办的研讨会才可加以改进、调整和完善，从而使研讨会受到更多的认可，影响力不断增强。

（九）后备力量不断壮大

中美双边比较文学国际学术研讨会促进了比较文学研究后备力量的不断壮大。研讨会注重比较文学研究后备力量的培养。比如，第七届研讨会主办方四川大学特邀7位国内外比较文学的顶级学者进行专题讲座，为全国比较文学青年教师举办高级讲习班。黄维樑在访谈中说道："讲习班是此会的另一特色，踊跃听讲者二百多人。这些年轻学者也是研讨会的听众，所以与会名家言无虚发，所嘉之惠，都入五百只聪耳，以言传播效益，其大无比。在研讨会宣读论文，往往只有10分钟至20分钟，千里迢迢甚至万里迢迢就来讲一二十分钟，哪能'人尽其才'？兼办讲习班，让学者多有用武之地，善莫大焉。"[34]赵渭绒、廖然在纪要中写道："本次讲习班着意于多重角度扩展与会者的研究视野，包括当前热门的翻译研究、中国古典文论、世界文学等，还涉及此前鲜有提及的短篇小说、弱势/少数民族研究等。此外，讲习班还在每个专题结束后设有提问互动环节，使得本次讲习班呈现出'紧跟学术前沿、学术视野开阔、学术交流深入'的特点。"[35]"本次讲习班开拓了比较文学青年教师的研究视野，提升了与会学者的深度思考能力，对于他们在研究中紧跟学术前沿，深入而精准地进行科学研究有良好的促进作用，相信今后他们必将站在更高层次上审视当前跨文化语境中的比较文学研究。"[36]来自全国各地比较文学界的200余名青年学者报名参加了讲习班，盛况空前，成绩斐然，促进了比较文学研究青年教师队伍的成长，锤炼、壮大了比较文学研究的后备力量。

四、历届研讨会取得成就的原因

历届中美双边比较文学国际学术研讨会能够成功召开并取得巨大成就，并非偶然，它是在一系列时代和社会背景下，是在世界比较文学不断发展、中国比较文学不断深化的趋势下，中美及世界比较文学界的共同努力下取得的。

（一）世界比较文学的蓬勃发展与中国比较文学的不断深化

世界比较文学的蓬勃发展与中国比较文学的不断深化是历届中美双边比较文学国际学术研讨会能够成功召开并取得巨大成就的重要原因。20 世纪 80 年代，世界比较文学蓬勃发展，实证研究、平行研究不断取得新的成果。这时的中国比较文学尚处于起步阶段。1981 年 1 月成立了中国第一个比较文学学会——北京大学比较文学研究会，季羡林任会长，钱钟书任顾问，乐黛云任秘书长，从此拉开了中国比较文学新的篇章。学会开始整理与比较文学有关的资料，并出版《北京大学比较文学研究会通讯》。[37] 1982 年 8 月 22 日至 29 日，国际比较文学学会第 10 届年会在纽约举办。这次年会盛况空前，来自全球 60 个国家，700 余名学者出席了会议。中国学者乐黛云、张隆溪和林秀清首次亮相国际比较文学学会。乐黛云在《中国的文学史教育和比较文学经典》一文中指出："没有比较文学视角，中国现代文学的很多问题就很难被解释，因为这些作品大都是中西文学结合的产物。通过借鉴世界文学的经典之作，中国现代文学的开创者们撷英采华，丰富了自己的创作。"[38] 这次会议使乐黛云等对世界比较文学有了进一步的了解，使中国比较文学学者有意识地将文学比较的方法运用到中国现代文学的研究中来，同时也让他们接触到许多国际比较文学界泰斗，这也为首届中美比较文学国际研讨会打下了基础。之后，以乐黛云、孙景尧等为代表的中国比较文学学者开始进行比较文学学科建构，创办博士点；出版比较文学专著和教材，如《比较文学探索》《比较文学理论与实践》《比较文学通论》；创办学术期刊，如《中国比较文学》；在国际顶级权威学术期刊上发表论文；受邀参加顶级国际会议；进行主题演讲等；取得重大研究突破，如"孙景尧的宗教与民俗研究、杨慧林的比较宗教学研究、叶舒宪的神话学和文学人类学研究，以及曹顺庆的比较文学变异学研究，谢天振教授的翻译研究等，均很有特色，并且成就斐然，为中国比较文学研究的繁荣做出了贡献”[39]。随着中国改革开放的深入，中国的国力日益强盛，中国文化越发引起世界关注。20世纪末比较文学研究出现新的文化转向，西方学界开始哀叹比较文学学科的衰落甚至死亡。中国的跨文化异质研究的主张应运而生，并且越来越多得到世界比较文学界的接受。跨文化研究的一个关键就是要寻找新的视野，寻找一个“他者”，以便在参照中反观自己，从而更好地认识自我。“法国学者弗朗索瓦·于连认为中国文化是一个最好的‘他者’，因为它遥远、陌生、独立，有利于研究者暂时离开习以为常的思维方式，而从另一个角度来思考。他对中国的研究正是为了反观希腊，加深对希腊的了解。”[40]正是在这样的发展的大背景下，中美两国比较文学相互学习、平等对话才成为可能，中美之间的合作才能长期深化下去，从而确保研讨会成功举办并取得巨大成就。

（二）中美比较文学界的不懈努力和精诚合作

中美比较文学界众多学者、学术团体及高校进行的不懈努力和精诚合作成为历届中美双边比较文学国际学术研讨会成功召开并取得巨大成就的另一个重要原因。中国比较文学学人在老中青三代学者，如钱钟书、杨周翰、乐黛云、陈惇、曹顺庆、王宁等的带领下不断突破、创新，在一个个高校中开设比较文学专业，设立博士点，成立中国比较文学学会和学术团体，创办比较文学期刊，举办各种比较文学学术会议等，并在学术研究上取得重大突破。“清华大学是公认的中国比较文学发源地。这不仅是由于中国比较文学第一部教材、第一次课程都始源于清华大学，更重要的是中国从事比较文学教学和研究的第一代学者和教师，如季羡林、吴宓、王佐良、杨业治等都是清华外文系出身，他们培育了今天第二代、第三代的中国比较文学学者。虽然中间有过一段时间的中断，但近十年来，以王宁教授为首的清华比较文学与比较文化中心取得了巨大成绩，不但与国际比较文学界建立了广泛联系，而且在迅速发展的比较文学理论界，始终走在前列。”[41]“在过去几十年中，乐黛云这位中国女性在中国比较文学研究领域辛勤耕耘，其成就无人能及。”[42]在他们的带领下，“比较文学学科经过30年的发展，取得了丰硕的学术研究成果，跨文明/跨文化交际、译介学、话语权等学术理论应运而生。在当下，中国比较文学的学理研究进入了深化和原创时期，体现了中国学派在世界比较文学界影响力的扩大”[43]。同样，在美国也有一大批学者致力于美国比较文学的发展，从早期的韦勒克、雷马克，到后来的厄尔·迈纳、麦克尔·霍魁斯特、雷德里克·詹姆逊、希利斯·米勒、苏源熙、大卫·达姆罗什和马丁·普契纳等，他们创办比较文学专业，提出平行研究范式，开创了美国学派，发行各种比较文学学术期刊，成立美国比较文学协会、美中学术交流委员会等学术团体，并与国内外高校、学术机构、学者合作，组织各种交流活动和学术会议，在很长时间里都是世界比较文学的领头羊，带动整个比较文学界不断发展。中美双方文学交流历史源远流长，为中美间的合作提供了机遇。20 世纪 80 年代以来，两国比较文学界就达成了定期在中美两国轮流举办研讨会的交流合作愿望，积极策划、筹备并成功组织召开了第一、第二届中美双边国际研讨会。虽然其间因种种原因，中美间学术交流活动中断了十多年，但在双方学术团体、学者的共同努力下，2001 年双边对话再次延续，并持续至今。

五、研讨会的未来展望

对于中美双边比较文学国际学术研讨会，香港中文大学著名学者黄维樑评论说："到今年为止，成功举办了 7 届，已有 34 年的历史了，很受重视，影响深远。"[44] "30 多年来，这个会议对中国比较文学学科的复兴，以及中外学术的交往，有很大的推动作用。"[45] 从这 7 届研讨会的发展态势和取得的成就可以看出，未来中美双边比较文学研讨会必然会有更多的学者加入交流、合作的行列。随着全球化的深化，除已经加入的欧洲学者，研讨会应当也必将吸引来自中国及欧美以外，如印度、日本等国的学者，在新媒介的帮助下，使比较文学沿着"跨语言、跨民族、跨语境、跨学科、跨文化"的路径发展下去，将世界比较文学推向一个新的台阶。

注释：

[1] 张叉、黄维樑，《守正创新，开辟中国比较文学研究的新天地——黄维樑教授访谈录》，见本《外国语文论丛》第 7 辑，第 64 页。

[2] 钱钟书，《开幕词》，《文艺理论研究》1983 年第 4 期，第 1 页。

[3] 钱钟书，《开幕词》，《文艺理论研究》1983 年第 4 期，第 1 页。

[4] 徐海昕，《多声部大型对白——中美双边比较文学讨论会散记》，《外国文学》1983 年第 10 期，第 95 页。

［5］钱钟书，《开幕词》，《文艺理论研究》1983 年第 4 期，第 1 页。

［6］姚望，《有意义的开端——记中美双边比较文学讨论会》，《中国比较文学》1984 年第 1 期，第 344 页。

［7］详见：文米，《中美双边比较文学讨论会美方代表团来我院进行学术交流》，《社会科学》1983 年第 11 期，第 65 页；无名氏，《美国比较文学代表团访问华东师大》，《文学理论研究》1983 年第 4 期，第 67 页。

［8］详见：钱满素，《中美双边比较文学讨论会在京举行》，《世界文学》1983 年第 5 期，第 300 页；徐海昕，《多声部大型对白——中美双边比较文学讨论会散记》，《外国文学》1983 年第 10 期，第 95 页；姚望，《有意义的开端——记中美双边比较文学讨论会》，《中国比较文学》1984 年第 1 期，第 340－344 页。

［9］乐黛云，《历史·文学·文学史——中美第二届比较文学双边讨论会侧记》，《文学评论》1988 年第 3 期，第 125－130、141 页。

［10］详见：无名氏，《第三届中美比较文学双边讨论会在北京举行》，《中国文化研究》2001 年第 4 期，第 20 页。

［11］韩宜儒整理，梁昭校对，《中美双边比较文学国际学术研讨会简介》，“中国双边比较文学国际学术研讨会”会务组编，《中美双边比较文学国际学术研讨会会议手册》，成都，2016 年 7 月，第 35 页。

［12］斯义宁，《走向一种平等的建设性双边学术对话——第三届中美比较文学双边讨论会综述》，《中国比较文学》2001 年第 4 期，第 136－137 页。

［13］斯义宁，《体现不同文化间的交流与对话》，《文学报》2001 年 9 月 6 日 A01 版。

［14］详见：宁文，《第三届中美比较文学双边讨论会将在北京举行》，《外国文学》2001 年第 3 期，第 68 页。

［15］详见：无名氏，《第三届中美比较文学双边讨论会在北京举行》，《中国文化研究》2001 年第 4 期，第 20 页。

［16］韩宜儒整理，梁昭校对，《中美双边比较文学国际学术研讨会简介》，“中国双边比较文学国际学术研讨会”会务组编，《中美双边比较文学国际学术研讨会会议手册》，成都，2016 年 7 月，第 35－36 页。

［17］安锋，《第四届中美比较文学双边讨论会在美国举行》，《中国比较文学》2007 年第 1 期，第 182－183 页。

［18］汪沛，《走向世界文学阶段的比较文学——第五届中美比较文学双边讨论会综述》，《当代外语研究》2010 年第 9 期，第 1 页。

［19］汪沛，《走向世界文学阶段的比较文学——第五届中美比较文学双边讨论会综述》，《当代外语研究》2010 年第 9 期，第 4 页。

［20］详见：王宁主编，《世界比较文学评论》（*Neohelicon*）2011 年第 2 期，第 243－

453页。

［21］韩宜儒整理，梁昭校对，《中美双边比较文学国际学术研讨会简介》，“中国双边比较文学国际学术研讨会”会务组编，《中美双边比较文学国际学术研讨会会议手册》，成都，2016年7月，第36页。

［22］王苗苗、曹顺庆，《“第六届中美比较文学双边研讨会：比较文学、宗教与社会”综述》，《外国文学研究》2013年第3期，第174－176页。

［23］张叉、黄维樑，《守正创新，开辟中国比较文学研究的新天地——黄维樑教授访谈录》，见本《外国语文论丛》第7辑，第64页。

［24］赵渭绒、廖然，《思想前沿、视野开阔、精彩纷呈——第七届中美双边比较文学国际学术研讨会暨全国比较文学青年教师讲习班纪要》，曹顺庆主编，《中外文化与文论》第35期，成都：四川大学出版社，2017，第158页。

［25］详见：李晓东、危兆盖，《第七届中美双边比较文学国际学术研讨会举行》，《光明日报》2016年7月4日第9版；赵渭绒、曹誉峰、李寰，《第七届中美双边比较文学国际学术研讨会召开》，《华西都市报》2016年7月12日第0a15版；《第七届中美双边比较文学国际学术研讨会举行》，《海外华文教育动态》2016年第7期，第157页；赵渭绒、廖然，《思想前沿、视野开阔、精彩纷呈——第七届中美双边比较文学国际学术研讨会暨全国比较文学青年教师讲习班纪要》，曹顺庆主编，《中外文化与文论》第35期，成都：四川大学出版社，2017，第158－165页；陈淋，《全球300名学者参加第七届中美双边比较文学研讨会》，四川新闻网2016年7月2日，http://scnews.newssc.org/system/20160702/000686722.htm；廖芹编辑，《第七届中美双边比较文学国际学术研讨会召开》，四川大学新闻网，http://www.scu.edu.cn/news2012/cdzx/webinfo/2016/07/1466645006263835.htm。

［26］陈菁霞，《学者王宁在中国比较文学与文化研究高峰论坛上表示 比较文学进入全球化 中国学者将大有作为》，《中华读书报》2011年10月26日第1版，第1页。

［27］陈菁霞，《中国比较文学的国际化战略——访上海交通大学刘康教授》，《中华读书报》2011年8月10日第8版。

［28］详见：张隆溪，《诗无达诂》，《文艺研究》1983年第4期，第13－17页；杨周翰，《预言式的梦在〈埃涅阿斯纪〉与〈红楼梦〉中的作用》，《文艺研究》1983年第4期，第18－22页；杨宪益，《试论欧洲十四行诗及波斯诗人莪默凯延的鲁拜体与我国唐代诗歌的可能联系》，《文艺研究》1983年第4期，第23－26页；王佐良，《中国新诗中的现代主义——一个回顾》，《文艺研究》1983年第4期，第27－36页；袁可嘉，《西方现代派诗与九叶诗人》，《文艺研究》1983年第4期，第37－41页。

［29］详见：周发祥，《也谈唐诗自然意象的具体性——与华生等人商榷》，《文艺理论

研究》1983年第4期，第38－44页；钱中文，《“复调小说”及其理论问题——巴赫金的叙述理论之一》，《文艺理论研究》1983年第4期，第27－37页；赵毅衡，《关于中国古典诗歌对美国新诗运动影响的几点刍议》，《文艺理论研究》1983年第4期，第19－26页；许国璋，《鲁迅在日本留学时期与西方文学的接触和他的哲学探索》，《文艺理论研究》1983年第4期，第9－18页；周珏良，《河、海、园——〈红楼梦〉、〈莫比·迪克〉和〈哈克贝里·芬〉的比较研究》，《文艺理论研究》1983年第4期，第2－8页。

[30] 详见：Thomas O. Beebee，“The Ethics of World Literature”，*Comparative Literature and World Literature*，Volume 1，Number 2，2016，pp. 25－29.

[31] 详见：黄维樑，《“情采通变”：以〈文心雕龙〉为基础建构中西合璧的文学理论体系》，曹顺庆主编，《中外文化与文论》第35期，成都：四川大学出版社，2017，第45－90页。

[32] 详见：王宁，《跨文化对话：数字化时代的比较文学》，《燕山大学学报》（哲学社会科学版）2017年第1期，第10－11页；黄维樑，《比较文学：数字化时代的企业》，《燕山大学学报》（哲学社会科学版）2017年第1期，第12页；李点，《面对数字人文的幽灵》，《燕山大学学报》（哲学社会科学版）2017年第1期，第13页。

[33] 详见：托马斯·奥·毕比，《世界文学的伦理观》，雷昌秀、张凸译，见本《外国语文论丛》第7辑，第55－62页。

[34] 张叉、黄维樑，《守正创新，开辟中国比较文学研究的新天地——黄维樑教授访谈录》，见本《外国语文论丛》第7辑，第65页。

[35] 赵渭绒、廖然，《思想前沿、视野开阔、精彩纷呈——第七届中美双边比较文学国际学术研讨会暨全国比较文学青年教师讲习班纪要》，曹顺庆主编，《中外文化与文论》第35期，成都：四川大学出版社，2017，第158－159页。

[36] 赵渭绒、廖然，《思想前沿、视野开阔、精彩纷呈——第七届中美双边比较文学国际学术研讨会暨全国比较文学青年教师讲习班纪要》，曹顺庆主编，《中外文化与文论》第35期，成都：四川大学出版社，2017，第165页。

[37] 详见：乐黛云，《我的比较文学之路——为纪念中国比较文学发展30周年而作》，《比较文学与世界文学》2015年第2期，第3页。

[38] 转引自：马利安·高利克著，《我的学术之路：中西比较文学50年》，梁新军译，《中国比较文学》2016年第2期，第83－84页。

[39] 陈菁霞，《中国比较文学的国际化战略——访上海交通大学刘康教授》，《中华读书报》2011年8月10日第8版，第3页。

[40] 褚国飞，《乐黛云：从世界的文学视野看中国比较文学》，《中国社会科学报》

2009 年 12 月 24 日第 3 版，第 2 页。

[41] 陈菁霞，《学者王宁在中国比较文学与文化研究高峰论坛上表示 比较文学进入全球化 中国学者将大有作为》，《中华读书报》2011 年 10 月 26 日第 1 版，第 1 页。

[42] 高利克、陈菁霞采访整理，《中国比较文学的两次“回归”》，《中华读书报》2011 年 9 月 28 日第 10 版，第 2 页。

[43] 周静、曹顺庆，《中国比较文学终身成就奖颁奖典礼暨“中国比较文学研究的回顾与展望”学术研讨会综述》，《外国文学评论》2015 年第 3 期，第 235 页。

[44] 张叉、黄维樑，《守正创新，开辟中国比较文学研究的新天地——黄维樑教授访谈录》，见本《外国语文论丛》第 7 辑，第 64 页。

[45] 张叉、黄维樑，《守正创新，开辟中国比较文学研究的新天地——黄维樑教授访谈录》，见本《外国语文论丛》第 7 辑，第 64 页。

Faulkner's Reception in France and the Influence of Existentialism

Aaron Lee Moore[1, 2]

1. School of Literature and Journalism, Sichuan University, Chengdu, China 610064
2. Virginia, 720 Christiansburg Pike, Floyd, VA, U. S. A. 24091

Abstract: This essay argues that Faulkner's positive reception in France was largely due to the predominance of existential themes in his works, which in turn garnered the early attention of modernist French scholars, writers, and translators. The French existential philosopher Jean-Paul Sartre, though critical of Faulkner's metaphysic of time in *The Sound and the Fury*, still found much in Faulkner's writing worthy of praise. This essay surveys existential criticism on Faulkner's works, offers an explanation for its recent neglect in scholarship, and suggests that existential-phenomenological criticism is still highly applicable as a critical theoretical framework in which to approach the Faulkner canon.

Key words: Faulkner; Sartre; France; existentialism; phenomenology

---

Essay Deadline: 2017 - 02 - 10

Author Profile: Aaron Lee Moore, male, was born in 1984. He comes from Virginia in the United States. He is editor of *Floyd County Moonshine*, a literary magazine localized in Floyd, Virginia and is working towards his Ph. D. in Comparative Literature at Sichuan University with a dissertation entitled "Faulkner's Reception in China and the Anglophone World." His interests in scholarship include modern and classical Chinese literature, medieval English literature, modern US-American literature, and existentialism. Moore's publications include "Towards the Inclusion of Inter-Ethnic Studies in Comparative Literature in China," *CLCWeb: Comparative Literature and Culture* (2017); "God's Weaponry: The Sardonic Laugh in Aelfric's Lives of Saints and Catholic Homilies," *Pennsylvania Literary Journal* (2014); "Interdisciplinary Studies and Comparative Literature in China and the West," *CLCWeb*: *Comparative Literature and Culture* (2013); and "Faulkner's Closest to God in *The Sound and the Fury*," *Interdisciplinary Literary Studies: A Journal of Literary Criticism and Theory* (2011). A creative writer, Moore has published short stories, poems, and creative non-fiction texts in *Cold Mountain Review* (2016), *Toad Suck Review* (2015), *Sandy River Review* (2014), *Ascent Aspirations* (2013), *Miller's Pond* (2013), *Deep South* (2013), *Illumen* (2013), *Mobius* (2013), and others.

As a young man tramping abroad Faulkner would write of France in a letter, "But France, poor beautiful unhappy France. So innately kind, despite their racial lack of natural courtesy." [1] Faulkner's works were introduced to France as early as 1931, very early on in his career. Prior to 1930 only three essays had appeared addressing his work. [2] Faulkner would explode in France with his controversial, risqué novel *Sanctuary*, translated by R. N. Raimbault and Henri Delgove in 1933. [3] In Puritanical America and Great Britain, however, he would rather implode through a series of negative reviews largely fixated on the morbid sexual material contained within this novel. In the 1930's, America and especially Great Britain were both not entirely ready for Faulkner's elaborate, unconventional, and enigmatic prose — let alone his pushing the envelope of the rigid Puritan conception of appropriateness and decency. In America, the publication of *Sanctuary* earned Faulkner the unflattering nickname "the corncob man," on account of the novel containing a scene indirectly describing the rape of a young woman by means of a corncob. His father would go around town warning people not to read his son's book on account of the graphic depiction of sex contained therein. Ironically, in this novel the most "graphic" scene depicting the rape is described indirectly—in fact the scene is only graphic in that it leaves so much to the reader's imagination. The following paragraph depicts the rape:

> He turned and looked at her. He waggled the pistol slightly and put it back in his coat, then he walked toward her. Moving, he made no sound at all; the released door yawned and clapped against the jamb, but it made no sound either; it was as though sound and silence had become inverted. She could hear silence in a thick rustling as he moved toward her through it, thrusting it aside, and she began to say "Something is going to happen to me." She was saying it to the old man with the yellow clots for eyes. "Something is happening to me!" she screamed at him, sitting in his chair in the sunlight, his hands crossed on the top of the stick. "I told you it was!" she screamed, voiding the words like hot silent bubbles into the bright silence about them until he turned his head and the two phlegm-clots above her where she lay tossing and thrashing on the rough, sunny boards. "I told you! I told you all the time!" [4]

The imagery is neither graphic nor direct. The only description of the sadistic man Popeye is his "yellow clots for eyes." What is happening to Temple exactly, in fact, is not described. We have an effect with no cause. The cause is left to the imagination, for now, but only through subsequent passages in the novel will the reader learn exactly what happened to the unfortunate Temple Drake. Horror films will often make use of this narrative technique. Often what is not shown and left to the audience's imagination becomes far more grim and terrifying than what is shown. By today's standards this passage may seem relatively tame, but in Puritanical America in the 1930's this was considered indecent, obscene, and inflammatory. In considering this novel for publication, the same editor who had published *The Sound and the Fury*, exclaimed in a letter to Faulkner's agent, "Good God, I can't publish this. We'd both be in jail." [5] France, however, was ready for Faulkner's gothic renditions on death, sexuality, violence, and morbidity. America and Great Britain clearly were not.

Faulkner had visited France in his youth and admired French literature and culture despite their "racial lack of courtesy." Although Faulkner possessed little formal education, having never even graduated from high school, he was a literary genius and schooled himself quite adequately in the French language. He could read French literature out of translation and was undoubtedly influenced by the works of Balzac, Baudelaire, Claude Simon, and Michel Butor. The influence of French literature on Faulkner was profound, perhaps even more profound than the influence of British literature, so the French naturally gravitated toward his writing, as they shared a common intellectual milieu. Throughout Faulkner's career, his writing would attract the attention of some of the most famous of French writers including Jean-Paul Sartre, Albert Camus, Andre Malraux, Eugene Dabit, Edmond Jaloux, and Claude-Edmonde Magny.

This early reception of Faulkner in France, which was in fact preceded by his notable reception in America by only a few months, has everything to do with the French critic and translator Maurice-Edgar Coindreau. In 1932 Coindreau would introduce France to two translations of Faulkner's most outstanding short stories, "Septembre ardent" ("Dry September") and "Une Rose pour Emily" ("A Rose for Emily"), which would pave the way for Faulkner's "brilliant career" in

France. [6] Coindreau's translation of *As I Lay Dying*, published in 1934, would also fair extremely well, along with his translations of *Light in August* in 1935 and *The Sound and the Fury* in 1938, [7] and later with his translation of *Requiem for a Nun* in 1957, [8] which would later be adapted into a play by the famous existential writer Albert Camus. Raimbault also translated several of Faulkner's novels, beginning early in Faulkner's career with his above-mentioned co-translation of *Sanctuary* in 1933, *Sartoris* in 1937, *These Thirteen* in 1939, and continuing after the Nazi occupation of France during World War II throughout Faulkner's career with translations of *Pylon* in 1946, *The Unvanquished* in 1948, *Dr. Martino* in 1948, *Intruder in the Dust* in 1952, *Absalom, Absalom!* in 1953, *Go Down, Moses* in 1955, *A Fable* in 1958, *Collected Stories* in 1964, and *The Reivers* in 1964. Some novels from 1931-1952 not translated by either Coindreau or Raimbault were translated by other lesser-known translators like Delgove (*Sanctuaire*, *Sartoris*), Vorce (*Treize histoires*, *Le Docteur Martino et autres histoires*, *L'Invaincu*), and Rousselet (*Pylone*). [9] *Soldier's Pay* was translated in 1948, *Mosquitoes* in 1948 of the same year, *Knight's Gambit* in 1951, *The Wild Palms* in 1952, *The Hamlet* in 1959, *The Town* and *The Mansion* in 1962, *The Wishing Tree* in 1969, *Flags in the Dust* in 1977, *Uncollected Stories* in 1985, *New Orleans Sketches* in 1988, *Thinking of Home* (letters) in 1995, and *The Marionettes* (an early play) in 1997. [10] Every single one of Faulkner's novels and most of his short stories, including his early sketches, a play, and a collection of letters have been translated into French, and with the exception of Faulkner's last novel, *The Reivers*, all of his novels and most of his short stories were translated during his lifetime. This empirical data clearly shows just how impressive and influential was Faulkner's reception in France.

What was it about Faulkner's works that attracted so much attention from French critics? It is my firm opinion, in light of roughly ten years of research on Faulkner, that the answer lies in one extremely loaded yet nebulous term: existentialism.

Existentialism is a "timeless sensibility" that often arises from great spiritual and moral turpitude. [11] William Faulkner expressed the overlying anxiety of his generation well in his Nobel Prize acceptance speech delivered on December 10,

1950: "Our tragedy today is a general and universal fear so long sustained by now that we can even bear it. There are no longer problems of the spirit. There is only one question: When will I be blown up?" Although Faulkner ends this famous speech on a rare positive note, claiming that man is immortal because of his will to endure; Faulkner identifies the present state of humankind as spiritually depraved in light of the possibility of instant annihilation.

Faulkner certainly lived in quite a tumultuous time in human history, growing up in the scarred post-bellum South and witness to two world wars. Faulkner endured a world in crisis, and existential ideology grew out of the period in which Faulkner lived, offering for some the condemning yet liberating belief that humankind was in charge of its own destiny.[12] In essence, existentialism is simply a way of thinking—an empowering view of the world in light of suffering and madness, rooted long before Kierkegaard or Nietzsche or Sartre—arguably since the dawn of man. Existentialism identifies central problems of the human condition—problems that existed long before Sartre gave it a name. Most reputed existentialists are artists as well as philosophers; notably Dostoevsky, Camus, and Sartre; and this is not surprising, as existentialism privileges imagination as the supreme human faculty, rather than the presumptuous arrogance of the human intellect when viewed within Nature, as Nietzsche argues in his essay (1874), "On Truth and Lying in a Non-Moral Sense." Imagination and dreams are the tools with which humanity can live with dignity and self-endowed purpose. As Ralph A. Ciancio points out, "It is easy to see why Existentialism gives special credence to art. Since a knowledge of the world as it is experienced from within is vital to a knowledge of the world in general, the artist occupies a singularly congenial position for presenting the world as a totality."[13] The artist can offer a singular experience—a human life in its totality. For many existentialists, reason is not sufficient to explicate human experience.[14] This runs contrary to the Enlightenment tradition and Western tradition of philosophy holding reason as the supreme faculty. John Milton, who was a neo-Platonist and general neo-Classicist, equates reason with virtue in his Christian epic, *Paradise Lost*.[15] Existentialism, in contrast, is a "revolt" against traditional philosophy.[16] It should not be surprising, due to Faulkner's experience in a morally and spiritually degraded war-torn world, that Faulkner's writing was informed by existential philosophy—the dominant mode of thinking following the presumed war to end all wars.[17]

Faulkner was not an existential philosopher or theorizer, at least not in the academic sense. Faulkner never wrote a philosophical tract—nothing remotely akin to Sartre's *Being and Nothingness*—but we do see much deep-level rumination on existence in both his narrative voice (we must assume) and the narrative voices of his characters.[18] In the totality of existentialists, I would consider Faulkner as a literary voice of existentialism alongside Dosteovsky and Tolstoy—repeatedly cited as existentialists on account of the themes they explore in their novels.[19] Faulkner's prose propels the reader into an absurd world, both comic and tragic, where humanity's capacity to reason can afford scant comfort or security. Themes of spiritual isolation and desolation run rampant in his work—the old romanticized South crushed after the Civil War. World War I provides a grim setting for his novels, as we see in *Soldier's Pay* (1926) where a young coquette must try to own up to her marriage to a grievously wounded soldier. In *The Sound and the Fury* (1929), we can see the Compson family haunted by their past, forcing into question their freedom to act. In *As I Lay Dying* (1930) and *Light in August* (1932), we see characters such as Darl and Joe Christmas tormented and anguished to the point of madness through their impotent quest for concrete identity and essence.

I. Faulkner and Sartre

Sartre's attitude toward Faulkner's work was ambivalent. They were contemporaries[20] who explored existential themes in much of their writing. The general trend in French criticism on Faulkner, by critics like Malraux, Picon, Pouillon, and Magny, would follow Sartre's lead and focus much attention on metaphysics of time and existential themes.[21] The difference between the early French and American criticism on Faulkner is that the French focused on metaphysics and technique.[22] John K. Simon points out that even the imagery both writers employ has its own existential relevance, suggesting that Sartre was *owing* to Faulkner: "A row of faces, either watchful or complacently inert, represents a number of Sartrean themes: the look and the judgment of Others, the lifeless animal-like multiplicity of the unconscious world, dehumanized by the external glance of the narrator, and so on. These themes and their presentation are apparent already in Faulkner." [23] Sartre first published an essay addressing *Sartoris* in *Nouvelle Revue Francaise*. [24] In Sartre's essay "William Faulkner's *Sartoris*" (1952), Sartre opens in praise of Faulkner's development of the protagonist, Joe Christmas, commenting on the memorable quality of his face:

> This "man" we discover in *Light in August*—I think of the "man" of Faulkner in the same way that one thinks of the "man" in Dostoevsky or of Meredith—this divine animal who lives without God, lost from the moment of his birth, and intent on destroying himself; cruel, moral even in murder; then miraculously saved, neither by death nor in death, but in the final moments which precede death; heroic in torment, in the most abject humiliations of the flesh: I had accepted him without reservations. I had never forgotten his proud and threatening face, his blinded eyes. [25]

Sartre uses the distinct adjective "threatening" to describe Joe Christmas' face, which indicates a relation to Sartre's *le regarde* (the look). Sartre contends that the Other is a threat to one's existence through the imposition of one's gaze: "Through the Other's look I live myself as fixed in the midst of the world, as in danger, as irremediable. But I know neither what I am nor what is my place in this world, nor what face this world in which I am turns toward the Other. [26] Sartre's natural inclination to focus on the face of Joe Christmas and its threatening disposition indicates an existential theme present in Faulkner. Even Sartre's praise of *Light in August* qualifies that a good novel must have a certain perspective. One would assume Sartre's "necessary" lens an existential one: "With the necessary perspective, good novels come to resemble completely natural phenomena; one tends to forget that they have authors, one accepts them as one does stones and trees, because they are present, because they exist. *Light in August* is one of these hermetic, mineral-like works." [27]

Although the style in which they wrote differed greatly, the meaning shared much common ground. Still, as scholar Robert Slabey points out, Jean-Paul Sartre found much in Faulkner's work that disagreed with him. [28] Sartre critiqued two of Faulkner's novels, which appeared in France in the 1930's. Based on these essays we know that Sartre had read at least four of Faulkner's novels: *The Sound and the Fury*, *Sartoris*, *Light in August*, and *Absalom*, *Absalom !*. Both of his essays—one on *Sartoris* and one on *The Sound and the Fury*—express concern for the manner in which Faulkner developed his characters.

In "William Faulkner's *Sartoris*," Sartre claims that Faulkner's characters, Bayard Sartoris for example, only provide the reader with illusory gestures. His characters are somberly veiled, and we are restricted to their exterior gestures: "But does he [Faulkner] not realize that his imposingly somber figures have only an exterior dimension?" [29] In light of this assessment, I find it disappointing that Sartre never addressed his critical eye to *As I Lay Dying*, which focuses entirely on the interior dimension—somber though it may be—of each Bundren character.

In "Time in Faulkner: *The Sound and the Fury*," Sartre sees Faulkner's characters as lacking free will. In particular, he points out that Quentin has no future and his suicide is built up as inevitable. Events in Faulkner are often described as already completed with very little attention paid to the actual moment of the event. Instead of a battle, the reader is given corpses. The past, it would seem, completely overshadows and dominates the present. Sartre likens Faulkner's characters to people in a convertible with their gazes forever fixed behind them as they drive onward:

> Faulkner's vision of the world can be compared to that of a man sitting in a convertible looking back. At every moment shadows emerge on his right, and on his left flickering and quavering points of light, which become trees, men, and cars only when they are seen in perspective. The past here gains a surrealistic quality; its outline is hard, clear and immutable. The indefinable and elusive present is helpless before it; it is full of holes through which past things, fixed, motionless and silent, invade it. [30]

This metaphysic obviously runs contrary to Sartre's belief in free will and humanity as a capacity to become; nevertheless, Sartre was still fond of Faulkner's fiction: "I like his art, but I don't believe in his metaphysic. A barred future is still a future." [31] Faulkner's characterization of Quentin does seem to imply Quentin is not free to act, but this claim is certainly not applicable to the breadth of Faulkner's characters. Sartre's essay started a critical conversation on Faulkner's metaphysics of time, and this conversation still flourishes today. Douglas Messerli's essay, "The Problem of Time in *The Sound and the Fury:* A Critical Reassessment and Reinterpretation," though somewhat outdated (1974), meticulously traces the critical debate on Sartre's claim against Faulkner's metaphysic that waged up to that point. [32] Critics such as Eusebio Rodrigues [33] and Michael Maloney [34] immediately defended Sartre's claims. More recently, Justin Skirry in his essay "Sartre on William Faulkner's metaphysics of time in *The Sound and the Fury*" (2001) disagreed with Sartre's claim of a barren future and overshadowed present in Faulkner's characters ironically by drawing on Sartre's own discourse on temporality in *Being and Nothingness*. Skirry claims that *some* characters' phenomenologies encompass the present. Skirry also argues that the future is present but only as an absence:

> [C]ontrary to Sartre's conclusion in his original essay and in light of his later remarks in *Being and Nothingness*, some of the characters' phenomenologies of time include the present, and therefore are not of the past only. Third, the future is present to the reader as an absence in the novel, because the phenomenologies of the three Compson brothers do not include it. This presence as absence is personified in the character of Quentin, Caddy's daughter, found in the final section through whom Faulkner characterizes the future as something external to consciousness that cannot be captured, contrary to Sartre's view. [35]

Time itself is not always a subject of concern in Faulkner, although it often is. Novels such as *The Unvanquished* or the Snopes trilogy (*The Town*, *The Hamlet*, *The Mansion*) display characters which are free to act, and Faulkner often dramatizes the present events in these works.

Though Sartre's critiques may seem damning, Sartre still held Faulkner in high regard. Faulkner's novels were particularly well received in France. Writers like Sartre, Simone de Beauvoir, and Albert Camus saw a great deal in his prose that may have been lost on much of America. After all, Faulkner's only early bestseller in America was *Sanctuary*, a novel owing much of its success to its scandalous nature, even by today's standards. *Sanctuary* was translated into French shortly after its publication in America in 1931. A translation of *As I Lay Dying* was well received in France as well in 1934. [36] John K. Simon's essay, "Faulkner and Sartre: Metamorphosis and the Obscene," offers a comparison-contrast close reading analysis of the imagery Faulkner and Sartre employ to establish existential undertones, such as objectifying the physical features of others within a first person monologue. This essay pays particular attention to *Sanctuary*, Faulkner's most popular novel in France. Sartre, however, made no mention of *Sanctuary* or *As I Lay Dying*. [37] According to an excellent documentary on Faulkner, Jean-Paul Sartre was quoted as saying that "For young people in France, Faulkner is a God." French existential writers welcomed Faulkner with open arms. [38]

II. Existential Criticism on Faulkner

As literary theoretical approaches, existentialism and phenomenology are rarely discussed or utilized anymore; yet, they offer the reader a framework and methodology in which to aid our understanding of character action and motive in literary works. It is with existential theory that Faulkner criticism can shy away from the chaotic whirlpool of structure and symbol and instead focus on value and meaning. The benefit of existential theory is that it is a relatively unutilized approach that can shed new light on Faulkner's work. Structure and symbol have been exhaustively explored. In 1957 it was recommended that existential theory could facilitate new critical debates[39] and in the 1960's existential criticism on Faulkner and other authors, both ancient and modern, flourished. It is not the mother of all literary approaches. None such approach exists. However, I do agree with William J. Sowder's claim in his overall excellent book *Existential-Phenomenological Readings on Faulkner* (1991) that existential-phenomenology can bring the whole human condition under one umbrella: "These [Faulkner's] characters in the range of their actions, in their diverse ethical, moral, and religious views, in the difference in their social status and other attributes are so various that heretofore they have required a multiplicity of critical approaches. Existential phenomenology can change this. As a philosophy of consciousness it covers the whole human spectrum. [40] In his book Sowder goes on the state:

> ... the existential-phenomenological investment in human existence is equal to Faulkner's genius for creating human characters. If this is true, one finds in the existential-phenomenological approach to Faulkner's characters what he looks for in vain in other critical approaches, a unified critical theory incorporating all of the characters. Other approaches — mythological, symbolical, Freudian, Jungian, religious, sociological, formalist, to mention a few—throw light on one or perhaps several of these characters to the neglect of all others. Existential-phenomenology brings the whole congregation under one tent. [41]

No one approach will throw light on all facets of a work of literature. I will, however, certainly claim that existential-phenomenological readings on Faulkner are greatly undervalued and surprisingly sparse at present. Homer B. Pettey's recent essay "Perception and the Destruction of Being in *As I Lay Dying*" (2003) offers an excellent Sartrean-semiotic reading of the novel, addressing the role of language as precisely what Addie called "a shape to fill a lack." Petty argues that Darl attempts to make sense of his world vainly through perceptual metaphors. In this struggle for meaning, he construes his reality into words rather than the actual world. Darl's madness may be attributed to his confusing word with world—signifier with signified. In making this argument, Pettey applies Sartre's concept of *le regarde* to prove that Darl, like many of Faulkner's characters, seeks to resolve perceptual problems mainly through a reliance on the visual. [42] Aside from Pettey's essay, I have not found any current (within the last decade) existential readings—at least any that draw on existential theory—of any of Faulkner's novels. But I would remiss not to mention my own essay, "Faulkner's Closest to God in *The Sound and the Fury*," published in *Interdisciplinary Literary Studies* (2011). In this essay, I argue that Benjy Compson from *The Sound and the Fury* phenomenologically represents Faulkner's character closest to Sartre's concept of God as espoused in *Being and Nothingness*—a synthetic Being-In-Itself-Being-For-

Itself contradiction, while Quentin Compson represents the character that strives to be close to God.[43]

The novels that have received the most existential criticism are, not surprisingly, *As I Lay Dying* and *The Sound and the Fury*—two of Faulkner's most popular works. *A Fable* and *Absalom, Absalom!* received some attention as well. Notable critics such as Olga W. Vickery, William Van O'Connor, Edward Wasiolek, and Maurice Le Breton have all commented on the existential nature of *As I Lay Dying*, realizing the critical potential of such an approach when applied to Faulkner's work.[44] In the 1960's it seems that existential criticism on Faulkner was most fruitful. Robert B. Slabey's analysis of *As I Lay Dying* serves as a decent starting point for critics seeking to build on the work of prior critics who note existential aspects from the ground up.[45] I would also highly recommend reading Ralph A. Ciancio's comprehensive essay, "Faulkner's Existentialist Affinities" (1960). This essay displays an impressive knowledge of Faulkner's canon, offering detailed and specific analysis of a variety of his works. Ciancio's relatively obscure essay unveils a treasure-trove of potential scholarly work that remains today uncultivated given the scarcity of existential analysis in Faulkner's literature.

Professor Walter Taylor's essay, "William Faulkner: The Faulkner *Fable*," published in 1957, was one of the early essays to point out the critical potential of existential theory as applied to Faulkner. He restricts his analysis to *A Fable*, pointing out that a "kinship" exists between *A Fable* and existential literature. Taylor argues, "in overwhelming degree, Faulkner's view is that man is not really man but subman, a creature subrational, disgusting, bestial, filthy and devoted to bottomless and incalculable folly. This—the hopeless bestiality of man, [...] is the actual, underlying theme of *A Fable*."[46] Taylor sees Faulkner's depiction of man in keeping with the existential view of humankind—a useless passion, neither above nor below Nature as a clever animal disposed to folly and absurdity. Hopeless in the sense that truth and God are forever veiled amid a world without inherent rhyme or reason. This view of man is not peculiar to *A Fable*. One finds this outlook expressed time and time again in the whole of Faulkner's canon.

William J. Sowder responds to Taylor in his essay (1963), "Faulkner and

Existentialism: A Note on the Generalissimo." Sowder refutes Taylor's and other critics' belief that *A Fable* is the allegorical retelling of a Christian tale. Sowder sees the novel more as a blasphemous existential manifesto in which the idea of a Christian God is undermined and posited as contradictory. If anything, the Corporal in *A Fable* is more akin to the Antichrist than Christ ("Faulkner and Existentialism"). [47] In an earlier piece, Sowder used existential theory seeking to prove the heroic nature of Colonel Sutpen in *Absalom, Absalom!* in his essay (1962) "Colonel Thomas Sutpen as Existentialist Hero." Sowder argues that Colonel Sutpen's actions exemplify those akin to the protagonists in many of Sartre's works. Interestingly, in making this claim, Sowder refutes Sartre's claim that Faulkner's characters lack free will. Sowder counters Sartre's claim, offering Faulkner's thesis that "man is indestructible because of his simple will to freedom." [48] Sowder views Colonel Sutpen as dramatizing existential choice through his abandonment, anguish, possibilities, and bad faith. [49] The existential failure of Sutpen, like Joe Christmas in *Light in August*, lies in his futile quest for identity—seeking to posit his own essence. Historical or social circumstances do not bear on the human mind in totality. The absorption or rejection of social ethics and values, which motivate humanity, is a matter of choice. Humankind is condemned to freedom.

William J. Sowder's *Existential-Phenomenological Readings on Faulkner* draws mainly on four theorists: Jean-Paul Sartre, Maurice Merleau-Ponty, Karl Jaspers, and Gabriel Marcel. Sowder displays an impressive understanding of a broad variety of Faulkner's works, sometimes addressing a single character in reference to the multiple novels in which he or she appears. Sowder's entire thesis rests on Edmund Husserl's famous claim that intentionality "characterizes *consciousness* in the pregnant sense of the term." [50] This founding statement posits humankind as accountable for each and every action, and Sowder believes that the goal of all existential-phenomenologists is to describe "the human being in the *act* of being—the act of *intending*." [51] Sowder's entire book focuses only on Faulkner's characters, holding each character accountable for his or her actions. The only exception to this would be in the case of the simpleton Benjy from *The Sound and the Fury*. Although Sowder's essay on Benjy, "Benjy Compson and the Field of Consciousness," makes some original observations in terms of Benjy's unique perceptual field, I disagree with Sowder's claim that the "poor boy" Benjy harshly endured a perceptual world of chaos—unable to separate reality from unreality. Sowder seems to suggest here a "validity" to be found separating one person's existential experience from that of another. I believe Sowder's term "confused" in reference to Benjy is a completely inappropriate term that suggests an almost inferior nature to Benjy's being. To the mind of Benjy, his world is not perceptual chaos because he cannot even *perceive* the difference between perceptual chaos and order. Benjy simply *is*, although not in the sense that an object *is*. Benjy exists, lacking a concept of space, lacking even a concept of possibilities, lacking intentionality, lacking even a future, but his experience is just as valid as any other living being. Faulkner himself said of Benjy, "You can't feel anything for Benjy because he can't feel anything... Benjy wasn't rational enough even to be selfish. He was an animal."[52]

Existential criticism on Faulkner reached its heyday in the 60's but never left much of a legacy—not compared to the legacy of Marxism or Psychoanalysis. In the 80's it essentially died out. In the 90's William J. Sowder dusted off the approach with *Existential-Phenomenological Readings on Faulkner*, but even this enlightening and unique contribution to Faulknerian scholarship has yet to start a critical thread in the mainstream. Criticism on *As I Lay Dying* and *The Sound and the Fury* in the 1990's was diverse, focusing on issues of race, language, and gender in particular. Many feminist studies appeared in the 1990's such as Minrose C. Gwin's *The Feminine and Faulkner: Reading (Beyond) Sexual Difference*, Doreen Fowler's *Faulkner: The Return of the Repressed*, and Deborah Clark's *Robbing the Mother: Women in Faulkner*.[53] In some ways, pure existential criticism tends to ignore issues of race and gender, focusing rather on the individual not necessarily as a determined product of his or her time and community by focusing intensely on the individual's freedom of choice. However, such a thing as existential-feminism or existential-psychoanalysis or existential-Marxism is already in existence but not as a well-defined literary approach. Pure existential criticism, such as a wholly Sartrean approach, will likely continue to be outdated. Homer B. Pettey's "Perception and the Destruction of Being in *As I*

Lay Dying" uses Sartrean theory with semiotics. This may be a sign of things to come—not criticism that is purely existential but perhaps molded into the other popular approaches of today. Nevertheless, existential-phenomenology will always be well suited in Faulkner Studies because of Faulkner's frequent use of stream of consciousness narrative, which provides an intimate look into character consciousness.

Why has existential-phenomenological literary criticism never been popular in America? The reason might lie in the fact that existentialism is a term in search of definition. Even in 1963 Richard Calhoun points out,

> On first glance, one might wonder why existential criticism has not had a greater vogue in this country; after all, existentialism has had a vogue. And yet the reason is not hard to find. Existentialism is more of a philosophical position taken for its view of human existence than a philosophy with a prescribed methodology. [...] If one is to do more with existential criticism, he will have to use the methodology that existentialists like Sartre and Heidegger have used...[54]

The irreducibility of existentialism may distress literary scholars, as Marxism or Psychoanalysis, for example, are more easily reduced into graspable terminology. As Walter Kaufman points out, existentialism cannot be reduced to a single set of tenets: "Certainly, existentialism is not a school of thought nor reducible to any set of tenets. The three writers who appear invariably on every list of 'existentialists' —Jaspers, Heidegger, and Sartre—are not in agreement on essentials."[55] It is even less defined in its literary critical theory. The primary manifesto for existentialism, *Being and Nothingness*, was not necessarily written as a critical literary guide—although it is easily applied as such. Furthermore, *Being and Nothingness* is a relatively inaccessible text for readers unacquainted with the tenets and language of philosophy, as it considers the history of philosophy in its argument, which easily alienates the average reader. It is the un-firm ground existentialism stands on that may attribute to the reluctance of scholars to utilize it in literary analysis. But it is apparent that the amount of existential criticism on Faulkner is greater than that of most major writers, indicating a heavy French influence of continental philosophy. Existentialism has had everything to do with Faulkner's extremely positive reception in France.

Notes:

[1] William Faulkner, *Selected Letters.* New York: Random House, 1977, p. 19.

[2] Maurice Edgar Coindreau, "William Faulkner in France," *Yale French Studies* 10 (1952), p. 86.

[3] Maurice Edgar Coindreau, "William Faulkner in France," *Yale French Studies* 10 (1952), p. 87.

[4] William Faulkner, *Sanctuary*, New York: Vintage, 1958, p. 102.

[5] Joseph Blotner, "Editor's Note," *Sanctuary.* New York: Vintage, 1985, p. 323.

[6] Maurice Edgar Coindreau, "William Faulkner in France," *Yale French Studies* 10 (1952), p. 87.

[7] Pia Maseiro, "Comparative Chronological Chart of Faulkner's Translations," *South Atlantic Review* 65. 4 (2000), pp. 62 – 64.

[8] Pia Maseiro, "Comparative Chronological Chart of Faulkner's Translations," *South Atlantic Review* 65. 4 (2000), p. 68.

[9] Stanley D. Woodworth, *William Faulkner en France*, Paris: Lettres Modernes, 1959, p. 17.

[10] Pia Maseiro, "Comparative Chronological Chart of Faulkner's Translations," *South Atlantic Review* 65. 4 (2000), pp. 62 – 70.

[11] Walter Kaufman, Introduction. *Existentialism from Dostoevsky to Sartre*, New York: Penguin, 1975, p. 12.

[12] Consider Walter Kaufman's summation of existentialism in relation to the social and spiritual ramifications of World War I and II and particularly Nazi Germany: "The refusal to belong to any school of thought, the repudiation of the adequacy of any body of beliefs whatever, and especially of systems, and a marked dissatisfaction with traditional philosophy as superficial, academic, and remote from life—that is the heart of existentialism." p. 12.

[13] Ralph A. Ciancio, "Faulkner's Existentialist Affinities," *Studies in Faulkner*, New York: Books For Libraries, 1961, p. 72.

[14] Gordon E. Bigelow, "A Primer of Existentialism," *College English* 23. 3 (1961), p. 172.

[15] "Yet sometimes nations will decline so low / From virtue, which is reason, that no

wrong, / But justice, and some fatal curse annexed / Deprives them of their outward liberty, / Their inward lost" Book XII, pp. 97 – 101. *Paradise Lost*, Oxford UP, 2005, p. 354.

[16] Walter Kaufman, "Introduction," *Existentialism from Dostoevsky to Sartre*, New York: Penguin, 1975, p. 12.

[17] Gordon E. Bigelow, "A Primer of Existentialism," *College English* 23. 3 (1961), p. 178.

[18] Interestingly, Faulkner is cited in the translator's introduction to *Being and Nothingness* as a philosopher, alongside Nietzsche, Kafka, Salacrou, Heidegger, Croce, Marx, Hegel, Caldwell, Adler, Schnitzler, Malraux, and Bachelard. *Being and Nothingness*, p. ix.

[19] Gordon E. Bigelow, "A Primer of Existentialism," *College English* 23. 3 (1961), p. 172.

[20] Sartre was born in Paris, France: 1905 – 1980. Faulkner was born in Oxford, Mississippi: 1897 – 1962.

[21] Stanley D. Woodworth, *William Faulkner en France*, Paris: Lettres Modernes, 1959, p. 99.

[22] Stanley D. Woodworth, *William Faulkner en France*, Paris: Lettres Modernes, 1959, p. 99.

[23] John K. Simon, "Faulkner and Sartre: Metamorphoses and the Obscene," *Comparative Literature* 15. 3 (1963), p. 218.

[24] Stanley D. Woodworth, *William Faulkner en France*, Paris: Lettres Modernes, 1959, p. 50.

[25] Jean-Paul Sartre, "William Faulkner's *Sartoris*," *Yale French Studies* 10 (1952): p. 95.

[26] Jean-Paul Sartre, *Being and Nothingness*, Trans. Hazel E. Barnes. New York: Washington Square, 1984, p. 268.

[27] Jean-Paul Sartre, "William Faulkner's *Sartoris*," *Yale French Studies* 10 (1952), p. 95.

[28] Robert M. Slabey, "*As I Lay Dying* as an Existential Novel," *Bucknell Review* 11. 4 (1963), p. 12.

[29] Jean-Paul Sartre, "William Faulkner's *Sartoris*," *Yale French Studies* 10 (1952), p. 99.

[30] Jean-Paul Sartre, "Time in Faulkner: *The Sound and the Fury*," Trans. Martine Darmon, *Three Decades of Criticism*, Editor Frederic J. Hoffman and Olga W. Vickery,

Ann Arbor: Michigan UP, 1960, p.228.

[31] Jean-Paul Sartre, "Time in Faulkner: *The Sound and the Fury*," Trans. Martine Darmon, *Three Decades of Criticism*, Editor Frederic J. Hoffman and Olga W. Vickery. Ann Arbor: Michigan UP, 1960, p.232.

[32] Douglas Messerli, "The Problem of Time in *The Sound and the Fury*: A Critical Reassessment and Reinterpretation," *The Southern Literary Journal* 6.2 (1974), pp.19-41.

[33] Eusebio L. Rodrigues, "Time and Technique in *The Sound and the Fury*," Literary Criterion 6.4 (1957), pp.61-67.

[34] Jean Pouillon, "Time and Destiny in Faulkner," *Faulkner: A Collection of Critical Essays*, Ed. R. P. Warren, New Jersey: Prentice-Hall, 1966, pp.78-86.

[35] Justin Skirry, "Sartre on William Faulkner's metaphysics of time in *The Sound and the Fury*," *Sartre Studies International* 7.2 (2001), p.16.

[36] Justin Skirry, "Sartre on William Faulkner's metaphysics of time in *The Sound and the Fury*," *Sartre Studies International* 7.2 (2001), p.23.

[37] John K. Simon, "Faulkner and Sartre: Metamorphoses and the Obscene," *Comparative Literature* 15.3 (1963), p.217.

[38] Videocassette, *Great Writers: William Faulkner*, Kultur Films, 1995.

[39] Walter F. Taylor, "William Faulkner: The Faulkner Fable," *The American Scholar* 26 (1957), p.477.

[40] William J. Sowder, "Introduction," *Existential-Phenomenological Readings on Faulkner*, UCA UP, 1991, p.xiii.

[41] William J. Sowder, "Introduction," *Existential-Phenomenological Readings on Faulkner*, UCA UP, 1991, p.xvi.

[42] Homer B. Pettey, "Perception and the Destruction of Being in *As I Lay Dying*," *The Faulkner Journal* 19.1 (2003), pp.27-28.

[43] Aaron Moore, "Faulkner's Closest to God in *The Sound and the Fury*," *Interdisciplinary Literary Studies* 13.1-2 (2011), pp.77-86.

[44] Robert M. Slabey, "*As I Lay Dying* as an Existential Novel," *Bucknell Review* 11.4 (1963), p.14.

[45] Robert M. Slabey, "*As I Lay Dying* as an Existential Novel," *Bucknell Review* 11.4 (1963), pp.12-23.

[46] Walter F. Taylor, "William Faulkner: The Faulkner Fable," *The American Scholar* 26 (1957), p.477.

[47] William J. Sowder, "Faulkner and Existentialism: A Note on the Generalissimo," *Wisconsin Studies In Contemporary Literature* 4.2 (1963), pp. 166 - 167.

[48] William J. Sowder, "Colonel Sutpen as Existentialist Hero," *American Literature* 33.4 (1962), p. 490.

[49] William J. Sowder, "Colonel Sutpen as Existentialist Hero," *American Literature* 33.4 (1962), p. 499.

[50] William J. Sowder, "Introduction," *Existential-Phenomenological Readings on Faulkner*, UCA UP, 1991, p. xiii.

[51] William J. Sowder, "Introduction," *Existential-Phenomenological Readings on Faulkner*, UCA UP, 1991, p. xiv.

[52] William. Faulkner, *Lion in the Garden: Interviews with William Faulkner 1926 - 1962*, Editors James B. Meriwether and Michael Millgate, Lincoln: U of Nebraska P, 1980, pp. 245 - 246.

[53] Nicolas Tredell, *William Faulkner:* The Sound and the Fury *and* As I Lay Dying, New York: Columbia UP, 1999, p. 146.

[54] Richard James. Calhoun, "Existentialism, Phenomenology, and Literary Theory," *South Atlantic Bulletin* 28.4 (1963), p. 4.

[55] Walter Kaufman, "Introduction," *Existentialism from Dostoevsky to Sartre*, New York: Penguin, 1975, p. 11.

外国文学研究

追随太阳的雏菊

——从诗歌主题和意象分析艾米莉·狄金森的厄勒克特拉情结

周志丹[1]　张正勇[2]　原一川[3]

1. 云南师范大学　外国语学院，云南昆明　650500

2. 滇西科技师范学院　外国语学院，云南临沧　677000

3. 云南师范大学　外国语学院，云南昆明　650500

摘　要：本文从弗洛伊德的精神分析理论的角度来分析艾米莉·狄金森诗歌中的意象及象征的主题，太阳－自然、玫瑰－爱情和雏菊－死亡，从而得出结论：艾米莉·狄金森深受厄勒克特拉情结的困扰，但其潜意识里的厄勒克特拉情结最终得到了升华。

关键词：艾米莉·狄金森；厄勒克特拉情结；诗歌；主题；意象

一、引　言

艾米莉·狄金森是美国19世纪一位伟大的诗人，一生创作了近1 800首诗歌，然而这位伟大的女诗人生前仅发表了7首诗歌，她的诗歌以自然、死

收稿日期：2017－04－10

作者简介：周志丹（1990—），女，云南昆明人，云南师范大学外国语学院2015级英语语言文学专业英美文学方向硕士研究生，主要从事英美文学研究。

张正勇（1962—），男，云南临沧人，滇西科技师范学院外国语学院副教授，主要从事英语语言文学研究。

原一川（1957—），男，四川简阳人，澳大利亚拉筹伯大学语言学博士，云南师范大学外国语学院教授、研究生导师，云南师范大学副校长，教育部高等学校外语类专业教学指导委员会英语分会委员，国际多语教育协会中国区多语能力与多语教育研究会会长，教育部国家基础教育实验研究中心特聘外语研究员，教育部本科教学工作水平评估专家组成员，中国西部外语教育研究会副会长，上海外语教育出版社特约编审，云南省外语教育学会会长，云南省中学外语教学研究会副会长，云南省小学外语教学研究会会长，云南省高校高级职称评委会委员外语学科组组长，云南省高校高级职称评委会委员，主要从事英语语言文学、应用语言学以及汉语国际教育研究。

亡、爱情等为主题，以其独特的诗风和意象而闻名。凯悦·豪·瓦格纳（Hyatt H. Waggoner）在《美国诗人——从清教徒到现在》（*American Poets— From the Puritans to the Present*）中写道："如果我们必须要挑选一位诗人来展示作为整体的美国诗歌的本质和质量，确定其主要关注的事物，其特有的主题和意象，其措辞及其风格，甚至要显示其经常缺乏的主题和关注——我们就应该选择狄金森。"[1]综观前人的研究，国外学者对艾米丽·狄金森的研究始于20世纪70年代，研究视角比较广，涉及心理学、语言学、现象学等。相比之下，我国学者的研究起步较晚且视角也略显单一，主要集中在诗歌的译本及艺术风格上。然而，从诗歌的意象及主题研究艾米丽·狄金森的厄勒克特拉情结（Electra Complex，即恋父情结）还尚少见。

朱刚说："俄狄浦斯情结这一概念是在《梦的解析》（1899年）中提出的，指的是两个希腊神话：忒拜英雄俄狄浦斯在不知情的情况下杀了父亲娶了母亲；与之相似的是，伊莱克特拉帮助弟弟杀死了淫乱的母亲。"[2]弗洛伊德说："儿童对于父母的爱，最初都具有较强的性的色彩，他们把异性父亲或母亲作为最初的性爱对象。恋母忌父或恋父忌母是人类一个最普遍最原始的倾向，这便是俄狄浦斯情结。"[3]简言之，厄勒克特拉情结是女孩潜意识里渴望取代母亲占据父亲的爱的一种复合情绪，其外在表现就是女孩对父亲过多的依赖和偏爱。艾米丽·狄金森生活在一个富裕的家庭，从小就表现出对父亲的偏爱，"她说她希望成'最好的小女孩'"[4]，而对母亲则"时有谴责"[5]。此外，艾米丽·狄金森25岁开始隐居，终身未婚，曲折的感情生活让人匪夷所思。仔细研读狄金森诗歌，分析其诗歌中的意象和主题，我们可以发现狄金森对父亲特殊的情感，狄金森的厄勒克特拉情结不言而喻。

二、太阳——厄勒克特拉情结的投射与表达

狄金森少女时代对父亲的偏爱主要体现在她的自然诗中，其中太阳就是一个典型的意象。太阳不仅是生命之源，还是诗歌中常见的男性意象。狄金森在诗歌中对太阳赞美不已。例如，在《我告诉你太阳怎么升起》（"I'll tell you how the Sun rose—"）中，诗人写道：

我来告诉你太阳如何升起——

某一时刻只是丝带一条——
一群塔尖游泳在紫水晶里——
消息，像松鼠奔向四方——
群山松开了它们的帽子——
长刺歌雀开始——登场——
此时此刻我柔声自语——
“那必定就是太阳!”[6]

诗中的意象——“丝带”“紫水晶”“松鼠”“群山”“长刺歌雀”形象生动地呈现出一幅绚烂壮观的日出美景图，暗喻了诗人情窦初开时的美妙心境。对没有恋爱经历的狄金森而言，日出时分的喜悦似乎让她体验到了爱情的奇妙，于是诗人把自己的“爱人”比作“太阳”，每每见到太阳现于东方，便像见到自己的“爱人”一样，内心不由得欢呼雀跃起来。此外，紫色还是权力和高贵的象征，反映了父亲在狄金森心中的高大形象，这也可以在另一首《“为什么我爱”你，先生》（“‘Why do I Love’you，sir”）中看出：

高贵的人宁愿，会意——
日出，先生，使得我不能自已——
因为他是日出，我看见了——
所以，于是——
我爱你——[7]

狄金森曾把父亲比作上帝，这首诗中她把上帝的爱比喻为“日出”，太阳的出现总是能让狄金森备受鼓舞，欣喜万分。父亲爱德华·狄金森是阿默斯特镇的知名律师，在当地颇为有名。所以，狄金森25岁开始闭门不出，甘愿过着隐居的生活，她自称“不愿跨过我父亲的地盘去任何别的屋舍或村镇”[8]。纵观艾米丽·狄金森的一生，我们不难发现，诗人只在早年偶尔去过波士顿和费城，除此之外她的一生几乎都是在阿默斯特小镇度过的。因此，狄金森画地为牢，坚决驻守在父亲的领地，甘愿当父亲的一位忠诚的部下。简言之，在狄金森看来，父亲像上帝一样，而自己就是最虔诚的追随者，父亲牵动着她的喜怒哀乐。

三、红玫瑰——厄勒克特拉情结的压抑与转移

弗洛伊德指出："能量从一个对象改道注入另一个对象的过程，即为移植作用。当能量移植时，本能的根源目标和对象却发生了改变。"[9]随着年龄的增长，艾米莉·狄金森渐渐意识到自己对父亲"畸形"的爱，于是她这种压抑的情感转移到其他的男子身上。第一个是长她15岁的本杰明·纽顿，她父亲的学徒。"本杰明·纽顿是把年轻的狄金森引向诗歌创作道路的重要人物。"[10]岳凤梅认为，纽顿唤醒了狄金森对精神独立的渴望以及对文学的热爱，狄金森称他为"教我不朽的朋友"[11]。但是好景不长，1853年，年仅32岁的纽顿英年早逝。一年后，狄金森在一次旅行中，机缘巧合听了牧师查尔斯·沃兹沃斯感人至深的布道，便爱上了他。查尔斯·沃兹沃斯比狄金森大16岁，是莎士比亚的狂热爱好者。两人相识后，经过了解，狄金森对沃兹沃斯的爱慕之情与日俱增，曾在诗中把他描述成理想中的情人。1860年和1880年，沃兹沃斯两次登门拜访，狄金森曾写道："为什么不告诉我你要来，这样我好有期盼……""因为我自己也不知道，我从讲坛下来径直来到火车上。"[12]但是查尔斯·沃兹沃斯家中有一位温柔贤惠的妻子和一群可爱的孩子，这让狄金森的内心充满了罪恶感。

事实上，狄金森对沃兹沃斯的感情是隐晦的，就连沃兹沃斯本人可能也没有觉察到狄金森对他的爱慕之情，但是狄金森对沃兹沃斯的感情可以在狄金森的诗歌中找到证据。她在诗歌《没有人认识这朵玫瑰》（"No Body Knows This Little Rose"）中描绘了面对沃兹沃斯矛盾复杂的心理：

没有人认识这朵玫瑰——
它很可能漂泊流离，
若不是我从路旁拾起，
把它捧起，奉献给你。

只有一只蜜蜂会思念——
只有一只，蝴蝶——
从远方旅途匆匆归来
在它的胸脯，歇息——

只有一只小鸟会惊异——
只有一阵微风会叹息——
像你这样的小玫瑰
凋零，多么容易！[13]

刘守兰认为：“传统诗人用玫瑰象征爱情的甜蜜与忠贞，而狄金森却用玫瑰短暂的生命和不为人知的处境来影射自己多舛的命运和隐居的一生。”[14]红玫瑰象征爱情，被称为“情人之花”。爱神丘比特曾用玫瑰贿赂沉默和秘密之神——哈铂克雷蒂斯，要他保守他与情人私通的秘密，因此玫瑰也是沉默和秘密的象征。狄金森在诗中用了玫瑰这一意象，将欲望、隐秘的爱和秘密联系在一起，这是出于对本能的压抑。狄金森自怨自艾，把自己的爱情比作一朵不起眼的小玫瑰，平凡到没有人会注意到她的存在。正如狄金森对沃兹沃斯的爱，除了她自己没有人觉察到。诚然，狄金森创作是出于自我抒发的强烈的心理渴求，这首诗歌也带有强烈的自我展示的色彩，其潜意识的愿望也顺势从其笔端流出。弗洛伊德认为：“升华是文明的基础。因为文明通常不能直接表达性的欲求，而只能被迫以间接的方式，通过诗歌、艺术、宗教等体现文明特征的方式来表达。”[15]因此，弗洛伊德把文明视为一种妥协。为了文明的存在，人类必须抑制其基本欲求的直接满足。由此可见，狄金森选择了一种文明的方式来表达自己的情感，余生致力于诗歌创作，使自己“畸形”的情感能被接受。

四、雏菊——厄勒克特拉情结的升华与悼念

车文博认为：“升华是替代的一种积极的方式，也是一种最富有建设性的自我防御的机制。它指本能的欲望冲动转化到被社会所容许或赞许的目标或对象方面去。”[16]狄金森一生所创作的诗歌，有近三分之一是关于死亡这一主题的，这可视为其对父亲的爱的升华与悼念。纵观狄金森的一生，不难发现诗歌是让她活着的精神支撑，而隐居则是诗人书写自身历史的一种独特方式。岳凤梅认为：“狄金森之所以选择隐居，除了诗人般的特立独行，也有其成长过程所遇到的无法逃避的原因。”[17]1853 年诗人的良师益友及暗恋对象纽顿的英年早逝，随后 1874 年和 1882 年狄金森的父亲和沃兹沃斯的相继去世，无疑给诗人带来沉重的打击。

身边的爱人、亲人的离开，对狄金森来说，不仅使她失去了生活中的关爱，而且使她失去了投射和寄托内心压抑的情感的对象。在某种意义上，狄金森在36岁以后钟情于死亡诗歌创作，就是对逝去的“爱人”最深情的悼念。众所周知，狄金森钟情于用自然意象来创作诗歌，其中以雏菊这一意象创作的诗歌就多达11首。“雏菊是死亡对世界的慰藉。”[18]在《雏菊悄悄地追随着太阳——》（“The Daisy Follows Soft the Sun—”）中，迪金森描写了一朵雏菊对太阳的虔诚的追随：

雏菊悄悄地追随着太阳——
当他结束一天金色的远足——
羞答答地坐在他的脚边——
直到他，醒来，发现这近旁的花——

为何——偷偷摸摸——你来到这儿？
因为，先生，爱情多甜蜜！
我们是花儿——你是太阳！
白天就要结束了，请将我们原谅，
我们偷偷地靠近你，——
只为留恋西去的夕阳——
平静——飞扬——紫晶般的光芒——
还有让人期待的晚上！[19]

诗中的雏菊就是希腊神话中的太阳花，承载着狄金森对父亲的爱。相传太阳花是一名水泽仙子，因为暗恋太阳神阿波罗九天九夜不吃不喝，从日出望到日落，最终变成了一株太阳花。我们都知道太阳花的花语是沉默的爱，而狄金森对纽顿和沃兹沃斯的爱最后也都无疾而终。雏菊只能在夜幕降临之时，悄悄守护在太阳身边。狄金森对父亲、纽顿、沃兹沃斯的爱就如太阳花对太阳神的爱一样执着。诗人终身未婚可以理解为她把爱情视为亘古不变的神话，歌颂它、赞美它。毫无疑问，这首诗不仅表达了诗人对逝去的爱人的悼念，更是对自己纯洁伟大的爱情的祭奠和缅怀。

五、结　语

从小生活在父亲的宠爱和庇护下的艾米莉·狄金森对父亲产生了特殊的

情感，随后她把这种特殊的情感移植到纽顿和沃兹沃斯身上，但是因纽顿的去世及沃兹沃斯有妇之夫的身份使诗人的两段感情都无疾而终。正如常耀信所说："从来没有一位涉世不深的人能如此强烈地感受痛苦与欢乐，很少人能像她那样了解爱情和死亡而又存活下来。"[20]诚然，狄金森一生几乎都是在阿默斯特小镇度过的，然而她在经历了爱情与死亡的双重打击之后仍然能坚强勇敢地活着，可见其潜意识里的厄勒克特拉情结最终得到了升华，狄金森实现了自我的完美拯救。

注释：

[1] Hyatt H. Waggoner, *American Poets — From the Puritans to the Present*, New York: Dell Publishing Co., 1969, p. 212.

[2] 朱刚，《二十世纪西方文论》，北京：北京大学出版社，2006，第 162 页。

[3] 张传开、章忠民，《弗洛伊德精神分析学述评》，南京：南京大学出版社，1987，第 118 页。

[4] 盛艳，《美国现代派女诗人探索：从自语到自白》，武汉：长江文艺出版社，2012，第 7 页。

[5] 金文宁，《艾米丽·狄金森诗歌创作的悖论策略》，《国外文学》2016 年第 1 期，第 97 页。

[6] 艾米丽·狄金森，《狄金森诗选》，蒲隆译，上海：上海译文出版社，2010，第 103 页。

[7] 艾米丽·狄金森，《狄金森诗选》，江枫译，长沙：湖南人民出版社，1984，第 173－174 页。

[8] Johnson Thomas, *Emily Dickinson: Selected Letters*, Cambridge, Mass.: The Belknap Press of Harvard University Press, 1986, p. 330.

[9] 张传开、章忠民，《弗洛伊德精神分析学述评》，南京：南京大学出版社，1987，第 175 页。

[10] 肖之芳，《痛苦中的真情呐喊——艾米莉·狄金森的爱情诗歌解读》，《山东教育学院学报》2009 第 1 期，第 25 页。

[11] 岳凤梅，《诗意地栖居——艾米莉·狄金森诗歌研究》，杭州：浙江工商大学出版社，2013，第 113 页。

[12] 岳凤梅，《诗意地栖居——艾米莉·狄金森诗歌研究》，杭州：浙江工商大学出版社，2013，第 44 页。

[13] 艾米丽·狄金森，《狄金森抒情诗选》，江枫译，长沙：湖南文艺出版社，1996，第 21 页。

[14] 刘守兰，《狄金森研究》，上海：上海外语教育出版社，2006，第 221 页。

[15] 车文博，《车文博集第六卷：弗洛伊德主义》，北京：首都师范大学出版社，2010，第 248 页。

[16] 车文博，《车文博集第六卷：弗洛伊德主义》，北京：首都师范大学出版社，2010，第 246－247 页。

[17] 岳凤梅，《诗意地栖居——艾米莉·狄金森诗歌研究》，杭州：浙江工商大学出版社，2013，第 116 页。

[18] 岳凤梅，《诗意地栖居——艾米莉·狄金森诗歌研究》，杭州：浙江工商大学出版社，2013，第 14 页。

[19] 岳凤梅，《诗意地栖居——艾米莉·狄金森诗歌研究》，杭州：浙江工商大学出版社，2013，第 17 页。

[20] 常耀信，《美国文学史》，天津：南开大学出版社，1998，第 132 页。

西学视域中神话与民间故事关系辨析研究

李　泉

四川师范大学　外国语学院，四川成都，610101

摘　要：西方古典文学研究界一直非常关注古典神话和传统民间故事之间的关系，力图理清二者之间错综复杂的关系，在学理上依据二者的本质特征对其进行严格意义的界定。本文结合西方神话学领域的研究成果，考察了神话与民间故事可以作为学理划分基础的本质性特征，从而为国内的文学人类学研究和国内的西方神话学研究、西方民俗学研究提供可供参照的异域观点与研究方法。

关键词：神话；民间故事；童话；英雄传奇

对于神话和民间传说的关系问题，西方神话研究界一直持两种彼此对立的极端看法，一方认为所有神话都与民间传说没有任何关系，一方则认为所有神话都与民间传说没有本质性区别。神话是西方古典文学研究的传统重点领域，民间故事（folklore）也随着民俗研究和文学人类学研究的发展日益显出其重要性。正如亚历山大·哈格提·卡莱普（Alexander Haggerty Krappe）所指出的，“熟谙古典文学一手材料构成了民俗学研究一个不可或缺的前提条件”[1]。然而民俗学家对民间故事的真正本质及其与神话的关系缺乏关注，比如说著名民俗学家史蒂斯·汤姆普森（Stith Thompson）就认为，神话的起源和功能是个十分费解而又索然无味的主题。因此，民俗学家把主要研究兴趣放在了风俗习惯、歌曲、游戏和其他流行文化的显现以及不同版本的民间故事在不同地区的分布及其连续性结构上，而尽力避开或极为低调地处理神话研究中涉及哲学性的方面。神话研究界却没有放松对这一领

收稿日期：2016－10－16

作者简介：李泉（1987—），男，河南安阳人，文艺学博士，四川师范大学外国语学院讲师、硕士研究生导师，主要从事西方文艺理论与文化研究。

域的重视和关注，一直期待为神话和民间故事之间的区别进行更明晰的学理划分。神话和民间传说之间到底有何关系，二者是否存在明晰的界限，本文将重点探讨这一问题。

“所有神话都与民间传说没有本质性区别”观点的支持者主要是一些人类学家，这一观点误导了西方神话研究至少20年。鲁斯·本尼迪克特就曾在《社会科学百科全书》中涉及“神话”的内容中提出“决不能脱离民族研究来讨论神话学的研究目的”，认为“只有当神话讲述超自然世界的故事，我们才可以区分神话和民间故事之间的差别”，并将神话归为如此一类的故事：“这类故事能够自由出入宗教情结，其构思被作为世俗故事来讲述，它不止在两个大洲形成了具有地域性的本土神话，这类神话解释了人类被创造出来的过程以及各种风俗习俗的起源，也许最终还被宗教性仪式戏剧化了。”[2] 从鲁斯·本尼迪克特的论述中我们可以看出，她的观点十分武断，因为她想当然地认为所有神话或者绝大多数神话都必须涉及神，并与仪式密切相关。受弗朗兹·博厄斯对钦锡安印第安人神话故事研究的影响，鲁斯·本尼迪克特从整体上对故事进行了“超自然神话”和“世俗故事”二元划分，并认为神话故事是世俗语境转向宗教语境叙述主题之间的“缓解的通道”[3]。笔者认为，虽然神话和民间传说中可能会出现相似的主题，但是我们不能以超自然的出席和缺席为依据来区分神话与民间故事，因为二者的整体叙述口吻和目的截然不同，各自不同版本故事的关联性也不一致，所以我们不能脱离各自的故事系统对个例进行单独研究。汤姆普森在其编纂的一部卷帙浩繁的《民间文学主题索引》中指出，神话与民间传说的区别是人为制造的。很可惜，他并没有对这一观点给出足以成立的确切理由。他的臆断反映了民俗学对民间故事的研究缺乏微观探究的研究范式。相比之下，人类学家对民间故事的研究更关注从单个的神话去推演整体民间故事理论，而不是从整体民间故事研究逆推民间故事理论。玛丽亚·里奇（Maria Leach）在其编纂的《民间故事、神话与传奇标准词典》（*Standard Dictionary of Folklore, Mythology and Legend*）中也把神话归在了“民间故事”名下：“对于神话一词的用法学界仍未达成一致。不过神话无疑可被视为民间故事的一个分支。神话关注现代世界成型之前的那个时代遥远的世界，分析的是创世和起源，因此可以等同于创世纪和起源传奇。当神话在论述诸神的历险时，神话就相当于诸神故事。早在很久以前，围绕神话本质的研究就出现很多不同理论。这些理论都包含着某种真理，但没有一种令人感到完全满意。”[4]

笔者认为，这一说法是极不确切的，明显带有百科全书的浅显性。我们需要从学理上辨明神话和民间故事之间的本质性区别。

一、神话的特征与类别研究

从人类文明的神话珍宝库来看，很多神话都是依托历史境遇，以真实历史人物或历史事件为底本升级而成的历史性传奇或是历史化自然故事。因此，神话传说和民间故事关系密切，可以说是你中有我、我中有你，内容和题材部分重叠。虽然神话和民间故事的内容可能会有所重合，但从方法论上讲二者的表意目的大不相同，所以我们不能把民间故事和神话两个不同的概念混为一谈。

不同文明对神话和非神话的种类划分大不相同。在非文明的氏族部落社会中，一些氏族部落就没有对神话和非神话的范畴进行精确的界定。当然也有部分文明欠发达地区的文化对神话和非神话进行了准确的区分。比如说特洛布利安人把“利布沃哥沃”（libwogwo，即“古老的故事”）划分成两类：一种是含糊古代创世性故事，一种是历险奇遇、海难经历或某个酋长压榨民众等历史性故事。达科塔奥格拉拉（Dakota Oglala）印第安人苏克斯（Sioux）按照事件是否在现实中真实发生而把故事分为两类：一类是内容真实的家族“部落故事”，一类是内容虚构的娱乐性故事。[5] 尼日利亚（Nigeria）北部的豪撒人（Haussa）也把神话分为幻想性神话和家族纪事两大类型。[6] 另外，氏族部落时期的人们把神话分为“神圣性神话”和“非神圣性神话”。顾名思义，“神圣性神话”关注的大多是庄重的主题，“非神圣性神话”则重点关注历史性和幻想性主题。氏族部落对神圣性神话与非神圣性神话的划分让我们很容易忽略传奇和神话之间的本质性区别，把两者混为一谈。因为有些部族以“真实性”为标签来单独表述非神圣性神话，而用“传奇”标签来囊括其他所有非纯幻想性神话，而这种分析方式也很容易产生混淆。

鉴于上述分析，西方古典神话学家柯克认为，我们不应该根据神话与民间故事适用的不同目的或场合对其进行划分，而应该根据二者主旨所属的不同社会等级进行分类。这样一来，作为一种文化现象，来自非文明文化的故事与后来被视为经典神话，几乎是华丽故事的古希腊贵族神话故事就有巨大的区别，而关于欧洲村民或农民的传统故事，则被归为民俗故事

(Hausmarchen)、童话故事和民间故事的范畴，很多研究者从业已衰败的欧洲农民文化中发现精美的民间史诗、民谣和民间故事的文学魅力。

从西方神话经典——希腊神话来审视神话中的历史性因素，我们发现，《荷马史诗》的第一部《伊利亚特》(*Iliad*）的大部分内容都是有史可查的。虽然其传奇性描写让情节产生了很大程度的夸张，历史真实性遭受很大程度的扭曲，但这类故事是以历史回忆为基础的，除了对重要的诸神角色采取超现实主义叙述之外，其他方面的叙述基本都采用了现实主义描摹笔法。在《伊利亚特》里，作者对普特洛克勒斯（Patroclus）在特洛伊之中出击三次、每次击杀九人这一情节的叙述几乎没有夹杂多少夸张成分，与普特洛克勒斯被隐形的阿波罗从背后猛烈袭击最终昏倒在地的叙述风格截然不同。《荷马史诗》被公认为神话经典，就本质而言《荷马史诗》描写的故事虽然根植于现实，但并不属于传奇或是家族传说的范畴。这些故事中的“超凡性”包含史诗中传奇叙事的寓指方面，同阿喀琉斯式英雄是神的后裔一样，诸神决定人事的观点深深根植于早期亚细亚文化产生的希腊叙事传统中，只是伊利亚特更为关注展现现实中发生的攻克特洛伊城并将其付之一炬的宏伟英雄壮举。《奥德赛》(*Odyssey*）则因神的参与而出现了一些非历史性因素（有民间传说和精灵传说的元素），不过其背景设置具有高度历史真实性：就时间而言，是古希腊；就空间而言，是伯罗奔尼撒半岛（Peloponnese）和西部群岛。

传统故事大都倾向于展现一个融合了现实和幻想的世界。同样，赫西奥德在《神谱》中记载的关于神出生和发展的“神圣性”神话也包含一些取自于现实生活的元素。根据不同特性，故事可以分为以幻想性为主的故事和以纪实性为主的故事。阿喀琉斯（Achilles)、阿伽门农（Agamemnon)、狄俄墨得斯（Diomedes)、帕里斯（Paris)、普里阿摩斯（Priam)、赫克托耳(Hector)、海伦（Helen）和奥德修斯（Odysseus）的故事都属于神话，虽然从本质来说大部分角色是人；存在于人类环境中的事件，从表面来看受到了男神或者女神的控制，但是一些特质让它们成为神话。希腊神话中的神的举止也都充满了现实人性，而不是那么玄幻，从超凡因素来说更像是拥有瞬间转移与远程操控能力的超人，只是他们的存在有别于人世的另一维度，其举止动机也更具戏剧化。从这一角度来看，《伊利亚特》更像一部传奇，而不是神话。但从另一方面来看，诸神承载了这两部史诗，特别是《伊利亚特》的大部分壮丽篇章，更重要的是，神不能被简单机械地视为一种超自然的“工具”，因为诸神促成了一种强烈的异质世界感的产生，使得被明显历史化和现实化的人或情节也都充分体现了史诗神话的神性。如果从思想上把诸神剥离出来会严重影响神话的诗性本质，那么我们就不能把荷马史诗视为英雄传奇。另外，史诗中的传奇性还因神的出场而打上了神圣的烙印并由此获得了一种特别的质感，让史诗中（或者史诗暗示）很多关于人类的情节得了神话原型的地位。比如掳走海伦、阿喀琉斯的选择、阿喀琉斯与普特洛克勒斯的友谊、虐杀赫克托耳、焚烧特洛伊、奥德修斯返乡并复仇、珀涅罗珀（Penelope）受苦之类的情节构成了后来产生的思想和文学中的神话范式。所以，我们不能因克里泰姆尼斯特拉（Clytemnestra）谋杀阿伽门农的故事主要是人类故事和现实中可能发生的事情而否定它作为神话的地位。这些故事的主题本身或是本质涉及超自然力量，而且由于诸神的出场而被赋予了一种饱含诗意与象征性的价值，这样一来它们就在传统演进过程中获取了很多神话从一开始就具有的幻想性寓言因素，进而升级为神话。

由此可知，《荷马史诗》构建起的希腊神话体系充分证明，现实中我们很难在传奇和神话中划出一条泾渭分明的分界线，以纯粹的非幻想性传奇和历史性传奇为标准根本无法从理论上为神话和民间传说划出一条显而易见的分水岭。

二、民间故事的特征与类别研究

神话和民间故事的差异在于民间故事通常出现一些幻想、魔法或奇迹因素以强调超自然因素，而神话中的超自然因素则基本流失。为了反驳康特将整个民间故事之概念视为纯粹的“19 世纪发明”这一偏见[7]，柯克在排除民间故事和社会类型或文化层面关联的前提下给民间故事下了一个定义：民间故事是没有稳固形式的传统性故事，其中的一些超自然因素处于从属地位；它们关注的重点不是严肃性主题，它们也不是反映一些深层次问题和引人注意的事物；它们最大的吸引力在于叙事上的趣味。[8]

通常民间故事会在流传中形成很多不同的版本，在不同文化中的流传会使其接受与传播群体所关注的重点出现各式各样的差异。在民间故事中有两种较为独特的类型，一种是童话故事，如《格林童话》。这种故事形式在欧洲尤为众多，流传甚广，常常用来泛指各种类型的民间故事。另一种是动物寓言。这一寓言形式发源于美索不达米亚，后来在古希腊发扬光大，赫西奥德、斯特西克鲁斯和伊索为寓言确立了经典文体的地位。普通民间故事不能被归为寓言这一文体范畴，因为巫师、巨人、食人兽和有魔力的物品出现得太过频繁，而且它们代表着超自然因素。

民间故事的第一个特征为，普通民间故事的男英雄或者女英雄大多是人类，往往出身卑微，在实现其某种个人目的过程中有时会得到一些魔幻性力量的帮助。在一些情节中故事主题被设置为一个考验或是一场审判，比如说打败一个恶魔或是赢得一位新娘；还有一些故事情节让故事带有浓浓的家庭意味，比如主角遭到一位恶毒的继母、嫉妒的兄弟姐妹的陷害。这些故事大都反映了人们关注的一些现实问题，情节设置再现了当时社会的两难困境。不过这类故事的主题以娱乐性和可读性为本，故事不会过于深刻地发掘社会批判主题。这类故事的内容比较大众化，主题也比较固定（从《格林童话》或汤姆普森的《主题索引》可以看出来）。比如说通过竞赛来赢得一位新娘的情节是从希腊神话中发展出来的，珀罗普斯（Pelops）和希波达米亚（Hippodameia）、麦拉尼翁（Melannion）和阿特兰塔（Atalanta）的故事都是如此。

民间故事的第二个特征为，民间故事强调主人公对巧计和创造力的运用。通常情况下民间故事的重点在于克服困难、解决问题，或是发现逃出困境的巧妙方式。希罗多德（Herodotus）记载了一个两兄弟抢劫皇家财宝的故事。一天晚上其中一人被困住，另一人就砍下了兄弟的头颅，以免自己被别人认出。这是典型的民间故事，不仅在埃及（希罗多德将故事背景放在了埃及）家喻户晓，在其他地方也广为人知。珀尔修斯（Perseus）的故事也强调类似的技巧性，只是其重点不仅是技巧性，还有他那具有魔力的工具和避免被净化的方式。的确，善用智谋是民间故事最为显著的特征，不管其中有没有魔力或是超自然因素。从某种意义来讲，魔力只是创造力的一种表现形式，二者的目的相似，都是为了表现主人公在化解困境或是击败敌人后在大圆满结局中获得的满足感。不管是用魔力还是用其他种类的巧妙方式，解决问题的方式都是很现实的，而且成功的概率极高（比如说辨认出砍掉脑袋的躯体）。

民间故事的第三个特征为，通常情况下民间故事表达了人们对完成心愿的渴望。比如《灰姑娘》（“Cinderella”）和《白雪公主和七个小矮人》（“Snow White and the Seven Dwarfs”）这类民间故事凝结了普通人的期望。希腊英雄神话的重点讲述角色是贵族，而《格林童话》的重点讲述角色则是大众，这是二者的本质性区别。相对英雄伟业而言，挖掘财宝或是赢得巨大奖励都属于微不足道的行为，不过这些行为通常都具有很强的道德说教性，而对于下层人民来讲，道德是一种可以塑造的品质。野蛮氏族部落表达自己愿望时采取的方式与欧洲农民截然不同，他们有时采用非常复杂的方式在故事中表达自身的诉求。比如美拉尼西亚神话中反复出现的返老还童的主题，对年迈的主人公如何移除岁月刻下的皱纹变得青春靓丽的描述不仅表达了叙述者的心愿，还让听者为之激动，因为它满足了大家渴望青春永驻的心理需求。当然，这类故事的主题不局限于宏观精神上的“返老还童”心愿，还有具体现实层面上仪式物品能成功进行正式交换的心愿。

民间故事的第四个特征是，很多民间故事都没给角色安一个特定的名字，常用一些非典型性名字，比如“巨人”（the Giant）、“小克劳斯”（Little Claus）、“小红帽”（Red Riding-Hood）等。这一现象反映了当时人们的文学兴趣在地域分布上的广度。由于角色名字没有特定的地缘指称，所以这些故事营造的文学场域在各地都能出现，这样故事就以放弃角色名字的专有性为代价来制造超越地域的真实文学氛围。有些民间故事可以围绕某个英雄不断汇集其他素材，最后发展成为一个具有特定主题和典型代表性的民间故事体系，这样主人公才会被冠以具有独特性的专有名字，很多传奇英雄都是这样成型的，不过在口述性英雄传奇中个性人物被历史化的程度要低很多。相反，通常来讲，神话情节建构的基础是个体性的而非集体性的，重点塑造的是某个人而不是某类人。我们通常所说的“神话”中的角色，特别是英雄角色，则是非常详细具体的。他们的家庭关系备受关注，他们的角色具有很强的地域关联性，虽然在不同版本的神话中叙述涉及的地区有所不同。角色行为建构的情节也非常复杂，有时可以在主题统摄下切割出一些松散而又彼此相关的次情节。神话的显著特征之一就是通常设置在一个可以自由发挥的幻境中。神话具有一种能把神话与众多的传统故事区分开的特质，那就是特别强的秩序性和逻辑性。

三、小　结

神话和民间传说吸收了超自然因素产生的超现实效果，但在表述上民间传说欠缺逻辑性。在民间传说中，一件事可以很自然地引发另一件事，比如会说话的角色可能是个动物，而在神话中超自然因素通常会产生巨大的、无法预料的变化，以此推进情节的发展。此外，神话还趋向于在建立和确认权力与规约或是探索和反映问题或偏见上展现“严肃性”元素。[9]另外，神话的主要角色通常是超人、神、半神英雄，或是人类和文化初创期变成文化英雄的动物。对于神话来说，尽管有些角色和地域的设置十分确切，但其发生的时间通常被设置在无时间限制的遥远过去。[10]当然，神话在叙述中也会插入一些现代生活的细节，但这种嵌入性情节一般比较浅显，除非神话因充斥了大量传奇性素材而导致其主题太过复杂。从另一方面讲，民间故事的情节也可能被设定在某个历史时期。不过不管其被设置的历史年代有多久远，一般不会是遥远的古代或远古时期，因为这些故事要详细介绍的不是故事中的时代而只是故事中的人。民间故事中提到的时间指示词“很久很久以前”一般用来泛指某个不确定性的历史时期，而不会追溯到创世纪时期。

不是所有具有一些严肃性或者幻想性特征的民间故事都可以升级为神话。民间故事中经常出现猜谜语、携带隐形的物品等情节，这些情节重复出现，推动故事达到高潮。不少神话在不断实现自我完善与发展的过程中也倾向于使用这一叙事策略。不过在严肃性因素或是幻想性特征占据主导地位之前，故事应当被归为民间故事而非神话。从另一方面讲，一个复杂的神话（比如说珀尔修斯神话）通常会包含不少民间故事元素或民间故事主题，而且从严肃性或幻想性层面来看，有些神话确实欠缺了一些重要特征（比如说严肃的病因学意图），或是出现了其他因素（比如说一种对计谋或伪装非常感兴趣）。反言之，很多民间故事（比如说美洲印第安人的骗子故事）偶尔也会出现一些神话才有的神性指称或含义。

综上所述，从内容来看，神话与民间故事虽有重叠，但决不应被混为一谈。神话和民间传说都包含有神圣性故事（被归为“神话”）和世俗性故事（被统一划为娱乐性故事或是“口述文学”），所以以此为标准对神话和民间故事进行二元划分的方法非但没有指导意义，反而会产生误导。除了故事讲述形式外，神话通常还潜藏着一些严肃的目的。民间传说趋向于以简单的形式反映社会，吸收了普通人的恐惧、愿望，以及对解决问题精妙方式的欣赏，通过引入幻想性主题来拓展有关冒险和智慧的领域，而不是通过想象或内省来实现。神话与民间传说在不同程度上受到了叙事规则的控制，只是这种控制在民间故事中更为明显，形式也更为粗糙。

注释：

[1] Maria Leach, Jerome Fried, eds., *Standard Dictionary of Folklore, Mythology and*

Legend, New York, Funk & Wagnalls: 1949 - 1950.

[2] Ruth Benedict, Myth. Encyclopaedia *of the Social Sciences*, XI, New York: The Macmillan, 1933, p. 179.

[3] Franz Boas, Henry Wellington Tate, *Tsimshian Mythology*, Washington, D. C.: G. P. O., 1916, pp. 879 - 881.

[4] Maria Leach, Jerome Fried, eds., *Standard Dictionary of Folklore, Mythology and Legend*, New York: Funk & Wagnalls, 1949 - 1950.

[5] Martha Warren Beckwith, *Journal of American Folk-lore*, XLII, 1930, p. 339.

[6] Charles Kingsley Meek, *The Northern Tribes of Nigeria*, II, London: Oxford University Press, 1925, p. 147.

[7] W. Earl Count, "Myth as World View", in Stanley Diamond, ed., *Culture in History, Essays in Honour of Paul Radin*, New York: Columbia University Press, 1960, pp. 596 - 597.

[8] Geoffrey Stephen Kirk, *Its Meaning and Functions in Ancient and Other Cultures*, London: Cambridge University Press, 1970, p. 37.

[9] Geoffrey Stephen Kirk, *Its Meaning and Functions in Ancient and Other Cultures*, London: Cambridge University Press, 1970, p. 40.

[10] Geoffrey Stephen Kirk, *Its Meaning and Functions in Ancient and Other Cultures*, London: Cambridge University Press, 1970, p. 40.

加拿大华裔作家小说中的杂糅性创作特征
——以拉利沙·赖为例

林　澜

钦州学院　人文学院，广西钦州，535011

提　要：加拿大华裔女作家拉利沙·赖的作品《千年狐》和《咸鱼女孩》具有明显的杂糅特征。以杂糅为文学研究视角分析这两部小说，追寻在东方与西方、过去与未来、传说与现实之间来回穿梭的叙述，可以得出结论：从杂糅的视角来解读故事可以拓展小说的叙事空间。

关键词：拉利沙·赖；《千年狐》；《咸鱼女孩》；杂糅性

拉利沙·赖（Larissa Lai）是卡尔加里大学教授，著名的加拿大华裔女作家、评论家。她创作了两部获多种奖项的小说《千年狐》[1]和《咸鱼女孩》[2]，此外，还出版了诗集、专著、合著，发表了十余篇论文，涉及哲学、历史、文化和政治等领域。[3]研究拉利沙·赖作品的海外学者不少，有加拿大的，也有美国的，如新学院大学的尼古拉斯·伯恩斯（Nicholas Birns）；有欧洲的，如德国美因茨约翰内斯古滕贝格大学的索尼娅·格奥尔基（Sonja Georgi）；有澳洲的，如澳大利亚卧龙岗大学的罗宾·莫里斯（Robyn Morris）；还有台湾大学的傅友祥等为数不少的华裔和非华裔学者。《牛津加拿大文学指南》1997 版对若干有代表性的华裔作家作了比较详细的介绍和评述，其中就包括拉利沙·赖。海外学界较有代表性的观点认为，在其作品中，不存在对华裔"前文化"的幻想，也不认为"我从哪里来"的

收稿日期：2017 - 01 - 27

基金项目：2013 年度广西高等学校人文社会科学研究项目"当代加拿大华裔英语小说中的意象研究"（SK13LX040）研究成果之一。

作者简介：林澜（1969—），女，广西横县人，英语语言文学硕士，钦州学院人文学院副教授，北部湾海洋经济与北部湾文化研究中心兼职副教授，主要从事英美文学及文化研究。

身份问题较之他们生活于其中的历史社会的发展变化更为重要。[4]如玛丽莎·奉（Malissa Phung）将拉利沙·赖的小说界定为以女性主义的流散为课题，写的是流散的、身为华裔后代的女酷儿。[5]很多研究者注意到拉利沙·赖的小说推进了个体和种族层面上的越界和杂糅，促进了书写个体、种族与今日世界的共鸣。[6]正如台湾大学的傅友祥所说："逾越和转变是赖的小说所要探求和强调的。"[7]对自身族裔身份本质化表述的颠覆就是要把视角提升到全人类的高度。而拉利沙·赖在与阿肖克·马图尔（Ashock Mathur）的访谈中，称自己为一朵"杂交之花"（a hybrid flower）[8]。

国内对拉利沙·赖作品的评论主要有如下几个观点：（1）她的创作脱离传统加拿大华裔英语小说创作的主题和手法，具有浓厚的后现代色彩[9]；（2）许巍等认为，她的作品表现出构建一个多元、界限模糊、元素冲突的社会的倾向[10]；（3）魏全凤等在《重写中的文化移植与主体建构：析加拿大华裔女作家拉丽莎·赖长篇小说〈千年狐〉》等文章中认为，她"在故国文化与异域文化的碰撞中揭示华裔的生存困境，探寻建构华裔身份的路径"[11]。

总的说来，海内外研究都注意到了她作品中的几个元素：越界、杂糅、后现代。本文主要探讨其作品中的杂糅现象。

一、加拿大华裔小说的杂糅性创作

巴赫金早在1968年就将语言的杂糅现象用于文学研究中，提出文学作品的"杂语"（heteroglossia）[12]特征及文体的杂糅性。"杂糅"概念在20世纪90年代重新引起学界的关注，首先应当归功于后殖民理论家霍米·巴巴富有洞见性的阐述。"hybridity"译成中文为"杂交""杂糅/混杂"等，分别运用在生物、语言、文学和文化领域。霍米·巴巴在《文化的定位》中将巴赫金的杂语概念用于描述殖民者与被殖民者之间的关系，提出"第三空间"概念，极大地扩展了"杂糅"的隐喻指涉范围。巴巴认为，第三空间是殖民环境中多种语言、文化交叉、混合的地带。殖民者与被殖民者在第三空间"混杂/杂糅"，生出"新的"文化，它既具有父母文化的特征，又打破了"非此即彼"的文化界限，是对二元对立思维模式的抵抗和颠覆。巴巴的"杂糅"概念具有强烈的政治性和文化性，其目的是要"强调主流群体与非主流群体之间的平等对话"[13]。文学研究"杂糅"视角的兴起是西方文学研究现代化的产物，杂糅视角体现出当代西方文学研究对自身文化多源性的自觉意识，使得研究者对构成文本的诸多变量，如种族、性别、阶级等，保持敏锐的辨别力。[14]文学作品中各种杂糅现象包括语言杂糅、身份杂糅、文化传统杂糅、种族杂糅、阶级杂糅、性别杂糅等。纵观加拿大的华裔小说，很多都有杂糅现象。加拿大华裔家族小说如《残月楼》（*Disappearing Moon Cafe*）、《玉牡丹》（*Jade Peony*）中，作家使用了大量中国传统文化符号——骨、金山、火车（铁轨）、牡丹等——这些文化符号被放置在加拿大华人移民的时间背景以及加拿大华人社群的空间背景下，呈现出一种不同于我们以往在中国文学里所见到的新的文化符码。崔维新在《纸影：唐人街的童年》（*Paper Shadows: A Chinatown Childhood*）中指出，英汉语言的杂糅存在于不少重要的加拿大华裔英语作品中。如“好难话得定”（Ho-naan wahtak teng）、“大姨”（Dai Yee，Great Aunty）、“公公”（Gung-Gung，grandfather）等[15]，足可代表加拿大华裔英语文学的语言特征。李群英的《残月楼》（*Disappearing Moon Cafe*）中的语言杂糅例子有：中国话“狼心狗肺”用“a wolf's heart and a dog's lung”表达[16]，“祛风”表达为“chase the wind away”[17]，等；余兆昌的《金山的传说：华人在新世界的故事》（*Tales from Gold Mountain: Stories of the Chinese in the New World*，1989）既把传统的中国文化融入加拿大的社会历史背景，又把讲述欧洲民间故事的传统模式用于描写早期华人移民的经历。同样，拉利沙·赖的作品是在文化杂糅的加拿大语境中完成的，具有身份杂糅、文化传统杂糅、种族杂糅和性别杂糅等特征。

二、《千年狐》和《咸鱼女孩》的杂糅性创作

（一）身份、种族和性别杂糅

拉利沙·赖的小说《千年狐》中的身份杂糅最为明显。以狐狸先后附体于中国历史人物鱼玄机和加拿大华裔女学生阿尔忒弥斯·黄，成功地将三者的身份杂糅一起。鱼玄机是唐朝女诗人、道士，既周旋于男性性伴侣之间，又有女性同性恋伴侣，阿尔忒弥斯·黄则是一个同样穿梭于男女性伴侣之间的20世纪加拿大女大学生。作者给她取名“Artemis Wong”就体现出她处在中加文化的夹缝之中：“Artemis”是希腊神话中狩猎女神的名字，而

"Wong"是典型的中国姓氏，同时也代表其种族。她的名字混杂着东西方文化，她认为"不属于任何人"[18]，"自己的家对自己也是陌生的"[19]。小说另一人物戴安娜是罗马神话中狩猎女神的名字，虽然名字不同，但是指同一个女神，这也是身份的糅杂。

《咸鱼女孩》中的女娲被一个女人舀在水里喝下去，降生在20世纪初的广州，后又寄身在榴莲种子里。米兰达的母亲吃了榴莲后生下米兰达，与寄身在榴莲里的女娲相呼应，米兰达身上除不去的榴莲味道也一再提示米兰达与女娲的关系。后来米兰达听了夏薇的克隆故事后，想告诉夏薇："我是你们的外祖母，我是你们的创造者的创造者。"[20]这句话明确了女娲和米兰达身份的糅杂。

阿尔忒弥斯·黄和戴安娜都是加拿大华裔，有着西方神话中女神的名字，过着典型的加拿大青年的现代生活。阿尔忒弥斯还是白人的养女，对自己的国、家的感觉很模糊。这些都说明了她们身上的种族杂糅。《咸鱼女孩》中的克隆人之一夏薇是名叫"爱"（Ai）的中国女人和日本士兵的基因结合而成的，此外她身上还含有0.03%的淡水鲤鱼基因。[21]其身份和种族之糅杂达到了极致。至于性别杂糅，同性恋的性别观念本来就是混杂的。而且作者对《千年狐》中的人物"Ming"这个名字的选取是有用意的："Ming"对应的汉字是"明"。根据中国的传统文化观念，"日"代表阳刚和男性，"月"代表阴柔和女性，"明"则是这两者的结合，代表雌雄同体，这也是作者对性别和性向的传统观念提出的挑战。身份界限的模糊意味着不同的文化群体不仅可以和谐共存，而且在相互影响下可以转化，打破二元对立的局面。

（二）时空杂糅

《千年狐》《咸鱼女孩》的结构都是古今、中西的杂糅，也就是时空的杂糅，交替叙述古和今、中和西语境下的故事。《千年狐》第一章是发生在中国古代的故事，狐狸调教正房把丈夫从妾那里赢回来，尽管最终却是正房与妾私奔；第二章就到了现代的加拿大大学生阿尔忒弥斯和默茜·李在西雅图历史博物馆参观的情景；第三、第四章是关于阿尔忒弥斯的身世的故事，阿尔忒弥斯、默茜·李和伊登在一起进行摄影创作；第五章是狐狸和鱼玄机的故事；第六章是阿尔忒弥斯、伊登和戴安娜的故事；第七章是鱼玄机的身世、妇人的故事；第八章写的是默茜·李一家；第九章写鱼玄机之父、她父母与老赵家指腹为婚，但是生出的两个孩子都是女孩的故事；在第十章中阿尔忒弥斯与戴安娜的关系亲密起来……而《咸鱼女孩》更是女娲－米兰达－女娲－米兰达……交替展开：先是史前的女娲造人故事，然后一下就到了生活在公元 2044 年北美西部城市锡兰提的米兰达的故事，接着又写到女娲降生在 19 世纪晚期的中国南方，长大后喜欢上了卖咸鱼的女孩的故事，而后又是米兰达的故事……

图示如下：

> (1)《千年狐》
> A→B→A→B→A→B…
> (A 代表古代中国，B 代表当代加拿大)
> (2)《咸鱼女孩》
> A→B→A→B→A→B…

(A 代表女娲所处的古代中国，B 代表米兰达所处的未来加拿大)

故事在中西方语境下交替发生，故而交替出现中西文化图式。如《千年狐》第二部分的第十四章写的是阿尔忒弥斯他们在温哥华的生活，出现了大量的西方文化图式，“灰姑娘的马车变成了南瓜”[22]、英国的四人组乐队（Gang of Four）、碰撞乐队（The Clash）、加拿大的摇滚歌手阿尔特·贝格曼（Art Bergmann）等。[23]紧接着第十五章是狐狸去逛唐朝的妓院，于是出现了西市、长安、对对联等中国文化图式。第十六章又写阿尔忒弥斯与塞因特发生关系后，有人打电话来，他们因伊登（Eden）的名字而拿伊甸园的故事开起了玩笑：

> “我是伊甸园的亚当。”
> “真有意思。伊登在吗?”
> “他病了，因为吃了烂苹果。”[24]

《咸鱼女孩》涉及 20 世纪 90 年代发生的许多大事：多利羊、中国移民海上偷渡、孟山都农业公司起诉某农夫的作物带有基因变异的 DNA、得克萨斯的一家公司改良印度香米后获专利以及迪士尼的庆祝会建筑，还描写了 19 世纪晚期中国南方的自梳女文化现象，等等。

时空的杂糅生成了霍米·巴巴所说的超越了二元对立的中间“空间”——“第三空间”。在这里，种族、意识形态、性别、文化和语言等因素互相杂糅，彼此碰撞，在融合交流中产生新的意义，构建新的“他者”。

（三）文化传统杂糅

1. 鱼玄机和阿尔忒弥斯

鱼玄机是唐朝历史上的女诗人，《千年狐》中的鱼玄机与希腊神话的女神阿尔忒弥斯对应。众所周知，任何女人在答应了阿尔忒弥斯要追随于她后，必须要一生贞洁，否则必定会受到她的严厉惩罚。如阿尔忒弥斯最喜爱的追随者之一卡利斯托被宙斯诱奸后，先是被阿尔忒弥斯驱逐，再被赫拉变成熊，差点被亲生儿子误杀。而阿尔忒弥斯尽管貌似很专一地爱着俄里翁，其实却和不少仙女，如普罗克里丝（Procris）、普利丰特（Polyphonte）、安提克蕾雅（Anticleia）等关系暧昧。[25]鱼玄机是唐朝多才多艺的风流女诗人、女道士。据历史记载，鱼玄机“以笞杀女童绿翘事，为京兆温璋所戮”[26]。她怀疑绿翘与自己的情人有染，拷问绿翘，绿翘顶撞她，她盛怒之下失手将绿翘杀死。刘达临在其著作《性与中国文化》中确定鱼玄机与另一女道士采苹有同性恋情，并且认为她那首著名的《赠邻女》是写给采苹的。[27]这与《千年狐》中第四部分第一章狐狸化身为尼姑，最后与前来送食物的尼姑相恋相伴的情节很相似。小说中鱼玄机与绿翘的关系明确无误是情侣，香港影视作品《唐朝豪放女》也是如此确定两人关系的，把鱼玄机的“戗婢事件”解读为鱼玄机对另有所恋的绿翘因爱生恨，错手将其杀死。可以说，女神阿尔忒弥斯和她的女伴、历史上的鱼玄机在她的道观都分别构建起一个女性的王国，她们在其中过着充满感情纠葛的生活。而小说中的阿尔忒弥斯·黄既跟默茜·李（即明）、戴安娜、克罗德几个女孩纠缠不清，同时还跟伊登、塞因特等男孩关系暧昧，与神话中的阿尔忒弥斯一样被感情所牵绊。

2. 女娲和美人鱼

拉利沙·赖在《咸鱼女孩》中使用了中国的创世女神女娲的意象，但她的女娲不是传统文化图式中的人首蛇身，而是人首鱼身。女娲为了在湖上泛舟而过的男人而变身为人的那段描写令人觉得与西方童话《海的女儿》何其相似：

> “我看见了一张年轻男人的脸，”我告诉她，“我想到人间去做一个人。”
> 她说，“我可以给你一双腿，可是你的尾巴得分开，会很痛。”

“我不在乎。”我说，“我不怕痛。”[28]

其实中西方的人鱼形象都是那么古老，那么丰富多彩，只是中西人鱼形象的内涵既具有意象的一致性也具有文化品格所带来的内涵差异性。人鱼，无论是美人鱼还是中国的鲛人，以及由美人鱼或鲛人所衍生出来的鸟人、蛇女、龙女等都是神秘、危险、充满诱惑却渴望爱的女性化身，但是中西文化背景不同的土壤又决定了它们的形象不可能完全相同。人鱼形象所包含的“爱欲－死亡”的冲突对立在中国的人鱼故事中被柔化和喜剧化了。如西晋张华《博物志》中的鲛人、《镜花缘》中的人鱼、《聊斋志异》中的白秋练等，都不会出现悲惨的结局，这与西方人鱼故事的悲剧结尾不同。安徒生的美人鱼因得不到王子的爱而化为泡沫；古希腊传说中亚历山大大帝的妹妹塞萨洛尼基死后化为人鱼，盘问过往船只的水手，一旦回答不妥便把他们淹死；德国传说及诗歌中常提及美丽的人鱼罗蕾莱，经常在天色昏暗的时候出现在莱茵河畔，用她冷艳凄美的外表以及哀怨动人的歌声迷惑过往的船夫，使其失去方向，最后沉入河底[29]，一如希腊神话中的塞壬。

《咸鱼女孩》中的女娲虽有美人鱼为爱献身的悲剧色彩，但不是以悲剧收场，米兰达这个鱼人和安徒生的美人鱼有着完全不同的结局：米兰达和夏薇迎来了自己的酷儿式繁殖的黑发女儿，如小说结尾所说：“一切都会好起来的……”[30]

3. 狐狸

拉利沙·赖的狐狸形象正如她在小说后记中提及的，是受蒲松龄的狐狸故事的启发。[31]在中国古代，人们从狐狸强大的繁殖能力引申出其好淫之性，这使得狐狸沾染上了淫兽的恶名。先秦时期狐狸即为淫兽的代表。到明清时期，狐狸不再只是淫荡女性的代名词，作家用这一意象大胆肯定并维护女性享受性爱的权力，突破传统男权社会对女性的压制，彰显出历史发展进程中女性人格的觉醒。拉利沙·赖笔下的狐狸穿越时空，赋予女体生命以诱惑他人。而她最喜欢的躯体之一便是“鱼玄机”。小说一开始就叙述狐狸对女性的呵护、诱惑，以及她所具有的神秘魔力。第一天，狐狸给为妻的女人披上丝绸，女人脚穿狐狸妹妹亲手绣的鞋，被送到花香四溢的花园，引来了本已嫌弃她的丈夫，却又对他若即若离；第二天，狐狸用一件色如流水的长袍给她遮身，女人脚穿狐狸妹妹做的鞋，照样被送到花香醉人的花园，再把被她吸引的丈夫送到妾的身边并亲自为他俩关上房门；第三天，女人以颜色灰沉沉的袍子裹身，脚上还是穿着狐狸妹妹亲手绣的鞋子，当晚花香浓郁得足以迷人眼、闭人耳，然后小说出现很重要的一句话证明此狐狸已然传承了汉文化的狐仙的媚术："……我教她吻并非发自嘴巴，而是发自地下的深井。做丈夫的被迷住了。"[32]紧接着的一句暗示了故事的同性恋主题："她和妾私奔，是我的错吗?"[33]这里的"她"指的是"妻"。

然而，作者笔下的狐狸又远非中国古代文化图式中的狐狸。拉利沙·赖说过，中国、韩国和日本古老的民间故事中的狐狸原型都对她有影响。[34]在她的小说里，狐狸已由吃鸡变为让死人还阳，也就由此改变了人们关于狐狸是毁灭男性的妖精的看法，而成了人类的拯救者。而且小说中的狐狸也杂糅了很多西方的文化图式。她给死人吹气赋予其生命，跟上帝赋予亚当生命的方式何其一致。小说接近尾声时，当阿尔忒弥斯出门探望其生母，狐狸化身为人，假装在途中与其邂逅："你带什么给你母亲?""你要走哪条路?"[35]这些问题使人想起童话故事《小红帽》中狼和小红帽的经典对白。不久，狐狸恢复了原形，给阿尔忒弥斯讲述一个穿红袍的尼姑去庙里给她的姐妹送食物的故事。故事里的狐狸精化身为尼姑，与前来送食物的尼姑相恋相伴。狐狸的描述和高佩罗对鱼玄机道庵生活的记录出自同一语境。[36]正当读者渐渐进入中国古代文化语境时，作者却突然写道："于是，她们相爱了，后来便在庵里幸福地一起生活，尽管后来有鬼佬从海外闯入，想让她们皈依基督教。"[37]西方文化因素出现了。狐狸与阿尔忒弥斯的相处还让人想到法国作家安托万·德·圣·埃克苏佩里的《小王子》中狐狸作为小王子的朋友给予他关于爱情真谛的启迪。此外，在与西化了的加拿大华裔女学生阿尔忒弥斯在一起时，跨国界的狐狸也成了西化的狐狸：她身穿破旧的"Levis"牛仔裤和T恤，开宝马[38]；她给阿尔忒弥斯买来苏格兰威士忌，倒给她喝，安慰因明的死去而大受打击的阿尔忒弥斯[39]。但紧接着，化身为鱼玄机来陪伴阿尔忒弥斯的狐狸却开始否定阿尔忒弥斯的名字，说它"只是一件薄薄的外套，帮她穿过几扇门而已。不够分量。只是一小袋硬币，甚至不够一个鬼用来做买路钱前往忘川"[40]。狐狸还戏谑道："他们还没给她的箭囊装满箭镞就放她饿着肚子入世了。"[41]随即作者借狐狸之口说了一番发人深省、足以给阿尔忒弥斯深刻启迪的话："名字须把你带入过去和未来。它需要根来汲取地下深处的水，以防灵魂被不时冲刷而来的旧时潮水冲走。"[42]无疑，一个再典型的西方名字也不能给予一个华裔那么深的内涵，也就是说，传统的西方文化并不能单独成为生活在西方世界的华裔的精神安慰。狐狸的形象至此丰满而有高度，根本不是古代的淫乱形象，或是具有媚术的狐狸精形象，也不只是类似法国有智慧的小狐狸朋友的形象或时代潮人的形象，而是一个融合了古今中外元素于一身的形象，既传统又入时。

三、结　语

总的说来，拉利沙·赖的小说从神话传说、历史科技、大众文化等各种政治事件与生活习俗以及普通人的生活中汲取各种意象，成了一个大杂烩。这里，虚构人物的话语与历史真实相互掺杂，种族政治与传统风俗等混杂在一起。这种内容上的“杂糅性”在一定程度上开拓了小说的叙事空间，形成了由众多小叙述交织在一起的结构，也让整个叙述在东方与西方、过去与未来、传说与现实之间来回穿梭。这种鲜明的故事杂糅性往往可以用某种扭曲的方式来瓦解历史与政治，从而展示一个后殖民世界。

注释：

[1] 获1995年“加拿大一流小说奖”之“章节图书奖”（Chapters Books in Canada First Novel Award），1995年“艾斯特莱雅基金会新秀作家奖”（Astraea Foundation Emerging Writers Award），1996年“英属哥伦比亚文化服务部赞助奖”（British Columbia Cultural Services Branch Grant），1996年“加拿大文化遗产奖”（Cultures and Heritage Canada Award）等。

[2] 入选2003年卡里加尔·迈克尔图书奖（City of Calgary W. O. Mitchell Book Prize）候选名单，获2003年加拿大桑伯恩科幻文学奖（Sunburst Award for Canadian Literature of the Fantastic）提名，2002年因其小说构思优秀获阿尔克温协会荣誉提名（Alcuin Society Award），2002年获詹姆斯·提普垂奖（James Tiptree Jr. Award）。

[3] 诗集有《动荡的西比尔》（*Sybil Unrest*）（与Rita Wong合著）、《自动机的传记》（*Automaton Biographies*）、小册子《地下室的蛋》（*Eggs in the Basement*），专著有《倾斜的我，幻想的我们：20世纪80年代和90年代亚裔加拿大文学产出》（*Slanting I, Imagining We: Asian Canadian Literary Production in the1980 s and1990 s*）等。

[4] 黛博拉·迈德森、徐颖果、丁惠，《双重否定的修辞格——加拿大华裔离散文学》，《南开学报》（哲学社会科学版）2009年第5期，第34页。

[5] Malissa Phung, “The Diasporic Inheritance of Postmemory and Immigrant Shame in the Novels of Larissa Lai”, in *Postcolonial Text*, 2012, Vol. 7, No. 3, p. 12.

[6] Kate Chiwen Liu, "Hybridization as the Postcolonial Anti-Exotic in Larissa Lai's *Salt Fish Girl*", in *Concentric: Literary and Cultural Studies*, September 2009, 35.2, p.313.

[7] Bennett Yu-Hsiang Fu, *Transgressive Transcripts: Gender and Sexuality in Contemporary Chinese Canadian Women's Writing*, Amsterdam: Rodopi, 2012, p.56.

[8] Gurli Woods, "Larissa Lai's Novel *When Fox Is a Thousand*. Images of a 'Post' Society", in Gunilla Florby, Mark Shackleton, Katri Suhonen, eds., *Canada: Images of a Post/national Society*, New York: Peter Lang, 2009, p.327.

[9] 朱徽,《当代加拿大华裔英语文学述评》,《当代外国文学》2003 年第 7 期,第 82 页。

[10] 许巍,《"第三空间"的女性主体——解读小说〈千年狐〉中的违规越界之表征》,《外国语文》2012 年第 7 期,第 10 页。

[11] 綦亮,《加拿大少数族裔英语文学研究在中国:1980—2010》,《南京邮电大学学报》(社会科学版)2012 年第 6 期,第 96 页。

[12] 参阅:Bakhtin, Mikhail, *The Dialogic Imagination: Four Essays*, trans., Caryl Emerson and Michael Holquist, ed. Michael Holquist, Austin: University of Texas Press, 1981.

[13] 卢敏,《当代美国文学研究"杂糅"视角的运用与特征》,《当代外国文学》2008 年第 10 期,第 68 页。

[14] 卢敏,《当代美国文学研究"杂糅"视角的运用与特征》,《当代外国文学》2008 年第 10 期,第 70 - 71 页。

[15] 赵庆庆,《语言·隐秘·重构——加拿大华裔作家崔维新的〈纸影:唐人街的童年〉评析》,《当代外国文学》2004 年第 7 期,第 118 - 119 页。

[16] 管平,《〈残月楼〉让历史不再沉默》,《中南民族学院学报》(哲学社会科学版)1995 年第 2 期,第 110 页。

[17] 陈小慰,《〈残月楼〉为何能获总督奖提名》,《外国文学》1997 年第 3 期,第 62 页。

[18] Larissa Lai, *When Fox Is a Thousand*, Vancouver: Arsenal Pulp Press, 2nd ed., 2009, p.20.

[19] Larissa Lai, *When Fox Is a Thousand*, Vancouver: Arsenal Pulp Press, 2nd ed., 2009, p.97.

[20] Larissa Lai, *Salt Fish Girl: A Novel*, Toranto: Thomas Allen Publishers, 2nd ed., 2008, p.253.

[21] Larissa Lai, *Salt Fish Girl: A Novel*, Toranto: Thomas Allen Publishers, 2nd ed., 2008, p.261.

[22] Larissa Lai, *Salt Fish Girl: A Novel*, Toranto: Thomas Allen Publishers, 2nd ed.,

2008, p. 106.

[23] Larissa Lai, *Salt Fish Girl: A Novel*, Toranto: Thomas Allen Publishers, 2nd ed., 2008, p. 107.

[24] Larissa Lai, *Salt Fish Girl: A Novel*, Toranto: Thomas Allen Publishers, 2nd ed., 2008, p. 122.

[25] 公元前3世纪的希腊诗人和文学评论家卡利马科斯写的《卡利马科斯颂歌与铭辞集》(*Callimachus, Hymns and Epigrams*)里有《致阿尔忒弥斯的颂歌》，其中“狄奥尼斯之子刻法罗斯的秀发妻子，您要她在打猎时追随您；……”似乎在说明是阿尔忒弥斯要求普罗克里丝做她的随从的。刻法罗斯夫妇之间的关系本来就很不正常，因此普罗克里丝与阿尔忒弥斯之间的关系就更显暧昧了。还有，“人们说，美丽的安提克蕾雅啊，您爱她甚至堪比您的眼睛”则非常直接地说明阿尔忒弥斯对奥德修斯的母亲安提克蕾雅的喜爱。普利丰特(Polyphonte)已经结婚，却不知为何要离开家，想和阿尔忒弥斯一起过处女一样的生活。参看：

Callimachus Hymns 1 - 3. http: //www. theoi. com/Text/CallimachusHymns1. html#c42 2016 - 4 - 1.

Cephalus. https: //en. wikipedia. org/wiki/Cephalus#cite_ note - 9 2016 - 4 - 1.

Procris. https: //en. wikipedia. org/wiki/Procris 2016 - 4 - 1.

Polyphonte. https: //en. wikipedia. org/wiki/Polyphonte 2016 - 4 - 1。

[26] 孙光宪，《北梦琐言》(卷9)，上海：上海古籍出版社，1981，第65页。

[27] 刘达临，《性与中国文化》，北京：人民出版社，1999，第597页。

[28] Larissa Lai, *Salt Fish Girl: A Novel*, Toranto: Thomas Allen Publishers, 2nd ed., 2008, p. 7.

[29] Mermaid. https: //en. wikipedia. org/wiki/Mermaid#cite_ note - Briggs - 25 2016 - 4 - 1

[30] Larissa Lai, *Salt Fish Girl: A Novel*, Toranto: Thomas Allen Publishers, 2nd ed., 2008, p. 269.

[31] Larissa Lai, *When Fox Is a Thousand*, Vancouver: Arsenal Pulp Press, 2nd ed., 2009, p. 251.

[32] Larissa Lai, *When Fox Is a Thousand*, Vancouver: Arsenal Pulp Press, 2nd ed., 2009, p. 15.

[33] Larissa Lai, *When Fox Is a Thousand*, Vancouver: Arsenal Pulp Press, 2nd ed., 2009, p. 15.

[34] Sonia Villegas-López, “On Reading and Writing: An Interview with Larissa Lai”, in *Canada & Beyond*, 2014, 4. 1 - 2, p. 119.

[35] Larissa Lai, *When Fox Is a Thousand*, Vancouver: Arsenal Pulp Press, 2nd ed., 2009, p. 215.

[36] Larissa Lai, *When Fox Is a Thousand*, Vancouver: Arsenal Pulp Press, 2nd ed., 2009, p. 219.

[37] Larissa Lai, *When Fox Is a Thousand*, Vancouver: Arsenal Pulp Press, 2nd ed., 2009, p. 219.

[38] Larissa Lai, *When Fox Is a Thousand*, Vancouver: Arsenal Pulp Press, 2nd ed., 2009, pp. 223 - 224.

[39] Larissa Lai, *When Fox Is a Thousand*, Vancouver: Arsenal Pulp Press, 2nd ed., 2009, p. 243.

[40] Larissa Lai, *When Fox Is a Thousand*, Vancouver: Arsenal Pulp Press, 2nd ed., 2009, p. 243.

[41] Larissa Lai, *When Fox Is a Thousand*, Vancouver: Arsenal Pulp Press, 2nd ed., 2009, p. 243.

[42] Larissa Lai, *When Fox Is a Thousand*, Vancouver: Arsenal Pulp Press, 2nd ed., 2009, p. 243.

On Liz's View of Marriage in *Eat Pray Love* from the Perspective of Feminine Psychology

甘润墨

攀枝花市第七高级中学校，四川攀枝花　617005

Abstract: *Eat Pray Love* is an autobiography and memoir that is published by Elizabeth Gilbert in 2006. In this book, the protagonist Liz thought she would become a mother of groups of children in marriage. After getting married, she found that she neither wants children nor a husband. Gradually a self-identification crisis bursts forth and then she suffers eating disorders, depression, and insomnia. Eventually she escapes from her marriage. This paper analyzes the transformation of Liz's view of marriage from the perspective of feminine psychology.

Key words: Elizabeth Gilbert; feminine psychology; views of marriage; self-awareness

I. Introduction

As an author, essayist, biographer, novelist and short story writer, Elizabeth M. Gilbert (1969—) is best known for the memoir *Eat Pray Love*. The themes of her works are mainly about life, love, interpersonal relationships, mediation and marriage. [1] She is so eloquent and popular that she was invited to The Oprah Winfrey Show twice and TED twice. [2] After the success of *Eat Pray*

收稿日期：2016－12－01

作者简介：甘润墨（1993—），女，四川攀枝花人，四川省攀枝花市第七高级中学英语教师，主要从事高中英语教学研究。

Love, both praise and criticism were brought into this memoir in the literary world. There are already some studies in regard to her *Eat Pray Love*, such as Liu Yue's research about works of Elizabeth Gilbert studies on the feminine consciousness in *Eat Pray Love*; Kang Jinru's paper "An Analysis of Feminism in *Eat Pray Love* from the Perspective of Cooperative Principles"; Gan Ximen's "Spatial Narrative Strategy in Eat Pray Love"; Zhang Yan's "Struggling of Modern Female Intellectuals in Eat Pray Love"; Bert Olive's "The Pleasure of Food and the Spiritual: *Eat Pray Love* and *Babette's Feast*". This paper attempts to analyze Liz's view of marriage in *Eat Pray Love* from the perspective of Feminine Psychology.

Feminine psychology involves notions such as animus, self-awareness, self-identification, sex role, role strain, feminine consciousness, self-worth and so on. Every woman has an Aphrodite, a Psyche, an animus in her inner world. Aphrodite mirrors woman's immortality and divine-like qualities while falling in love in order to see the god or goddess-like qualities in another. Aphrodite energy is a valuable quality to make the inner world's grow and evolute, which refers to the birth of a new consciousness, and to some extent, self-awareness.[3] Meanwhile, every woman has a Psyche in her inner world which means that every woman will feel lonely and not be understood if her beauty and divinity of Psyche are kept at a distance away from people. Every woman wants her interior goddess to be touched in relationships rather than everyday trivialities, thus in feminine personality, a fierce resentment toward marriage emerges months or even years later. Every woman has an animus in her inner world which means that every woman has "the masculine component of the female personality and an archetype representing the racial experiences of women with men, which are stored in the collective unconscious."[4] In the myth, marriage is death, resurrection and a total commitment for a woman. The Eros in each woman terminates the woman's naivety and childlike innocence to kill the Psyche in her inner world, and evolves. During this process, a woman's behaviors may become strange. She may have eating disorders, depression, and insomnia. When a woman falls under the domination of her inner man, her animus, she may struggle to achieve self-awareness. Robert A. Johnson says "much of the inner turmoil of a modern woman is the collision between her Aphrodite nature and her Psyche nature." So feminine psychology serves well only if the Aphrodite nature and her Psyche nature are balanced.

II. Premature Liz: Contradiction: Is Marriage a Lighthouse or an Albatross?

i. Depression in Marriage

On the title page of the memoir, Gilbert quotes the saying, "Tell the truth, tell the truth, tell the truth." To Liz, a 31-year-old woman working as a journalist in America, the truth of a happy married life even her whole life was dying away so that she was totally lost in the world.

> I don't want to be married anymore.
>
> I was trying so hard not to know this, but the truth kept insisting itself to me.
>
> I don't want to be married anymore. I don't want to live in this big house. I don't want to have a baby.[5]

Liz had been with her husband together for eight years, married for six years. At the age of 31, Liz was supposed to have a baby. In fact, Liz's thinking was contradictory. On the one hand, she didn't want to have a baby. Just as Liz's sister said, "Having a baby is like getting a tattoo on your face. You really need to be certain it's what you want before you commit." To some extent, Liz was fearful to have a baby. On the other hand, Liz looked forward to having a baby. After trying to get pregnant, she experienced psychosomatic morning sickness, and nervous vomiting at breakfast every day.

From the perspective of psychology, her experience was a kind of positive psychological suggestion. It expressed Liz's desire to have a baby. But the desire was covered up by her Aphrodite nature in the end.

In feminine psychology, having a baby means violating a woman's Aphrodite nature to be perfect in the eyes of others. If a woman is pregnant, then she is changed by a man, which may be understood as a signal of imperfection in a woman's inner world. To Liz, pregnancy meant destroying her perfection and making her not the same with both her inner and outer continuity. This signal of imperfection was in contrast to Liz's overwhelming femininity and vast, impersonal majesty, which caused Liz to lose her Aphrodite nature to make her inner world's growth and self-awareness. Thus, she will be troubled by her identity crisis and role strain. Self-identity crisis reflects that the self exists in conflict and contradiction, reflecting that the self is in discontinuity between the past and the present, between here and there. What causes Liz's identity crisis is that she is going through a subtle mental state called "benevolent sexism." In the perspective of feminine psychology, sexism refers to prejudicial beliefs and practices directed against women. Benevolent sexism refers to a view that a pregnant woman is a woman who needs help and a woman's place is in the home. In *Eat Pray Love*, Liz cannot accept her identity was marked by pregnancy and then became a woman who was thought to be a special woman needing help and staying home. Meanwhile, Liz was under the pressure of role strain. Role strain refers to a state of tension and exhaustion resulting from severe demands on one's sex role or strength. In *Eat Pray Love* Liz had a state of tension and exhaustion to balance the role as a working woman, which refers to her strength, and her sex role as a mother or a good wife. According to popular research, it is common for working women to suffer from role strain between office and home. [6] It's a common trouble for modern women and every woman has the potential to handle this trouble. However, Liz's choice is not to handle it but to escape from it. What Liz ignored was that suffering from such stress and pain was common rather than special. The contradictory persona of Liz fell into endless depression and occasional insomnia.

ii. Choice of Divorce

He'd already been watching me fall apart for months now, watching me behave like a mad woman... We'd been fighting and crying, and we were weary in that way that only a couple whose marriage is collapsing can be weary. We had the eyes of refuges. "I equal parts loved him and could not stand him." [7]

Suffering from an ambivalent inner world, Liz's physical and mental health was damaged. According to Chesler[8] and Gove,[9] women have more mental illness than men, which can be used to explain the depression of Liz. Depressed Liz viewed her husband as a lighthouse as well as her albatross. The lighthouse represents the direction that Liz cannot lose while the albatross represents the burden that Liz cannot bear. Seven very tough months later, Liz finally made the decision to leave her husband. During this period, Liz was trapped in a "ruminative style." Ruminative style refers to when a woman feels stressful and she is prone to self-examination and thinking about the reason and result of her negative emotions. Liz's guilt came from her self-examination and negative emotions. And owing to a woman's propensity for sacrifice in marriage, a woman is more likely to feel responsible for the success of the marriage. After Liz's choice of divorce, she felt guilty because in her self-examination she considered herself responsible for the marriage, and she had the duty to maintain a good marriage, but now she damaged it. In *Eat Pray Love*, Liz worried more than her husband so that Liz was troubled by insomnia while her husband could still have a good sleep every night. Liz poured out more than her husband so that Liz prayed to God every night in the bathroom while her husband could still lead a normal life. To conclude this part of Liz's life, Liz's first premature view of marriage is explored: she thought that having a baby meant having a tattoo on her face, and escaping from marriage was the way to handle this role strain. What's more, Liz ignored the fact that building a happy marriage was the duty of both husband and wife.

III. Premature Liz: Desperation: Inventing the Characters of Her Partner

i. Addiction to David and Back-stepping of David

> What I meant to say is that I dove out of my marriage and into David's arms... The fact is, I had become addicted to David.[10]

After divorce, Liz moved right in with David. Liz had lived with David for several months. That period is named "the reprieve" by Liz. Escaping from the dilemma of marriage and then becoming addicted to another man named David was a bit crazy and incomprehensible. Before recovery from depression, Liz fell in "love" again. It is reasonable to doubt that whether Liz's inner world was running well enough to be ready for a new relationship because it is difficult to go out on a first date if one is in the middle of an identity crisis. [11] In psychology, identity refers to a feeling of being the same person as yesterday and last year; a sense of continuity; a sense of uniqueness and independence. One possible explanation of this relationship refers to the lack of identity, both self-identity and the identity of David. The most direct evidence of this is Liz's statement about this relationship, "In desperate love, we always invent the characters of our partners." "Invent" is such an appropriate word that it implies Liz's inner world, which romanticized David and invented David as the hero in her inner world, which was different from reality in fact. After divorce, Liz's world changed so much that she even lost her identity in that Liz writes, "we gave each other the same nick name." David and Liz sharing the same name implies that they thought that they were the same and each other was an ideal character in their lives, which was too romanticized and a little ridiculous from the perspective of an outsider. It is not hard to discover that Liz mixed up David and the concept of herself. Also, the unimaginable speed of their relationship development also implies the rapid disintegration. According to Erik Erikson, [12] identity is a prerequisite for intimacy: "People must settle the problems of identity before they are developmentally ready for intimate relations." So the relationship between Liz and David was not really intimate from the perspective of psychology. It looks sweet, but the essence of this relationship is not solid soul-mate intimacy. Therefore it is easy to explain why David stepped back and then left Liz. After all, David was more sober than Liz in that relationship. "Addiction is the hallmark of every infatuation-based love story," says Liz. In that period, love meant addiction for Liz. What Liz forgot was to cultivate individual strength and confidence in love. This reveals the absence of the Aphrodite nature of Liz, falling in love only to see the god or goddess-like qualities in her lover. Addiction to another and losing her Aphrodite nature is dangerous to a woman. To conclude this period of Liz's life, Liz's view of marriage is virtual, romanticized and blind for lacking identity.

ii. Turning to Smash

David's emotional backpedaling was just a matter of time. In fact, it did happen immediately. A second failure of intimate relationship, named a "catastrophe" by Liz, turned her "into smash completely." Liz writes, "I did not sleep again for the next four months... I think I lost something like thirty pounds during that time." This is a huge attack on psyche nature in Liz's inner world. Robert A. Johnson says that every woman will feel lonely and not be understood if her beauty and divinity of psyche are kept at a distance away by people. David's backpedaling and escape kept Liz a distance away, which made Liz doubt herself, feeling un-comprehended and totally lonely.

This experience also caused both mental and physical illness. The symptom of mental illness was complete and merciless devaluation of the self as Liz writes "So that's it. You have now reached infatuation's final destination—the complete and merciless devaluation of self." And the symptom of physical illness was eating disorders and insomnia as Liz says, "not sleep again for the next four months... lost something like thirty pounds during that time." From a psychological view, eating disorders indicate pathological behavior patterns in relation to the consumption of nutritive, or in some cases, non-nutritive substances. According to research, women are more likely to be beset by eating disorders when encountering mental illness.[13] Liz was attacked by eating disorders. Owing to losing appetite and bad lack of sleep, Liz's body made a reaction. She had to take medicine to fall asleep and lost thirty pounds during that period. After such a terrible stage, Liz decided to get her strength and confidence back; that is to say, she realized that she needed to find her Aphrodite nature to achieve identity first. Although the process of this stage was much tougher for Liz, yet eventually she woke up to reality from her virtual interpersonal relationships. This is also a crucial process to form Liz's new view of marriage. To conclude this period for Liz, her view of marriage turned into reformation.

IV. Chaotic Liz: Three Travels: Italy, India, Indonesia

After the divorce and breakup with David, Liz wanted to "give myself some space to discover what I look like and talk like when I am not trying to merge with someone." From the perspective of feminine psychology, Liz's Aphrodite nature came into effect to motivate Liz's self-awareness and evolution in this period. So as she said, she wanted to find her true self, trying to be honest with herself and concerned about herself rather than others. Thus she left New York and started to do what she wanted finally. For a long time, Liz tried to choose one country to relax herself among Italy, India and Indonesia. Ultimately, she stopped trying and then decided to stay four months in each country of the three. According to Liz, the happy coincidence that all these counties began with the letter "I" was a fairly auspicious sign, which seemed like a voyage of self-discovery. This vocation gave Liz a chance to "be honest" with herself. Indeed, three travels in three "I" countries had a great impact on Liz both mentally and physically.

i. Search for Pleasure in Italy

A long time ago, Liz had great interest in studying Italian, as she said, "Italian is the most seductively beautiful language in the world." And this time, she finally gave herself time and the chance to learn Italian. In developmental psychology, this kind of activity can be considered a motivation and curiosity to fulfill one's desires and needs. According to Maslow's hierarchy of needs, the pinnacle stage in the hierarchy of human growth is self-actualization. Self-actualization is "the realization of one's potential and the desire to accomplish everything that one can." [14] Thus, for Liz, learning Italian that she desired so much is a kind of self-actualization and realization of her potential. This is also a symbol of recovery of Liz's mental illness from lack of confidence and identity to fulfillment and actualization of a new self. Such kind of learning is also a kind of way to identify the self in that one can find ones' abilities different from others'.

Besides self-actualization, another growth of her inner world occurred in Italy as the change of female body image. Taking in such ghastly amounts of cheese, pasta, bread, wine, chocolate and pizza dough, Liz was gaining weight every day in Italy. Liz said, "Back in America, my friend Susan is telling people I am on a 'No Carb Left Behind' tour." And the result is "I couldn't hold out. None of my pants, after four months in Italy, fit me anymore." On the one hand, she had recovered from tough eating disorders, which implied the improvement of her mental condition. Since eating disorders are connected to psychological illness, then the recovery proves that Liz's self-discovery travel does work in the view of feminine psychology. On the other hand, Liz developed a more healthy perspective of sexuality as it applies to the female body image. In a famous pizzeria in Naples, when Liz's friend Susan decided not to eat the tasteful pizza, Liz used humorous words to persuade Susan to eat pizza. Just to satisfy her appetite and desire for pizza, Liz ate a lot of pizza no matter how the amount of carbohydrates and calories. Getting rid of the pressure of keeping a good figure, Liz just ate for fun and followed the will in her own heart. From the perspective of feminine psychology, it is the nature of Liz's animus that works:

> A woman often lives some part of her life under the domination of a man in outer life, and if she is alert enough to avoid this she may then fall under the domination of her inner man, her animus. The chronicle of a woman's life can be described in her struggle and evolution in relation to the masculine principle of life—whether she finds it outwardly in a human male or within herself as animus. [15]

In marriage and in relationships, a man controls a woman's body image unconsciously. A woman always fears that if her own body image is not perfect or beautiful then her man will not love her any more. That is to say, a woman's body image is under the domination of a man in fact. But in this period of Liz's life, she was beyond the domination of any man. She was not afraid of getting fat and forming an imperfect body figure. She just ate for fun and ate for herself. This was the animus in her inner world that made her only under the domination of herself, which refers to the animus in her inner world. Also, this indicates a great change in Liz's identity. Liz did not consider woman as a belonging to man any more. Furthermore all a woman has to do is to accept her self and be confident. This action means a lot for it is a great state of identity construction. She knew that she did not need to be the same as other women, and she was unique. This is the revival of animus in Liz's inner world.

ii. Search for Devotion in India

If the four months in Italy represents a process to discover herself, then the four months in India represents a process to forgive herself. Most of the time in India was spent in Guru's Ashram doing meditation. In *The Dictionary of Psychology*, meditation means quiet and deep self-reflection about the self, aims, relationships, or the meaning of life and tension reduction in various ways such as closing the eyes and relaxing major muscle groups. [16] Meditation was a chance for Liz to grow in her inner world. In India, Guru is a mentor for every Indian. And if a person follows Guru to live, thus chaos in life can settle. Chaotic Liz followed Guru to settle down the chaos in her world. At first, Liz cannot do well with meditation. There was so much chaos in her heart that she cannot hear the voice of Guru and her inner world. Fortunately, she met a person named Richard. The relationship between Liz and Richard is like a bond of a sibling. From the perspective of psychology, with Richard being both her protector and mentor, Richard inspired Liz that a healthy interpersonal relationship in marriage was more decided by how healthy one's self was than how healthy the spousal relationship was. Richard inspired Liz that loving and forgiving oneself for past circumstances was essential for attaining happiness and inner peace: "To really love someone else, we must understand this and seek to know ourselves and also be able to let go of our negative attitudes towards others and especially towards ourselves." [17] When trying to do well in meditations Liz was led by Richard to learn to forgive her own choice of divorce and let go of her own negative attitudes towards herself. Most of the time self-forgiveness just involves acceptance of the replacing of former constructs of what one believes to be one's true desires, beliefs and attitudes, values, behaviors and personal roles in relationships with newer, healthier notions. Hence Liz's psyche nature as goddess to be touched in relationships evolved. Liz finally changed her perceptions of her "failure" as a wife, and her "failure" as a girlfriend, and she changed the way to view her past with regard to her mental struggle and bad health condition. The psyche in her inner world led her to be a perfect new woman again. Forgiveness and peace arrived at her inner world in the end. To conclude this period of Liz, her view of marriage was peaceful and completely new owing to Richard's inspiration.

iii. Search for Balance in Indonesia

Indonesia brought Liz further psyche evolution than both Italy and India. She reached the summit of her balanced inner world in Bali. According to Liz, she felt totally free and relaxed both mentally and physically:

> It's not a ludicrous hypothesis, therefore, to say that the Balinese are the global masters of balance, the people for whom the maintenance of perfect equilibrium is an art, a science, a religion. For me, on a personal search for balance, I had hoped to learn much from the Balinese about holding steady in this chaotic world. [18]

Liz sat in meditation in the morning after a whole night's sleep and then she did yoga or went sightseeing, and in the afternoon she visited Ketut Liyer, a famous Indonesia medicine man who gave inspiration to Liz about life. In psychology, meditation involves quiet and deep self-reflection and yoga involves "releasing tension and achieving a state of contemplation, self-control, and mental relaxation." Both meditation and yoga are ways to reach a peaceful inner world and ideal mental health. From these actions, we can see that Liz was positive to pursue a peaceful inner world and a peaceful life style in Bali. So during that period in Bali, Liz's inner world achieved peacefulness and relaxation.

After the evolution of Liz's psyche from New York to Italy, India and finally Indonesia, Liz became confident, balanced and more peaceful than she had ever been in her life. Earlier in Bali, Liz met a man named Felipe in a car accident. Felipe was almost twenty years older than Liz, however, slowly over time, their relationship got closer and closer for they were very similar to each other regarding values, attitudes, and interests. According to Hyde's research, people tend to like people who are similar to them. [19] Based on love and mutual respect and mutual appreciation, coupled with a great number of communications and intimacy, the relationship between Liz and Felipe grew slowly but solidly. To translate love into action, Liz and Felipe became inseparable and addicted to sexual relations very often, which is positive for female mental health in feminine psychology. According to Broverman's "Standards of mental health for men and women," the healthy male was defined as "active, independent, competitive, and logical" while the healthy female was defined as "dependent, passive and illogical."[20] In such a sweet love, Liz became dependent again. To some extent, Liz's mental health at this time is in a wonderful condition.

V. Mature Liz: Self-Reconstruction and "Re-Marriage"

In the end of this memoir, Liz seized the moment as it was presented to her, and then she accompanied Felipe on a boat into a sunset, a marvelous sunset. The reason why Liz finally chose Felipe may have many explanations, but it can be interpreted from the perspective of feminine psychology. Felipe did not try to own Liz but just to say that "I belong to you" sincerely, which may move Liz a lot. This is obedient to the animus of Liz's inner world. Most of the women in the world are living under the domination of their husbands in marriage or in romantic relationships.[21] But Liz is not one of them, which can be concluded from her last marriage. Liz is a woman who does live in the world under the domination of her inner man: animus rather than her husband. Felipe said that he belonged to Liz, which also satisfied Liz's animus's desire for control. This is why Liz chose to marry Felipe at last. However, in the last marriage, her husband was different from Felipe. So relationship with Felipe is in accordance with Liz's psyche nature and animus in her inner world. Meanwhile, this relationship is built on the basis of respect, appreciation and mutual understanding, which is also different from her last marriage. So in the end, Liz followed her heart and found her own balance in this joyful life. To conclude this period of Liz, her view of marriage that refers to finding one's own balanced point in life is mature and inspiring.

VI. Conclusion

This paper analyzed the development of Liz's view of marriage by means of feminine psychology. Experiencing divorce, an addition to a crazy lover, depression, eating disorders, insomnia and final recovery, Liz's psyche nature and identity matured. The most important factor in her evolution was to maintain personal inner balance. In modern society, most of the women have both a career and a marriage. Living between the household and the office is not an easy task for every woman. Some of them may encounter the troubles that confused Liz. So women can learn lessons from Liz's experience to resolve the chaos in life. The point is that both husband and wife have to make sacrifices for marriage in order to maintain harmony. Moreover, keeping personal inner balance is the most basic and fundamental way to maintain a happy marriage. What we should not neglect is that sometimes to lose balance for love is part of living a balanced life. To conclude, in the study of this thesis, the key for a balanced life is not to pursue balance deliberately but rather just to be in harmonious accordance with both the inner and material world.[22]

Notes:

[1] Gilbert Elizabeth, *Eat Pray Love: One Woman's Search for Everything Across Italy, India and Indonesia*, New York: Penguin Group, 2010, p. 1.

[2] Gilbert Elizabeth, "*Success, Failure and the Drive to Keep Creating*," TED, Palm Springs, Columbia, March 2014. Speech.

[3] Robert A. Johnson, *She: Understanding Feminine Psychology*, Rev. ed., New York: Harper Perennia, 1989, p. 10.

[4] Raymond J. Corsini, *The Dictionary of Psychology*, Philadelphia: Braun-Brumfield, Ann Arbor, MI, 1999, p. 51.

[5] Gilbert Elizabeth, *Eat Pray Love: One Woman's Search for Everything Across Italy, India and Indonesia*, New York: Penguin Group, 2010, pp. 11 - 13.

[6] 玛格丽特·W. 马特林,《女性心理学》(第6版),赵蕾、吴文安等译,北京:中国人民大学出版社,2010,第165页。

[7] Gilbert Elizabeth, *Eat Pray Love: One Woman's Search for Everything Across Italy, India*

and Indonesia, New York: Penguin Group, 2010, p.13.

[8] P. Chesler, "Women as Psychiatric and Psycho-therapeutic Patients," *Journal of Marriage and the Family*, New Jersey: Wiley-Blackwell, 1971, p.746.

[9] W. Gove, & Tudor, J., "Adult Sex Roles and Mental Illness," *American Journal of Sociology*, 1973, p.812.

[10] Gilbert Elizabeth, *Eat Pray Love: One Woman's Search for Everything Across Italy, India and Indonesia*, New York: Penguin Group, 2010, pp.23 - 25.

[11] Tennen Howard, and Suls Jerry, *Handbook of Psychology* Volume 5, *Personality and Social Psychology*, 2nd ed., New Jersey: John Wiley & Sons Inc., 2012, p.252.

[12] Erikson, E. H., *Identity: Youth and crisis*, New York, NY: Norton, 1968, p.210.

[13] Robert Freedman, "Practice Guideline for the Treatment of Patients with Eating Disorder (Revision)", *American Journal of Psychiatry* (Supplement) 157, 2000, pp.1 - 39.

[14] "Maslow's Hierarchy of Needs," Wikipedia. com. The Free Encyclopedia, 13 April 2016. Web. 20 April 2016, webpage.

[15] Robert A. Johnson, *She: Understanding Feminine Psychology*, Rev. ed. New York: Harper Perennia, 1989, p.12.

[16] Raymond J. Corsini, *The Dictionary of Psychology*, Philadelphia: Braun-Brumfield, Ann Arbor, MI, 1999, p.580.

[17] D. Ferruolo, *Connecting with the Bliss of Life: Powerful Lessons for Living a Peaceful and Happy Life*, Mt Laurel: Echelon Press, 2005, p.23.

[18] Gilbert Elizabeth, *Eat Pray Love: One Woman's Search for Everything Across Italy, India and Indonesia*, New York: Penguin Group, 2010, p.301.

[19] J. Hyde, & DeLamater, *Understanding Human Sexuality*, 11th ed., New York: McGraw-Hill, 2011, p.265.

[20] I. Broverman, D. M. Broverman, F. E. Clarkson, P. S. Rosenkrantz, and S. R. Vogel, "Sex Role Stereotypes and Clinical Judgments of Mental Health," *Journal of Consulting and Clinical Psychology*, Washington, D. C.: American Psychological Association, 1970, pp.1 - 34.

[21] 卡伦·霍妮,《女性心理学:爱和性的研究》,许科、王怀勇译,上海:上海锦绣文章出版社,2009,第78页。

[22] 伊丽莎白·吉尔伯特,《一辈子做女孩》,何佩桦译,长沙:湖南文艺出版社,2013,第198页。

家族の問題からＫの自殺を考える

舒　斌

四川师范大学　外国语学院，四川成都，610101

要　旨：『こころ』は漱石文学の中で「死」のイメージが最も遍在している肥沃なテクストである。先生の両親の死、静の父の死、そして母の死、Ｋの自殺、明治天皇の崩御と乃木希典の殉死などが折り重なっている。Ｋの自殺についは様々な理由があると想定されるが、本論では実家と養家による家族関係の影響、下宿の擬似家族の思考などからその自殺の原因を探ってみる。

キーワード：自殺；実家；養家；母の不在；擬似家族

一、『こころ』の基調—希薄な家族関係

夏目漱石の名作『こころ』においては、登場人物が少ない上、家族全体の関係についてもそれほど描かれてはいない。しかし、擬似家族という異色さ故に、漱石作品における家族問題の考察には欠かせないと考えられる。

先生、奥さんと御嬢さん（以下は「静」と呼ぶ）、「私」の家族像を簡単に触れてみよう。両親に亡くなられた先生は父が信頼していた叔父の財産掠奪で実家への未練をなくし、深い人間不信にも陥った。実家を離れ、軍人の遺族である奥さんと静の家に下宿した。自由に憧れていた先生は都会の開化の空気を吸い、高等商業学校に入り、人並み以上に教育への情熱

收稿日期：2017－02－16

作者简介：舒斌（1972—）女，四川广汉人，四川师范大学外国语学院副教授、日语系主任，主要从事日本近代文学研究。

を持っていた。これは「私」にも通ずる。親子世代の間に隔てる溝は教育の風潮に伴う観念の更新にもよる。結婚して家を継ぎ、守ってまた次代に伝えるというライフスタイルは若い世代には旧くさいものに思われる。こうして家意識の低下は家族の実体を崩壊させていく。

奥さんと静は二人きりの家族で、軍人の「遺族」でもある。広すぎる屋敷を売却して下宿を営むようになった。静の結婚については、奥さんは「自分さへ承知してゐれば、いつ話しても構はなからう」というのである(下四十五)。家長が父親であるという通常なケースはこの家ではありえなくなった。この家には女性しかいなかった。家における女性の在り方の一つとして主婦としての在り方がある。日本では女手一つで子供を育て上げるというケースが圧倒的に多い。主婦は家父長の代行をすることになる。そういった場合、主婦としての女性は、相当高いステータスをもつことができる。これによって、母であること、或は妻であることのハンディキャップが主婦であることによってカバーされている[1]。女性の地位が低い社会でも、「主婦」の地位が低いとは限らない。未亡人なら、社会的な地位が低くても家庭的な地位はむしろ高くなり、父の役割を代行する権利さえある。

「私」も家に未練のない青年である。学問や大学の卒業に対し、普通としか思わなかった「私」は、「私」のえらさを誇張したがる両親に「田舎臭いところ」を覚えた。「私」は兄弟がいるとはいえ、いないのと同然である。九州で働く兄と遠くに嫁いだ妹はいずれも安易に家に帰ってこない質である。「私」の父は天皇と同じ病気に罹っていた。新聞で天皇の病状を追跡する父は、死を恐れながら、ついていかなければ申し訳ないという臣民としての忠誠心も見せていた。「私」の家は先生のと類似点を持っている。明治政府に強調された家族国家主義の影響はその主な一つである。

二、Kの実家と養家

『こころ』において、Kも先生も自殺を選んだ。Kは先生の親友である。先生に下宿に引っ張られたKは静に好きな気持ちを抱いていた。それを唯一の友人、同じく静が好きであった先生に告げると、「精神的に向上心のないものは馬鹿だ」（下四十一）と一言を返され、「自分は薄志弱行で到底行先の望みがないから自殺する」（下四十八）と言い、先生と静の関係が明らかになった時点で死を選んだ。そのKの自殺の陰影を心から抹消することができなかった先生は、明治天皇の崩御を聞き、明治の精神の終結と、それ以上生きていても時勢遅れであることを悟って明治のための殉死だと静に見せ掛け、自らの命を終えた。

Kの自殺原因についてはたくさんの先行研究がある。失恋、裏切り、喪失による寂しさ、いずれも表面的なものとして否定されている。[2]Kはどのような家で生まれ育ったのか。それについて正面からの記述はない。Kのほとんどは先生によって語られていく。Kは母のない男であった。「彼の性格の一面は、たしかに継母に育てられた結果とも見る事が出来るやうです。もし彼の実の母が生きてゐたら、或は彼と実家との関係に、斯うまで隔りが出来ずに済んだかも知れないと」（下二十一）先生は思う。

Kには兄と姉もいた。寺を嗣いだ兄よりも、他家へ縁づいた姉を好いていた。漱石作品においては、男性と男性との関係がうまくいくケースが少ない[3]。詐欺か友情の裏切りか、女や財産をめぐったものばかりである。兄弟でも例外はない。それゆえ一種の傾向として兄より姉が好かれる。この姉とKの間にはだいぶ年の差があった。「それで、Kの小供の時分には、継母よりも此姉の方が、却つて本当の母らしく見えた」（下二十二）。母の不在は父の不在よりも未成年の男に与える影響が大きい。母がいなかった場合は、それを補填するのは大抵姉である。義理の姉でもいい[4]。但し、残念なことに、姉も一旦嫁に行くと、実家の弟の世話をするどころか、完全に他家の人間となるため、Kには当然母性を与え続けられなくなった。これはKに悲劇をもたらした一因として考えられよう。

父が僧侶であったKは、理解してもらえない面と理解してもらおうとしない面の二つが共存した人である。真宗の寺に生まれた彼は、常に「精進」という言葉を使い、自分自身に厳しかった。そして彼の行為動作はことごとくこの精進の一語で形容されるように、先生に見えた。中学にいたころから、Kは宗教か哲学とかいうむずかしい問題で、先生を困らせた。これは彼の父の感化なのか、または自分の生まれた家、すなわち寺という一種特別な建物に属する空気の影響なのかと推測される。とにかく先生には「彼は普通の坊さんよりは遥かに坊さんらしい性格を有つてゐたやうに見受けられ」た（下十九）。

Kはただ学問が自分の目的ではないと主張し、意志の力を養って強い人になるのが自分の考えだと言う。Kは先生より「強い決心を有している」「無口な」「横着な」「偉大な」男であり、先生よりむしろ優越的であった。ある日「女はさう軽蔑すべきものでないと云ふやうな事」（下二十五）を言ったことで、発覚され たKの恋 。しかし真宗の影響を受けて、Kは「恋」には罪悪感を抱いていた。先生の批評を尋ねたKは、「自分の弱い人間であるのが実際恥づかしい」（下四十）と言った。そして「精神的に向上心のないものは馬鹿だ」（下四十一）とまさに要害なる一言を返されたKは「自分は薄志弱行で到底行先の望みがないから自殺する」（下四十八）というだけである。つまり、Kの論理は非常に簡単なものである。「意志の力をもって強い人間になるべし」という信念に、恋のような障害が芽生えるだけでも違反となる。そこで命を終えるべしである。

また、長男ではなく次男であったKは医者のところへ養子にやられた。養子に出された人の口からそんな話が出てきてもおかしくない。養子制は武家層から庶民層に至るまで広く見られた慣習で、家族とは、必ずしも血縁によって繋がっているものではなかった。これらの養子制は、明治時代にも存続し、地方によっては戦後1950年代まで一般的な慣習であった。

真宗寺は大抵裕福で、養子先もかなりの財産家であった。養家の金をもらいながら、Kは言われたとおり医者になろうとしなかった。大胆な彼は「道のためなら、其位の事をしても構はないと」強く「自我」を主張をしていた（下十九）。「道のためなら」、これはまさに漱石の代言である。しかし、当時は「道」と「自我」を追求する人は家から切り離される時代であった。

自分の選択を白状したKの手紙を見て、養父は理屈どおりに怒り、親をだますような不埒なものに学資を送ることはできないという返事をよこした。両家の機嫌をともに損なったKは最後に復籍を決した。養家から出してもらった学資は、実家で弁償することになり、その代り実家のほうでも「構はないから、是からは勝手にしろ」という（下二十一）。いわゆる勘当の宣告であった。キャッチボールのように投げられたあげく、帰る場所を失ったKであった。

Kが養子に行った理由は「長男ではなく次男だから」より他に知りようがないが、類別するとおそらく後継のためもらわれた養子であろう。三度目の夏、先生の帰国の勧めに対し、Kは「毎年家へ帰つて何をするんのだと云ふ」(下二十)。家へ帰るのは無意味のことである。休みに帰省する意味を問う彼は、まさに現在の大学生と同様である。家に帰って親と共通な話題がないのは教育を受ける大学生の淋しいところでもある。世代の溝が教育を受けた者とそれを知らぬ親との間に横たわる。

漱石の小説に見られる親子関係の希薄さは、養子制と無関係ではないだろう。また養父母の離婚、再婚といったことも、漱石の幼少年時代には多く見られた。養子として父母に対するKの冷淡な態度は漱石の幼少年体験に基づいたものでもある。そういう経験があるのか、漱石は作品で養子を設定することは珍しくない。しかし、脇役でも幸せな養子は一人もいない。『道草』にも出てくるが、それは自伝小説であるため、Kの存在意義とは多少異なる。それゆえか自分から離れた養子Kの設定に「死」の結末が与えられた。

三、下宿における擬似家族

Kの死は、彼の信念と彼が矛盾している最中に受けた打撃によるとみていいだろう。水田宗子の「公・私」および「男・女」の視点によれば[5]、Kの死は次のように解釈されている。先生が静を得ようとするのは彼の出世と矛盾するものではなく、静も先生の社会的な将来性のために、Kよりは先生を選び、結婚したはずである。一方、Kは、静のような女性を求めることは世俗的な結婚生活をもたらすことになり、自分が理想とする自己の内面の追求が意味となり、不可能となってしまったことに気付いて自殺する。つまりKは、静にセクシュアリティとしての本質的な「女」を見てしまったのである。

Kの昔から好きだった「精進」という言葉に対して、先生はその中に、禁欲という意味もこもっているのだろうと解釈していた。しかしKに聞いてみた後、それより「厳重な意味」が含まれていることに驚いた。「道のためには凡てを犠牲にすべきものだと云ふのが彼の第一信条なのですから、摂慾や禁慾は無論、たとひ慾を離れた恋そのものでも道の妨害になる」（下四十一）。Kには禁欲だけではなく、欲を離れた恋も許されない。ここはKと先生の違うところである。先生も肉体のことを考えていなかったという。しかし、その恋は普通に育った。Kの場合は、たとえ肉体を考えなくても、恋は罪だと思う。

明治新民法の誕生が親権を強める役割を果たした。この時期の制度に伴って新たな「親」「子」の関係が生まれた。若い人の中、家から脱出したいという意識が強くなっていく。下宿はKにとって離縁された後の新しい居場所で、擬似の家とも言える。そこで若い男性が二人もいる。先生が家長となるなら、Kはどんな立場を取り得るだろう。最初は下宿することさえ拒んだ彼が、家長なる友人とその奥さんと同居するのはできかねるし、もちろん彼自身は家長となる意志もない。何しろ恋するのも罪だと思う人間だからだ。従って「裏切られなくても」彼の存在する場がなくなる。彼の性格から、彼がそれからも先生と付き合っていく、「先生と静夫婦」と付き合っていくのを想像すれば、却ってそのほうが彼には残忍だという結論は出しかねない。Kは消えればいい。ここで発生した事は、先生が父権への未練によって、もう一人の男性を排斥する物語でもあると言われる。

また、この擬似家族とは、自分の父は「物足りなかった」、その反面、先生には魅力を感じていた「私」と子供のいない先生との「精神的な父子」[6]関係をも意味しているであろうが、本論ではこれ以上触れないことにする。

四、終わりに

Kの死は最初からある循環に定められたようなものである。家に未練がない。養子に出された以上、元の家族への感情が薄かったのも当然である。また、たとえ養家にいても幸せな暮らしと無縁であろう。二つもあった家と訣別して、Kは自由な身となった。しかし、若者でありながら、彼の信仰は恋への奔走を許せなかったのである。恋への拒絶は実はKの家庭への拒絶でもある。彼を容認できる場所はなかった。つまり先生と共存する場から退避する場はなかった。他界へ行くのは彼の宿命であった。

Kも漱石の定番人物像に当てはまる。考えすぎるタイプで、周囲の人と接触しないという孤高な性格が備わっている。「死か宗教か気違いか」（『行人』の一郎の語り）のいずれを辿るよりほかないことに従って、彼は死を選んだ。気が強いので、気違いには恐らくならないだろう。宗教に熱心である彼は何故出家のことを考えなかったかは疑問だが[7]、とにかく彼は死を選択した。Kが簡単に死ねる理由の一つは『行人』の一郎より配慮が少ないかもしれない。

家から投げ出されたKは、自ら家族を放棄した。養子になったことは彼を孤立させ、また精進という執念は彼の芽生えた恋心を扼殺してしまった。そういう意味では、両者はKにとって最大の不幸だったろう。

注释：

［1］中根千枝『「家」の構造—社会人類学的分析—』大河内一男『東京大学公開講座「家」』1968年東大出版会 p. 86.

［2］柳澤浩哉「Kはなぜ自殺したのか—『こころ』の謎を解く—」『広島大学大学院教育学研究科紀要　第二部　第57号』2008年 pp. 199－207.

［3］『こころ』における先生がKを救おうとする気遣いは一見例外にも見えるが、それも恋愛と衝突すると、後者のため友情は完全に崩れてしまう。

［4］例えば『それから』の中の梅子。

［5］水田宗子「女への逃走と女からの逃走—近代文学と男性像」『日本文学』1992年、後『日本のフェミニズム７　表現とメディア』（井上輝子・上野千鶴子・江原由美子編、1995年岩波書店）に収録された。

［6］先生と「私」とは同一の性格の人間像として捉えられてきた。江藤淳（『夏目漱石』）は「精神的父子」、瀬沼茂樹（『夏目漱石』）は「精神的親子」と指摘している。

［7］或いは作者が意図的に寺を退避する場として排除した。

外国文化研究

A Fulbrighter in China: Constructing a Platform for a Cultural Dialogue between Confucianism and American Pragmatism

Roger Thomas Ames

Department of Philosophy, Peking University, Beijing 100871, PRC

Abstract: Perhaps the most important international relationship in the twenty-first century is that between America and China. There is a set of complementary and interpenetrating conditions that has set the stage for a conversation between a newly revised Deweyan pragmatism and a Confucianism that is returning to prominence with a growing Chinese self-esteem and pride in its traditions. Given the often delicate and sometimes underproductive history of the relationship between America and China broadly, I will argue that American pragmatism might serve as a vocabulary to promote a positive dialogue between these cultures at a moment in history when such a conversation is imperative. In this essay I compare the central Confucian notion of relationally constituted persons (*ren* 仁) — we might say, human "becomings" —with Dewey's idea of "individuality." I will explore Confucian role ethics and the centrality of moral imagination in conversation with Deweyan ethics, and will see to what extent these two traditions share the idea of a human-centered religiousness.

Key words: Confucianism; Pragmatism; John Dewey; individuality; human "becomings"; religiousness

---

Essay Deadline: 2017 -09 -08

Author's Profile: Roger Thomas Ames is Humanities Chair Professor at Peking University, a Berggruen Fellow, Professor Emeritus from University of Hawai'i, and former editor of *Philosophy East and West* and *China Review International*. He is author of interpretive works on Chinese philosophy, and has translated several of the classical canonical texts.

I. China and the United States: The Search for a Better Relationship

The Fulbright Mission Statement is rather clear: to promote better relations between the United States and other countries in the world. And probably the most important international relationship in the first decades of the 21st century is that between the remaining superpower with the most developed economy, America, and most populous country with the fastest growing economy, China. But because of a persisting lack of cultural understanding, this increasingly complex liaison, although driven by obvious mutual benefit, remains not only fragile and unstable but also significantly underdeveloped. And given that China is home to fully 22.5% of the world's population, the importance of this relationship not just for China and America, but for the entire world, extends far and beyond the obvious mutual economic interest to include environment, health, science, law, security and culture too.

In 2001 -2002 I was fortunate as a Fulbright recipient to teach and conduct research at perhaps China's most prestigious institution, Peking University, and for the calendar year of 2006 I was given a second year with the spring semester at Wuhan University and then the autumn semester back again at Peking University. And I understood my responsibility as a Fulbrighter to be a considered and practical response to one of the most pressing questions of our time: How can these two profoundly different civilizations—China and the United States—come to know each other better? How can they in time develop a more honest and transparent relationship of mutual interest and respect?

Relationships emerge from a process of relating to each other productively: that is, from effective communication. There is no alternative to discourse. And it would seem that for discourse to be effective, it requires if not a common, at least an overlapping, vocabulary. We need to find common ground. This then has been the project of my academic career so far: to inform pressing contemporary issues in dealing with China with a cultural point of view, and more recently and specifically, to promote a dialogue between Confucianism and

American pragmatism.

Alexander Pope asks the question in *An Essay on Man*: "What can we reason, but from what we know?" What he is referring to, I think, is the principle that we can only know what we don't know by invoking what we do know. This means that cross-cultural understanding proceeds analogically with each tradition having to find within its own resources a vocabulary that enables it to restate in some always imperfect way the philosophical and cultural assets of the tradition that it would understand better. Of course not all analogies are equally apposite, and as we know, poorly chosen comparisons can be a persisting source of distortion and of cultural condescension. Chinese philosophy was introduced into the Western academy by Jesuits who used a decidedly Christian vocabulary to understand Confucian philosophy, and in the process, transformed this profoundly philosophical tradition into what has been shelved in our bookstores as "Eastern Religions." One major project in our own time is to rescue Chinese philosophy from this cultural reductionism.

Even so, a tradition has no choice but to identify productive analogies that, with effort and imagination, can in the fullness of time be qualified and refined in such a way as to introduce culturally novel ideas that can enrich its own ways of thinking and living. I have come to believe that Confucianism and American pragmatism can serve as productive analogies for promoting a cultural dialogue between the academies of China and America.

Mainstream philosophy in the world today is still very European—the tension between Anglo-analytic philosophy, and continental, particularly German philosophy. This claim is as true in the curriculums of Tokyo, Seoul, Beijing, and Delhi as it is in those of Frankfort and Boston. But this fact conceals an important change that is going on with indigenous traditions of philosophy. Indeed, in reflecting on professional philosophy in twentieth century China, we can parse the influence of German philosophy as it moves from Kant through Hegel to the phenomenology of Husserl and most recently, to Heidegger. This movement registers a shift from an appeal to German philosophy as a standard by which Chinese philosophy can be legitimized, to German philosophy as a resource that can be appropriated to enrich indigenous sensibilities. Said another way, in contemporary China, Heidegger's critique of traditional Western ontology is being used increasingly to open a space for further reflecting upon and developing the processual sensibilities of traditional Chinese philosophy that begin in the classical world as early as the *Book of Changes*. Simply put, Chinese philosophy, albeit fortified by Western philosophy, is becoming increasingly important in China.

And American philosophy is becoming increasingly important in America. Although there are important contemporary American philosophers that we associate with a "neo-pramatism" such as Quine, Putnam, and Rorty, the revival of indigenous American philosophy in the United States has expanded in real earnest only as recently as the late 80's and early 90's. In the past three decades, there has been an avalanche of nuanced and sophisticated studies on American philosophy that represents a thorough re-reading of classical pragmatism and its origins.

While Heidegger in contemporary philosophy is certainly an important critique of "metaphysical" thinking, American philosophy offers an alternative, decidedly more constructive vocabulary that true to its Darwinian legacy takes as its target foundationalist philosophies—idealism, rationalism, and British empiricism. Importantly, American pragmatism also resonates with the traditional Chinese philosophical narrative in respecting the processual nature of experience, and thus can serve to develop a platform for better communication and for mutual understanding. But is the time ripe for a Confucian-Pragmatism dialogue?

II. Philosophy in America and "American" Philosophy

Beginning from the American side of the Pacific, an internal critique continues to be waged within professional Western philosophy under the many banners of hermeneutics, post-modernism, neo-pragmatism, neo-Marxism, deconstructionism, feminist philosophy and so on, that takes as a shared target what Robert Solomon has called "the transcendental pretence"—idealism, objectivism, the master narrative, "the myth of the given." Of course, it was this same target in the guise of what Dewey himself was wont to call "the philosophical fallacy" that motivated his critique of both idealism and realism: the presumption that the outcome of a process is antecedent to that process.

Over the past three decades, particularly but not exclusively within America itself, we have witnessed a resurgence of interest in classical pragmatism marked by a proliferation of sophisticated studies on the evolution of American philosophy. A major theme in the telling of this story is an attempt to articulate Dewey's "Wittgensteinian turn" as a philosopher. A common feature of these many philosophical biographies seems to be an effort to clarify Dewey's use of a familiar vocabulary deployed in radically unfamiliar ways. To the extent that these contemporary scholars are telling a story that is significantly new, the now common claim that Dewey's Chinese students did not really understand him might be expanded to include his immediate American students as well.

Professional Western philosophy until very recently has been quite comfortable in ignoring Asian philosophies (not to mention African and Islamic traditions) and, remaining undistracted by anything more than a passing impression of what these traditions are about, has invoked the warrant that such schools of thought are not really "philosophy." In so doing, the profession has inspired the term, "comparative philosophy," a curious category that is justified geographically rather than philosophically.

But within the context of the recent "canons and multiculturalism debate" and driven by a discerned need to "internationalize" undergraduate education in America, non-Western philosophical traditions have willy-nilly made a perceptible aggression on the philosophical curriculum. The comparative philosophy movement, from the wandering World Congress to Honolulu's comparative cabal to Boston's Confucians, have put their "shoulder to the boulder" and achieved some momentum in what until recently has seemed to be a largely Sisyphean labor. Victory for the comparative philosophy movement is still a distant hope, but if and when it comes to pass, it will be mercifully Pyrrhic: That is, to succeed in this struggle is to banish this most unnatural category, "comparative philosophy" from the philosophical lexicon.

III. Philosophy in China and "Chinese" Philosophy

Moving from the American to the Chinese side of the pond, China today, no longer satisfied with being the Chinatown of the world, is undergoing the greatest and most thoroughgoing transformation in her long history. Under these conditions, the prime directive of the central government has been the maintenance of social order, an axiom that often stalls, if not in fact counteracts, movement toward liberal reform. Like everything in China, the magnitude of this country's structural and social problems is mammoth. Indeed, it is the scale of these stubborn problems that provides ready grist for our Western popular media that seems almost pathologically devoted to the demonizing of China and everything China does.

Turning to the Chinese academy, it would be fair to say that while contemporary Western philosophy has ignored China, Chinese philosophy, true to its tradition and with some vigor since Yan Fu's appropriation of Western liberalism in the late Qing dynasty (1644 - 1911), has been porous and resolutely "comparative" in the sense of absorbing into itself whatever would offer it the best competition. That is, in the twentieth century, for several generations an increasingly sinosized variation on Marxist-Leninism smothered an inchoate Deweyan pragmatism and submerged the vestiges of Confucianism to become a new cultural orthodoxy. At the same time, many if not most of the distinguished names in the New Confucianism movement such as Tang Junyi and Mou Zongsan looked to Europe, largely Germany, as a standard to justify Chinese second order thinking as a respectable philosophical tradition. Important for our anticipated dialogue is that in the first May Fourth encounter between Confucianism and Dewey, Confucianism was being reviled by the New Culture Movement intellectuals as plaque clotting the arteries of China, retarding the vital circulation of those new ideas necessary to enable it to emerge into the modern world. And Dewey was prescribed as the antidote.

In 1919 three days before the May Fourth Movement began in earnest, Dewey arrived in China and was hosted by his Columbia students such as Hu Shi and

Jiang Menglin, who had since their return to China risen to prominence both professionally and as reformers in the New Culture Movement. Over a two year period, Dewey lectured all over China, and was much reported upon in the new vernacular press. Dewey did not gain followers among the professional philosophers on the faculties of Chinese universities, most of whom continued to follow the German and French schools of philosophy in which they had been trained in Europe. Given the difficult times, Dewey's ideas were ostensibly "misread" by an activist audience in such a way as to have more influence on the current social and political needs than they did on professional philosophy, a "misreading" that one can only assume Dewey would have condoned if not encouraged.

While Marxism-Maoism has largely subsided, in contemporary Chinese philosophy, there has been a marked progression from Kant and Hegel in the earlier days, to Wittgenstein, and, in particular, to phenomenology and Heidegger today. It is germane to a possible Confucian-Deweyan dialogue that the shift in interest from Kant to Heidegger has been motivated, in important degree, by perceived relevance to indigenous ways of thinking. In fact, the reestablishment of Chinese sovereignty in the mid-twentieth century and, over the last ten or fifteen years, the steady emergence of China as a world power, is fueling within China a renewed yet critical awareness of its own cultural tradition as a resource for self-understanding, and as a platform for engaging the delayed but now ineluctable processes of globalization.

While European philosophy has served as a standard for philosophical rigor, Western scholarship on Chinese philosophy and culture has until fairly recently been largely ignored by Chinese scholars who felt that they had little to learn from foreign reflections on China's own tradition. Over the past ten or fifteen years, scholars responsible for transmitting and interpreting the Chinese tradition have extended their initial attention from what expatriate Chinese scholars have to contribute to the cultural debate and become increasingly interested in Western interpretations of Chinese culture. There is a flourishing market in China today for translations and discussions of Western sinology.

This set of complementary and interpenetrating conditions has set the stage for a conversation between a newly revised Deweyan pragmatism and a Confucianism that is returning to prominence with a growing Chinese self-esteem and pride in its traditions. To begin, since both of these terms—Deweyan "pragmatism" and "Confucianism"—are rather contested placeholders for the rich and varied resources that define in some degree the predominant and persistent cultural sensibilities of their native soils, we might want to stipulate how we understand them before proceeding with any attempt at a comparison between them.

IV. Defining Our Terms: "Confucianism" and "Deweyan Pragmatism"

What is Confucianism? I would argue for a *narrative* rather than an *analytical* understanding of Confucianism. In short, framing our question as "What is Confucianism?" in analytical terms tends to essentialize Confucianism as a specific ideology—a technical philosophy—that can be stipulated with varying degrees of detail and accuracy. *What* is a question that is perhaps more successfully directed at attempts at systematic philosophy where through analysis one can seek to abstract the formal, cognitive structure in the language of principles, theories, and concepts. However, in evaluating the content and worth of a fundamentally aesthetic tradition that begins from the primacy of vital relationality, takes as its basic premise the uniqueness of each and every situation, and in which the goal of ritualized living is to redirect attention back to the level of concrete feeling, the *what* question is at best a first step. Beyond the what question, we need to ask more importantly after method: *how* has "Confucianism" functioned historically within the specific conditions of an evolving Chinese culture to try to make the most of its possibilities?

However we might choose to characterize "Confucianism," it is more than any particular set of precepts or potted ideology identified post hoc within different phases or epochs of China's cultural narrative. Confucianism is not as much an isolatable doctrine or a commitment to a certain belief structure as it is the continuing, intergenerational narrative of a community of people—the center of an ongoing "way" or *dao* of thinking and living. Approaching the story of

Confucianism as a continuing cultural narrative presents us with a rolling, continuous, and always contingent tradition out of which emerges its own values and its own logic. A *narrative* understanding of Confucianism is made available to us by drawing relevant correlations among specific historical figures and events. Confucianism is importantly biographical and genealogical—the stories of formative models. And in reflecting on the lives of Chinese *philosophes*—a survey of often passionate, sometimes courageous intellectuals who as heirs to the tradition of the "scholar-official" (*shi* 士) advance their own programs of human values and social order—we become immediately aware that any account of the existential, practical, and resolutely historical nature of this tradition makes it more (and certainly less) than what would be defined as "philosophers" doing "philosophy" within the contemporary Western context.

If we take Dewey on his own terms, the same distinction between narrative and analysis—method and ideology—might be directed at the question, "What is Deweyan pragmatism?" The early European critics of pragmatism attacked it condescendingly as a "would-be philosophical system" with distinctively American characteristics, and Dewey responded by readily allowing the relationship between philosophical ideas and the cultural sensibilities within which they are embedded. The American sensibility is not to be found in an assessment of notions such as "fundamental principles," "system of values," "ruling theories," or "core beliefs." The term "sensibility" is best understood dispositionally as a nuanced manner of anticipating, responding to, and shaping the world about us. Sensibilities are complexes of *habits* that both create and are created by *habitats* and that promote specific, personal manners of *inhabiting* a world. Cultural sensibilities are not easily expressed through the analysis of social, economic, or even political institutions. Such sensibilities reside in the prominent feelings, ideas and beliefs defining the culture. Richard Rorty certainly reminds us that while our American sensibility may be characterized partly through the description and analysis of ideas, it is perhaps most readily available through the indirection and evocation associated with poetry and literature.

At a personal level, the philosopher Dewey was a lifelong advocate of "democracy," where his understanding of democracy was nothing more or less than the advocacy of the consummate, even spiritual, way of living that he sought to embody. Democracy is the flourishing community as it emerges concretely and processively through the "equality" and "individuality" of its specific members. The proper occupation of philosophy thus understood, must surrender all pretensions that it can lead us to some ultimate reality or absolute Truth—its putative quest for certainty. In this respect, Dewey's long career as a social activist, taking him from the underbelly of Chicago to a simmering revolution in China to educational reform in Turkey to the Trotsky trials in Mexico City, was fair demonstration of his commitment to what in fact he called "the recovery of philosophy" in which "it ceases to be a device for dealing with the problems of philosophers and becomes a method, cultivated by philosophers, for dealing with the problems of men."[1]

In the Confucian tradition too, philosophical "knowing," far from being some privileged access to a Reality lying behind the everyday world, is an attempt to "realize" a world in the sense of orchestrating the existing conditions to make a desirable world real. Speaking in the broadest terms, Confucianism is a meliorative aestheticism concerned with appreciating the world—adding value to it—through the cultivation of a meaningful, communicating, human community. And the prominence of ritual as a primary level of communication in this process suggests that the site of realizing this world is ritualized, concrete feeling. In general terms, we can observe that the self-understanding of many Chinese philosophers approximates Dewey's vision of the philosopher as the purveyor of considered, intelligent practice to adjust situations and improve upon the human experience.

In exploring some of the more specific Deweyan vocabulary of consummatory experience—concepts like "individuality," "equality," "habit," "human nature" and "religiousness"—we discover that Dewey, like the Confucians, remains painfully vague until we recover the insistent historical particularity that provides concrete exemplification of personal growth and articulation. In the case of Confucius, he is certainly "The Sage." However, he is best remembered by history not only through the episodes of his life depicted in the *Analects*, but also dispositionally by the specific personal habits as they are recounted in the middle books of this same text. For Dewey too, his own life-experience and the cultivated habits of his heart and mind are perhaps the best measure of his philosophical profundity. It is no accident that the most sophisticated representations of his ideas are to be found in the philosophical biographies of his most prominent interpreters.

V. Human "Beings" and Human "Becomings"

What is a human "being"? This was the perennial Greek question asked in Plato's *Phaedo* and in Aristotle's *De Anima*. And perhaps the most persistent answer from the time of Pythagoras was an ontological one: The "being" of a human being is a permanent, ready-made, and self-sufficient soul. And "know thyself" —the signature exhortation of Socrates—is to know this soul. Each of us *is* a person, and from conception, has the integrity of *being* a person. It was from this ancient commitment to the discrete person that the foundational individualism of Western liberal thinking emerged, expressed in the familiar language of autonomy, equality, freedom, rationality, and often self-interest.

In what way does a person *become* consummately human? This then was the perennial Confucian question asked explicitly in all of the *Four Books*: in *the Great Learning*, in the *Analects of Confucius*, in the *Mencius*, and again in the *Zhongyong*. And the answer from the time of Confucius was a moral, aesthetic, and ultimately religious one. One *becomes* human by cultivating those thick, intrinsic relations that constitute one's initial conditions and that locate the trajectory of one's life force within family, community and cosmos. "Cultivate your person" —*xiushen* (修身) —the signature exhortation of the Confucian canons—is the ground of the Confucian project of becoming consummate as a person (*ren* 仁): it is to cultivate one's conduct assiduously as it is expressed through those family, community, and cosmic roles and relations that one lives. In this Confucian tradition, we need each other. Becoming consummate in our conduct (*ren*) is something that we *do*, and that we either do together, or not at all.

Importantly, Dewey within his own Western philosophical narrative is a flat-out revolutionary. He rejects the foundational individualism that has been a persistent assumption with deep roots in classical Greek thinking, and like Confucius develops a relational conception of person—a human "becoming"—that is a product of social living: What Dewey calls "individuality."

VI. The Deweyan Notion of Person

What then are some of the resonances between a Deweyan pragmatism and Confucianism that might make a dialogue between them illuminating? We might begin from this shared, relational conception of person that grounds their two philosophies. Indeed, an example of the use of ordinary language in extraordinary ways is Dewey's notion of "individuality." Individuality is not a ready-made given, but rather arises qualitatively out of ordinary human experience. By this I mean that "individuality" like "character" is an accomplishment, and since it emerges relationally out of associated living, far from being discrete, has implicated within it a "field of selves." And "experience" as Dewey uses this term will not be resolved with any finality into familiar dualistic categories such as "subjective" and "objective" or "fact" and "value." Indeed, the inseparability of subject and object is a function of what Dewey understands to be the intrinsic and constitutive nature of personal relations, and the inseparability of fact and value is entailed by the affective content of these relations as what they really are. Situated experience for Dewey is prior to any abstracted notion of agency. Experience, like the terms "life" and "history" and "culture," is both the process and the product of the interaction between human organism and the social, natural, and cultural environments.

For Dewey, "individuality" is not quantitative: it is neither a pre-social potential nor a kind of isolating discreteness. Rather, it is qualitative, arising through distinctive service to one's community. Individuality is "the realization of what we specifically are as distinct from others"[2], a realization that can only take place within the context of a flourishing communal life. "Individuality cannot be opposed to association," said Dewey. "It is through association that man has acquired his individuality, and it is through association that he exercises it."[3] An individual so construed is not a "thing" but a "patterned event," describable in the language of uniqueness, integrity, social activity, relationality, and qualitative achievement.

How radical is Dewey in this social construction of the person? He certainly rejects the idea that the human being is in any way complete outside of the association one has with other people. But as we have seen with Dewey's notion of emergent "individuality," to say that persons are irreducibly social is not to deny the integrity, uniqueness, and diversity of human beings; on the contrary, it is precisely to affirm these conditions.

In commenting on Dewey and the social processes in which persons are created, we must avers Aristotle's vocabulary of "potential" and "actual."

Dewey's point is that persons are incomplete without a social component and develop into what they are—individual members of groups, socially grounded selves—in the ongoing process of living in a social environment. In fact, from Dewey's processual and radically contextualized perspective, Aristotle has missed the point that most acorns, far from becoming oak trees, in fact become squirrels.

How does the community grow its persons? Dewey invests enormously in the centrality of language and other modes of communicative discourse (including signs, symbols, gestures, and social institutions). For Dewey, mind is "an added property assumed by a feeling creature, when it reaches that organized interaction with other living creatures which is language, communication."[4] For Dewey, then, heart-and-mind is created in the process of realizing a world. Heart-and-mind, like world, is *becoming* rather than *being*, and the question is how productive and enjoyable are we able to make this creative process. The way in which heart-and-mind and world are changed is not simply in terms of human attitude, but in real growth and productivity, and in the efficiency and pleasure that attends this process. The alternative—for a community to fail to communicate effectively—is for the community to wither, leaving it vulnerable to the "mindless" violence and "heartless" atrocities of creatures that have failed to become human.

VII. The Confucian Notion of Person

To pursue a comparison of the Deweyan conception of person with Confucius, we need some Confucian vocabulary. And if we allow with Wittgenstein that the limits of our language are indeed the limits of our world, we need some more language. We might focus on the term *ren* (仁) that we have chosen (to the chagrin of many) to translate as "authoritative conduct," "to act authoritatively," and sometimes, as "authoritative person." *Ren* is the foremost project taken up by Confucius, and occurs over one hundred times in the *Analects*. It is a fairly simple graph, and according to the Han dynasty *Shuowen* lexicon, is made up of the elements *ren* (人), "person", and *er* (二), the number "two." This etymological analysis underscores the Confucian assumption that one cannot become a person by oneself—we are, from our inchoate beginnings, irreducibly social. Either we become human together, or not at all.

An alternative explanation of the character *ren* we might derive from oracle bone inscriptions is that what appears to be the number "two" is in fact an early form of "above, to ascend" (*shang* 上) that like the number "two" was also written as two horizontal strokes. Such a reading would highlight the growing distinction one accrues in becoming *ren*, thereby setting a bearing for one's community and the world to come: "those authoritative in their humanity enjoy mountains... are still... [and] are long-enduring."[5]

Ren is most commonly translated as "benevolence," "goodness," and "humanity," and occasionally as "humanheartedness." While "benevolence" and "humanity" might be more comfortable choices for translating *ren* into English, our decision to use the less elegant "authoritative conduct/person" is a considered one. First, *ren* is one's entire person: one's cultivated cognitive, aesthetic, moral, and religious sensibilities as they are expressed in one's ritualized roles and relationships. It is one's "field of selves," the sum of significant relationships that constitute one as a resolutely social person. *Ren* is not only mental, but physical as well: one's posture and comportment, gestures and bodily communication. Hence, translating *ren* as "benevolence" is to "psychologize" it in a tradition that does not rely upon the notion of *psyche* as a way of defining the human experience; it is to impoverish *ren* by isolating one out of many moral dispositions at the expense of so much more that comes together in the complexity of becoming human.

Again, "humanity" suggests a shared, essential condition of being human owned by all members of the species. Yet *ren* does not come so easy. It is an aesthetic project, an accomplishment, something done.[6] The human *being* is not something we are; it is something that we do, and become. "Human *becoming*" might thus be a more appropriate term to capture the processional and emergent nature of what it means to become human. It is not an essential endowed potential, but what one is able to make of oneself given the interface between one's initial conditions and one's natural, social, and cultural environments. Certainly the human being as a focus of constitutive relationships has an initial disposition—*xing* (性).[7] But *ren* is foremost the process of "growing" (*sheng* 生) these relationships into vital, robust, and healthy participation in the human community.

The fact that Confucius is asked so often what he means by the expression *ren* would suggest that he is reinventing this term for his own purposes, and that those in conversation with him are not comfortable in their understanding of it. Confucius' creative investment of new meaning in *ren* is borne out by a survey of its infrequent, and relatively unimportant usage in the earlier classical corpus. *Ren* is further ambiguous because it denotes the qualitative transformation of a *particular* person, and can only be understood relative to the specific, concrete conditions of that person's life. There is no formula, no ideal. Like a work of art, it is a process of disclosure rather than closure, resisting fixed definition and replication.

Our term "authoritative person" as a translation of *ren* then, is a somewhat novel expression, as was *ren* itself, and will probably prompt a similar desire for clarification. "Authoritative" entails the "authority" that a person comes to represent in community by becoming *ren*, embodying in oneself the values and customs of one's tradition through the performance of ritual propriety in one's roles and relations (*li* 礼). The prominence and visibility of the authoritative person is captured in the metaphor of the mountain still, stately, spiritual, enduring, a landmark of the local culture and community, a bearing for those who have lost their way.[8]

At the same time, although the authoritative person serves the world as a beacon, the way of becoming human (*dao* 道) is by no means a "given"; indeed, the population inspired by the authoritative person must be "road-builders," participants in "authoring" the culture for their own place and time.[9] Observing ritual propriety (*li* 礼) is, by definition, a process of internalization— "making the tradition one's own" —requiring personalization of the roles and relationships that locate one within community. In so doing, one reauthorizes the traditions for oneself, and thereby becomes the true author of one's own life story. It is this creative aspect of *ren* that is implicit in the process of becoming authoritative for one's own community. The contrast between top-down and impositional "authoritarian" order, and the bottom-up, deferential sense of "authoritative" order is also salutary. The authoritative person is a model that others, recognizing the achievement, gladly and without coercion defer to and appropriate in the construction of their own personhood. Confucius is explicit in expressing the same reservations about authoritative relations becoming authoritarian as he has been about a deference-driven ritualized community surrendering this non-coercive structure for the rule of law.[10]

VIII. Deweyan Pragmatism and Confucianism: Some More Points of Comparison

In the earlier collaborative work David Hall and I have done, an attempt has been made to reconnoitre and make suggestive forays into some promising terrain rather than to try to "cover the territory." This being said, we might begin from the relational and radically contextualized Confucian notion of person, an embeddedness that we have tried to express in the language of "focus and field." In our book, *The Democracy of the Dead* we summarize what we would suggest are some of the defining sensibilities of the irreducibly social Confucian person. While good scholars certainly disagree, there is, on our reading, minimal dispute with respect to our understanding of notions such as the symbiotic relationship that obtains among the radial spheres of personal, communal, political, and cosmic cultivation, the process of self-cultivation through ritualized living, the centrality of communication and the attunement of language, the inseparability of the cognitive and affective dimensions of experience, an understanding of the heart-and-mind (*xin* 心, or "thinking and feeling") as a disposition to act rather than a framework of ideas and beliefs, the construal of knowing as an epistemology of caring—of trust rather than truth, the prevalence of correlative (rather than dualistic) thinking, the pursuit of self-realizing as authentication in practice, the familial nature of all relationships, the centrality of family and filial deference, the high value of inclusive harmony, the priority of ritual propriety to rule or law, the role of exemplary modeling, the didactic function of sage as virtuoso communicator, the expression of sagacity as focusing and enchanting the familiar affairs of the day, a recognition of the continuity between humanity and the numinous, and so on. [11]

There is much in this model of human "becoming" as a communal "doing and undergoing" that sounds like Dewey. One virtue of pursuing a comparison between Dewey and Confucianism is that until now much of the recent discussion of Chinese philosophy both within China and without tends to take place within the framework and categories of the Western philosophical tradition. Dewey's attempt to reconstruct philosophy largely abandons the technical vocabulary of professional philosophy in favor of ordinary language, although an ordinary language that is used at times in rather extraordinary ways.

One reason that John Dewey has until recently been so poorly understood and under-appreciated within the Western academy has been his decidedly unfamiliar use of a familiar vocabulary. Common terms such as experience, democracy, individuality, equality, habits, religiousness, art, truth, God, and so on are used in a most idiosyncratic way. As we have seen with "individuality," Dewey invests each of these terms with his own distinctively philosophical import. Key to the Confucian-Deweyan dialogue is an attempt to construct a sophisticated understanding of Dewey's philosophical lexicon.

This reconsideration of Dewey's terminology provides a basis for identifying resonances between a Confucian vocabulary and Dewey's philosophical language.

Confucianism and Deweyan pragmatism both begin from the wholeness of experience, and take an understanding of the shifting relations that obtain among always changing things as our source of knowledge, and as our ultimate resource for creative advancement. And both entail process ways of thinking. While allowing that both traditions are complex and profoundly different, they are at the same time a starting point for mutual understanding between these two cultures.

Notes:

[1] John Dewey, *Middle Works*, 1899 – 1924, 15 vols., edited by Jo Ann Boydston, ed. Carbondale, IL: Southern Illinois University, 1976 – 1983, 10, p. 46.

[2] John Dewey, *Early Works*, 1892 – 1998, 5 vols., edited by Jo Ann Boydston, Carbondale, IL: Southern Illinois University, 1969 – 1972, 3, p. 304.

[3] "Lecture Notes: Political Philosophy, 1892," John Dewey Papershttps://archives.lib.siu.edu/?p=collections/controlcard&id=2125.

[4] John Dewey, *Experience and Nature*, New York: Dover, 1958, p. 133.

[5] *Analects* 6. 23. The translation of Chinese text is Roger Thomas Ames' own. See also *Analects* 2. 1 and 17. 3.

[6] See *Analects* 12. 1. The translation of Chinese text is Roger Thomas Ames'own.

[7] See *Analects* 17. 2. The translation of Chinese text is Roger Thomas Ames' own.

[8] See *Analects* 6. 23. The translation of Chinese text is Roger Thomas Ames' own.

[9] See *Analects* 15. 29. The translation of Chinese text is Roger Thomas Ames' own.

[10] See *Analects* 2. 3. The translation of Chinese text is Roger Thomas Ames' own.

[11] See David L. Hall and Roger T. Ames, *The Democracy of the Dead: Confucius, Dewey, and the Hope for Democracy in China*, La Salle, IL: Open Court, 1999.

环境公正生态批评：缘起、特征及意义

胡志红[1]　黄　铄[2]

1. 四川师范大学　文学院，四川成都 610068

2. 四川师范大学　外国语学院，四川成都 610101

摘　要：生态批评于20世纪70年代前期发轫于美国，成熟于20世纪90年代中期，构建了较为完善的以生态中心主义为思想基础的理论框架和学术策略。生态中心主义哲学理论的先天局限，使生态批评遭到了来自环境公正人士和环境哲学内部多方的批判，导致生态批评发生转型，走向环境公正生态批评，从而极大地深化了生态批评的内容，拓展了学术空间。

关键词：生态批评；环境公正；转型；环境公正生态批评

西方生态批评尽管在20世纪90年代中期作为有影响的学派在学术界崭露头角，但西方生态批评学者也意识到，从历史与现实层面来看，这一时期的生态批评对生态危机文化根源的诊断并非完全击中要害，所开出的文化处方未必十全十美、药到病除，反而受到了兴起于20世纪70年代末80年代初的美国草根环境公正运动或曰“平民大众的反有害物质环境运动”的质疑与挑战。随着环境公正运动的深入发展，作为生态批评思想基础的生态中心主义哲学，尤其是其激进的一支——深层生态学——受到了以有色族人民、穷人为主体的弱势群体，第三世界以及环境哲学内部的社会生态学学者

收稿日期：2017－03－28

基金项目：2013年国家社会科学基金项目“美国少数族裔生态批评理论研究”（项目编号13BWW005）阶段性研究成果。

作者简介：胡志红（1966—），男，四川成都人，文学博士，四川师范大学文学院教授、硕士研究生导师，主要从事比较文学、西方文学、文化及生态批评研究。

黄铄（1991—），女，四川成都人，四川师范大学外国语学院2016级英语语言文学专业英美文学方向硕士研究生，主要从事英美文学研究。

和生态女性主义学者的严厉批判，生态批评似乎也因此陷入四面楚歌的境地。为此，20世纪90年代中后期，第一阶段生态中心主义型生态批评的部分学者认真评估来自多方的批评，总结了二十多年来生态批评学术的成败得失，进行了重大的学术调整，将环境公正引入生态批评学术领域，将其推向其第二阶段环境公正型生态批评。

一、生态批评环境公正转型的动因

美国著名的公民权利领导人、基督教联合教会争取种族公正委员会执行负责人本雅明·夏维斯（Rev. Benjamin Chavis Jr.）于1987年发表了环境公正运动史上里程碑式的研究报告《美国有毒废弃物和种族》。在该报告中他直言不讳，“种族是全美居民社群与有害物质压力相关的主要因素”，并首次提出了“环境种族主义”（Environmental Racism）这个术语，以凸显环境压迫与种族的关系。[1] 1991年三百多名来自美国、加拿大，中美洲、南美洲以及马绍尔群岛等国家和地区的领导人在美国首都华盛顿召开了“首届有色族人民环境保护领导人峰会”，会议旨在协调全球有色人种社群的环境立场，坚决反对环境种族主义和环境殖民主义，尊重多元文化，确保环境公正，重续人之精神与大地母亲神圣性相互依存的关系，表达了重建人与大地母亲和谐关系的强烈愿望，议定并通过了17条“环境公正原则”。[2]这“十七条原则”实际上就是有色族人民的环境公正宣言、指导环境公正运动的纲领性文件，也正式宣布了“环境公正”人士与主流环境主义者不同的环境立场。

从国际层面来看，深层生态学遭到了第三世界学者严厉的批判，其中最有名的批评者是印度生态学家罗摩占陀罗·古哈（Ramachandra Guha）。在影响广泛且极富争议的《美国激进环境主义与荒野保护：来自第三世界的批评》一文中，古哈首先总结了深层生态学的主要特征，并逐一予以批判。[3]在他看来，如果将深层生态学的生态实践推广到世界范围内，将会产生严重的社会后果，尤其对不发达国家贫穷的农业人口更是如此。古哈认为，深层生态学所倡导的人类中心主义/生态中心主义二分并将其作为理解当前面临的全球环境退化机制是没用的。实际上，生态问题是更为基本的两个问题所引起的：一个是工业化国家和第三世界城市精英过度消费的问题；另一个是不断增长的军事化，包括短期的（如不间断的区域战争）和长远的（如军备竞赛和可能的核毁灭）。而这类问题是相当世俗的，与人类中心/生态中心的界限没有明显的关系。因此，无论在哪个分析层次，生态危机的根源都不能还原为“对待自然所采取的更深层次的人类中心主义态度”。

如果这种界限的区分与基本问题无关的话，那么，将强调荒野保护的主张用于第三世界肯定是有害的，它实质上是把资源从穷人手里直接转嫁给富人。在古哈看来，非西方环境运动首先要考虑的是弱势群体，贫穷的无地农民、妇女和部落的绝对的生存问题，而不是提高生活质量；其次，环境问题的解决涉及公平、经济和政治的再分配问题。把专注于荒野保护的深层生态学应用于第三世界带有浓厚的西方帝国主义色彩。

古哈还指责深层生态学肆意曲解东方宗教哲学——印度教、佛教和道教——与文化传统，它通过生态中心主义来阐释这些东方传统文化的做法“相当粗暴地歪曲了历史”，是对东方的“生态他者化”。将东方文化纳入西方思想轨道，其目的是论证深层生态学的“普适性”，这种歪曲明显带有浓厚的生态东方主义色彩。

古哈的分析即是说，人类中心主义成了在近现代以来靠大规模地掠夺、征服自然发展起来的西方强国推卸和转嫁环境责任的形而上的借口，是美丽的托词。专注于荒野保护的深层生态学在理论上充满了赤裸裸的生态帝国主义话语，文化上带有浓烈的东方主义色彩，实践上是建立在对第三世界生态剥削的基础之上的。从历史与现实视角来看，第一世界既能拥有良好的自然环境，享有高消费的生活方式，又能保持持续的经济繁荣，是建立在对少数族群、有色人种以及非西方发展中国家生态剥削、生态殖民的基础之上的，因此全球环境的恶化与不公正的经济秩序密切相关。

另外，生态中心主义哲学也受到社会生态学家和生态女权主义思想家的批判。他们都反对说人类中心主义是造成生态破坏的深层原因，而认为具体的人类体制、制度及实践——不公正的制度和实践——才更为重要。[4]

由于受到环境公正运动的猛烈批判，生态批评圈中产生了普遍的学术焦虑。为有效地应对危机，生态批评学者不得不严肃慎重地重审自己的学术立场，评估来自多方的批评，总结生态批评学术的得失，进行重大的学术调整。于是，20 世纪 90 年代中后期，部分生态批评学者顺应环境公正的诉求，将环境公正引入生态批评学术活动之中，促使生态批评的转向。1997 年，少数族裔生态批评学者 T. V. 里德（T. V. Reed）首次提出了“环境公正生态批评”这一术语。[5]具体来说，环境公正生态批评主张站在环境公正的立场上，在种族、性别及阶级的视野下研究文学、文化甚至艺术与环境之间的关系，呼吁生态批评从荒野回家，回到人与自然交汇的中间地带，从而使得生态批评不仅具有崇高的生态理想，而且也立足于牢固的现实。[6]有鉴于此，生态批评学者布伊尔认为，西方生态批评经历了两次“生态风波”，第一波可大体归为生态中心主义型生态批评，第二波可称为环境公正生态批评。[7]具体来说，环境公正生态批评将种族、种族性、性别、阶级引入生态批评领域，甚至成为生态批评的新视野，从而极大地拓展了生态批评的范围。因此，进入 2000 年以后，生态批评几乎进入一个“爆炸性的”发展时期，生态批评学者从多个方向拓展生态批评视野，深化研究内容，不断开辟新的学术空间。

二、环境公正生态批评的主要特征

环境公正生态批评不是对前一阶段批评理论的简单抛弃，而是推陈出新，对它予以修正、深化与拓展，其主要目的是在环境公正的视野下考察文学、文化甚至艺术与环境之间的关系。也就是，生态批评不仅要憧憬生态中心主义的乌托邦理想，更要关注现实世界的环境公正问题，这不仅拓展了生态批评的空间，开辟了新的学术路径，而且大大地深化、丰富了其内容。这样看来，西方生态批评不仅要深层追问生态危机产生及其日益恶化的历史文化根源，抨击人类中心主义这个毒瘤，还必须深入探寻生态危机产生的更直接的现实根源，那就是现实人类世界广泛存在的各种形式的环境剥削与压迫，形形色色的环境种族主义和环境殖民主义行径，必须探寻通向生态可持续和社会普遍公正的绿色路径。

与第一阶段相比，环境公正生态批评呈现出以下一些新的特点：（1）种族是环境不公的核心问题，因此，种族视野显然成了环境公正生态批评的基本观察点。（2）环境公正批评要求大力拓展主流环境主义关于“环境”的定义：“环境”是“我们生活、工作和娱乐的地方，也是我们祷告的地方”[8]，即一切人工环境、一切有形的物理环境都将被纳入生态批评研究的范围；更有甚者，那些无形的、非物质的环境，诸如互联网虚拟空间也应被纳入生态批评的考察范围。由此可见，环境公正生态批评的“环境”不仅包括自然环境，还包括人工环境、城市环境以及那些非物理的虚拟环境，生态批评也由此“回归”了人类社会。(3) 批评手段的多样化，即生态批评学者积极借用其他批评理论或与它们交叉整合，深化、拓展其学术领域。(4) 倡导大力修正第一阶段环境经典的尺度，拓展环境文类的范围，甚至认为任何文本都具有“环境特性”，即便是传统生态经典，也可以在生态公正的视野下重新阐释。(5) 强化文学与环境关系的跨文化甚至跨文明研究，这是对第一阶段区域主义文本中心的超越。(6) 特别强调生态批评的跨学科性，重视学术研究与生态政治、生态教育以及社会公正等之间的纠葛，以便更好地协调城市与乡村、环境公正与自然保护之间的关系。[9] 在环境公正生态批评学术著作中，美国生态批评学家亚当森的《美国印第安文学、环境公正和生态批评》及其与他人共同主编的《环境公正读本：政治、诗学和教育》，被公认为是最具代表性的环境公正生态批评作品，后者确立了环境公正批评的基本理论框架和基本批评范式，它倡导环境诗学与环境政治及环境教育的结合，在环境危机这样一个复杂、严峻、庞大的问题面前，既需要学理上的探究，更需要现实的考量，否则，我们的一切理论都只是乌托邦式的空谈。

三、结　语

今天，由于全球变暖、海洋公地等形势的日趋恶化，作为追溯环境危机根源、探寻走出环境困境和维护天人和谐的文化路径的生态批评似乎成了一种国际性文学、文化绿色批评潮流。总体上看，全球各个国家和地区生态批评的产生与发展在一定程度上都受到西方生态批评的影响，但发展的总趋势是：一方面，西方生态批评的全球化趋势发展迅猛，另一方面，各个国家和地区生态批评家自觉的本土化意识正日益显现出来。也就是说，这些非西方国家和地区的学者希望建构具有本土特色的生态批评理论，从自己民族或文化的视角来探讨文学、文化与环境之间的关系，彰显多种族性与环境经验多样性之间的密切关系，探寻走出环境困境的多元文化路径。这既是环境公正生态批评的学术宗旨，也是构建生态文化多元的客观要求。

注释：

[1] Edwardo Lao Rhodes, *Environmental Justice in America: A New Paradigm*, Bloomington: Indiana University Press, 2003, p. 14.

[2] Mark Dowie, *Losing Ground: American Environmentalism at the Close of the Twentieth Century*, Mass.: the MIT Press, 1995, pp. 284 - 285.

[3] Ramachandra Guha, " Radical American Environmentalism and Wilderness Preservation: A Third World Critique", *in Contemporary Moral Problem*, 7th ed., James E. White, Wadsworth / Thomas Learning, 2003, pp. 553 - 559.

[4] 戴斯·贾丁斯,《环境伦理学》,林官明等译,北京:北京大学出版社,2002,第265 - 266页。

[5] Joni Adamson, Mei Mei Evans and Rachel Stein, *The Environmental Justice Reader: Politics, Poetics and Pedagogy*, Tucson: The University of Arizona Press, 2002, p. 160.

[6] Oni Adamson, Mei Mei Evans and Rachel Stein, *The Environmental Justice Reader: Politics, Poetics and Pedagogy*, Tucson: The University of Arizona Press, 2002, pp. 4 - 5.

[7] Lawrence Buell, *The Future of Environmental Criticism: Environmental Crisis and Literary Imagination*, MA: Blackwell Publishing, 2005, p. 138.

[8] Joni Adamson, Mei Mei Evans and Rachel Stein, *The Environmental Justice Reader: Politics, Poetics and Pedagogy*, Tucson: The University of Arizona Press, 2002, p. 20.

[9] Lawrence Buell, *The Future of Environmental Criticism: Environmental Crisis and Literary Imagination*, MA: Blackwell Publishing, 2005, pp. 1 - 133.

A Comparative Study on Chinese and American Marriage Views

周 亮

四川师范大学 外国语学院，四川成都 610101

Abstract: This paper studies Chinese and American marriage views from the comparative perspective. It first analyzes the similarities between Chinese and American marriage views, then probes the differences between Chinese and American marriage views, and lastly expounds the factors leading to these differences.

Key words: marriage views; similarities; differences

Love is a shining pearl in human emotions, and marriage is the sublimation of love. Marriage views are the reflection of marriage values, and the criteria for love, marriage and responsibility. Thus it plays an important guiding role in one's marriage life and affects one's whole marriage life. As to Chinese and American marriage views, there exist both similarities and differences due to various factors. By analyzing the similarities, differences and factors, we can have a better understanding of Chinese and American societies and cultures, so as to eliminate the possible cultural misunderstandings of both sides and promote cultural exchanges.

收稿日期：2017－01－12

作者简介：周亮（1991—），男，四川仪陇人，四川师范大学外国语学院2016级翻译专业英语笔译方向硕士研究生，主要从事英语语言文学、英语翻译研究。

I. The Similarities between Chinese and American Marriage Views

Marriage is a very important part of all the peoples in the world, and it is not strange at all that different peoples share some common views for marriage. The Chinese and American peoples are no exceptions of this, and it is necessary for us to analyze the similarities between their marriage views.

i. Pursuit of Free Marriage

No matter in China or in the United States, people yearn for free marriage. Concerning humanity's aspiration for free marriage, we can find evidence in literature. In the classic work of literature, *A Pair of Peacocks Southeast Fly*, *Tianxian Pei and the Cowherd and the Weaving Maid*, we can observe Chinese people's desire for free marriage. [1] In the work of literature of ancient China, *Liang Shanbo and Zhu Yingtai*, Zhu Yingtai and Liang Shanbo fall in love with each other but they can not stay together. Eventually they choose to die for pursuing free love and marriage. The West also has similar tragedies. In Shakespeare's drama *Romeo and Juliet*, Romeo and Juliet meet at a ball and fall in love with each other, but the feud between the two families makes them ultimately unable to stay together. In the end, they choose to die together to defend their pursuit of free love. [2]

ii. Stress on the Economic Basis for Marriage

It is said that the marriage without love is immoral, while marriage only with love is unrealistic. It is doubtless that economic status has a profound effect on marriage. To some degree, in both China and the United States, economic status has a great impact on marriage. For example, in Cao Xueqin's *Dream of Red Mansions*, Lin Daiyu's parents were both dead, and she lacked a solid economic foundation. [3] Although she could get the attention of a lady dowager and was in love with Jia Baoyu, in the end, considering the economic status and the relationship between the two families, the lady dowager and Wang Xifeng choose

Xue Baochai from a wealthy family as Jia Baoyu's wife. This marriage leads to the tragedy of the three young people. Lin Daiyu dies from vomiting blood after Jia Baoyu and Xue Baochai get married. To fulfill the commitment to Lin Daiyu, Jia Baoyu chooses to be a monk. Xue Baochai ends up in failure in her pursuit for a happy marriage. In Western literature, *Pride and Prejudice* and *Jane Eyre* also reflect that economic status has a crucial impact on marriage. In *Pride and Prejudice*, Mrs Bennet has always taken economic status as the criterion to look for husbands for her daughters. On the basis of Mrs Bennet's thinking, the more money a man has, the more suitable he is to be the husband of her daughter. [4] Therefore, in the traditional marriage views of the United States and China, we can see that economic status is very important.

II. Differences between Chinese and American Marriage Views

i. Differences in the Purpose of Marriage

In China some people have to get married because they are under the pressure of their parents and sometimes of their grandparents as well. But the elders care more about the benefits of the two families rather than the married man and woman. Some people choose to get married because they are above the average age for marriage. Generally, these people are in a hurry to find a partner to get married, and they even lower their standards for partners. Some people regard marriage as an obligation which should be fulfilled sooner or later, so they choose to get married hastily. This attitude towards marriage is extremely irresponsible. For young people in China, it is still a major duty to give birth to and raise children during married life. For traditional Chinese families, having a child is the key to maintaining a marriage. Such marriage views are wholly based on the interest of the family. Love, which should take a "leading role," has no place anymore and personal demands are of little importance. [5]

The diversity of American culture makes many people accept such a life creed: everyone is the architect of his or her own fate. [6] They advocate freedom and equality and think that marriage is the combination of two persons. Their parents have no rights to interfere as long as they reach the legal age for marriage and love each other. They have a higher expectation about the quality of marriage life. The main purpose of marriage for them is to look for life partners who they can live with for a long time, so they have to choose a suitable person. They think that the two must fall in love with each other before they get married. Marriage for them is not mobligation but a right. When they are asked what the purpose of marriage is, most Americans would say, "mutual happiness and fulfillment" rather than "giving birth to and bringing up children." They hold the idea that love is the guarantee to maintain a lasting marriage.

ii. Differences in the Criteria of Choosing Mates

From the view of the traditional criteria to choose mates in China, the most important thing is to ensure both partners come from decent families and are perfectly matched in all aspects.[7] Coming from a decent family is a basic requirement demanded by the husband's side. Because they believe that a girl from a decent family will be loyal to her husband and obedient to her parents-in-law, so the first thing would be to find out whether the girl is coming from a decent family when parents choose a girl for their son. In addition, being matched for marriage is also very important when parents choose a girl for their son or a boy for their daughter. Although nowadays the standards for Chinese young people to choose mates do not strictly adhere to the two principles I have enumerated, the two principles still have an effect on the choice for mates. For young Chinese men, most of them can't accept women with a forceful personality. Women who are considerate and filial are still considered most favorable.

The standards for choosing mates are greatly different between American and Chinese cultures. The American standards for choosing mates mainly rely on the mutual fit, while the rest of the conditions such as family background, educational level and other factors are not necessarily taken into consideration. Therefore, in the process of searching for an ideal mate, a wealthy family girl may choose a boy with a quite different class background simply because she is attracted by his sense of humor. The American young people's ideal spouse needs to be smart, funny, mature, confident, romantic and so on. So on some dating occasions, they prefer to talk about their hobbies in hope of finding common interests and life values.

iii. Differences in the Husband-Wife Relationship

In the traditional society of China, the self-sufficient and small-scale peasant economy determines that the man needs to be responsible for supporting the family, and that the woman is required to manage the household. [8] That men are superior to women and women should be obedient to their husbands were regarded as the basic criterion of marriage. Therefore, married women were in a lower position for a long time. After the foundation of the People's Republc of China, married women, especially those in big cities, started to have their own jobs and income. Meanwhile, they have the protection of national laws and socialist ideology, which changed their position of "house slaves" and greatly improved their family status. But it is not right to say that women are completely equal with men, as in many a family the husband's income is higher than his wife's, and this phenomenon will not disappear in a short period of time in our country.

Since the 20th century, the relationship between husband and wife in the United States has become more and more equal in the process of modernization, urbanization and the Women's Liberation Movement. "Modern" equal conjugal relations have taken the place of "traditional" unequal conjugal relationships in marriage. In most families, husband and wife have their own jobs. Therefore, husband and wife are economically independent so as to eliminate the injustice of being controlled by the other who has more the economic power. In this way, sharing the housework equally between husband and wife is taken for granted in the equal conjugal relation. Furthermore, family decision-making is made by both sides rather than by only the husband.

iv. Differences in the Attitude toward Divorce

In modern society, people are no longer afraid of talking about divorce. An increasing divorce rate has been taken as a sign of choosing a more happy marriage life. But on the whole, the Chinese people are still taking a cautious attitude towards divorce. Having a child is the reason for a couple who do not love each other to stay together. One of the important purposes of marriage is to have children, since it is more significant to establish a kind of blood relationship. If establishing the blood relationship is a kind of responsibility, people's attitude towards divorce is bound to be affected by the thought that undertaking this responsibility is the most important aspect of marriage.[9] Because of traditional thinking, people often ensure the fulfillment of the obligation, even if they have to sacrifice individual rights when they face divorce. People generally believe that the biggest victim in divorce is children. Failing to give children a complete family is regarded as a lack of parental obligation, so a lot of people abandon the idea of divorce just for the obligation.

Individual rights are greatly valued in American culture. Children are often regarded as byproducts of marriage. Therefore, divorce is regarded as an important manifestation of personal rights which is holy and inviolable.[10] If love has gone away in their marriage life, they will choose to end the marriage. They believe that they choose to divorce just because they know the true meaning of love and dare to pursue love.[11] So the divorce rate in the United States is much higher than that in China.

III. Factors Leading to the Differences between Chinese and American Marriage Views

i. Different Historical Factors

In China, ideology has long been influenced and restrained by Confucianism and federal thoughts. In such a social environment, Chinese women are unlikely to form an independent consciousness and the spirit of rebellion. Especially in ancient China, it is a generally accepted idea that that men are superior to women and consequently that women must be obedient to their husbands, women had no right to choose mates, and their marriage must be permitted by parents and introduced by matchmakers. The main task of women was to support the parents-in-law and have children. The feudal ethical codes almost deprived all the rights of women.

Western women advocate the moral ideas of freedom, equality and self-centered consciousness. Contrary to Confucianism ignoring women's rights, western women are encouraged to pursue the freedom of love and the happiness. They are free to pursue love before marriage, and they can still maintain relatively independent personalities after marriage. [12]

ii. Different Economic Factors

Since the reform and opening up to the outside world, China's economy and living standards have been improved greatly. People have more opportunities to contact western countries. Young people begin to find their mates through free love. But when it comes to marriage, most women will consider the economic status of their marriage partners. There are still many poor areas in the west of China. And those living in poor areas have to take marriage partner's economic status into account.

For the United States, economic strength and living standards are better than those in China. Americans not only receive better education but also are free from the influence of feudal ideology; therefore, the economic status of men and women does not differ very much. When selecting mates, they generally care less about each other's family background and education level; instead, they care more about whether or not they have common interests and life values.

iii. Different Value Factors

China is a country which regards collectivism as a core value, so personal interests should be subordinate to the collective interests. [13] Chinese people pay special attention to cultivating harmonious and tolerant interpersonal relationships. Influenced by Confucianism, family members are not completely equal. Marriage is not a personal matter; instead, it involves morality, responsibility, honor and so on. In feudal society, marriage is not merely a simple combination of two individuals. [14] In this marriage, women bear the obligation to carry on the family line for the whole family. In modern society, with increasingly open ideas, Chinese marriage views have changed greatly. The relationship between husband

and wife is becoming more and more equal. They work together, respect each other, share common interests and hobbies and make a joint effort to bring up and educate their children.

American culture advocates independence and freedom. Their unique cultural origin and thinking mode help the formation of independence and equal family concepts, which highlight individual equality and independent development.[15] Americans have a strong sense of independence in marriage. They have the right to make a decision in making friends, getting married and personal development. They think that everyone should have their own free life and each family member has their inviolable individual rights. So when young people have a girlfriend or boyfriend, they are willing to introduce her or him to their parents. But in China they need to receive the parents' consent before disclosing their relationship. Therefore, with regard to the matter of marriage, Americans are accustomed to considering their own ideas rather than that of their parents'.

In modern society, the Chinese marriage concept is becoming increasingly westernized. A growing number of Chinese begin to pay attention to personal happiness and individual rights. Similarly, there is also a tendency for American to return to the family after having experienced extreme individualism. A normal, stable and healthy society requires a complementary relationship between these two views of marriage.

Notes:

[1] 王葵,《从文学作品中看中西爱情婚姻观的异同》,《语文建设》2012 年第 6 期,第 17 - 18 页。

[2] 李晓、周士敏,《中西方文学作品中爱情观的对比探析》,《短篇小说》2013 年第 3 期,第 3 - 4 页。

[3] 张丽丽,《文学作品中的爱情观对中西文化差异的体现》,《黑龙江教育学院学报》(社会科学版) 2008 年第 27 期,第 96 - 97 页。

[4] 马昭、霍月红,《中西方文学作品爱情观对比研究》,《芒种》2013 年第 4 期,第 38 - 39 页。

[5] 蔡丹,《现实语境下的中西方婚姻文化碰撞与交流》,《长春理工大学学报》(社会科学版) 2012 年第 6 期,第 45 页。

[6] 余嘉,《接受视域下中西文学的婚姻观比较》,《昌吉师专学报》(社会科学版) 2001 年第 5 期,第 50 页。

[7] W. R. Beavers, & R. Hampson, "The Beavers Systems Model of Family Functioning," *Journal of Family Therapy*, 2000 (01), p. 68.

[8] 钱铭怡,《十五年来中国女性择偶标准的变化》,《北京大学学报》(哲学社会科学版) 2003 年第 5 期,第 19 页。

[9] Jay E. Adams, *Marriage*, *Divorce*, *and Remarriage in the Bible*, Amsterdam: John Benjamins Publishing Company, 2003, p. 98.

[10] 王宁,《古代中西方女性社会地位之异同田》,《华章》2012 年第 34 期,第 7 页。

[11] 郑国香,《中美家庭价值观的跨文化对比研究》,《河南工业大学学报》(社会科学版) 2012 年第 2 期,第 24 页。

[12] 廖菲,《论中美女性婚姻观的差异》,《赤峰学院学报》2015 年第 8 期,第 37 页。

[13] Marvin B. Sussman, *Handbook of Marriage and the Family*, N. Y.: Plenum Publishing Co., 1998, p. 125.

[14] 孙云龙,《基督教婚姻观与中国当代婚姻观的比较》,《青海师范大学学报》(哲学社会科学版) 2014 年第 4 期,第 21 页。

[15] 赵丽慧,《文化维度理论视角下的中美婚姻观差异》,《边疆经济与文化》2013 年第 5 期,第 33 页。

翻译学研究

《三国演义》泰译本的译者目的探析

骆海辉

绵阳师范学院　外国语学院，四川绵阳　621000

摘　要：邓罗是晚清政府重金聘请的洋务人士，为中国近代学校教育的发展与近代海关制度的建立做出了重要的贡献。在其服务中国的辉煌业绩背后，邓罗又为何历尽艰辛两度全文翻译《三国演义》？本文以译者目的为视角，分析指出邓罗翻译《三国演义》的译者目的，不仅仅在于以己之力为《三国演义》再添一部英文译本，而且也期望借一部具有东方特色的中国古典小说译本来展现自己作为中国文化专家的成就，并以此译本纪念自己在第一次世界大战中英年早逝的儿子雷蒙德。

关键词：邓罗；《三国演义》；泰译本；译者目的

邓罗（Charles Henry Brewitt-Taylor，1857—1938）的《三国演义》英语译本 *San Kuo*，*or Romance of the Three Kingdoms*（本文循学界惯例将其称为"《三国演义》泰译本"，或简称为"泰译本"）分为两卷，1925 年由上海别发洋行（Shanghai：Kelly & Walsh）出版，问世以来"在东西方产生了很大的影响"[1][2]。在与泰译本相关的阅读与批评活动中，我们首先追问一个基本问题：邓罗为何"没有被这部巨著吓倒，而是把它彻底译了出来"[3]？我们已知的是，邓罗是在晚清政府"重金聘请洋务人士"[4]等政策吸引下来华

收稿日期：2016－10－18

基金项目：四川省哲学社会科学重点研究基地西部区域文化研究中心项目"中国文化对外传译语境下的《三国演义》英译研究（编号 XBYJB1312）"、四川外国语言文学中心项目"中国古典小说《三国演义》海外英译本研究（编号 SCWY13－12）"阶段性研究成果之一。

作者简介：骆海辉（1967—），男，四川三台人，绵阳师范学院外国语学院教授、院长，绵阳师范学院汉英对比与翻译研究中心主任，西南科技大学翻译硕士教育中心兼职硕士研究生导师，成都翻译协会乡土文学翻译专委会委员，四川省翻译协会理事，主要从事翻译理论与实践研究。

效力的，作为英国专家在福州船政学堂等中国近代学校“为培养中国急需人才而流下了辛勤的汗水”[5]；作为服务中国的外籍雇员长期在大清海关担任要职，为中国近代海关制度的建立贡献了时间、精力与智慧。但我们需要探究的是，在其服务中国的辉煌业绩背后，邓罗又为何历尽艰辛两度全文翻译《三国演义》?

一、《三国演义》泰译本简介及相关研究检讨

在《三国演义》三百多年的外语翻译史上，1820 年由东印度公司澳门印刷所英国印工汤姆斯（Peter Perring Thomas）翻译的章节片段译文 *The Death of the Celebrated Minister Tung-cho*（《著名丞相董卓之死》）[6]标志《三国演义》英语翻译之肇始。[7] 在此后的一百九十余年里，中外译者翻译的《三国演义》英语片段译文、节译本与全译本共有 18 个[8]，其中，泰译本是《三国演义》的第一个英语全译本。与之前的其他《三国演义》译文与译本相比，泰译本的翻译体式是全译，而非摘译、编译、译述之类的变译。所以，当且仅当泰译本问世以后，《三国演义》才成为中国四大古典小说名著中第一个拥有英语全译本的作品，《三国演义》才开始以“全貌”在英语世界的文本旅行，进而壮大了《三国演义》在全世界的阅读群体。

近年来，泰译本逐渐成为《三国演义》英译研究的阅读与批评文本之一。研究者从不同的翻译理论视角、在不同层面涉及泰译本的内容，改变了《三国演义》英译研究主要以美国汉学家罗慕士（Moss Roberts）翻译的《三国演义》英译本为分析对象的“一边倒”现象，形成了一些对泰译本新的认识。例如，骆海辉认为泰译本“在西方汉学的发展进程中，它丰富了研究文献，为东西方汉学研究者提供了便利；在中国古典小说西译的历史背景下，它参与了西方关于‘中国形象’的构建；在《三国演义》英译史上，它启迪了后世译者；在中国文化典籍‘走出去’的现代语境下，它又为当下的典籍英译实践提供了经验与教训”[9]。陈甜认为泰译本“从适合读者的视角进行译介，有效地推介中国文学乃至中国文化，当之无愧成为译介中国古代经典文学名著的先行者之一”[10]。郭昱也认为，“这部诞生在 20 世纪 20 年代的全译本 *Romance of the Three Kingdoms* 使邓罗当之无愧地成为《三国演义》全面走向英语世界继而走向欧洲其他语言国家的开拓者”[11]。

就邓罗翻译《三国演义》的目的而言，国内目前已经形成了几类值得

关注的典型观点。一是"再现原著"说，认为邓罗的"翻译目的是要原汁原味地再现原著"[12]，以使英语读者能够欣赏到一部非常吸引人且具有东方特色的小说。二是"填补空白"说，认为邓罗自己作为发起人，是为了填补《三国演义》小说在英语世界的空白而将其翻译为英文的。三是"满足好奇"说，认为在邓罗服务中国的晚清时期及其译本形成的20世纪早期，当时西人眼里的中国仅仅是东方的神秘国度，所以，邓罗希望通过一部中国故事的译本来满足西方人尤其是在华西方人的好奇心。四是"传播民族文学"说，认为邓罗在（1925年版、1929年版）译本前言中，大段引用了英国汉学家、伦敦传道会教士伟烈亚力（Alexander Wylie，1815—1887）1867年在上海出版的《中国文学札记》（*Notes on Chinese Literature*）中对《三国演义》的评论[13]，说明邓罗与伟烈亚力一样，认为小说和传奇故事是非常重要的形式，因而对当时小说未能进入主流文学形式而深感遗憾，进而产生了把《三国演义》这部并未被列入民族文学的中国小说译介到英语世界的愿望。

上述观点不仅反映了《三国演义》英译研究的成果，而且也证明了翻译目的论的一个基本思想，即每一个文本都是为了相应的目的而产生的，是为特定目的服务的。但相关讨论似乎可以再深入一些，因为在汉斯·弗米尔（Hans Vermeer，1930—2010）的目的论框架下，"目的具有三种解释：译者的目的、译文的交际目的和使用某种特殊手段所要达到的目的"[14]。关于泰译本的交际目的，我们认同已有的观点，即泰译本在英语世界的交际目的就是向英语读者介绍一部具有东方特色的中国小说，以满足当时西方世界以及在华西人迫切了解中国文化的客观需要。而邓罗采用不加注释的音译、替换、改写、简化、省略等特殊方法来处理小说的人名、地名、官职等中国文化内容，目的在于使译本的语言简洁流畅，以减轻读者理解与记忆的负担。因此，下文侧重探析邓罗翻译《三国演义》的译者目的。

二、以译本展现邓罗作为中国文化专家的成就

1857年12月11日，邓罗出生在英国苏塞克斯郡普雷斯顿市东部的金斯敦的一个普通家庭，其父是一名海员，其母是鞋匠的女儿。1868年，在邓罗年仅10岁时，其父毫无先兆地割喉自杀。家境的贫寒以及父亲的非正常死亡在邓罗的内心深处留下了难以消除的阴影，因而他自幼勤奋耐劳、执

着于功名，成年后远赴中国寻求发展机会，在很大程度上亦是为了满足自己出人头地的心灵渴望。

邓罗先后在伦敦皇家医学院、格林威治皇家海军学院学习数学、航海学、天文学方面的知识。1880 年，邓罗被福州船政局正监督、法国人日意格（Prosper Marie Giquel，1835—1886）代聘为驾驶教习。[15]是年 10 月 1 日，邓罗偕妻子来到福州船政学堂，教授航海和数学。福州船政学堂是中国第一所近代海军学校，邓罗在此度过了 11 年，其间“被挽留四次。他教授了两班中国驾驶学生，直至毕业。历届船政大臣……对他的评价均很高，学生对他的反映也很好”[16]。1890 年 10 月，邓罗因“在堂授课，均能精勤教导，著有功效”[17]，获清政府赏赐三品顶戴。1891 年 11 月 1 日，邓罗因娴熟的汉语能力、相关的海事经验和良好的人品而加入大清海关，之后一直作为海关官员在天津、北京、沈阳、长春和福建等地供职，曾在 1914 年 5 月至 1915 年 4 月期间担任闽海关税务司。[18]在大清海关供职的 30 年间，邓罗还有一段从教经历，即 1908 年北京税务学堂成立后，邓罗又被任命为洋总办，“负责课程安排及聘请教师”[19]。1920 年 11 月 1 日，邓罗申请退休，结束了在中国长达 40 年的工作与生活。1938 年 3 月 4 日，邓罗因病逝世，享年 80 岁。

邓罗早在格林威治皇家海军学院学习期间，就因结识了来自中国的留学师生而初步接触汉语，后又“被英国战争部（War Office）派到北京学习汉语”[20]，“来中国后不久，他聘请了老先生专门教授汉语，时间长达一年半”[21]。而在其供职于大清海关期间，由于大清海关总税务司赫德（Robert Hart，1835—1911）实施了多项推广汉语的规定，所以邓罗更加勤奋地学习，汉语水平日益长进，不断获得海关职务的晋升。

邓罗不仅仅是服务于晚清政府的外籍专家，而且还是集聚在别发印书馆旗下的中国文化专家之一。他不仅翻译了清代著名小说家李汝珍的《镜花缘》中的一章和《谈论新编》（*Chats in Chinese: A Translation of the T'AN LUN HSIN PIEN*）[22]，还编辑出版了一本中文教科书《记录中国教科书：为中国海关专用》，被誉为“海关汉语的骄傲”[23]。然而，对于出身低微而抱负远大的邓罗而言，职位晋升与政府奖赏虽可证明自己服务中国的业绩，但又如何证明自己作为中国文化专家学习汉语、研究中国和译介中国的成就呢？

邓罗选择翻译《三国演义》。

首先，邓罗喜爱中国古典文学，尤其钟爱《三国演义》。邓罗在中国工作生活长达40年，对《三国演义》的大众文学性质有真实而鲜活的体认，了解中国百姓对《三国演义》相关的故事与传说喜欢到了百听不厌的程度，也因此而深谙这部中国古典小说具有吸引西方读者的文学品质，即他在译者前言所言“《三国演义》极具东方特色（distinctly Eastern）”。

其次，邓罗已有译介《三国演义》的实践经验。根据郑锦怀（2012）、郭昱（2014）的研究成果，邓罗在翻译全本之前零散地节译、评论《三国演义》的译介活动可以归纳如下：

年份	译介内容	刊物信息
1888	1. Mouth-Watering（第 21 回，望梅止渴的故事） 2. Gardening as a Blind（第 21 回，玄德学圃以此掩盖自己雄心壮志的故事） 3. Photographing Criminals Anticipated（第 4 回，孟德献刀谋刺董卓失败后被画影图形四处捉拿的故事） 4. A Famous Horse and How He was Measured（第 3 回，对赤兔马的描写） 5. Deposing an Emperor—a Chinese Cromwell（第 4 回，废汉帝陈留践位的故事）	《中国评论》1888 年第 17 卷第 6 期，第 359 - 360 页
1889	The Death of Sun Tse（第 29 回与孙策之死相关部分）	《中国评论》1889 年第 18 卷第 3 期，第 147 - 151 页
1890	Conjuring（第 68 回中与左慈相关部分）	《中国评论》1890 年第 19 卷第 2 期，第 126 - 128 页
1890	“The San-Kuo”［《三国演义》的内容概要（Gist of the Narrative）、人物（The Characters）、军队与战争（Battles and Armies）、作战方法与战略（Methods of Warfare and Strategy）、《三国演义》的文体风格（The Style of the *San Kuo*）等］	《中国评论》1890 年第 19 卷第 3 期，第 168 - 178 页
1892	A Deep-laid Plot and a Love Scene from the *San Kuo*（第八回，“王司徒巧使连环计，董太师大闹凤仪亭”节译）	《中国评论》1892 年第 20 卷第 1 期，第 33 - 35 页

上述诸篇邓罗早期的译介文献，除了证明他对《三国演义》的喜爱之外，似乎还另有可供解读其译介行为的深意：选译“望梅止渴”的故事、“赤兔马”的故事等，表明他十分关注小说中的精彩传奇；选译“孙策之死”的故事，表明他注意到了小说包含的悲剧要素；选译“与左慈”相关

的故事，表明他觉察到小说具有含神秘色彩的叙事模式；将“废汉帝陈留践位的故事”与克伦威尔（Oliver Cromwell，1599—1658）在英国内战中推翻英国国王的故事相类比，以及在全面评论《三国演义》的“The San-Kuo”一文中“将《三国演义》与司各特的历史小说、荷马史诗《伊里亚特》作比较”[24]，则表明邓罗作为译者已具备比较文学视野。

可以说，邓罗希望以《三国演义》译本来展现自己作为中国文化专家的成就，因而产生了强烈的翻译动机，将翻译《三国演义》作为自己辉煌的在华事业的一部分，而他个人对《三国演义》的喜爱和已有的译介经验又帮助他建立了作为译者的信心与决心。因此，1890 年前后，邓罗在繁忙的工作之余开始了《三国演义》全本的翻译。不幸的是，邓罗历经十年劳作而成的第一部手稿却在 1900 年夏天毁于义和团的一把大火。1920 年邓罗退休回国以后，再次提笔，最终在 1925 年完成了翻译《三国演义》全本的壮举。

三、以译本纪念邓罗之子雷蒙德

事实上，邓罗除了渴望以《三国演义》译本来展现自己作为中国文化专家的成就之外，更重要的心理动机可能是为了他的儿子雷蒙德。虽然邓罗在《译者前言》（“Translator's Note”）[25]的最末一行献词中坦陈“以此译本纪念儿子雷蒙德”，但在已有的绝大多数研究中，这个重要原因却遗憾地被忽略了。

泰译本的《译者前言》可以作为分析邓罗翻译目的的最主要的副文本（paratext），故将其全文试译如下：

> 《三国演义》极具东方特色，由说唱故事改编而成，世代流传至今。此书人名繁多、谱系复杂，而东方读者、听众庆赏无厌。原著另有众多拼读怪异之地名，若为译文之需，则以代名词替之，所幸此举乃为英语所容。多数人物，既有“姓”有“名”，又有“字”，为减轻外国读者之记忆负担，仅以其“姓”或“姓名”译之；少数著名人物，其“姓”“名”“字”众人皆知，故逐一译出。
>
> 小说已有满文、日文、暹罗文（泰语的旧称——译者注）或其他外文译本。惟愿以己之力，再添一部英文译本。译本之成败，则任由列位有意且有力阅读原著与译本之读者比较评说。
>
> 此译本以“威妥玛拼音法”拼写人名及地名，其罗马化元音发音接近于意大

利语。

临末，谨记感激之情如下：感谢 Chen Ti Tsen 先生打印文稿；感谢 E. Manico Gull 先生校阅样稿；以此译本纪念儿子雷蒙德。

从这篇《译者前言》可知，在《三国演义》小说已有满文、日文、暹罗文或其他外文译本的情况下，邓罗作为译者的第一个翻译目的的确是希望通过自己的努力为小说增添一部英文译本。但是，除此之外，由里及外激发邓罗翻译《三国演义》的动力则是其子雷蒙德。

在维基百科（Wikipedia）的“Charles Henry Brewitt-Taylor”词条下，可以查知邓罗与第一任妻子爱丽斯·玛丽·布鲁威特－泰勒（Alice Mary Brewitt-Taylor）共育有两子，长子雷纳德（Leonard Brewitt-Taylor）和次子雷蒙德（Raymond Brewitt-Taylor）。那么，为何邓罗仅“以此译本纪念儿子雷蒙德”呢？

在“第一次世界大战中的英国皇家陆军军医队”网站[26]，我们检索到以下信息：

（生于中国的）雷蒙德·布鲁威特－泰勒在伦敦大学学院学校[27]念完中学，1906 年成为伦敦圣巴塞洛缪医院医学院的一名学生，1912 年毕业，获医学、理学学士学位，随即成了位于多尔切斯特市的多塞特郡首府医院的住院外科医生，此后又担任过伦敦皇家慈济医院的住院内科医师。（第一次世界大战爆发后）雷蒙德于 1915 年 12 月 8 日受派执行英国皇家陆军军医队临时性任务，并被授予中尉军衔。后来，雷蒙德在英国皇家陆军苏格兰团服役，担任第二营军医官，曾随第 32 总医院进驻美索不达米亚，1917 年返回法国战场，并于 1917 年 5 月 1 日被提升为代理上尉。雷蒙德曾荣获军功十字勋章，“因为他特别勇敢、忠于职守，为了搜救一名失踪的担架手，他勇敢地冒着密集的炮火，在战场上苦苦搜寻了两个小时，终于在一个弹坑里发现了那名担架手，将其搀扶归队。在历时 9 天的战斗中，他总是在炮火中前进，不知疲倦地搜救、运送伤员”。雷蒙德（1918 年 8 月 22 日）不幸被弹片击中而负伤阵亡时，是皇家陆军军医队第七战地救护队的一员。其父查尔斯·亨利·布鲁威特－泰勒，曾任中国海关税务司，其母爱丽斯·玛丽·布鲁威特－泰勒，其妻伊芙琳·布鲁威特－泰勒，出生于米德尔塞克斯郡波特斯巴镇的英格菲尔德。[28]

从上述网站“人物档案”的简要介绍中，我们可以比较清晰地了解到雷蒙德作为一名军医在第一次世界大战中的英勇事迹，而这些英勇事迹不仅足以令世人称道，而且也足以令邓罗骄傲。

另外，根据英国人简立言（Isidore Cyril Cannon，2009）撰写的邓罗传记 *Public Success，Private Sorrow: The Life and Times of Charles Henry Brewitt-Taylor (1857—1938)，China Customs Commissioner and Pioneer Translator*[29]，雷蒙德是邓罗与其前妻爱丽斯·玛丽所生次子，1887 年 9 月生于中国。当时，邓罗在福建马尾船厂担任常务教习，虽“督课各学生甚属尽心教导”[30]，却无暇照顾自己的孩子，只好将雷蒙德送回英国由亲戚抚养。雷蒙德的生母爱丽斯·玛丽不幸早亡，而邓罗的第二任妻子安·米基（Ann Michie）因小孩接二连三地夭折不仅患有精神疾病，而且可能还有对丈夫不忠的行为（suspected infidelity）。[31]但雷蒙德对继母既表现出了应有的尊重，又与父亲邓罗的感情笃深，曾经历尽千辛万苦来中国探望父亲。邓罗也在退休回到英国以后，“还经常去看望孙子与儿媳，并给予他们经济上的帮助”[32]。所以，雷蒙德在很大程度上一直激励着邓罗以极大的毅力去克服翻译过程中的艰辛和私人生活上的不幸。可以想象，当邓罗写下“to dedicate this translation to the memory of my son Raymond”（以此译本纪念儿子雷蒙德）这行献词的时候，他的心里可能有因为早年没有对儿子尽到父亲的责任而产生的愧疚与自责，也可能有因为儿子的英勇事迹而产生的感动与自豪！总之，对这位“中国海关税务司和翻译先驱”来说，翻译《三国演义》这部伟大的中国古典小说，应该是他献给在中国出生却在 30 岁就英年早逝的爱子雷蒙德最好的纪念了。

四、结　语

综上所述，邓罗翻译《三国演义》的译者目的有三：一是希望以己之力为《三国演义》再添一部英文译本，二是期望借一部具有东方特色的中国古典小说译本来集中展现自己作为中国文化专家的成就，三是希望借此译本来纪念自己在第一次世界大战中英年早逝的儿子雷蒙德。

目前国内学界普遍地认为“泰译本的不足之一在于没有像罗慕士译本那样提供背景信息。从第一页到最后一页，没有地图，也没有注释，有如一本纯粹的小说”[33]，但是，译本质量优劣的表象后面隐藏着种类繁多的、性质复杂的、作用关联的因素。译者是否“删减原文”，不仅关乎译者的翻译策略，而且在更高的层面上涉及译者翻译伦理观念；而译者是否“提供注释”，不仅关联译者的翻译策略及其读者观，而且还有译本体式的问题，即除了正文以外，译本还为读者呈现了什么。我们显然不能以译文是否有删减、是否有注释等外显特质而简单地评判译本的质量。在邓罗翻译《三国演义》行为表象的后面，其实蕴含着译者的个人愿望与情感书写，而这在阅读与批评《三国演义》泰译本（甚至任何一部翻译作品）时，都是不可忽视的。

注释：

［1］郑大华，《论民国时期的中学西传》，《吉首大学学报》（社会科学版）2005 年第 1 期，第 13 页。

［2］王丽娜、杜维沫，《〈三国演义〉的外文译文》，《明清小说研究》2006 年第 4 期，第 73 页。

［3］郭昱，《邓罗对〈三国演义〉的译介》，《中国翻译》2014 年第 1 期，第 50 - 51 页。

［4］向中银，《晚清时期的外籍人才引进述论》，《史学集刊》2008 年第 3 期，第 31 页。

［5］徐彻，《中国第一所近代海军学校》，《社会科学》（辑刊）1990 年第 6 期，第 105 页。

［6］汤姆斯所译为《三国演义》第一回至第九回，“在 1920—1921 年间分三次连载于 *Asiatic Journal*（《亚洲杂志》），其刊载期次与页码分别为第 1 辑第 10 卷（1820 年 12 月；*The Asiatic Journal for December*，1820）第 525 - 532 页、第 1 辑第 11 卷（1821 年 2 月；*The Asiatic Journal for February*，1821）第 109 - 114 页与第 1 辑第 12 卷（1821 年 3 月；*The Asiatic Journal for March*，1821）第 233 - 242 页”。参阅：郑锦怀《三国演义》早期英译百年（1820—1921）——《〈三国演义〉在国外》订正补遗，《明清小说研究》2012 年第 3 期，第 89 页。

［7］有学者认为，在汤姆斯之前，已有西人论及《三国演义》，这就是第一位来华的新教传教士、英国汉学家马礼逊（Robert Morrison，1782—1834）。参阅：王燕《马礼逊与〈三国演义〉的早期海外传播》，《中国文化研究》2011 年冬之卷，第 206 页。

［8］本文认为《三国演义》共有 18 个英语译文与译本，统计依据是两篇文献：一是王丽娜、杜维沫《三国演义》的外文译文，见《明清小说研究》2006 年第 4 期；二是郑锦怀《〈三国演义〉早期英译百年（1820—1921）——〈《三国演义》在国外〉订正补遗》，《明清小说研究》2012 年第 3 期。

［9］骆海辉，《〈三国演义〉泰译本的历史价值及当下意义》，《名作欣赏》2012 年第 9 期，第 125 页。

［10］陈甜，《〈三国演义〉邓罗译本的再评价》，《中州学刊》2013 年第 9 期，第 162 页。

[11] 郭昱，《邓罗对〈三国演义〉的译介》，《中国翻译》2014年第1期，第52页。

[12] 张晓红，从《〈三国演义〉的不同英译本来看翻译目的对翻译质量的影响》，《南京工业职业技术学院学报》2007年第3期，第38页。

[13] 陈甜，《〈三国演义〉邓罗译本的再评价》，《中州学刊》2013年第9期，第164-165页。

[14] 杨柳，《20世纪西方翻译理论在中国的接受史》，上海：上海外语教育出版社，2009，第20页。

[15] 向中银，《晚清时期引进人才途径初探》，《学术研究》2001年第9期，第109页。

[16] 徐彻，《中国第一所近代海军学校》，《社会科学》（辑刊）1990年第6期，第105页。

[17] 向中银，《略论外籍雇员在晚清军事近代化中的作用》，《求索》2000年第2期，第121-122页。

[18] 福建省情资料库之《1861—1949年闽海关历任主管官员表》，参见：http://www.fjsq.gov.cn/showtext.asp?ToBook=175&index=123，引用时间：2011年6月24日。

[19] 周熊，《税务专门学校的创立和发展及办学传统初探》，《上海海关高等专科学校学报》2000年第2期，第72页。

[20] 陈甜，《中国古典小说先驱翻译家：〈三国演义〉译者邓罗》，《湘潮》2013年第11期，第85页。

[21] 陈甜，《中国古典小说先驱翻译家：〈三国演义〉译者邓罗》，《湘潮》2013年第11期，第85页。

[22] 由中国人金国璞与日本人平原道知合著的《谈论新编》收集了100篇北京官话的谈话，1898年12月由东京积岚楼书屋出版，其英文译本由邓罗翻译，由北京北堂出版社（PEI-T'ANG Press，Peking）于1901年出版。参阅：朱洪《晚清海关洋员汉语学习初步研究》，南京大学“汉语国际教育”专业学位研究生毕业论文，2013。

[23] 王澧华，《赫德的海关汉语推广》，《中华读书报》2010年9月22日，第19版。

[24] 郭昱，《邓罗对〈三国演义〉的译介》，《中国翻译》2014年第1期，第49页。

[25] C. H. Brewitt-Taylor，*Translator's Note*，Romance of the Three Kingdoms，Singapore：Tuttle Publishing，2002，p. xii.

[26] “第一次世界大战中的英国皇家陆军军医队”网站，参阅：http://www.ramc-ww1.com/profile.php?profile_id=9156，引用时间：2014年9月12日。

[27] 伦敦大学学院学校建于1832年，是英国伦敦地区著名的中学之一，当年是作为1828年诞生的伦敦大学学院的一部分而设立的，如今该校拥有三所独立学校，分

别是 The Phoenix School，UCS Junior School 和 UCS Senior School，招收 3 ~ 18 岁的学生。

［28］骆海辉译，未公开刊发。

［29］简立言，*Public Success*，*Private Sorrow: The Life and Times of Charles Henry Brewitt-Taylor (1857 – 1938)*，*China Customs Commissioner and Pioneer Translator*，香港：香港大学出版社，2009，参见：http://www.ccebook.net/preview/9622099610/，引用时间：2011 年 6 月 24 日。

［30］向中银，《略论外籍雇员在晚清军事近代化中的作用》，《求索》2000 年第 2 期，第 121 页。

［31］参阅：http://www.apbookshop.com/bu/book/u_ publication/book_ list.asp，引用时间：2011 年 6 月 24 日。

［32］陈甜，《中国古典小说先驱翻译家：〈三国演义〉译者邓罗》，《湘潮》2013 年第 11 期，第 85 页。

［33］参阅：http://threekingdoms.com/，引用时间：2011 年 6 月 24 日。

翻译硕士专业学位论文探索
——以四川师范大学与广东外语外贸大学为例

刘巧玲

四川师范大学　外国语学院，四川成都　610101

摘　要：翻译硕士专业学位翻译报告须反映该学位的职业性、专业性和应用性，然而，因尚没有明确的基本规范约束，翻译报告框架化、形式化、无价值的问题越发突出。本文调查分析了两篇翻译报告，针对翻译报告在翻译倾向、理论运用、中英文摘要、文献综述、报告结构、参考文献规范方面存在的殊同及问题，参考翻译硕士专业学位论文评价方式，进而提出基本对策：（1）优化课程设置；（2）明确翻译过程；（3）项目总结实用，以期对实现翻译报告学术及实用价值提供有益参考。

关键词：翻译专业硕士；翻译报告；评价方式；问题；对策

一、引　言

翻译硕士专业学位（Master of Translation and Interpreting，以下简称MTI）学位论文是MTI教学质量评估的重要依据，也是衡量MTI教学效果的重要指标。MTI指导性培养方案并没有就各类形式的学位论文制定具体的写作规范。[1] MTI的目标是培养高层次、应用型、专业化的口笔译人才，其毕业论文必须反映该学位的职业性、专业性和应用性。[2] 就目前而言，该专业毕业论文多采用翻译报告形式，虽已有一些学者对此进行过卓有成效的研

收稿日期：2017－03－05

作者简介：刘巧玲（1987—），女，四川德阳人，四川师范大学外国语学院2015级英语笔译专业方向硕士研究生，主要从事翻译研究。

究，但探索多拘于表面形式，很少从学科建设和实用性等方面入手。在未形成系统全面的写作模式情况下，翻译报告更趋于框架化、模式化、形式化，翻译报告质量不高、无学术参考价值等问题也就越发突出，对其存在的问题和可能的对策进行分析理应受到翻译界重视。笔者选取了四川师范大学与广东外语外贸大学颇有代表性的翻译报告各一篇，基于 MTI 论文写作评价方式，对比分析两篇报告，针对相关问题，提出相应对策。

二、分析依据、对象及评价方式

（一）分析依据

国务院学位委员会于2007 年3 月30 日印发的《关于〈翻译硕士专业学位设置方案〉的说明》称，学位论文可以采用以下形式（学生任选一种）：项目报告、实验报告、研究论文。依据《翻译硕士专业学位研究生教育指导性培养方案》，MTI 教育旨在培养“适应国家社会、经济、文化建设需要的高层次、应用性、专业型口笔译人才”。翻译报告既要体现 MTI 教育的特色，同时也要带有学术性，对学术研究有所启示。但现在的 MTI 学位论文“仍然倾向于套用传统的学术性学位论文模式，这就和翻译行业的实际操作脱节，也背离了 MTI 教育设置的初衷”[3]。

（二）分析对象

上文已提及，本文选取了四川师范大学陈同学《语言教学的问题与可选策略》（节选）的翻译报告（简称报告 1）以及广东外语外贸大学郑同学《英文合同的语言特点及其翻译原则——〈购买协议〉》的翻译报告（简称报告 2），并对两篇翻译报告进行对比分析，发现两高校在翻译倾向、理论运用、中英文摘要、文献综述、报告结构、参考文献规范方面存在的殊同及问题，并据此提出对策。因篇幅有限随机选取一两篇翻译报告难免有些偏颇，但笔者以为，如能引起读者广泛而深入的探究，形成一系列分析论文，将对翻译实践报告写作提供有益参考。

（三）评价方式

穆雷提出了 MTI 学位论文定量和定性评价方式，可为本文分析两篇报告提供思路。现摘录如下：

表1 MTI学位论文定量评分表[4]

指标及权重	衡量标准	分项评分
选题（10%）	论文选题体现了口笔译及其相关语言服务行业的专业性、职业性特点，针对翻译理论与实践、翻译管理、翻译市场与行业、翻译技术与工具使用等方面的具体问题，具有一定理论或实用价值。	
综述（10%）	论文全面了解本领域的相关研究背景和现状，选用文献全面、切题，评述逻辑清晰、精炼。	
研究设计和组织（20%）	论文设计正确、周密，能准确把握所要研究问题的现状，并综合运用理论、方法和技术手段解决所研究的问题，论证过程完整，分析符合逻辑，结论或结果可靠。	
创新性（10%）	论文在研究方法、研究内容、工具技术使用、原文选择、分析视角等方面具有较高的创新性。	
工作量（10%）	论文所涉及的工作有一定的复杂性和难度，工作量合适。	
研究意义和价值（20%）	研究体现出极强的理论性或实践特点，研究结果能对翻译实践、翻译理论的发展、翻译企业管理、翻译行业发展等方面带来贡献，具有一定的社会经济效益和应用价值。	
写作能力（10%）	有较高的语言表达能力，表达清晰，通顺流畅，条理性强，表达地道，无语法和拼写错误、错别字、标点符号使用不当等，论文结构完整，图表清晰。	
写作规范（10%）	论文严格按照学术规范进行标注和引用，论文格式与排版符合要求，参考文献适量合理。	
论文总得分		

上述的定量分析表全面概括了MTI学位论文结构的各方面，本文不拟讨论写作能力和写作规范方面，其他每个方面均有涉及。但分类方法因不同，在本文中未细化，如“选题和创新”在本文中归于“课程设置”，“研究设计和组织”归于“报告结构”，“工作量”在“翻译过程”中体现，“研究意义和价值”贯穿于整个翻译报告，并在“项目总结”使其实用化。

结合翻译报告已趋向非文学翻译体裁这一事实，本文剖析出翻译报告在翻译倾向、理论运用、中英文摘要、文献综述、报告结构、参考文献规范方面存在的殊同及问题，进而提出翻译报告在课程设置、翻译过程及项目总结三方面的策略，以期对实现翻译报告实用和学术价值提供参考。

三、翻译报告对比分析

（一）翻译体裁

根据奈达的说法，文学翻译在全部翻译中所占比例不超过5%，而纽马克推测，诗歌的翻译仅占全部翻译的0.5%。根据Scarpa，文学翻译仅占世界翻译总量的1%。[5]同时非文学翻译的内容更为纷繁复杂，涉及领域颇广，其文本体裁“包括政府文件、告示、科技论文、新闻报道、法律文书、商贸信函、产品说明书、使用手册、广告、技术文本、科普读物、旅游指南等各类文本”[6]。

从本文选取的翻译报告可以看出，两所高校的同学选取翻译报告体裁时，都体现出各校的办学特色。通过对四川师范大学MTI专业学位授权点点长朱华老师的咨询，以及在CNKI网站上的查询，笔者了解到四川师范大学翻译硕士翻译报告的选材主要以教育著作和旅游文本为主。而广东外语外贸大学的选材却尽可能贴近经济类和商务类。然而，值得注意的是，无论各高校的翻译选材是否有针对性地体现本校特色，翻译报告倾向于非文学翻译却成了不争的事实，这也迎合了市场发展的需要。

（二）翻译倾向

无论是本文所选翻译报告，还是笔者在CNKI网站上的查阅结果，翻译文本多以英译汉为主。中国外文局副局长黄友义说，“与实际需要相比，中译外高端人才极度短缺”[7]，“特别是真正合格的高级中译英定稿人才不足百人，严重缺少中译英高级人才，将导致文化上的‘逆差’”[8]。然而，随着中国话语权的呼声高涨，以及领导人“讲好中国故事，传播好中国声音”的倡导，翻译报告要贴合现阶段实际情况，需要向汉译英方向转变。MTI专业学生要认识到时代赋予我们的使命，为提升中国国际话语权而努力。

（三）理论运用

为适应社会主义市场经济对应用型高层次专门人才的需求，国务院学位委员会批准设置MTI。“专业学位教育是我国研究生教育的一种形式，区别于一般意义上侧重理论、学术研究的研究生教育，专业学位教育旨在针对一定的职业背景，培养高层次、应用型专业人才。”[9]

就本文所选翻译报告来看，报告1将翻译单位作为理论的说法是否能得到业界的认可还有待考量，报告2恰好没有理论支撑，这反映了多数翻译报告的共同问题。从上文中不难看出，MTI的设置及培养目标均不太注重理论修养，这也就是很多MTI学生的翻译报告理论创新方面缺失较多的原因。前些年，翻译报告中最常见的翻译理论无非是功能对等和目的论，近些年似乎有所改观。但即便如此，理论脱离实际的现象仍比比皆是。

由此可见，翻译报告在理论运用方面存在的问题，大体可以概括成以下三点：无理论支撑、理论陈旧无创新、理论脱离实际。

（四）中英文摘要

国标ISO214－1976指出：摘要是一份文献内容的准确压缩，不加解释或评论。中国国家标准规定：摘要是报告、论文内容不加注释和评论的简短陈述。摘要是读者判断论文价值、判断论文是否值得阅读的依据。论文摘要主要由四部分组成，即目的、方法、结果和结论。摘要写作时应注意排除本学科领域已成为常识的内容；不得简单重复题名中已有的信息；结构严谨，表达简明，语义确切；用第三人称；要使用规范化的名词术语，等等；而英文摘要写作时，还应注意时态，常用一般现在时、一般过去时，少用现在完成时、过去完成时，进行时态和其他复合时态基本不用。

而翻译报告的摘要与论文摘要写作大致相同，当然也有一些差异。具体而言，翻译报告的摘要字数一般在800~2000字，第一部分写议题、目的和意义；第二部分写运用的理论、采用的方法；第三部分简要分章节描述；第四部分写研究结论及存在问题。

本文所选取的两篇翻译报告，报告1的摘要结构为“议题、背景”“翻译方法”“论文框架”，缺少选题的目的、理论意义、实践意义以及研究的结论。报告2的摘要更简单，只写了“议题、背景”“目的”和“大致结构”，很多信息未涵盖。这些方面的缺失会导致读者读了摘要也不明白文章内容，无法实现“不阅读全文即能获得必要的信息”之作用。

（五）文献综述

文献综述是作者确定了选题后，在对选题所涉及的研究领域的文献进行广泛阅读和理解的基础上，对该研究领域的研究现状、新动态、新发现、和发展前景等内容进行综合分析、归纳整理和评论，并提出自己的见解和研究思路而写成的一种不同于毕业论文文体的文章。好的文献综述，不但可以为下一步的学位论文写作奠定坚实的理论基础，提供某种延伸的契机，而且还能表明作者对既有研究文献的归纳分析和梳理整合的综合能力，从而有助于提高对学位论文水平的总体评价。

本文所选取的两篇报告都缺少文献综述，这也是论文写作中的一个硬伤。文献综述不可或缺这一事实已无须赘述，而书写文献综述时，应关注最顶尖人物的最新成果，要有相关性，确保文献的真实性和权威性。还应注意的是，文献综述包括两个方面，重点在于“述”，要点在于“评”。

（六）报告结构

写一篇论文，如同建造一栋房子，需要一步一步脚踏实地，根基稳则房屋坚固。对翻译报告的结构，目前尚没有统一的要求，从本文所选报告来看，正文部分大致包括以下几步：引言、原文分析、翻译理论策略及方法、翻译的重难点案例分析、项目总结。当然，从 CNKI 上收集到的其他硕士论文来看，有些还增加了翻译过程描述。但无论怎样，正文的重点应放在案例分析上面，并且应结合相关翻译理论在策略、方法、技巧上进行译例分析，同时要注意分析的逻辑性、条理性。

（七）参考文献规范

正如不同的期刊对参考文献的规范不尽相同，不同的学校对硕士论文的参考文献要求也不一样。有的要求按作者姓氏排列，有的则要求按引文在文中出现的顺序排列。本文所选的两篇报告均是按作者姓氏排列，不同的是报告 1 是先中后英，而报告 2 则是先英后中，这与各学校要求相关，因此不对其进行评述。然而，无论是引文还是参考文献，均需避免引而不用或用而不引的现象。与此同时，需遵循学术规范的三大特性：（1）权威性，来自权威学者或权威期刊的方可引用；（2）时效性，尽量选择最新出版物和最新成果，与时俱进；（3）相关性，参考文献与研究论题密切相关。在参考文献的数量上虽无限制，然而博览群书、广泛收集资料对于写好论文至关重要。

四、MTI翻译报告写作建议

（一）课程设置

1. 理论课程设置

仲伟合认为MTI毕业论文是“考核其综合运用所学理论解决实际问题的能力，看其内容是否有新见解，或看其应用价值（翻译项目、口译实验报告）”[10]。而国外比较成熟的MTI教育也比较强调理论对实践的指导作用。MTI教学指导委员会公布的MTI培养方案（2011年修订版）中更是明确规定MTI学位论文要“理论与实践相结合，行文格式符合学术规范”。

因此，这也对各MTI培养单位提出了要求，就四川师范大学的MTI课程开设来说，理论方面的课程还是偏少。这将必然导致学生理论修养不高，翻译报告中运用的理论与实际脱节现象较为突出。

2. 论文写作课程设置

传统意义上的论文写作课程能培养学生的写作思维，了解论文写作过程，熟悉论文写作格式。但也有几个较为突出的问题还有待解决。

（1）授课方式模式化、固定化，基本上是以教师讲、学生听的方式进行。这虽然在一定程度上有利于知识的集中传达，但容易引起学生厌倦、注意力不集中。建议参考翻转课堂方式，给予学生表达思想的机会，或是采用分组讨论、共同分享的方式探讨论文写作的心得体会。可以选取某高校的优秀毕业论文进行详细分析，学习其优点；也可以选取一篇有诸多问题的论文，让学生分组进行讨论，分析其中的缺点，提出改正意见。

（2）不够重视选题与创新。教师要有意识地培养学生的选题思维。首先，选题不宜太偏、太前沿或太过时。太偏、太前沿的选题往往资料不够丰富，对于知识不够扎实的人而言有可能无法驾驭；太陈旧则重复性太高。其次，选题不宜过大。题目过大则不利于抓住重点展开论述，论述只能蜻蜓点水无法深入。教师要有意识地培养学生的创新思维。首先，翻译的创新。有些高校，比如四川师范大学，要求MTI学生的翻译项目必须具有原创性、首译性。其次，理论的创新。上文我们已经提及，翻译硕士因理论修养不够，千篇一律地使用功能对等理论和目的论。在各学科交叉融合的当代，翻译硕士应在保证理论结合实际的基础上，尽量使理论多元化。第三，翻译效果的创新。鼓励 MTI 的翻译报告不脱离专业范围，且能为解决实际问题服务。

（3）论文形式多样化。有学者提出翻译硕士论文可分为 5 种：实习报告、翻译实践报告、翻译实验报告、调研报告、研究论文。[11] 各高校在 MTI 论文写作课程设置上，应尽可能涉及各种论文形式，供学生有针对性地选择，避免单一化。

（二）翻译过程明确化

纵向加工模式认为，翻译过程是一个先理解后翻译的过程。[12] 奈达在自己的翻译过程图式里面，将翻译过程分为分析－转换－重构三部分。简单地说，我们将翻译分为译前－译中－译后三阶段。报告 1 的翻译过程过于简单，相对而言，报告 2 在这方面略胜一筹，作者对译前准备、日程安排和译后控制均有涉及。翻译的过程，在 MTI 翻译报告中，反映了作者的整个翻译思路，对读者有实际参考价值，需描述清楚。

翻译过程中需明确译前的准备工作包括三个方面。首先，原文准备：原文作者、书名、出版时间、主要内容介绍以及该书在学术、经济方面的影响和社会评价。其次，资料准备：从历史和共时方面收集相关文献和相关理论学术资料。第三，翻译工具准备：包括字典、词典、电子词典、在线查阅网站以及 CAT 软件等。

（三）项目总结实用化

项目经验总结反映的是作者的思辨能力，而从本文所选的两篇翻译报告来看，项目总结都过于笼统空洞、琐碎凌乱，无实际价值。项目总结可以谈理论上有何建树，有何心得、认识，纠正了什么错误，还有什么盲区、空白、错误有待解决，以后可能朝哪方面努力。稍微理性的总结一般都强调语言知识及专业知识，重视理论的指导作用，不拘泥原文，重视原文，语言地道自然，活用技巧，态度认真，注意积累，译前准备，认真翻译，译后校对等等。[13]

项目总结应反映作者从现象看到本质的能力，是对实践的具体总结，也包括对自己翻译过程的反思，有针对性地提醒读者注意问题，并有望在将来为实践服务。因此，MTI 的翻译项目总结应避免内容空洞的形式主义做法，尽量使总结有实际价值。

五、结　语

翻译硕士专业学位设置年限不长，该专业毕业论文以翻译报告为主，其写作模式尚在探索之中。各培养单位虽已普遍形成自己的写作特色，但也有些不合理问题，对此，研究分析各高校的翻译报告有助于取长补短，不断充实和完善翻译报告的写作要求，提高翻译报告的水平。本文基于MTI学位论文的评价方式，分析了四川师范大学及广东外语外贸大学的两篇翻译报告，针对其中存在的问题，总结出相关对策。翻译报告应体现MTI教育的特色，成为其亮点，恰当地运用所学理论，分析翻译文本，并提出有新意的见解，使理论得以升华和广泛运用，也为同类文本的翻译实践提供借鉴。

注释：

[1] 赵巍，《MTI实践报告的问题及对策——基于133篇实践报告的调查研究》，《解放军外国语学院学报》2014年第3期，第111页。

[2] 黄国文，《MTI毕业论文写作指南》，北京：外语教学与研究出版社，2012，第2－3页。

[3] 穆雷，《翻译硕士专业学位论文模式探讨》，《外语教学理论与实践》2011年第1期，第77－82页。

[4] 穆雷、杨冬敏，《翻译硕士学位论文评价方式初探》，《外语教学》2012年第4期，第92页。

[5] 李长栓，《非文学翻译理论与实践》（第二版），北京：中国对外翻译出版有限公司，2012，第16页。

[6] 方梦之，《我国的应用翻译：定位与学术研究——2003全国应用翻译研讨会侧记》，《中国翻译》2003年第6期，第48页。

[7] 吴奇志，《黄友义：文化走出去需要深刻理解中译外工作的本质》，《对外传播》2012年第12期，第20页。

[8] 潘天翠，《中国翻译人才的现状与培养——访国际译联第一主席黄友义》，《国际人才交流》2008年第10期，第7页。

[9] 仲伟合，《翻译专业硕士（MTI）的设置——翻译学学科发展的新方向》，《中国翻译》2006年第1期，第33页。

[10] 仲伟合，《翻译专业硕士（MIT）的设置——翻译学学科发展的新方向》，《中国翻译》2006年第1期，第35页。

[11] 黄国文，《MTI 毕业论文写作指南》，北京：外语教学与研究出版社，2012，第 5 页。

[12] D. Seleskovitch, "Interpretation: A Psychological Approach to Translating", in Brislin, R. W. eds., *Translation: Applications and Research*, New York: Gardiner, 1976, pp. 92 - 116.

[13] 赵巍，《MTI 实践报告的问题及对策——基于 133 篇实践报告的调查研究》，《解放军外国语学院学报》2014 年第 3 期，第 114 页。

On the Translation of Chinese Idioms in *A Dream of Red Mansions*

叶泓森

四川师范大学　外国语学院，四川成都　610101

Abstract: There are two major English versions of *A Dream of Red Mansions*, one is Yang Xianyi & Gladys Yang's and the other is David Hankes and John Minford's. Because of the use of many Chinese idioms the language in *A Dream of Red Mansions* is vivid as well as lively. This paper analyzes the translation of Chinese idioms in *A Dream of Red Mansions* to find out the differences and features of both domestication and foreignization in the two different translations.

Key words: *A Dream of Red Mansions*; translation; domestication; foreignization

I. Introduction

Concerning the translation of idioms in *A Dream of Red Mansions*, domestication and foreignization appear in both Yang Xianyi & Gladys Yang's version and Divad Hawkes and John Mintord's version. Some readers even regard Yang Xianyi & Gladys Yang's translation as a model of literal translation while Hawkes' the model of free translation. However, Hawkes still chose literal translation primarily for the sake of not disturbing reading effects because literal translation can maintain the faithfulness to the contents and forms of the original as

---

收稿日期：2017-01-18

作者简介：叶泓森（1994—），男，四川成都人，四川师范大学外国语学院2016级翻译专业英语笔译方向硕士研究生，主要从事英语语言文学、英语翻译研究。

much as possible. This paper analyzes the translation of Chinese idioms in *A Dream of Red Mansions* to find out the differences and features of both domestication and foreignization in the two different versions: one version by Yang Xianyi and Gladys Yang, and one by David Hawkes and John Minford.

II. Translation Strategies of Chinese Idioms in *A Dream of Red Mansions*

First, let's make a brief analysis of these two translation strategies in *A Dream of Red Mansions*, and then make a comparison to explore the better strategy under different situations.

i. Domestication Strategy in *A Dream of Red Mansions*

Domestication is aimed to make translated texts smooth and make the readers feel like they are reading this passage in their mother tongue. As a result, the translator needs to shorten the distance between the two different cultures and make the text clear and coherent. Domestication can't be bypassed when the translators translate the Chinese idioms into English. Chinese idioms originated from various classical stories, tales, or allegories, which have close connections with historic allusions, both complicated and abstract. Some of these idioms come from folk stories, which are impossible to translate. Under such situations, foreignization is unavailable. Furthermore, we are unable to find the English synonyms to explain them, so domestication has been adopted. We have to make the acknowledge that domestication will make the translated text lose the style or color of the source language, but we must sacrifice for the sake of correct and complete meaning. Yang Xianyi and Gladys Yang's version offers us many examples of domestication. For example:

①刘姥姥方扭扭捏捏在炕沿上坐了。

Grany Liu perched gingerly on the edge of the Kang. [1]

The Chinese idiom "扭扭捏捏" can not be translated in accordance with foreignization. However, Yang Xianyi and Gladys Yang translated it with the Chinese verb "坐" into English as "perched gingerly," which can convey the Chinese meaning vividly and effectively. "坐" is a common verb in Chinese, and "坐" has different gestures and feelings. The "坐" in this sentence expresses the feeling of unwillingness and restriction, so the translator expresses the verb in English accordingly. However, "perched gingerly" is a correct and precise version. The following is another example of domestication:

② (焦大) 因趁着酒兴，先骂大总管赖二，说他不公道，欺软怕硬，……

Roaring drunk, he lashed out at the head steward Lai Erh's injustice, calling him a cowardly bully. [2]

"Bully" in English refers to someone who frightens or hurts someone who is smaller or weaker than they are. And "欺软怕硬" in Chinese not only refers to someone who frightens someone who is weaker, but also implies that they are afraid of someone who is stronger than themselves. Yang added the "cowardly" in particular to modify "bully," which perfectly conveys the ambivalence of a bully.

Above all, it is not difficult for translators to translate these Chinese idioms into English when the two languages have some similarities, especially their equivalences in meaning and form. Among these three examples, it is easy to find these equivalences, which can make the readers feel like they are reading this passage in their mother tongue. As a result, the domestication is usually employed to deal with some idioms, classical allusions, other language materials, etc. But the translators should take the differences in the syntactical structures, grammar and expressions of the target and source language into consideration when they are handling practical translation work.

ii. Foreignization Strategy in *A Dream of Red Mansions*

Foreignization is employed to maintain the characters of language and culture of the source language with the method of transplanting. As a result, readers can learn more about the exotic culture and language of characters. Additionally, foreignization can also contribute to enriching the expressions of the mother tongue to make for better communication. For example:

③原来这学中虽是本族人丁与些亲戚子弟，俗语说得好：“一龙生九种，种种个别。”未免人多了，就有龙蛇混杂，下流人物在内。

Now although the pupils in this school were members of the China clan or relations by marriage, as the proverbs so aptly says, "A dragon begets nine offspring, each one different." And inevitably among so many boys there were low types, too, snakes mixed with dragons. [3]

In traditional Chinese fiction, dragon is a sacred animal, which is lofty and dignified and people who are both majestic and sublime are often compared to dragons. If the translator could utilize the foreignization strategy, the text will be vivid and full of ethnic flavor. Another example:

④秦氏道：“婶婶，你是个脂粉堆里的英雄，连那些束带顶冠的男子也不能过你，你如何连两句俗语也不晓得？常言，月满则亏，水满则溢；又道是登高必跌重。……”

"You are such an exceptional woman, aunt, that men even in official belts and caps are no match for you. It is possible you don't know the saying that 'the moon waxes only to wane, water brims only to overflow.' And the higher the climb the harder the fall." [4]

“月满则亏，水满则溢” is a Chinese idiom which contains incisive philosophy and is literally parallel. And the translated text "the moon waxes only to wane, water brims only to overflow" not only conveys the Chinese meaning correctly, but also gives consideration to both literal parallelism and exquisite use of words.

Above all, it is not difficult to find that foreignization brings the source language's inherent expressions into the translations, which could ensure the correctness of the translated texts. And the translated text would not change a lot as a result of change in the form of the language. But any language has the capacity of exclusion because of its inner mechanism established by popular usage and embedded in the language itself. As a result, in order to retain the cultural information of the source language it is not simply a case of applying or copying mechanically. Translators should employ the foreignization strategy with some limitations. Over-foreignizing cannot integrate the differences between two languages, which would affect the readability and cultural transmission.

III. Effects of the Translation Strategies of Chinese Idioms in *A Dream of Red Mansions*

Now let's analyze briefly the effects of both domestication and foreignization strategies on the translation of Chinese idioms in the novel.

i. The Effect of Domestication Strategy

Domestication strategy is utilized to make translated texts smooth and make the readers feel like they are reading this passage in their mother tongue. As a result, the translator must shorten the gap between the two different cultures and make the text clear and coherent. We must acknowledge that domestication will cause the translated text to lose the style and original flavor of the source language, but we must make sacrifices for the sake of correctness and complete meaning. Chinese idioms can be divided into a lot of categories and originated from various classical stories, tales and allegories, which have close connections with historic allusions, both complicated and abstract. For example, some of these idioms come from folk stories, which are impossible to translate. Under such situations, foreignization is unavailable. Here are some examples:

⑤热锅上的蚂蚁

Yang's version: frantic as an ant on a hot griddle

Hawkes et al.'s version: with the frenzied agitation of an ant on a saucepan [5]

The "griddle" refers to a circular iron plate that is heated and used for cooking food. The saucepan refers to a deep cooking pan, typically round, made of metal, and with one long handle and a lid. The "saucepan" from Hawkes et al.'s version specifically refers to a very traditional and general piece of kitchenware. Both of the two versions can be fully understood by foreign readers because the translated text caters to their life style and customs.

⑥鬼嚎的一般

Yang's version: sounded like a ghost wailing

Hawkes et al.'s version: sounded more and more like a croaking harpy [6]

"鬼嚎的一般" is obviously an idiom full of derogatory meanings, which is used to describe Zhao Yiniang, a character in *A Dream of Red Mansions*, who is extremely disgusting. Both of the two versions employ quite typical domestication. Hawkes and Minford translates the image of the woman into the image of a harpy, which is a rapacious monster described as having a woman's head and body and a bird's wings and claws, or depicted as a bird of prey with a woman's face. Obviously, through the harpy image western readers can understand just how disgusting and fierce the woman is. The translators are able to make foreign readers accept the translated text more easily by using domestication strategy to make some analogies to a certain extent. Foreign readers can easily and correctly understand the idioms through their mother tongue. And domestication strategy is a good solution to translate these idioms that come from folk stories and that are hard or impossible to translate. However, translators should utilize domestication with certain limits—over-domestication may cause the loss of original culture and readability of the translated text. When translators are faced with the choice to use domestication strategy or foreignization strategy, they may take the culture, customs, etc. into consideration. For example, there are a lot of idioms in *A Dream of Red Mansions*. In contrast to English, they are very terse and meaningful, which may contain a lot of traditional Chinese implications. The English counterparts can not directly replace these words and phrases. Under such situations, the translators need to first make sure that the foreign readers can understand what they translate. Domestication is a key method for translating the whole texts.

ii. The Effect of Foreignization Strategy

Foreignization is utilized to maintain the characters of language and special culture of the source language. As a result, readers can learn more about the exotic culture and language characters. At the same time, foreignization can also be conducive to enrich the expressions of the mother tongue to make for better communication between the two cultures. Here are some examples:

⑦抱头鼠窜

Yang's version: slunk away

Hawkes et al.'s version: wrapped his hands round the back of his head and fled like a rat [7]

Both of the two versions use foreignization strategy. However, Hawkes et al.'s version outnumbers the original text in terms of correctness and verisimilitude. In particular, "the back of" is added by the translator according to the hidden meaning of the original text. Relatively speaking, Yang's version is terser. In sum, on account of foreignization strategy, both of the two versions convey the Chinese meaning and maintain the Chinese language style successfully.

⑧如得了凤凰一般

Yang's version: was as delighted as if they had indeed got hold of a phoenix

Hawkes et al.'s version: it really was as if a phoenix had appeared [8]

"凤凰", an auspicious bird according to Chinese legend, does not exist in western culture. Both of the two translators employ similies with "as if" and "as though." Furthermore, the translators add some words to make the translated text more fluent and express the characters' mind correctly.

There is no doubt that foreignization strategy can also express the original's meaning as well as maintain the exotic culture and language characters. In particular, the foreignization strategy can also enrich the expressions of the readers' mother tongue to make for a better understanding and communication with the culture of the readers of the original text. However, translators should utilize foreignization strategy within certain limits. Over-foreignization fails to integrate the differences between two languages effectively, which affects readability and cultural transmission. Both domestication and foreignization have advantages and disadvantages. When translators are faced with the choice to use domestication strategy or foreignization strategy, they may take the culture, customs, etc. into consideration. Foreignization should be the first strategy adopted in translation because it can maintain the flavor of the original text.

IV. Conclusion

This paper primarily analysed the differences and influences of domestication and foreignization strategies on translation of Chinese idioms in *A Dream of Red Mansions*. Chinese idioms have a long and storied history, originating from a very profound culture, which can be divided into many categories. It is very difficult to translate them into English accordingly. Translators often face difficulties in their translation. Domestication and foreignization are the most basic translation strategies to deal with such problems. Domestication strategy is employed to make translated texts smooth and make the readers feel like they are reading the passages in their mother tongue. As a result, the translator is challenged to narrow the gap between the two different cultures and make the text clear and coherent. Concerning foreignization strategy, it concludes the characters of language and culture of source language with the method of transplanting. Thus, readers can learn more about the exotic culture and language characters. Additionally, foreignization can also contribute to enriching the expressions of the readers' mother language to make for a better communication with the foreign culture. The translated texts of *A Dream of Red Mansions* are a typical combination of the two strategies, and the two strategies have different effects, compensating for each other while complementing each other.

Notes:

[1] 冯庆华,《红译艺坛:〈红楼梦〉翻译艺术研究》,上海:上海外语教育出版社,2006,第26页。

[2] 冯庆华,《红译艺坛:〈红楼梦〉翻译艺术研究》,上海:上海外语教育出版社,2006,第30页。

[3] 梁红艳,《从杨宪益〈红楼梦〉英译本看习语的等效效应》,《忻州师范学院学报》

2008年第3期，第59页。
[4] 张培基，《略论〈红楼梦〉新英译的习语处理》，《上海外国语学院学报》1980年第1期，第3页。
[5] 冯庆华，《母语文化下的译者风格》，上海：上海外语教育出版社，2008，第25页。
[6] 冯庆华，《母语文化下的译者风格》，上海：上海外语教育出版社，2008，第27页。
[7] 冯庆华，《母语文化下的译者风格》，上海：上海外语教育出版社，2008，第22页。
[8] 冯庆华，《母语文化下的译者风格》，上海：上海外语教育出版社，2008，第10页。

A Study on Sports Translation

徐背背

成都体育学院　外语系，四川成都　610041

Abstract: An increasing number of international sports competitions have been held in China and this highlights the importance of sports translation. However, there are many problems in the translation of sports, with some obvious and typical problems appearing frequently. This paper sums up the features of sports translation, analyses the problems in the translation of sports terms and works out feasible translation methods and strategies.

Key words: sports translation; features; countermeasures

I. Features of Sports Translation

Accuracy is the foundational characteristic when the sports translation differs from the simple linguistic transference from Chinese to English. Sports translation stresses the communication effect, as Harold Lassewell, an American publicity pioneer, proposed in the Theory of Five Elements of Translation. According to him, a kind of publicity is running in the pattern of WHO→SAY WHAT→ IN WHICH CHANNEL→TO WHOM→WITH WHAT. Lasswell was well associated with the disciplines of political science, psychology and sociology; however, he did not adhere to the distinction between these boundaries but instead erased the

---

收稿日期：2016－12－01

作者简介：徐背背（1991—），女，河南商丘人，成都体育学院外语系2016级体育人文社会学专业体育赛事翻译方向硕士研究生，主要从事体育赛事翻译研究。

lines drawn to divide these disciplines. [1]

The effect in the last ring of the chain is the publicity effect, the reaction aroused when the messages arrive at the destination. The translation will become meaningless if the messages sent by the translator can not be perceived by the readers in the way that they were intended. Sports translation is a process involving the reproduction in foreign languages, which is distinguished from the translation in its general sense. In other words, it shoulders the responsibility to convert Chinese into English on the linguistic level, as close to the idiomatic English as possible. It is necessary for sports translation to cater to the foreign readers who prefer to read reports that agree with their language patterns and cultural practices.

II. Problems in the Translation of Sports Terms

i. Mistranslation of Sports Terms

Some translators are not familiar with the specific terms in the sports field, which leads to the confusion of the readers and affects the publicity effect.

Example 1:

An advertisement of the Chi'an Acrobatic Troupe in *China Daily* reads as:

Enjoy
Traditional Chinese Kungfu
CHINA ACROBATIC
TROUPE PRESENTS
A SPECIAL
ACROBATIC SHOW [2]

There are different versions of English expressions for the traditional Chinese Wushu, such as Wushu, martial art and Kung Fu. Martial art refers to arts of combat and self-defense (as Karate and Judo) that are widely practiced as sports. Acrobatics is a spectacular, showy or startling performance or demonstration involving great agility or complexity. Although the traditional Chinese Wushu and acrobatics have something in common, they are totally different kinds of physical practices. However, the translators misused the two different practices in the translation. There actually would be an acrobatic show in the performance program of the troupe, but the translators mixed it up with Chinese traditional Wushu and conveyed the wrong information. The readers who saw the terms of translation would feel confused about what they would appreciate in the troupe and as a result the box office of the troupe would suffer a great loss. [3]

Example 2:

The translator of the handout of the 2004 Xiamen International Marathon mistranslated the sport term as follows,

> Chinese version: "2004 年全国马拉松锦标赛……"
>
> English version: "... 2004 China National Marathon Competition"

The Chinese expression of "锦标赛" should be translated as championships instead of competition which does not indicate the type of match. [4] The suggested translation is "... 2004 China National Marathon Championships" or "2004 All-China Marathon Championships."

ii. Qualification of the Interpreters

The introduction of international basketball players and coaches to CBA League (China Basketball Association) has promoted the development of Chinese basketball. [5] Chinese interpreters serve as a significant bridge between international basketball players and coaches and their counterparts. However, many interpreters are not qualified in their field, and have never taken part in the sports game before they graduate from university. Thus, they make mistakes frequently when they interpret the games.

Example 3:

> One foreign coach said, "Move ! Move! Keep moving!"
>
> It is translated as "移动！移动！保持移动！"

The translation is literally correct, but it turns out to be wrong when it refers to the specific language environment in the basketball field. The suggested translation is "跑起来！跑起来！换了！换了！" It not only conveys the key meaning of the words, but also shows the translation strategy.

Though I believe that Chinese interpreters are unable to manage the final score of the game, they must take great responsibility for the club and CBA league, putting the target language receiver as the ultimate destination, doing anything they can, interpreting the language of international basketball players and coaches as faithfully and fluently as possible so as to make due contribution to the development of the CBA League.

III. Countermeasures to Improve Sports Translation

In order to solve the problems in sports translation in China and promote its healthy development, this section offers ways to improve the sports translation from three aspects.

i. Social Approach

More attention should be paid to sports translation in China in order to make Chinese people recognize its importance so as to successfully host the international sports games. Since the 2008 Olympic Games, more and more Chinese people pay more attention to sports translation in China. In Guangzhou, the Municipal Government encourages the local people to learn English so as to improve the competence of the staff in dealing with foreign affairs. It is a great contribution to the success of the 2008 Beijing Olympic Games to standardize the English translation in sports translation.

ii. Promotion of Individual Ability

As is known to all, a translator has to know everything of something and something of everything. In other words, translators have to keep the political conscience, Chinese and English language competence and be ready to acquire new knowledge. They also need to acquire the politics, economy, and culture of the target language countries and understand the differences between Chinese and western culture. Furthermore, in order to produce a successful translation of sports, the translators should not only be equipped with translation theories and various translation skills but also with various knowledge of sports. [6] They must read more materials and watch more videos about sports and get the specific knowledge of all kinds of sports. They also have to learn idiomatic English terms. Only in this way can they produce agreeable and sensible translations of sports for foreigners.

The translators should have strategic competence of resource research and resource assessment. These competencies can be acquired in the following ways: first, to center training upon how the translators find a parallel text, in which the target language is close to the source text in terms of function and content; second, to ask the trainees to find more resources about the source text; third, to ask the trainees to make a website and put all the information they have found about the source text on the internet.

iii. Reform of Teaching

Teaching should be reformed in the universities of translation theories and translation practice. Universities are the cradles for the interpreters. [7] They equip the students with classical and modern translation theories, helping them build a sound theoretical basis for their future translation practices. Moreover, teachers should provide the students with translation practices with specific purposes and help them develop inter-cultural communicative competence. Faced with the changing requirements of society, the textbooks and training methods of the translation course in universities should be reinforced.

The traditional textbooks of translation are generally prescriptive, which is not in accordance with actual translation practice. The new textbook system should be descriptive and should be more objective, compatible and open for the prolonged controversy over the definition of translation and translation standards.

Notes:

[1] Everett Rogers, *A History of Communication Study: A Biological Approach*, NY: The Free

Press, 1994, p. 3.

[2] *China Daily*, April 13, 1991, p. 8.

[3] 刘和平,《论全球化时代的口译人才培养模式——第九届全国口译大会暨国际研讨会评述》,《中国翻译》2012 年第 5 期, 第 57 页。

[4] 彭珊红,《谈竞技体育实用体育科技英语写作》,《体育函授通讯》1998 年第 4 期, 第 32 页。

[5] 刘季春,《调查与思考——谈建立我国翻译教材的新体系》,《中国翻译》2001 年 4 期, 第 49 - 53 页。

[6] 杨梅,《中国传统体育对外宣传翻译的原则》, 《武汉体育学院学报》2007 年第 5 期, 第 20 - 23 页。

[7] 胡本东,《中国职业男子篮球俱乐部体育英语翻译现状调查和改善对策研究》,《山东体育大学学报 》2008 年第 9 期, 第 39 页。

俄语报刊政论语体中翻译转换法的运用

王　雪

四川师范大学　外国语学院，四川成都，610101

摘　要：翻译是一个复杂的动态过程，诸多因素会对翻译活动造成影响。在翻译中常常遇到包括理解与表达、忠实与通顺、直译与意译在内的诸多矛盾。为了达到翻译等值，译者可以通过语际转换解决这些矛盾，让译文尽可能再现源语，这就是所说的翻译转换法。本文将结合俄汉语报刊政论文的特点与具体翻译实例，对俄语报刊政论语体中的常用翻译转换法进行分析。

关键词：翻译；报刊政论语体；转换法

一、俄语报刊政论语体概述

功能修辞学认为，语体是标准语在行使其功能的过程中为适应不同社会活动领域交际的特点和需要而形成的表达方式各有特色的言语变体。[1]根据语言在不同交际领域中各自交际需要的不同，语体可以分为五个类别：公文事务语体、日常口语语体、科技语体、文学语体和报刊政论语体。

报刊政论语体（газетно-публицистический стиль）主要运用于社会政治活动领域，为人们在社会政治生活领域的交际服务。社会政治生活包括国内外政治、经济、外交、军事、科技、文教、体育、道德等许多方面。报刊政论语言在反映这些方面的情况时都是从社会政治的角度着眼，无论是报道的内容和角度还是分析评论的观点，都有很强的现实针对性和政治倾向

收稿日期：2017－03－05

作者简介：王雪（1994—），女，黑龙江海伦人，四川师范大学外国语学院2016级俄语笔译专业硕士研究生，主要从事俄汉、汉俄翻译研究。

性。[2]可以看出，报刊政论语体涉及的题材很广泛，而且有很强的纪实性和评价性。此外，报刊政论文本面向的是大众读者，所以其语体除了具有基本的信息功能以外，还有很强的影响力，并通过这种语言的影响力与感染力让读者深刻了解文本所蕴含的主要问题。

政论语言所具有的客观性、准确性、时效性、简洁性、逻辑性等特征决定了报刊政论语体的特点。首先，报刊政论语体在结构上具有严谨的逻辑性，而且为了使政论语体具有信息功能（информативная функция）和感染功能（воздействующая функция），报刊政论语体需要在结构上条理清晰，在叙述上逻辑分明、有理有据。其次，报刊政论语体一般将语言手段与程式化手段相结合，采用具有感染力的评论语言去阐述主要问题，以给读者留下深刻印象。

二、俄汉报刊政论语体的异同

首先对比一下俄汉语报刊政论语体的异同。

（一）俄汉语报刊政论语体的共同点

无论是俄语还是汉语，划分语体的目的都是服务于不同社会领域的需要。首先，俄汉报刊政论语体文本涉及国家生活，所以在语言选择方面一般会广泛使用与政治、经济、军事、文化等领域相关的书面语和专业词汇。例如：

① добиваться процветания и развития мировой экономики

译文：推动世界经济的繁荣与发展

② всестороннее расширение и укрепление двустороннего сотрудничества

译文：全方位扩大与加强双边合作

③ обезопасить страны от колебаний курсов основных мировых валют

译文：使国家免受世界主要货币汇率波动的影响

以上例子为报刊政论语体中比较典型的政治、经济书面语及专业词汇。

第二，报刊政论语体中经常出现国家、机构、职位的名称，人名以及缩略语等。

④СВМДА — хорошо зарекомендовавший себя механизм сотрудничества.

译文：亚信会议很好地展示了自己的合作机制。

⑤ Сюе Лань, руководитель научной группы Китайского совета по международному сотрудничеству в области окружающей среды и развития.

译文：薛澜——中国环境与发展国际合作委员会课题组组长。

⑥ Индекс ММВБ может вырасти до 1480 пунктов на текущей неделе.

译文：本周莫斯科国际外汇银行的交易指数将达到 1480 点。

第三，为了使文章的信息功能与感染功能最大化，俄汉语报刊政论语体的用词趋向于大众化，较多使用程式化的语言表达以及富有表现力的文章标题。

⑦Как сообщает ИТАР-ТАСС...

译文：据俄通社报道……

⑧Китайский онлайн-ритейлер JD. com（Jingdong Mall）привлек 1,78 млрд. долларов в ходе IPO, сама компания была оценена более чем в 25,7 млрд. долларов, сообщает Bloomberg.

译文：彭博资讯：中国在线零售平台京东（Jingdong Mall）在首次公开募股中共吸引资金 17 亿 8 千万美元。公司资产评估达到了 25 亿 7 千万美元。

⑨ «JD. com: крупнейшее IPO китайцев в США»

译文：《京东：中国公司在美国最大 IPO》

⑩ « Кто Порошенко?»

译文：《谁是波罗申科?》

例⑦⑧为报刊政论语体的程式化语言。

例⑨⑩中文章标题通过形容词最高级和问句的形式增强表达的感染力。

（二）俄汉语报刊政论语体的差异

首先，俄汉报刊政论语体在增强文章表现力的方式上存在差异。俄语报刊政论文本语言形式较为灵活，多样化的语言都可以运用在报刊政论语体中。为了让文本贴近读者生活，高雅词汇的使用率逐渐降低，经常可以看到俗语、俚语、旧词等的新用现象。如“возня”（阴险活动）、“наемник”（爪牙）等这种日常化词汇的运用是向读者靠近的重要方式，也是增强文章表现力的有效办法。

而汉语报刊政论语体在增强行文表现力上侧重点有所不同。"在审美心理上，中国人喜好对称，汉语语言文字（汉语一字一音节）又提供了这种可能性，所以汉语中词语、句子的平行对称使用，就远比俄语以及欧洲其他语言中常见得多，广泛得多。"[3]

⑪困难不容低估，信心不可动摇

译文：Следует сохранять непоколебимую уверенность в нашей способности решить все проблемы，но не следует недооценивать существующие трудности.

这是中国政府工作报告中的一句话，从该例中可以看出，由于语言习惯的不同，俄汉报刊政论语体在行文上有很大的差异。

第二，语法规范的不同使俄汉报刊政论语体的语言形式有很大的差异。其中比较明显的就是，在俄语报刊政论文语言中，句序和句型灵活多样，动词的时、体、式用法丰富，简单句和复合句、长句和短句交叉使用，简单句通常稍多于复合句。[4]相比之下，"汉语重意合，以意统神，句子结构相对松散，句子成分间缺乏形态联系，各成分的结合多靠语义的贯通和语境的映衬"[5]。汉语的政论文更注重文本的简练精准，讲求言简意赅，通顺易懂。

三、翻译转换法在俄语报刊政论语体中的运用

从以上论述中不难发现，俄汉报刊政论语体存在很大的差异，正是这些差异给报刊政论文本的翻译造成了困难。为了让报刊政论文的原文与译文在形式与内容上向等值靠近，翻译时应重视源语与译语在语言上的差异，并以此为切入点寻找最佳的翻译策略与翻译方法。在这一过程中，翻译转换法为译者克服翻译困难、增强译本的可读性提供了可行的办法。

翻译转换法有多种类别，列·斯·巴尔胡达罗夫（Л. С. Бархударов）在《语言与翻译》（«Язык и перевод»）一书中将翻译转换法分为四类：移位法、替换法、加词法和减词法。雅·约·列茨克尔（Я. И. Рецкер）在《翻译理论与翻译实践》（«Теория перевода и переводческая практика»）中阐述了词汇转换中的意义分化、具体化、概括化、引申、反面着笔、整体转换、补偿法等。亚·达·什维策尔（А. Д. Швейцер）探讨了义素层面的

翻译转换和所指层面的翻译转换。以下将对报刊政论语体的常用翻译转换法进行举例分析。

（一）词类转译

蔡毅在研究俄汉语翻译技巧时指出：“由于俄汉两种语言的遣词造句不同，翻译时往往需要改变原文中某些词的词类，也就是说名词不一定要译为名词，动词也不一定译为动词等等。如果机械地复制原文中各个词的词类，有时候会破坏译文语言的造句规则，影响意思的表达和译文的通顺、流畅。”[6]

俄语报刊政论语体在用词上有很多习惯与汉语差别很大。俄语报刊政论语体具有很明显的静词性特点，名词和形容词的用词量所占比重较大。例如，俄语中动名词可以表示动作概念，而且比它所对应的动词的意义更为概括。此外，俄语的形容词短尾具有概括和评价意义。因此，在俄语政论文汉译时需要注意名词与形容词的词类转译。

（1）名词转译。

⑫ Развитие дружественных, добрососедских, партнёрских отношений в полной мере отвечает интересам и России, и Китая.

译文：发展睦邻友好伙伴关系完全符合中俄两国的利益。

⑬ После вступления в силу 1 января прошлого года самого строгого за всю историю Китая Закона об охране окружающей среды, случаи нарушения все еще имеют место.

译文：去年1月1日中国历史上最严格环保法生效后，违法行为仍时有发生。

⑭ Существенный результат дали жесткие меры борьбы со смогом, в частности закрытие наиболее загрязняющих среду предприятий, строгий контроль за количеством потребляемого угля и другие.

译文：现有的成绩都是采取严厉措施治理雾霾的成果，其中包括关闭污染最为严重的企业、严格监管煤炭的使用量等等。

上述俄语政论文本例句中，分别运用了以下动名词“введение”（实行、采用）、“ вступление ”（加入、开始）、“закрытие”（关闭）来表示动作的概念，在译为汉语时需要转换为相应的动词。

（2）形容词转译。

⑮… особое внимание уделяют им некоторые руководители местных администраций，ведь на них держится бюджет.

译文：一些地方政府的领导尤其关注税收，因为财政预算要依靠这些税收。

⑯ деятельное участие в строительстве социализма

译文：积极参加社会主义建设

例句⑮⑯中的形容词“особое”与“деятельное”分别译为副词“尤其”和“积极”。

（二）加词

“俄汉两种语言的差异导致在翻译的时候会遇到形式上不能完全转达原文每个词组的意义，从生成语法的角度看，这种现象可以解释为句子深层结构变换成表层结构时某些语义成分的省略。”[7] 因此，在处理报刊政论语体的译文时，需要将潜在词进行还原，将缺失的潜在词补充进译文，这就是“加词”。具体运用如下：

⑰ Цзивэнь отметил，что новая вертикальная система управления，безусловно，повысит уровень полномочий местных пунктов экологического мониторинга и в значительной степени предотвратит вмешательство местной администрации，в целом，позволит обеспечить объективный мониторинг.

译文：陈经纬指出，新型的垂直管理体系无疑将会提高地方生态监察部门的权利，也在很大程度上可以防止地方行政部门的干涉，会整体上保障监察结果的客观性。

如果完全忠实于原文，“обеспечить объективный мониторинг”应该译为“保障客观的监察”，但是结合上下文不难发现这句是针对上文“伪造监察资料”这一情况进行说明的。本句所说的“客观性”指的是监察材料或者监察结果的客观性，在句子的深层结构中这一潜在词义被隐藏了，所以在翻译的时候为了明确句意、更好地表达原文，需要将潜在词义还原在译文中，译为“保障监察结果的客观性”。

⑱ Благодаря «вертикали» министерство сможет осуществлять прямой надзор над местными органами охраны окружающей среды, соответственно, провинциальные службы-над нижестоящими органами.

译文：由于垂直管理的实行，国家环保部就能够实现对地方环保部门的直接监管，相应地，省级部门也能直接监管下级部门。

如果将例句逐字逐句地译为“由于‘垂直’，国家环保部就能够实现对地方环保部门的直接监管”，这样的译文会让读者完全无法明白。通过上下文可以明白，句中的“вертикаль”指的是“垂直管理”，因此需要根据上下文将潜在的意义表达出来，将其译为“由于垂直管理的实行”。这样虽然加词但并没有加意义，反而可以更准确地表达原文的含义。

（三）减词

与加词相反，在报刊政论文本的翻译实践中也会有处理词义冗余的问题。此时一般会采用减词的翻译方法。减词也绝不是减意义，而是为了更好地达意，一般删掉译文中词义冗余或者语义不言自明的成分。例如：

⑲Все это усугубляет ситуацию с загрязнением окружающей среды.

译文：这一切都使环境污染更为严重。

这一例句如果逐词翻译，可以译为“这一切都使环境污染的情况更为严重”，该译文显然不够简练。此时可以使用“减词”法，只翻译描述补语中心词“ситуация”的具体内容，译为“这一切都使环境污染更为严重”，这样的译文言简意赅、句意明确。在文本中遇到“ситуация” “факт”“случай”“дело”“работа”“явление”这样的词的时候，如果有说明性的语句对这些词进行具体说明，一般结合上下文只需要翻译具体内容即可。

（四）断句法

断句法是指翻译时将原文的句子分开，分段处理，以适应译文语言的表达习惯，使译文更加简练、明确，避免出现长串的修饰语。[8]俄语报刊政论语体的语法结构较为复杂，为了让文本叙述严密充实，经常会用到长句。例如为了在一个句子中容纳尽可能多的信息，经常使用多成素词组和多成分的扩展句。如：“Закрепление молодых на производстве прямо зависит от того, как заботятся об улучшении условий их труда и быта.”（能否使青年安心工作，直接取决于对改善他们的劳动和生活条件是否关心。）[9] 像这样的句子在译为汉语时采用断句的方法会增加译文的可读性，更加符合汉语习惯。例如：

⑳В связи с чем министр по охране окружающей среды Китая Чэнь Цзинин отметил, что введение жесткой вертикали в плане осуществления контроля, надзора и исполнения закона в соответствующих органах ниже провинциального уровня позволит более эффективно решать вопросы охраны экологии.

译文：因此中国环保部部长陈吉宁指出，省级以下的相应机构实行严格的管理、监测、监察、执法垂直管理体系，这将更有效地解决生态保护问题。

本句在翻译时采用了断句法，并且运用了汉语特有语法手段——外位主语。“外位成分可以包括外位主语、外位宾语、外位定语和外位状语，翻译中恰当地运用外位成分，可以在一定程度上解决修饰语过长，即所谓‘大肚子’问题，从而使译文重点突出、眉目清楚、避免歧义，也可以更好地传达原文意思结构的意义、实义切分的功能。”[10] 该例中，从句中“введение”的修饰语过长，而谓语和补语仅有几个单词，会导致译文头重脚轻。本句采用断句法，并使用外位主语“这”，从而将长长的主语置于句外，使译文更加通顺易懂。

（五）反面着笔

在俄语报刊政论文本的汉译中，有时需要用到反面着笔的方法。所谓反面着笔，具体来说就是从原文语法结构反方向出发，将肯定结构变为否定结构，或者将否定结构变为肯定结构，这种改变并没有改变句意。例如：

㉑Китайское общество уделяет этой тематике не меньшее внимание из-за того, что в настоящее время органы по охране окружающей среды сталкиваются с большими трудностями в ходе контроля и исполнения закона, а случаи загрязнения выявляются постоянно.

译文：中国社会对这一话题给予了很大的关注，原因就在于如今环保部门在监管与执法的过程中遭遇了很大的困难，环境污染屡见不鲜。

本句需要从反方向处理原文的否定语气。如果忠实原文结构，将句中的"Китайское общество уделяет этой тематике не меньшее внимание"翻译为"中国社会对这一话题给予了不是较少的关注"，译文就完全不符合汉语表达习惯，让人费解。所以用反面着笔的手法将否定结构处理为肯定结构，能使译文更加通顺易懂。

四、结　语

通过上文对俄语报刊政论语体的叙述，以及对俄语报刊政论语体汉译时的常用翻译转换法（词类转译、加词、减词、反面着笔）的探讨，我们不难发现，两种语言的差异虽然给翻译造成了很多困难，但是翻译转换法在很大程度上给译者提供了解决这一矛盾的办法。此外，翻译问题的复杂性决定了几种翻译转换法往往需要同时运用。转换法的综合运用使翻译工作难度加大，但是一旦分析透彻，运用巧妙，就能够更好地完善译文，使译文更加符合译入语的语言规范，更加贴近读者。

注释：

[1] 吕凡、宋正昆、徐仲历，《俄语修辞学》，北京：外语教学与研究出版，1988，第 17 页。

[2] 吕凡、宋正昆、徐仲历，《俄语修辞学》，北京：外语教学与研究出版，1988，第 137 页。

[3] 张会森，《俄汉语对比研究》，上海：上海外语教育出版社，2004，第 492 页。

[4] 丛亚平，《实用俄汉汉俄翻译教程》，北京：外语教学与研究出版，2010，第 53 页。

[5] 李红霞，《目的论视域下的政论文英译策略研究》，《外国语文》2010 年第 5 期，第 87 页。

[6] 蔡毅等，《俄译汉教程》增修本（上），北京：外语教学与研究出版社，2006，第 153 页。

[7] 巴尔胡达罗夫，《语言与翻译》，蔡毅等编译，北京：中国对外翻译出版公司，1985，第 194 页。

[8] 蔡毅等，《俄译汉教程》增修本（上），北京：外语教学与研究出版社，2006，第 192 页。

[9] 吕凡、宋正昆、徐仲历，《俄语修辞学》，北京：外语教学与研究出版社，1988，第 151 页。

[10] 蔡毅等，《俄译汉教程》增修本（上），北京：外语教学与研究出版社，2006，第 206 页。

小学英语教学研究

小学英语教学中学生思维能力培养的思维导图研究

杨天添

四川师范大学附属实验学校，四川成都 610068

摘　要：随着经济和科技的高速发展，英语在国际社会中的应用越来越广泛，英语也成为传递信息的重要工具。就英语的工具性而言，英语课程承担着培养学生基本英语素养和发展学生思维能力的任务。而小学阶段正是一个人发展思维能力的关键时期。在小学英语课堂上，教师可以利用思维导图这个简单而又高效的工具来发展学生思维的深度和广度，从而为其终身学习和发展夯实基础。

关键词：思维导图；小学英语；思维能力

根据国家《英语课程标准》的要求，义务教育阶段的英语课程兼具工具性和人文性双重性质。就工具性而言，英语课程承担着培养学生基本英语素养和发展学生思维能力的任务。而思维导图（Mind Map）作为一种简单高效的工具，在培养学生的思维能力上作用显著。

一、思维导图的教学价值

思维导图的概念是由英国脑力开发专家托尼·巴赞（Tony Buzan）提出的。他指出："思维导图由词汇、颜色、线条和图片组成，画起来非常容

收稿日期：2016－11－30

基金项目：2015 年"四川中小学教师专业发展研究中心"项目"在小学英语教学中运用思维导图发展思维能力的实证研究"（编号 TER2015－012）研究成果之一。

作者简介：杨天添（1988—），女，四川成都人，四川师范大学附属实验学校小学教师，小学一级，主要从事小学英语教学研究。

易。”（A Mind Map is made up of words，colours，lines and pictures. It is very easy to construct.[1]）根据儿童的理解能力和思维特点，他又专门在《儿童思维导图》（*Mind Map for Kids*）一书中提出：

· 思维导图是信息输入与输出大脑的简易途径（A Mind Map is an easy way to get information into and out your brain.[2]）

· 思维导图是产生新观念与筹划新项目的最佳途径（A Mind Map is the best way of coming up with new ideas and planning projects.[3]）

· 思维导图是快捷有效地学习、温习的新途径（A Mind Map is a new way of studying and revising that is quick and works.[4]）

我们在教学中使用的思维导图，实际就是围绕一个主题，从中央主干向四周放射与其关联的分支，然后用关键词或图形对每一个分支不断进行细化和再分支。英语作为一门语言学科，承载着培养学生的认知能力、理解能力、比较能力、概括能力、逻辑思维能力等功能。小学阶段是一个人思维能力发展的关键时期，所以对小学生思维能力的培养也是至关重要的一环。龚亚夫早在2014年就提出，我国基础教育阶段的思维能力更强调学习者能够掌握必要的思维工具，能有效地应对课堂内外的问题。思维导图作为一种简单又高效的思维工具，可以在日常教学中成为教师的好帮手，为学生知识学习和思维活动提供一种新的方式和途径。

二、思维导图的教学实践

（一）结合教材发展学生思维的深度

思维导图运用图文并重的技巧，把各级主题的关系用互相隶属的层级图表现出来，把主题关键词与图像、颜色等建立记忆链接，使学生对课文文本的理解更加细致和深入。不管采用何种教材，对课文文本的理解都是最基本的教学目标。我校采用的《典范英语》（*Good English*）内容多为故事，且情节丰富生动、跌宕起伏。为了让学生理清故事主线，掌握故事发展的递进关系及逻辑顺序，教师可以采用思维导图来梳理故事线索。

例如，《典范英语》1b第四课“The Sandcastle”课文讲述了一家人在沙滩上做沙堡，并最终赢得沙堡比赛冠军的故事。在设计思维导图的过程中，我用“How to make a sand castle?”（怎么做沙堡?）这一问题作为切入点，延伸出“What did they get?”（他们采用了什么材料来做沙堡?）和“How did they do?”（他们如何做沙堡?）这两条线索。我给学生的任务是根据课文内容把这两条线索细化。为了增加二年级学生学习的趣味性，我把思维导图设计成了沙堡的形状，让学生在梳理、细化课文内容的过程中更加主动。

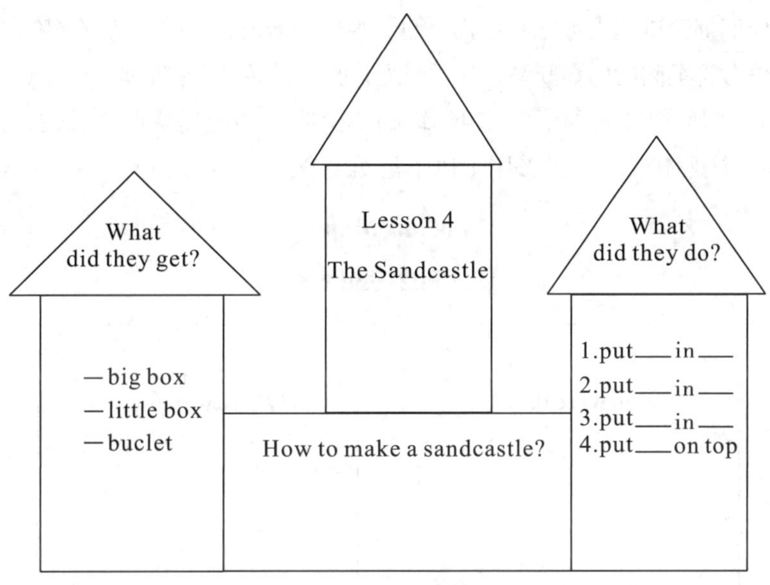

在我设计的思维导图中，学生对课文的主要内容一目了然，学生在导图的帮助下深入挖掘文本信息。这对提高学生的阅读能力和理解能力是非常有效的。

又如，《典范英语》3b 第 25 课“An Important Case”叙述的是一群孩子在树丛中找到一个神秘箱子的故事。这群孩子非常好奇，想知道这个带锁的箱子是谁的，里面装有什么东西，故事中孩子们的疑问也正是现实中四年级学生的疑问之处。在对这一课的设计中，我两次采用了思维导图的方式。首先，利用学生的好奇心，让他们发挥想象力，对故事进行预测。当课文图片中第一次出现箱子的时候，我用问题“What do you want to know about this case?”（关于箱子你们想知道什么?）来引导学生提问，并用发散性的导图来呈现和总结他们的问题：

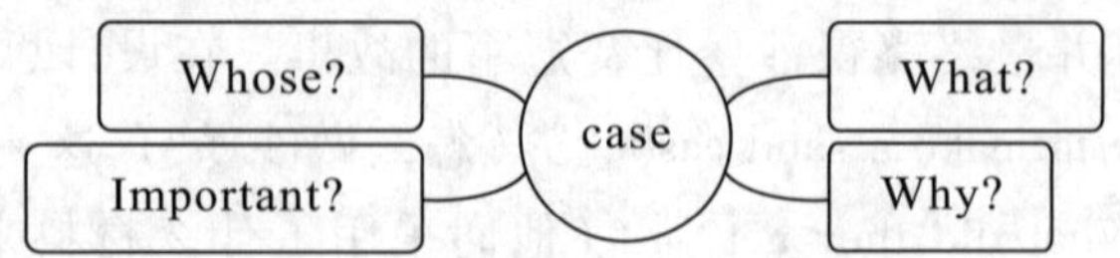

学生分别提出了“Whose case was it?”（箱子是谁的?），“What was in the case?”（箱子里有什么东西?），“Why was the case here?”（为什么箱子在这里?），“Was the case important?”（这个箱子重要吗?）这四个关键问题，然后再对这些问题的细节进行猜测。从学生完成的思维导图中可以看出，对于每一个问题，他们都会试图去考虑并寻找他们认为最为合理的答案。在猜测的过程中，还不忘思考答案间的内在联系，从逻辑上让自己的猜测变得合理。

在课文学完以后，为了让四年级的学生明白如何提炼课文关键信息及如何叙述一个具体事件，我采用了以下思维导图：

Mind Map

An Important Case

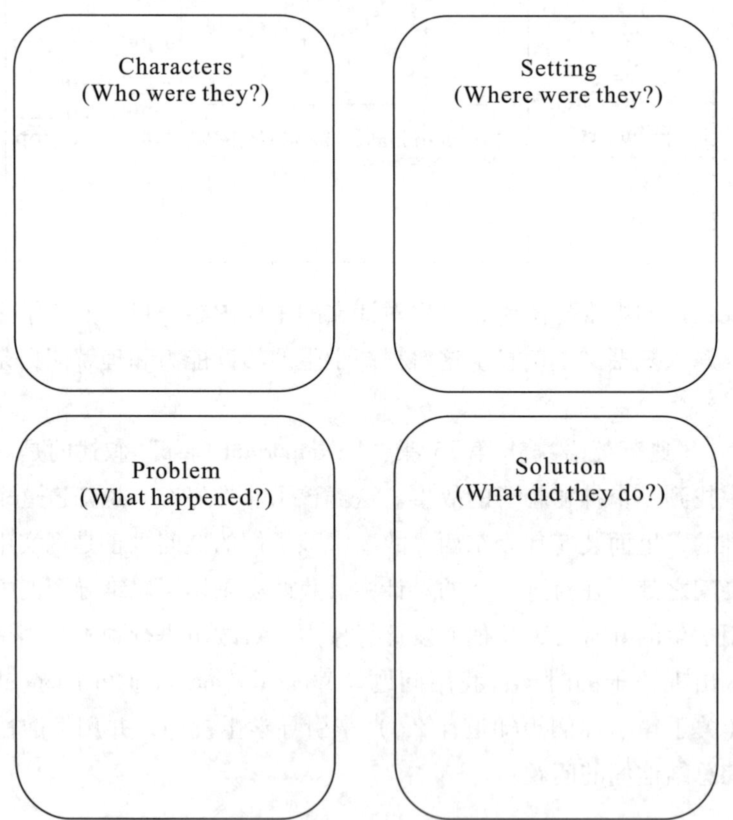

通过这个导图，学生理清了所学故事的“characters”（人物）、“setting”（场景）、“problem”（问题）以及“solution”（解决方法），从而加深了对文本的理解。同时，学生发现描述一件事情需要有递进和逻辑关系。明白了这一点之后，他们仿照老师给出的导图，通过知识迁移来构建新的思维导图，用以描述自己改编的新故事。而改编新故事的过程也正是学生创新能力的体现。

通过这样的活动，学生把自己和同学抽象的思维过程进行了可视化展现。思维导图的运用使学生的思维呈现出由浅到深、由粗到细的状态，思维水平得到发展。

（二）通过话题教学发展学生思维的广度

在小学英语教学中，除了常规的教材学习，教师还会经常设计各种话题来提高学生听、说、读、写的技能。从英语课程标准来看，学生在学习英语的过程中要接触和了解外国文化，教师在教学中要“根据学生的年龄特点和认知能力，逐步扩展文化知识的内容和范围”[5]。教师可以通过主题教学的形式，补充西方文化常识，开阔学生的视野，培养学生的核心素养。

1. 发展学生的认知能力和分析能力

思维导图作为一种将文字与图形、色彩相结合的教学形式，不仅能够使学生在学习过程中获得新鲜感，还能够激发学生的潜能，让他们在认识新鲜事物时从不同的角度去思考。

我校四年级英语教师发现学生在描述人物的过程中思维比较受局限，绝大部分学生只能简单地表述人物的姓名、年龄、兴趣爱好等。于是三位英语教师共同设计了一个话题：以学生比较熟悉的一个故事人物“Kipper”为例，分析他各方面的特点，然后向他人介绍“Kipper”这个人物。为了激发学生的思维，我们采用了绘制思维导图的方式来鼓励和刺激学生尽可能从多个方面、多种角度来分析人物。

经过激烈地讨论，学生初步认为应该从“appearances”（外表）、“personalities”（个性）、“identities”（身份）、“relationships”（关系）、“hobbies”（业余爱好）与“like / dislike”（好/恶）这六个主要方面来分析“Kipper”。然而讨论结束后，学生通过观察思维导图发现了两个问题：（1）我们在描述一个人物时，尽管每个人说话的方式不一样，但是也会有一个大致的逻辑顺序，如人们通常会首先介绍此人的身份。（2）“hobbies”与

“like / dislike” 两项有所重复。于是大家又根据自己的生活经验，对已有的导图进行调整，最终确定从 “identities” “appearances” “relationships” “like / dislike” “personalities” 这五个方面来描述 “Kipper”。到这一步，学生们已经通过讨论得出了导图的第一层级。对于图上展示出的五大方面，学生又分小组进行了信息的搜集和细化，对每一个大方面逐步分层，深化理解，然后用类似的模式进行迁移，独立分析人物。

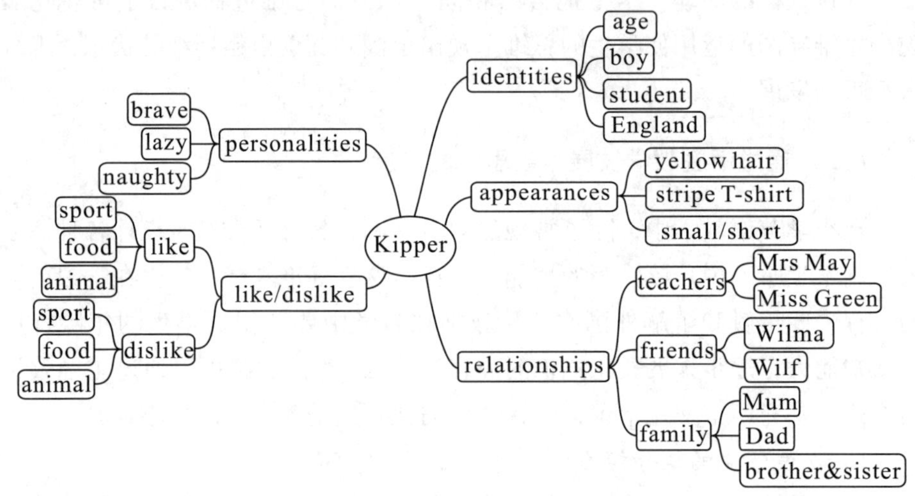

完成这个思维导图后，实际上学生在这一话题的理解上已经有了扩展。他们不再局限于姓名、年龄、爱好等基本信息的阐述，还能够从更多的方面和不同的维度来立体化描述人物。类似这样的活动不仅可以让学生从不同的方面去认识一个人或者事物，也能让学生学会如何更加全面地分析人物。

2. 发展学生的比较能力

“跨文化意识不仅是英语课程的五个目标之一，而且已逐项列入小学、初中、高中英语的九个语言层面。”[6] 小学英语教师也要注意中西方文化的对比，通过对比培养学生的跨文化意识。中西方文化的对比是一个经常出现的话题，思维导图则可以把两种文化的异同在一张图上清晰地表现出来。在学习节日这个话题时，学生首先分组进行讨论，确定可以从哪些方面来对比东西方的节日。由于每个人的想法不同，每个小组讨论的结果也不尽相同，学生之间就会产生信息沟（information gap）。讨论结束以后，各小组的发言人把本小组讨论的结果在全班范围内进行分享。分享的目的是让学生进行信息的交换，再次拓宽自己的思维。

3．发展学生对信息的整合能力

思维导图可以帮助学生迅速、高效地对事情进行分析、整理，从而对自己的行动进行整体、合理地规划。如近期我和学生讨论了一个话题“My Birthday Party”。我要求学生对自己的“birthday party”做一个全面合理的计划。当老师说出这个话题的时候，学生会急于表达很多的想法。但是这些想法只是一些零散的信息片段。而思维导图能够帮助学生把这些零散的信息进行分析整理，从而设计出最适合自己的方案。在这个话题的讨论中，大部分学生一开始只能想到“when”（何时）、“where”（何地）与“who”（何人）这三个方面的内容。但是在他们把自己的思维过程通过思维导图表现出来的过程中，又不停地闪现出新的想法，于是大部分小组又增加了诸如“activities”（活动）、“food”（食物）与“decoration”（装饰）等方面的内容。学生运用思维导图来分析和整合自己的零散想法，并试图尽可能多增加导图的内部分支，这个过程正是学生拓展自己思维广度的过程。

三、思维导图的教学反思

（一）发展学生思维的深度和思维的广度是相辅相成的

思维的深度和广度并不是互相独立的两个部分。从教学中经常使用到的思维导图可以发现，思维的深度和广度很大程度上是同时出现的，只是根据所授课内容的特点不同而有所侧重。学生思维的发展是一个复杂而漫长的过程，教师利用思维导图加强对学生的思维训练，从深度和广度这两个层面不断促进学生思维能力的发展。

（二）每一张思维导图只能有一个主题

思维导图能够就一个主题同时发展学生思维的深度和广度，但每一张思维导图只能有一个主题，这才符合小学生的能力要求和思维特点，同时让教师不过高设定教学目标。一个主题下的所有分支只需要写出关键词即可。对于英语词汇量较少的低年级学生，可以请学生用图形来代替文字。

（三）利用色彩和字体的变化激发学生的兴趣

小学阶段是训练学生思维的黄金时期。与此同时，喜欢新事物、好奇心重、自主学习能力相对较弱也是小学生的年龄特征。为了增加小学生对思维导图的兴趣，教师可以利用色彩和字体的变化将思维变化的过程进行呈现。色彩不仅可以让学生的大脑更加兴奋，也可以让思维导图看上去更加美观。在日常教学当中，我会请学生对自己的导图进行简单的美化和装饰，个别学生甚至可以自己设计出美观的导图。参与制作一张图文并茂的思维导图，可以极大地激发小学生学习的兴趣和动力，增加学生的成就感。

总而言之，思维导图作为一种十分有效的学习工具，图文并重，可开启学生的无限潜能。思维导图在小学英语课堂上可培养学生的英语学习兴趣，调动学习主动性，帮助学生开展思维训练，培养多方面的思维能力，让学生不仅在英语语言上得到提高，也在思维的发展上有所进步。

注释：

[1] Tony Buzan, *Mind Map for Kids*, New York: Harper Collins, 2003, p. 4.

[2] Tony Buzan, *Mind Map for Kids*, New York: Harper Collins, 2003, p. 4.

[3] Tony Buzan, *Mind Map for Kids*, New York: Harper Collins, 2003, p. 4.

[4] Tony Buzan, *Mind Map for Kids*, New York: Harper Collins, 2003, p. 4.

[5]《英语课程标准》，北京：北京师范大学出版社，2011，第23页。

[6] 钟炳芳、李玲，"The Development of Pupils' Cross-cultural Awareness"，张叉主编，《外国语文论丛》第5辑，成都：四川大学出版社，2012，第226页。

小学高段英语课堂中用思维导图发展学生思维能力的方法探究

陈　蝶

四川师范大学附属实验学校，四川成都　610068

摘　要：本文对在小学高段英语课堂中利用思维导图发展学生思维能力的方法进行实践探究，分析探讨了将思维导图与故事教学相结合、思维导图与任务教学相结合、思维导图与话题介绍相结合等教学模式，归纳总结出运用思维导图逐步培养和提升学生多层次思维能力的教学实践模式。

关键词：思维导图；思维能力；小学英语教学

一、引　言

龚亚夫提出，通过英语教育发展学生核心素养的“多元目标英语课程”，“英语教育应该通过语言的输入，影响人的品格和思维”[1]。近年来，培养学生的思维能力被越来越多的英语教学者重视。在培养学生思维能力的过程中，思维导图是一个重要的工具，它不仅可以增强大脑思维能力，提升注意力和记忆力，更重要的是它能提升联想力和创造力。[2]本文拟以现代教学理念为指导，结合教学实践来探讨小学高段英语课堂中用思维导图发展学生思维能力的教学方法。

收稿日期：2016—11—23

作者简介：陈蝶（1988—），女，四川成都人，四川师范大学附属实验学校英语教师，小学一级，曾获第七届全国小学英语教师教学基本功大赛教学观摩研讨会论文一等奖、中央电视台希望之星英语风采大赛指导教师四川省二等奖、成都市小学英语外研之星光盘课二等奖，主要从事小学英语教学研究。

二、课堂实践探究路径

2014年，笔者到深圳行知小学进行学习和交流，发现那里的英语教师在课堂上普遍使用思维导图引导学生进行理解和口语表达，工作开展得如火如荼，给人极大的启发。回到学校后，笔者开始在英语课堂上运用思维导图促进学生思维能力发展的探究，摸索出了一些行之有效的教学方法。

（一）教师运用思维导图与故事教学相结合，梳理故事线索

经过对思维导图的学习、理解和思考后，笔者开始在课堂上初步尝试运用思维导图促进学生思维能力的发展。从刚开始简单地让学生进行头脑风暴，到后来运用思维导图整理课文线索，帮助学生理解故事发展脉络，引导他们根据思维导图复述故事，渐渐地，学生对思维导图有了一定的了解，能根据思维导图流利地复述故事，并在复述的过程中，体现出一些逻辑思维。如他们在复述时会用“at the beginning”，“in the middle”与“in the end”等词表达不同时间发生的不同事情，或者根据故事发生的不同地点的线索进行复述。学生能发现事情发展的规律，这是思维能力提高的一种表现。但随后笔者意识到，只靠教师用思维导图整理线索是不够的。这种单一的教学模式（学生被动接受教师给予的信息）没有充分发挥学生的自主性，学生参与度不高，也没有培养学生的更高层次的思维能力。

（二）教师使用思维导图与任务教学相结合，培养学生多层次思维能力

为了在课堂上提升学生的参与度，培养学生多层次思维能力，笔者在英语课堂上尝试把思维导图、思维训练和任务教学相结合，促进学生多种思维能力发展的实践。任务型教学（Task-based Language Teaching）“直接通过课堂教学，让学习者用目的语完成真实的生活中可能出现的各种任务，将课堂教学的目标真实化、任务化，从而培养学习者运用目的语的能力”[3]。“所谓‘任务’，简而言之，就是‘用语言做事’。在这一过程中，学习者始终处于一种积极的、主动的学习心理状态，任务的参与者之间的交际过程也是一种互动的过程。”[4]在小学英语教学中，任务型教学能够使学生在任务的驱动下，积极参与思考，运用自己的思维主动地去习得英语，从而在完成任务的过程中培养思维能力，发挥学习的自主性。

由于长期忽视思维训练，班上学生的口语表达存在丰富性和逻辑性的问题。当时正在学一篇关于野生动物园的课文，因此，笔者结合课文内容进行扩展，让学生分组完成任务：在小组内设计自己的野生动物园，制作成海报，描述自己设计的野生动物园的特点并向同伴介绍里面的动物。为此笔者设计了三个课时。第一课时，以猴子为例，让学生先进行头脑风暴，思考猴子的性习等各个方面，并通过思维导图归类答案，让他们从外形、居住地、食物、能力、喜好等多个方面介绍一种动物；对每一方面的描述逐步进行扩展，写下关键词，丰富思维导图；在思维导图中用红色的字体提供一定的句型支撑，方便学生看图描述；引导学生根据黑板上的思维导图口头描述猴子。通过这一示范过程，学生学会如何从多个方面描述动物。第二个课时，学生开始分组设计自己的野生动物园海报。在设计海报的过程中，笔者给予学生步骤和方法的指导，学生学会如何分工、如何有条理地完成一件事。第三课时，笔者先让学生在小组内介绍自己的野生动物园以及野生动物园里面的动物，然后上台展示自己的海报并进行介绍。教师对小组的介绍进行评价。在这个过程中，引导学生思考自己的野生动物园有什么特点，培养学生的想象力和创新思维，同时引导他们有逻辑地进行口语表达。课后，教师对这次教学活动进行了反思和总结。

这次设计的亮点如下：

（1）学生的思维发展体现于整个活动之中。比如在设计自己的野生动物园这个任务中，有一个小组的孩子为了使他们的“Safari Park”与众不同，在动物园里增加了两大闪光点：一是动物园里有许多“strong men”专门负责保护游客和动物，没有一个坏人敢进来；二是动物园里有许多别的动物园里不常见到的稀有动物，如鸭嘴兽。孩子的想法是非常天真的，这样的活动能开发他们的想象力，碰撞出思维的火花。

（2）教师在活动中帮助学生搭建了语言和思维框架。比如，在教学生如何描述动物时，老师画思维导图，引导学生从不同方面系统地进行描述，使学生的语言表达更具有逻辑性和思维性。以前学生谈论事物时总是想到什么说什么，现在学生学会思考从哪些方面进行谈论，谈完第一个方面再去谈第二个方面。教师教方法培养能力比教知识更重要。因此，搭建框架，让学生学会思考，学会方法，学生收获更大。

（3）在活动中加入开放性写作的设计。为了让学生能更流畅地进行口头表达，描述动物，教师先让学生将要表达的话写下来，写一篇描述动物的作文。通过教师批改、学生改错，学生语言的准确性有了提高，为后面的口头表达做铺垫。写作对学生的思维发展和语言发展有重要作用，在这样的活动中加入开放性写作，可进一步巩固学生所学的知识，提高语言的准确性和逻辑性，发展学生的思维能力。

当然，在这次实践过程中笔者也发现了一些问题：

（1）缺乏对完成任务的方法和细节指导。在这次小组活动中，笔者发现有的小组中的某些孩子并不清楚自己要做些什么，或者即使知道要做什么，也不知道具体该怎么分工合作，最后做得凌乱，没有效率。因此，在活动中给予学生行动指南，或者以表格等形式让每个孩子清楚自己该做些什么，可以提高讨论的有效性。比如教师让学生小组讨论选择12种动物放到自己的“Safari Park”里，并且确定谁负责介绍哪种动物。刚开始教师没有给学生表格，在讨论结束后，很多孩子都忘记了自己小组到底描述的是哪12种动物，也很难说出谁负责介绍哪种动物。这时候发放表格让学生把讨论的结果写下来就显得格外重要。笔者后来对这个步骤进行了改进，设计了表格，让学生将讨论的结果填上去，这样一来每个孩子都清楚自己在下一环节负责的任务，讨论更有效。再比如，笔者让学生讨论动物时，为了让他们相互学习，让每个孩子有事做，分发了表格，让每个孩子认真倾听组员的描述，记录下对方讲的动物的主要特点。在这个过程中学生学会分享，相互学习，活动更有意义。这种步骤和方法性的指导，可使学生学会如何更好地进行小组合作，如何有条理、有效地完成任务。教会学生做事的方法，也是一种思维方法的渗透。

（2）教师评价学生作品，而不是学生互相评价，忽视了对学生评价思维的培养。评价也是思维能力的一种，但日常教学中我们总是去评价学生，没有教会学生如何进行评价。因此，在评价环节，笔者做了改进。在每一组展示后，首先自己评价自己的作品以及在小组合作过程中的经验和不足。全部小组展示完后，让小组投票选择自己最喜欢的作品，并说出理由。这个过程中，学生学会评价自己和他人，也学会给出事实依据进行评价。

通过这次活动，学生的参与度有所提高，能积极进行思考，完成任务；在完成任务的过程中，不仅记忆、理解、应用等“低阶思维”得到提升，分析、评价、创造等“高阶思维”也得到一定的发展。但是，这次活动中，画思维导图引导学生思考的是教师，学生没有自主运用思维导图。那么，学生能否自己画思维导图，把它作为工具帮助自己解决问题呢？学生能用思维导图对自己日常生活中的话题进行讨论和思考吗？带着这两个问题，笔者又进行了一次思维训练的教学实践。

（三）思维导图与日常话题结合，引导学生学会使用思维导图谈论生活话题

这次实践活动的主要内容是引导学生学会自己画思维导图，并用思维导图描述和分析自己身边的一个人物。

第一步，教师选择一个人物，示范用思维导图梳理信息。我们选择教材中的一个人物“Kipper”进行人物分析。学生学习了教材五年，对这个人物非常熟悉，可以谈论很多。笔者通过画思维导图引导学生了解到可以从哪些方面描述一个人物，接着引导学生对这几个方面进行分析。外貌、家庭等方面都是事实性的东西，学生直接陈述即可。关于人物性格，笔者追问他们是如何得出这个观点的，引导学生在故事中寻找论据来证明自己的观点。在这个步骤中笔者示范用思维导图进行人物描述，以事实为依据进行人物分析。

第二步，小组合作，每一组选择课本里的一个人物画思维导图进行分析，练习用思维导图梳理信息。例如，某个小组选择“Chip”这个人物进行分析。由于“identity”“appearance”“relationship”这三个部分的内容是事实性的，所以通过讨论，学生很容易找出所需信息，用思维导图梳理出相关信息。

第三步，当分析到人物爱好和性格时，笔者引导学生在学过的八本教材中挖掘信息，寻求事实依据：哪一件事、哪一句话说明他是这样的人。

Student：Chip is a brave boy.

Teacher：How do you know that?

Student：On page 13 in Book 3：when they were in danger，he stood in front of Biff. He wanted to protect Biff.

在这个过程中，学生的推断能力得到了提升。

第四步，分小组利用思维导图进行人物描述，在这个过程中给予学生语言结构支撑和语言资源。

第五步，运用思维导图梳理自己或自己身边一个人物的信息，并进行人物介绍。

第六步，话题写作。等学生自己画出思维导图梳理信息后，笔者引导他们根据思维导图进行写作。写作可进一步提高学生语言的准确性和逻辑性，发展思维能力。

这次实践后，笔者对学生在完成任务过程中体现的思维能力进行了分析。学生能运用思维导图进行头脑风暴、梳理信息，通过人物的语言和行为推测人物的性格和爱好，逻辑推理思维和分析思维能力得到发展。最后学生学会画思维导图，运用这种工具和方法进行表达，语言的丰富性和条理性提高了，也学会了做事的方法。同时，学生画思维导图的过程也是一个创造性的过程。

（四）引导学生内化思维导图，掌握这种思维工具，基于思维导图有效地进行语言表达

思维能力是在长久的学习过程中不断渗入思维训练而逐渐形成和提高的。因此，在接下来的教学中，笔者结合课文内容，选择了几个贴近学生生活的话题，如“How to choose a pet?”“How to celebrate your birthday party?”“festivals”“countries”进行思维训练活动，希望使学生形成运用思维导图这种思维工具的意识，并将活动成果编辑成册，成为本校校本课程资源。

三、课堂实践探究成果

笔者通过课堂实践，取得了以下一些研究成果。

（一）学生成长

经过一段时间的训练，大部分学生能熟练运用思维导图帮助自己学习和思考，思维能力得到发展。

（1）学生能熟练运用思维导图梳理信息，理清故事线索。每次学完故事后，他们能自己画出思维导图，并根据自己的思维导图有条理地复述故事。

（2）能用思维导图进行话题分析。学生能进行发散思维，分析对一个话题的讨论可以从哪些方面进行，并逐渐画出导图的分支，不断深入话题，语言表达言之有物，有逻辑，有条理。

（3）能运用思维导图整理自己的思维进行写作。比如学完一篇关于沙

漠的故事后，笔者让学生改写故事，写一篇“我去沙漠发生的故事”。有的学生能自主思考，先自己画思维导图帮助自己整理可以从哪些方面描写这个故事。比如一位学生从“How did I feel?”“What did I see?”“Who did I see?”“What did I do?”等多方面整理自己写作的思路，然后在思维导图的分支下，不断深入话题。如她在“what”这一栏写下了：“water — happy — can drink”，实际上是在通过“What did I see?”“How did I feel when I see it?”“Why did I have this feeling?”分析自己看到什么东西、看到这样东西的感受以及产生这种感受的原因，思维逐渐扩展，内容不断丰富。之后，这位学生根据自己画的思维导图进行写作，写出的作文内容丰富且有条理。

（4）学生内化并熟练应用思维导图，高阶思维得到一定的发展。语言和行动是思维的载体，思维的发展可以通过学生的语言和行为表现出来。在英语课堂上，学生对教师的提问有自己的思考。如对一篇故事中的其中一个角色进行评价时，大部分学生能通过他在故事中的语言、行为和表情等细节进行推理分析得出评价，有的孩子不局限于这个角色现在的状态，而是分析他之前的行为和之后的行为，进行对比，得出结论。有的学生分别从好的方面和不好的方面进行谈论，这就是思维方式的不同。学生在谈论的时候，实际上在头脑中形成了自己的思维导图，教师可指导他们进行多方面的逻辑性分析，在分享交流的过程中，碰撞出思维的火花，分析和评价等高阶思维能力得到发展。随着长时间的思维引导，不少学生已经掌握思维导图的多种用途，将其内化成自己的学习工具和方法，自主运用。如在小组合作完成任务时，有的组长能很好地组织和指导组员按步骤有条理地做事，这是将思维内化成为自己行动指南的过程。

（二）教师成长

（1）语言教学中具备思维意识。教师在日常教学中，会考虑学生思维发展和语言发展的特点，其教学语言和教学步骤更具有逻辑性和层次性，在教学提问和学习任务的设计上注重启发学生思考，培养学生的思维能力。

（2）掌握思维导图、运用思维导图梳理教学思路，其教学设计和教学研究能力得到发展。在日常教学中，笔者常使用思维导图理清教学思路，梳理教学流程，也常用思维导图分析和总结教学中的优点和不足，进行教学反思和教学研究。在这个过程中，学生和教师都“在学中做”“在做中学”，师生共同成长。

通过梳理这次教学实践探究，笔者归纳出在小学英语高段课堂中用思维导图发展学生思维能力的教学实践之路：

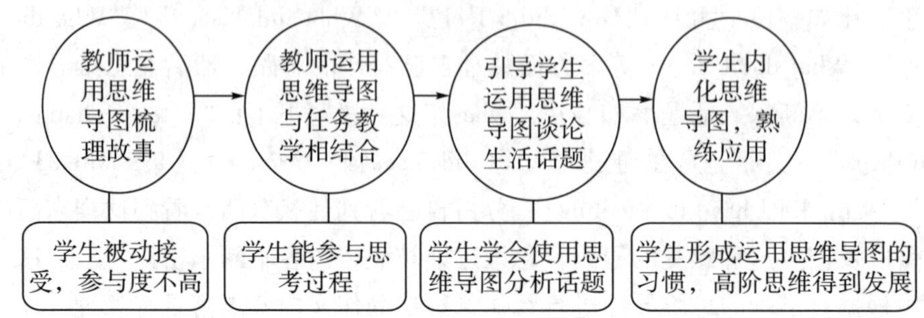

四、结　语

在小学英语课堂教学中，教师应该精心设计教学活动和任务，给学生多一些思考的机会，多一些活动的空间，多一些表现的机会，多一份创造的信心，多一份成功的体会，使学生有足够的机会发展多种思维能力。思维导图作为一种重要的思维工具，可以广泛应用于小学英语教学中。本文对运用思维导图促进学生思维发展的方法做了一定的探究，总结出了一些可资参考的方法。在小学英语教学中培养学生思维能力的方法和途径还有许多，还需要我们不断思考，不断探索。

注释：

[1] 龚亚夫，《英语教育新论：多元目标英语课程》，北京：高等教育出版社，2015，第184页。

[2] 欧阳苹果、陈清，《思维导图在小学英语教学中的作用》，《湖南第一师范学院学报》2008年第3期，第1页。

[3] 郑鸿颖，《从任务型教学法看母语在外语教学中的作用》，张叉主编，《外国语文论丛》第2辑，成都：四川大学出版社，2009，第116页。

[4] 严静，《任务教学法在小学英语课堂中的运用》，张叉主编，《外国语文论丛》第5辑，成都：四川大学出版社，2012，第33页。

中学英语教学研究

四川省普通高中英语教师现状调查与分析

董洪丹

四川省教育科学研究院，四川成都　610225

摘　要：本文是四川省教育科学研究院针对四川省普通高中英语教师的现状所进行的调查与研究成果，展示了四川省内包括英语在内的14个学科的普通高中教师的基本情况，梳理了四川省内普通高中英语教师队伍专业素养的五大状况，分析了四川省内普通高中英语教师队伍存在的五大问题，并就每个问题提出了相应的建议。

关键词：四川省；普通高中英语；教师现状；调查；分析

一、调查的基本情况

教师是教学实践工作的具体实施者，在教学过程中发挥着主导作用，教师的教育观念、教学行为以及职业情操、专业素养等都对学生的培养产生直接的影响，“高中英语新课程的教师准备是高中英语课程改革中的一个关键环节”[1]。因此，加强相关问题的调查研究，将有助于各级教育行政部门科学制定有效、持续的教师培训计划，建设高质量的教师队伍，从而有力保障国家教育方针的实现和课程改革理念的落实。

2014年6月16日至30日，四川省教育科学研究院在全省范围内进行了普通高中教师现状调查，包括英语在内的共14个学科的教师以学科为单位

收稿日期：2016—09—26

作者简介：董洪丹（1966—），男，四川犍为人，四川省教育科学研究院副院长，四川省中学英语特级教师，四川省优秀教师，四川省教育厅咨询专家团成员，四川省普通高中课程改革专家指导组成员，四川省中小学校长/教师培训专家组成员，四川省普通高中课程改革英语学科专家组组长，四川师范大学外国语学院硕士研究生导师，西南大学外国语学院硕士研究生导师，主要从事高中英语教学研究。

参与了本次调查。

（一）调查目的明确

本次调查旨在掌握我省普通高中英语教师队伍现状，加强教师队伍建设，提高教育教学质量，贯彻党的十八届三中全会精神，深化教育领域综合改革，深化课程改革落实立德树人根本任务。

（二）问卷设计合理

本次调查问卷共设计了51个问题，涵盖了教师的基本情况（17个方面）、教师的教学与工作情况（16个方面）、教师的培训和教科研情况（18个方面）。调查问卷涵盖了教师的生活和工作的方方面面，能够充分反映教师的生活和工作现状。

（三）样本选取科学

全省每所普通高中学校分别从高一、高二、高三年级的英语教师中随机抽取三分之一的教师参与调查，共有1 698个有效样本参与了本次调查，分布在全省17个市（州）（见图1）。其中，省一级示范性高中、省二级示范性高中和其他普通高中教师分别为16.73%、34.75%、48.53%（见图2），城市（县城及以上城市）高中教师占74.38%，农村高中教师占25.62%（见图3）。高一、高二、高三的教师分别占38.16%、33.92%、27.92%（见图4），样本代表性强。

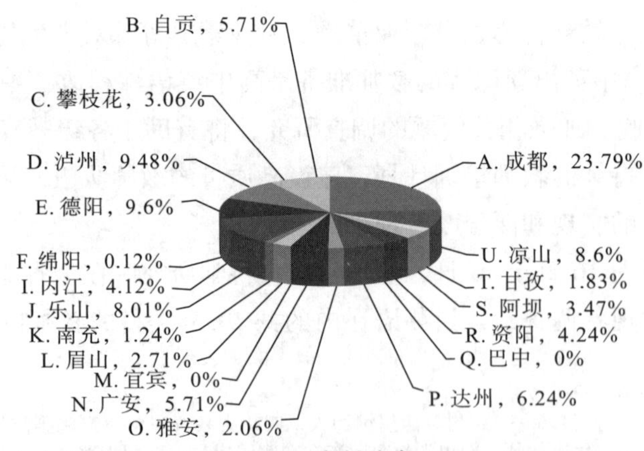

图1　市州分布

注：问卷中用21个字母代表全省21个市（州）。其中G，H两个市（州）未参与，M，Q两个市（州）提交了问卷但没有教师作答（0%）。

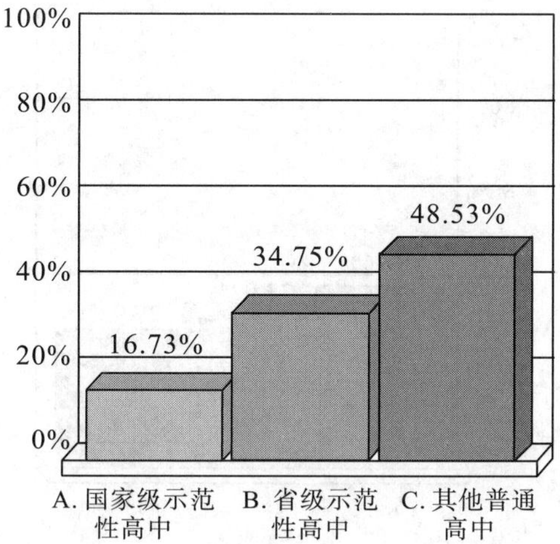

图2　学校分布

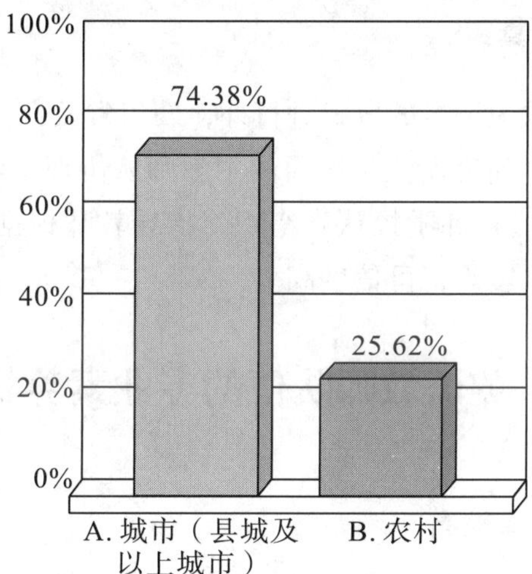

图3　地域分布

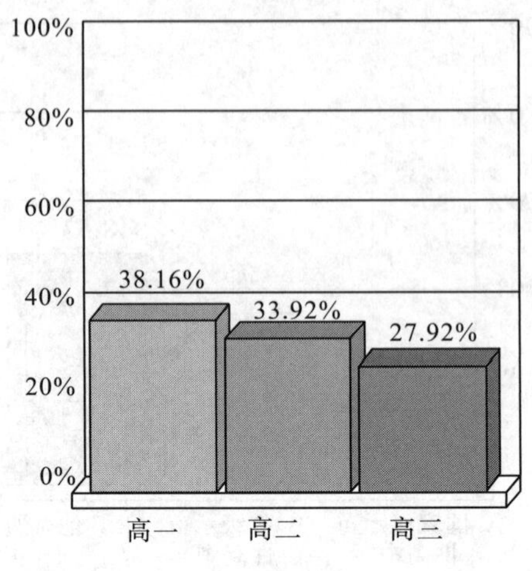

图4　年级分布

（四）调查结果真实

本次调查除采取无记名的方式进行外，四川省教育科学研究院专门下发了《四川省教育科学研究所关于普通高中教师队伍现状调查的通知》，要求市（州）教科所（院）和学校认真组织，指导教师根据实际情况填写，确保了调查结果真实、客观，可信度高。

二、英语教师队伍的专业素养状况

（一）学历达标率较高

我省普通高中英语教师学历达到本科及以上的占97.82%（见图5），表明我省高中英语教师专业素养好，为提高我省英语教学质量奠定了良好的基础。

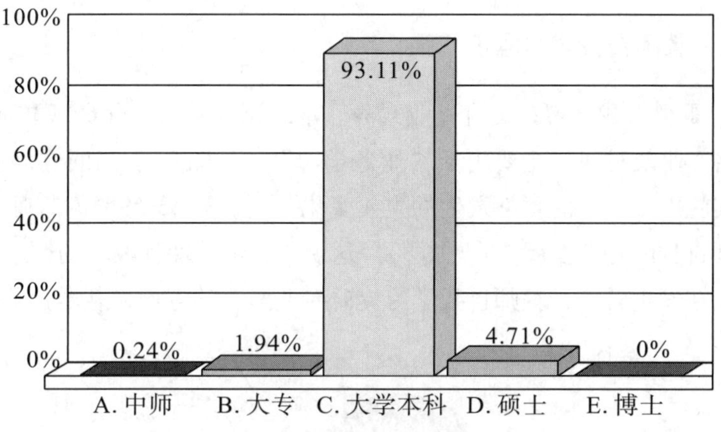

图5　学历结构

（二）专业能力能够满足教学需要

当被问及“您目前的知识结构及能力与学校发展的适应性”时，有74.85%的教师回答“比较适应”和“很适应”，只有2.12%的教师“不太适应”和“很不适应”（见图6）。由此表明，当前教师队伍能较好适应课程教学对专业能力的要求。

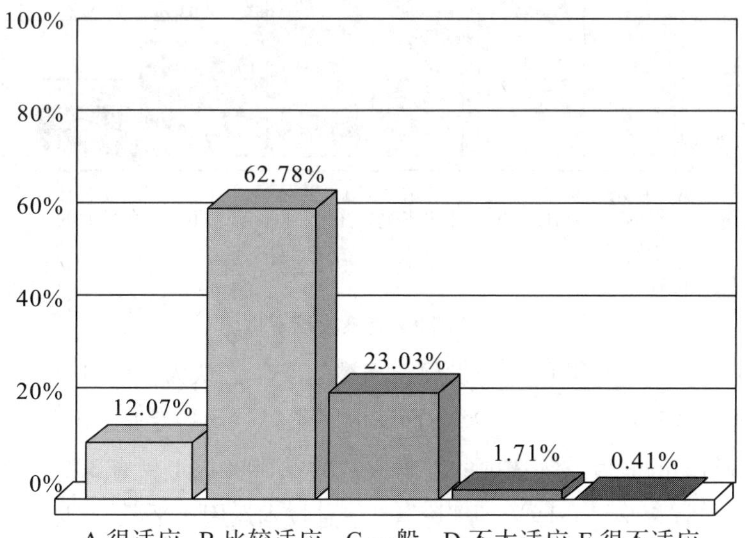

图6　知识结构与能力与学校发展的适应性

（三）教师自我学习意识增强

（1）重视自我学习，提升专业素养。本次调查显示，有66.73%的高中英语教师将“业余时间”主要用于“业务学习”（见图7）。当问卷问及“新课程改革实施以来，您的教学发生的主要变化”时，有53.59%的教师回答“更重视教师自身的专业发展”（见图8）。这说明，随着课程改革的推进，教师的教育观正在发生转变，教师自我学习提升专业素养的意识显著增强。

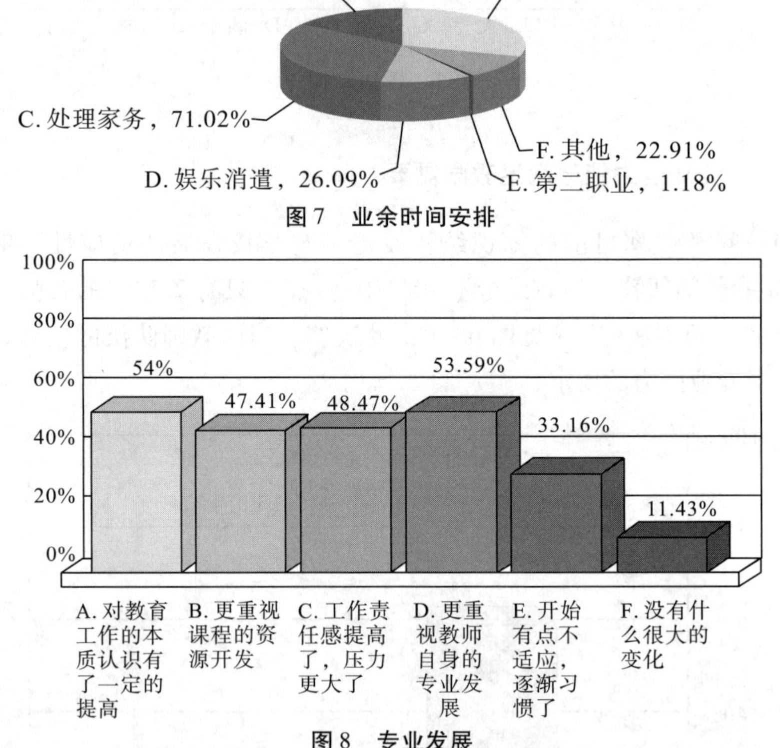

图7　业余时间安排

图8　专业发展

（2）注重专业素养的综合发展。当被问及“您认为目前自己的个人修养和业务能力最需要提升的是哪些方面”时，选择“学科专业知识”“组织学生开展实践活动的能力”等选项的教师人数均在50%以上，有30%～50%的教师选择了“教育学、心理学等理论”“信息技术运用水平”，有近三分之一的教师选择了“心理品质”（见图9）。另外，在回答“您希望在继续教育培训中学习哪些方面的课程”时，教师对“学科教学法”（63.6%）、“学科专业知识”（52%）、“课堂教学管理策略”（51%）、“课改新理念”（42.46%）、“人文修养、艺术鉴赏”（35.69%）、“考试命题技术”（34.86%）、“教育教学的研究方法”（33.39%）等内容表现出了强烈的学习欲望（见图10）。教师多元化的关注反映了教师注重专业素养的综合发展。

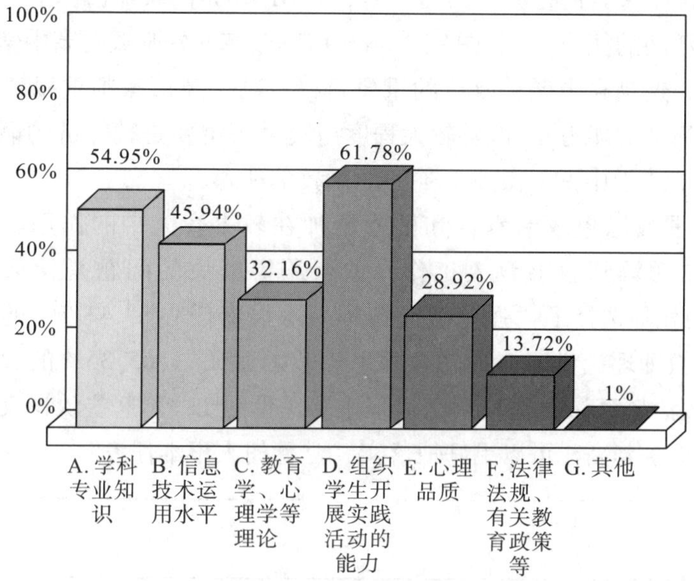

图9　个人修养和业务能力需要提升的方面

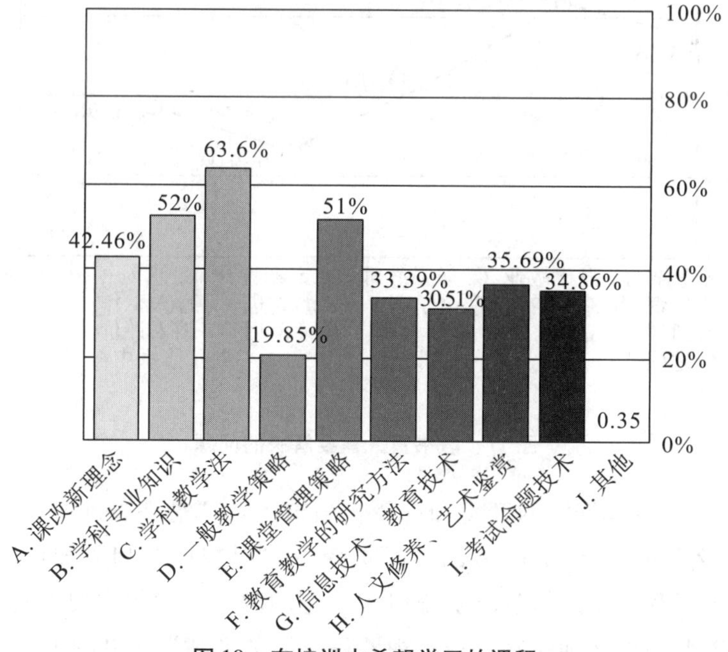

图10　在培训中希望学习的课程

（四）教学观念发生良性转变

（1）重视开展实践活动。当被问及“您认为目前自己的个人修养和业务能力最需要提升的是哪些方面”时，有61.78%的教师选择了“组织学生开展实践活动的能力”（见图9）。本次课程改革非常强调对高中学生实践能力的培养，这是高中课程改革的重要目标。高中英语教师重视“组织学生开展实践活动的能力”，能够较大程度扭转过去主要是教师讲的语言教学倾向，体现了“学中做，做中学”的语言教学理念。

（2）重视思想政治素养和敬业精神在教书育人中的作用。当被问及“您认为加强教师教书育人工作，重点需要解决的问题是什么”时，有64.08%的教师选择了“强化敬业精神，增强责任心”，43.7%的教师选择了“加强教师理论学习，提高教师思想政治素质”，55.36%的教师选择了“把思想政治教育渗透到教学全过程中”（见图11）。这些认识反映了教师的思想政治素养高，可以更好地落实“立德树人根本任务”。

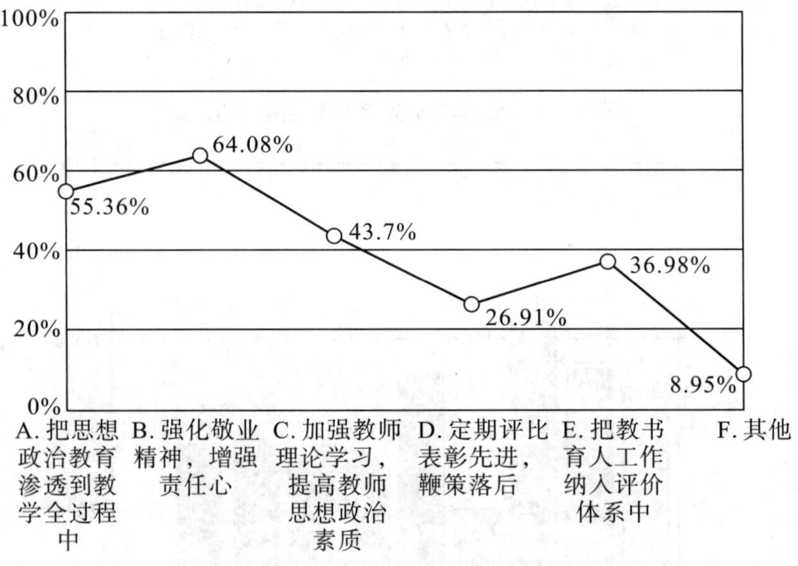

图11　教书育人需要解决的问题

（3）重视课程资源的开发和利用。当被问及“您在备课时花费时间最多的是什么”时，有61.01%的教师选择了“寻找课外相关知识”（见图12）。当被问及“新课程改革实施以来，您的教学发生的主要变化是什么”时，有47.41%的教师回答“更重视课程资源的开发”（见图13）。调查表明了教师重视课程资源开发和利用，符合课改理念。

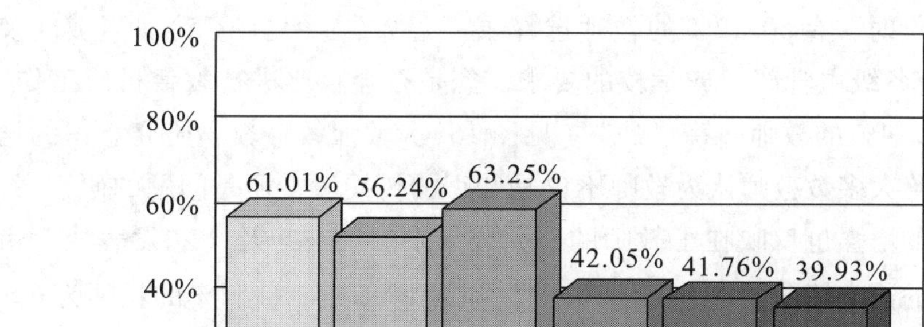

图 12　备课花费时间最多的方面

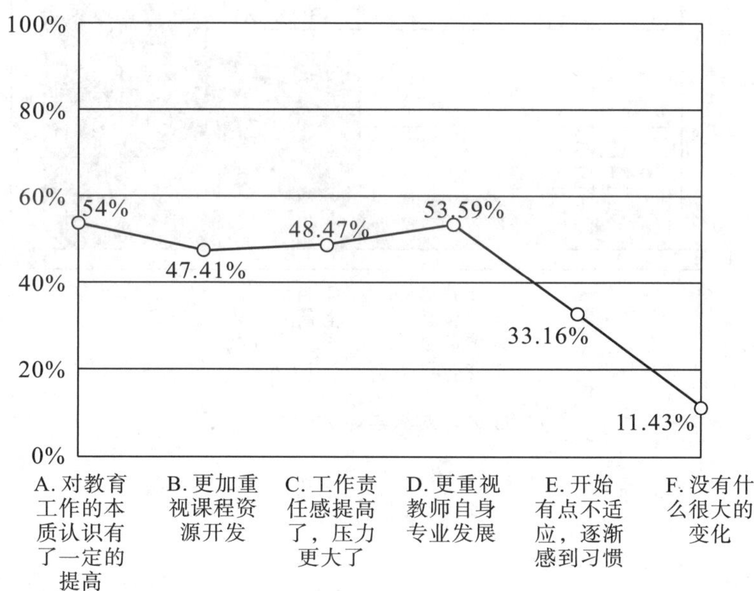

图 13　课改后教学发生的主要变化

（4）教育教学研究意识增强。当被问及“您对自己参加教学研究的看法是什么”时，分别有 45. 35% 和 35. 81% 的教师选择了“研究要讲究实效”和“自己觉得有研究的必要，但有点力不从心”（见图 14）。当被问及

"您是否经常关注教育及您所执教学科的研究动态（包括学科及其教学）与最新发展"时，有50.12%的教师选择了"经常"（见图15）。当被问及"如果没有各级主管部门或学校的要求，您是否会自愿进行教育科研工作"时，有68.14%的教师回答"是"（见图16）。教师教育教学研究意识的增强表明，绝大多数教师认为教师不仅是知识的传授者，还是问题的研究者。研究意识的增强也反映在了教师的研究成果上。当被问及"您发表或获市级以上奖的论文情况"时，64.43%的教师为1~5篇，6.54%的教师为6~10篇，2.41%的教师达到10篇以上（见图17）。

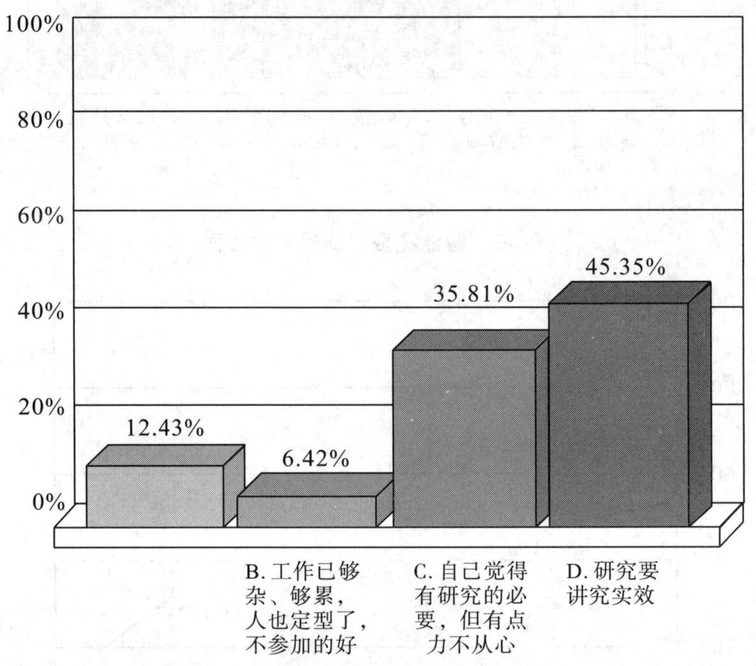

图14　对教学研究的看法

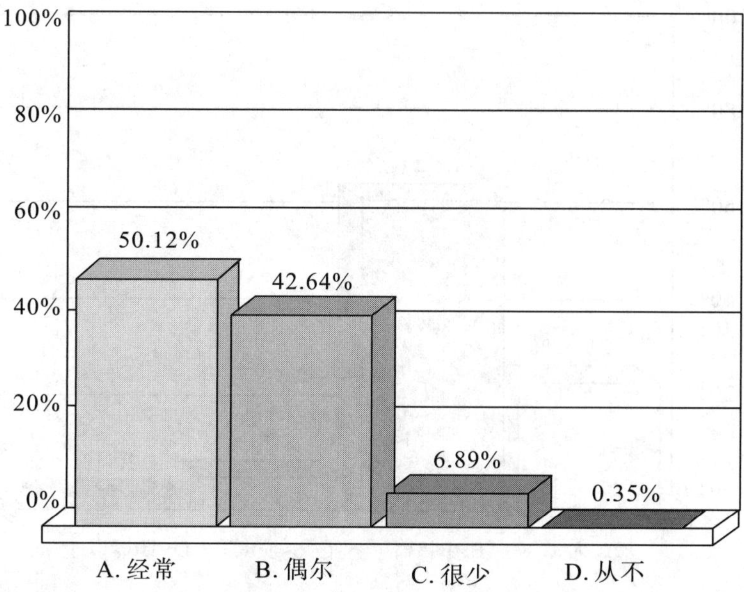

图 15　对研究动态的关注

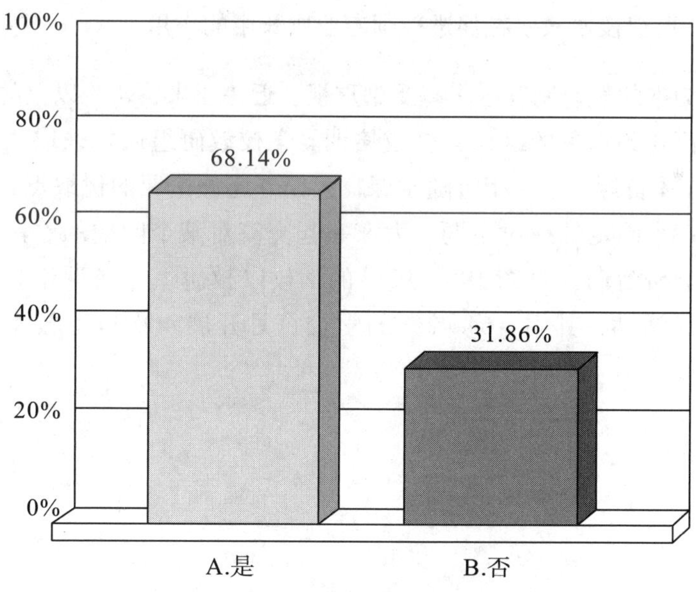

图 16　对教育科研的意愿

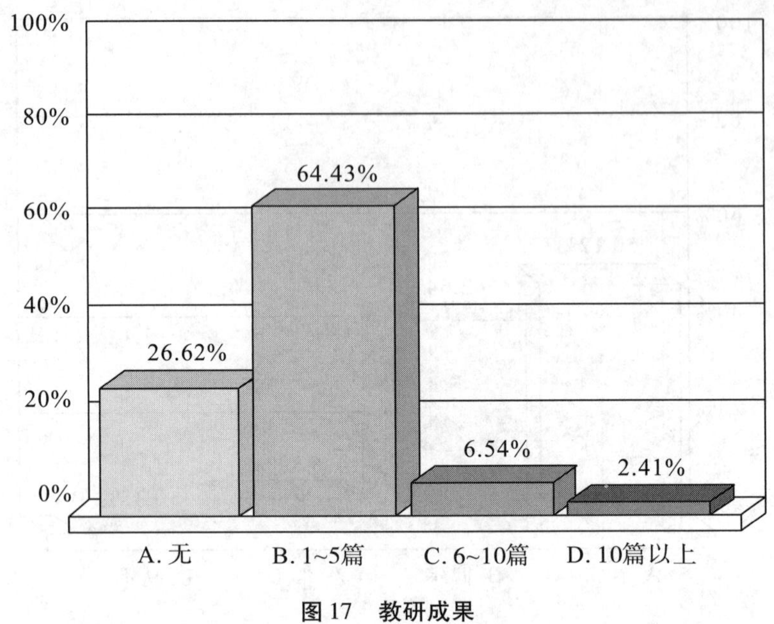

图17　教研成果

（五）重视校本教研在促进教师专业成长中的作用

以校为本的教研制度越来越受到重视。近一年来，90%以上的学校组织了旨在提高业务水平的继续教育或培训。学校教研组通常采取“轮流上公开课”“集体备课”“互相听随堂课，大家一起评论课的优缺点”“一个阶段活动有一个确定的探讨主题，大家一起交流对某个问题的看法”等形式开展校本教研活动（见图19）。98%的学校以教研组（备课组）为单位每月组织教研活动，其中，64.42%的学校每月开展4次以上校本教研活动（见图20）。

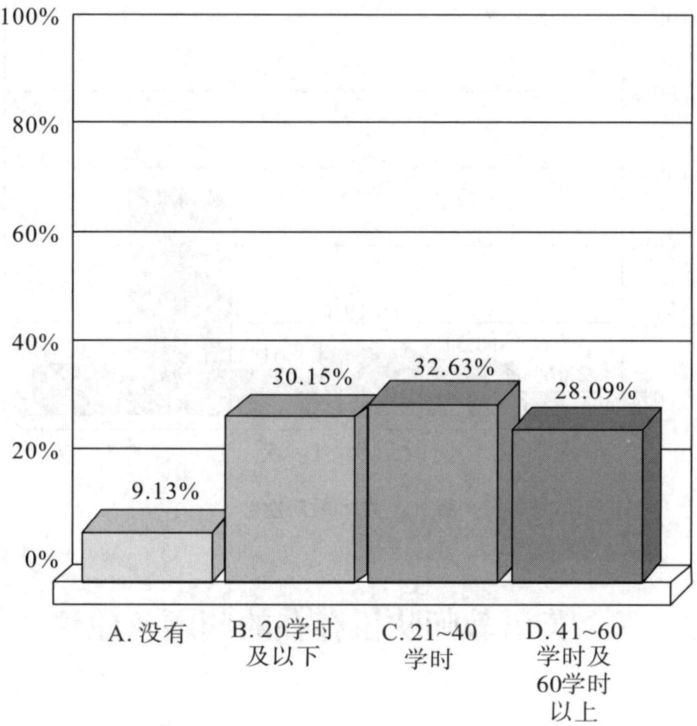

图 18　校本培训课时

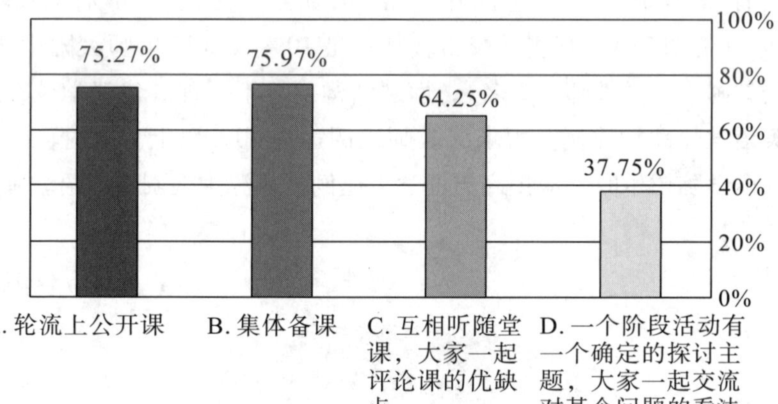

图 19　校本教研形式

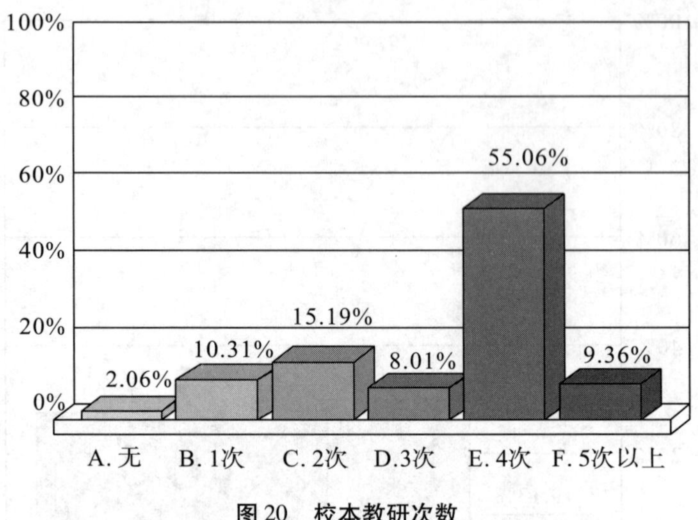

图 20　校本教研次数

三、英语教师队伍存在的问题及建议

（一）性别结构不合理，男教师比例偏低

全省整体来看，普通高中英语教师男、女比例分别为 29.15%、70.85%（见图 21），有些学校男教师不足 10%（如四川师大附中 21 名高中英语教师中，男教师仅 2 名），性别结构明显不合理。建议学校在进人时注意英语教师性别比例，力求男教师比例达到 40% 以上。同时，师范类高校外国语学院招生时，应提高男性学生比例，从源头上调整英语教师的性别结构。

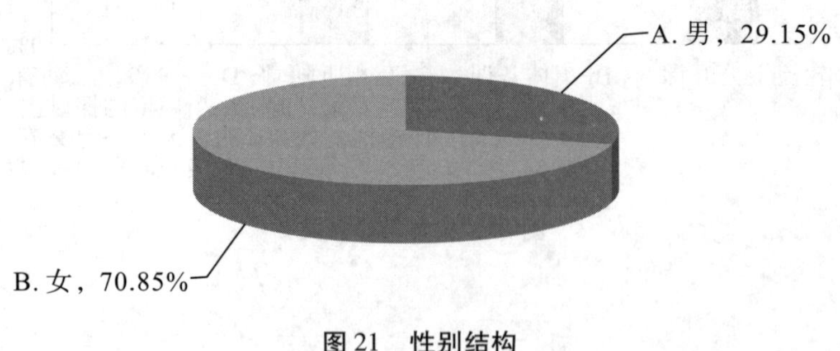

图 21　性别结构

（二）年龄、教龄结构不合理，年轻教师比例偏大

普通高中英语教师的年龄结构不太合理，26 ~ 45 岁的教师达到了 80.92%，26 岁以下的教师仅占 7.36%（见图 22），这种结构极容易出现“青黄不接”的现象。从教龄看，10 年以下教龄的教师达到 45.40%（见图 23），明显偏多。建议学校适当调整教师的年龄和教龄结构，形成正态分布。同时，学校应加强对教龄不满 10 年的年轻教师的系统性培训和指导，以弥补这个大群体教学教研经验不足的缺陷。

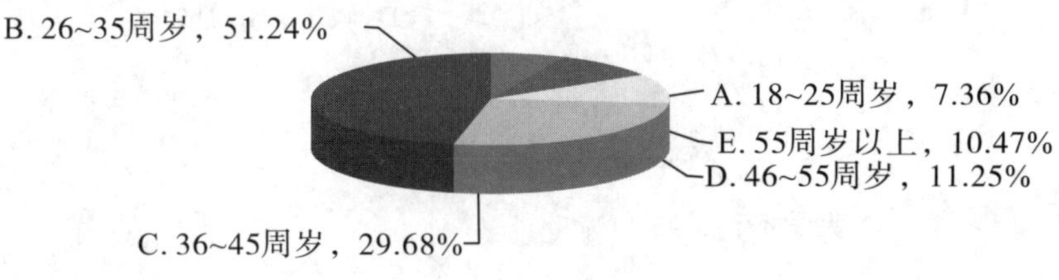

图 22　年龄结构

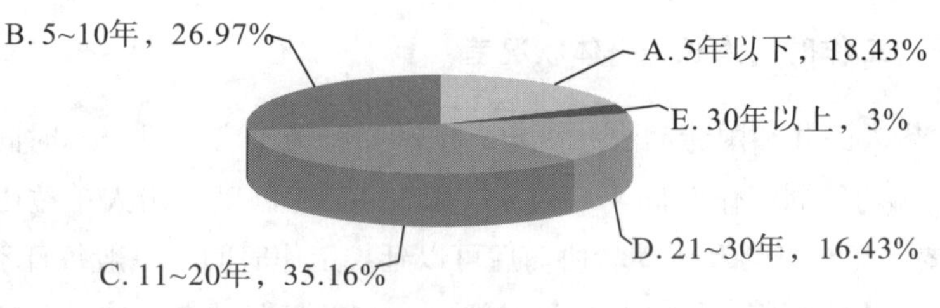

图 23　教龄结构

（三）学历达标率不够，硕士比例太低

《中华人民共和国教师法》规定，取得高级中学教师资格，应当具备高等师范院校本科或者其他大学本科毕业及其以上学历。[2]我省普通高中英语教师仍然有 2.18% 的教师学历不达标。建议教育行政部门和学校对在岗普通高中教师进行学历培训。目前，学历未达标的普通高中教师可以通过成人高等教育、现代远程学历教育、高等教育自学考试等多种途径获得国家承认的本科学历。

另外，教育部师范教育司前副司长宋永刚 2004 年提出，为了改变硕士学历水平教师在高中教师队伍中所占比例低的现实，教育部将实施高中教师

攻读硕士的计划，最终实现“863”目标，即根据不同地区和不同学校的具体情况，实现硕士学历水平教师的比例分别达到80%、60%和30%。我省目前高中英语教师具备硕士学位的仅为4.71%（见图24），比例太低。建议教育行政部门和学校要严把教师入口关，提高学校的用人标准。加强教师队伍的在职提高，加强教师在职培训，构建现代教师培训计划和终身学习计划，逐步提高具有硕士学位教师的比例。

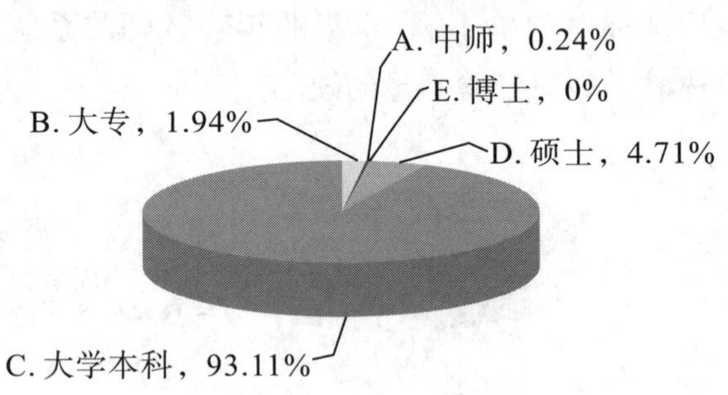

图24　学历结构

（四）工作时间太长，身体状况差

《中华人民共和国劳动法》规定，国家实行劳动者每日工作时间不超过8小时、平均每周工作时间不超过44小时的工时制度。用人单位由于生产经营需要，经与工会和劳动者协商后可以延长工作时间，一般每日不得超过1小时；因特殊原因需要延长工作时间的，在保障劳动者身体健康的条件下延长工作时间每日不得超过3小时，但是每月不得超过36小时。[3]

每天工作时间问卷显示，我省普通高中英语教师仅有14.55%的人每天工作时间不超过8小时，每天工作超过9小时的占61.55%。其中每天超过11小时的有18.20%（见图25）。从每周工作时间看，40小时的仅有6.65%，超过51小时的占44.70%，其中，超过56小时的高达24.38%（见图26）。由于长期连续不断严重超负荷工作，教师的睡眠时间严重不足，每天睡眠不足7小时的高达77.50%（见图27），不锻炼的人占37.16%（见图28），因此，教师身体状况极差，62.72%的教师感到很疲倦，精力不够（见图29）。

教师工作时间太长睡眠时间不足导致身体状况不佳，不利于教学效率的提高，也是对学生不负责任的表现。有关部门应采取有效措施，减少教师工作时间，保证教师休息时间，提高教师的身体素质，从而提高教学质量。考虑到英语教师每天都有早自习的实际情况，建议学校在安排晚自习的时候，尽量安排非语言学科教师，并参考《劳动法》有关规定，确保教师每天工作时间不超过 9 小时。

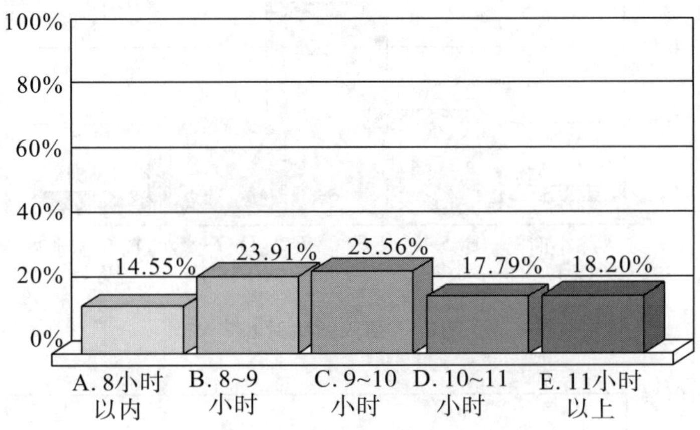

图 25　每天工作时间

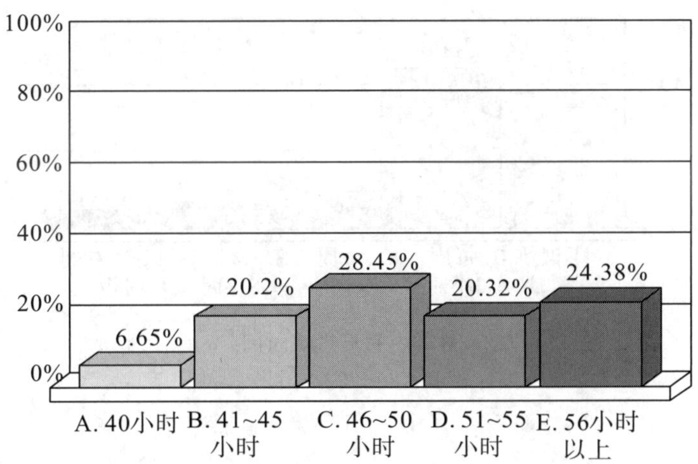

图 26　每周工作时间

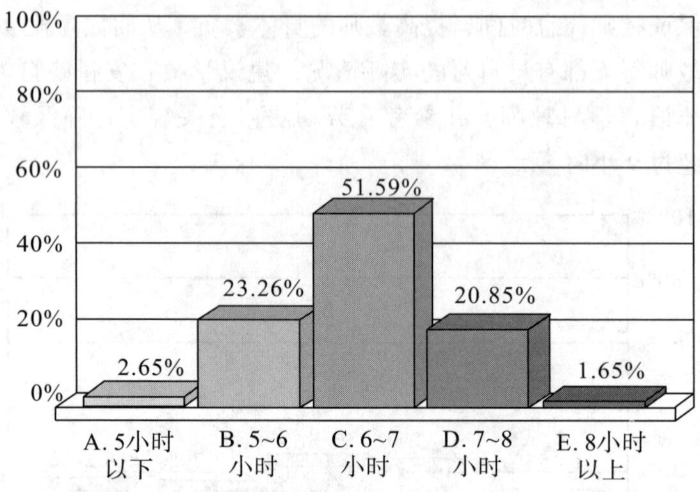

图27　每天睡眠时间

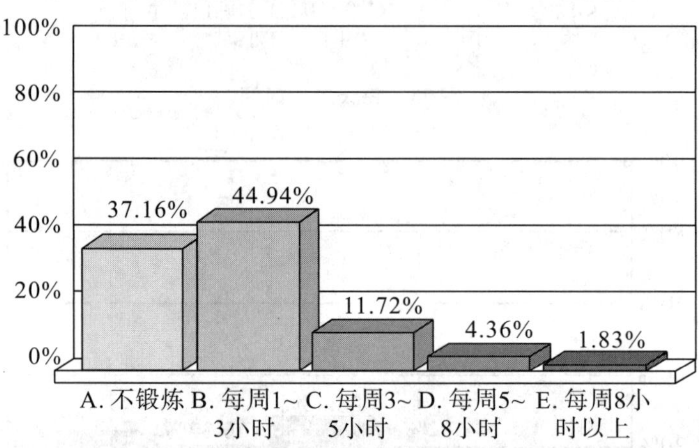

图28　每周锻炼时间

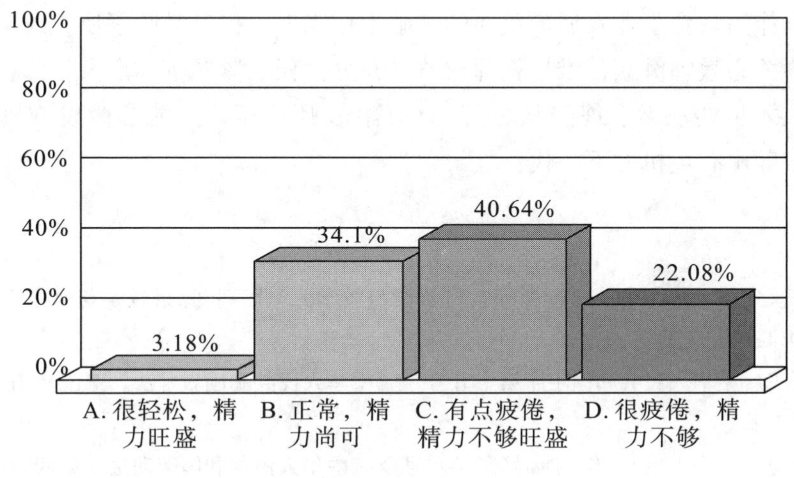

图 29　身体状况

（五）生存状况堪忧

在回答“您目前生活中的主要困扰是什么”时，经济收入、工作压力、身体健康位列前三，分别占 87.04%、72.79%、52.83%（见图 30）。教师的经济收入低、工作压力大、健康不佳这三大困扰反映了教师的生存状况存在一定的问题。

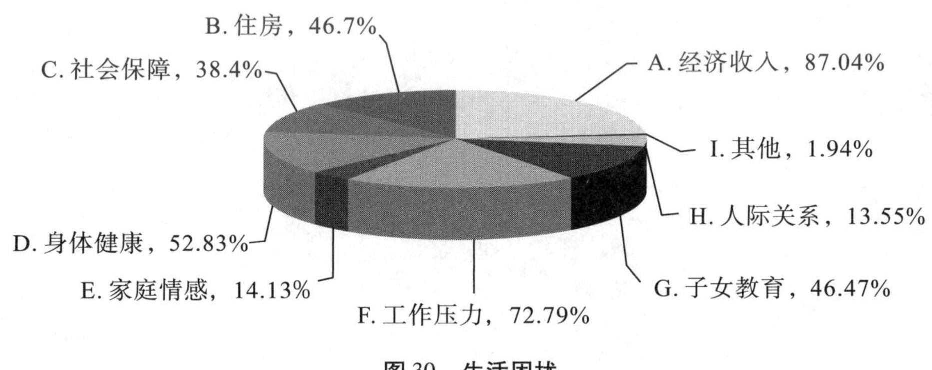

图 30　生活困扰

习近平在 2013 年教师节致全国广大教师的慰问信中指出：“教师是立教之本、兴教之源，承担着让每个孩子健康成长、办好人们满意教育的重任。”[4]但是，生存压力如此大的教师们如何担当“立教之本、兴教之源”重任？如何完成“立德树人根本任务”？有关部门必须高度重视教师的生存状况，采取有效措施，贯彻习近平指示：“各级党委和政府要把加强教师队伍建设作为教育事业发展最重要的基础工作来抓，提升教师素质，改善教师待遇，关心教师健康，维护教师权益，充分信任、紧紧依靠广大教师，支持优秀人才长期从教、终身从教。”只有给教师减压，才能够激发教师的活力，培养出有生机的下一代！

注释：

[1] 张叉主编，《高中英语新课程教材解读与教学》，北京：外语教学与研究出版社，2014，第17页。

[2] 详见：中华人民共和国主席第十五号令《中华人民共和国教师法》第三章第十一条第四款。

[3] 详见：中华人民共和国主席第二十八号令《中华人民共和国劳动法》第四章第三十六条、第三十八条、第四十一条。

[4]《习近平向全国广大教师致慰问信》，《中国青年报》2013年9月10日第1版。

On Cross-Culture Input in Senior High English Classroom Teaching

朱鹏飞

四川省绵竹中学，四川绵竹 618200

Abstract: Language and culture are closely related to each other. Language is a carrier of culture, and culture is an indispensable element of language. Obviously in senior high schools, English classroom teaching lacks culture input and it surely results in negative effects on students' English learning. Therefore, to enable students to learn English well, we teachers have to emphasize cultural awareness in classroom teaching so that students can acquire the ability of applying English more effectively.

Key words: language; culture; English classroom teaching; English learning

I. Problems

As is well known, language and culture cannot be separated; one cannot master the spirit of a foreign language without knowing its culture. [1] However, for a long time, because of the testing system, senior high schools English teachers' teaching awareness, students' attitudes and so forth, during the

收稿日期：2016－09－26

基金项目：四川省中小学教育专家培养对象专项课题“高中英语单元模块教学的实践研究”（项目序号 19）阶段性成果。

作者简介：朱鹏飞（1962—），男，四川资中人，四川省绵竹中学英语教师、英语教研组组长，中学教授级正高级教师，四川省英语特级教师，四川师范大学外国语学院硕士研究生导师，中国教育学会会员，四川省外语教学研究会理事，四川省普通高中课程改革学科专家组成员，第六批和第七批德阳市有突出贡献优秀专家，主要从事基础英语教学研究。

schooldays our teaching mainly focuses on testing, or rather the repeated English grammar rules and test-oriented techniques, rather than on cultivating communicative and cultural abilities. In most cases, we teachers devote much time to helping students analyze, remember and review the grammar rules over and over again, aiming at showing students how to produce sentences that are grammatically correct and rhetorically effective, so that students can meet the demands of all kinds of tests and get high marks to continue their education in college. As a consequence, not enough attention has long been given to culture input in senior high English classroom teaching and students' intercultural competence is poorly developed or even ignored to a certain degree.

The lack of culture input usually makes many English classes less lively and interesting, which burns a lot of students out in English learning. Worse still, some students wrongly consider that the purpose of learning English is just to pass different English tests, and learning English well means learning and memorizing its words and grammar, thus causing some comprehensive barriers and ineffective learning results.

II. Discussions

With the development of education, a new texting system has been conducted nationwide. Nowadays, culture teaching is given priority in English teaching. Students' intercultural communicative competence has been prescribed into the *New English Curriculum Standards*.

New Standard English precisely regulates two essential tasks: to help Chinese students develop their competence in English and to encourage their membership in the worldwide English speaking community. [2] The fundamental objective of English classroom teaching is not just linguistics competence but effective communication.

We know that effective communication is a two-way street. It's not only how we convey a message so that it is received and understood by someone in exactly the way we intend, but also it's how we gain the full meaning of what's being said and to make the other person feel heard and understood. In this case, if a person doesn't acquire adequate knowledge and western culture background, he can't communicate with foreigners effectively and freely, and he is bound to meet with some unnecessary misunderstandings and embarrassments or even make some awkward mistakes.

And this is where cross-culture comes in. Then, what's culture? Indeed, culture is a very large and evasive concept, very complex and hard to define, and up to now, there have been a lot of definitions of culture, none of which seems to be able to tell us the exact meaning about culture. For example, *the Cambridge English Dictionary* states that culture is "the way of life, especially the general customs and beliefs, of a particular group of people at a particular time." [3] *The Longman Dictionary of Contemporary English* states: "culture refers to the ideas, beliefs, and customs that are shared and accepted by people in a society." [4] *The Oxford Advanced Learner's English-Chinese Dictionary* points out that culture refers to the customs and beliefs, arts, way of life and social organization of a particular country or group. [5]

Generally, a nation's specific culture is reflected in a wide variety of ways, consisting of such components as what people think, what they do, and the material products they produce. As language reflects much more contents of a nation's specific life style than anything else, the development of language also keeps close pace with the cultural and social advancement of the nation. Naturally, the cultural and social changes are constantly enriching the words and phrases of the language. As a result, in one or more ways, learning English language is learning about its culture.

During the course of English teaching, a teacher serves as a bridge between the English culture and the English learners. To the learner, the process of learning English is also the process of knowing the specific culture of the English people. Therefore, to some extent, to successfully master English has much to do with an understanding of its culture.

III. Ways of Culture Input

i. Custom Contrasting

In classroom English teaching, we should foster the students' cultural awareness and make them know that learning is not only learning language but also learning culture at the same time, by comparing and contrasting the cultural differences in language usage and cultural contexts. [6]

It's agreed that many reading materials in the present English textbooks are well written and organized, which contain rich cultural knowledge, covering economy (natural resources, agriculture, industry, foreign trade), folk customs (gestures, table manners, etc.), festivals, history, politics, geography, literature and arts (some great writers and famous works), advanced science and technology, sports and the current situation of western society. We should make full use of them to teach the students how to use English and how the English people think and do as well, so that the students can broaden their cultural horizons and avoid cultural embarrassment.

Gift giving is universally considered an expression of love or friendship. [7] Although inexpensive gifts are common among colleagues, associates and acquaintances, expensive or intimate gifts are considered more appropriate among close friends, romantic interests or relatives. In many cultures gifts are traditionally packaged in some way. For example, in English and American cultures, gifts are often wrapped in wrapping paper and accompanied by a gift note, which may note the occasion, the recipient's name, and the giver's name. When receiving the gift, the recipient always opens it immediately to show his or her great interest in the gift, and say admirably and happily, "It's beautiful!" "I like it!" or something like this, which often makes the other happier, especially as a favor. But the Chinese hold different views: we think it will show our impoliteness if we open the gift in front of the giver. Furthermore, in Chinese culture, red wrapping connotes luck.

Additionally, westerners often greet each other using different forms of speech which, when translated into Chinese, don't make sense. During classroom teaching we can contrast the different language usages in different cultural backgrounds. For example, on the first and every occasion of meeting an English native speaker, we often say "Hello. How are you?" In fact, there are some other similar expressions like "What's new?" "How is it going?" or "How is everything?" and all the answers can be "I am fine, thank you, and you?".

Whereas in Chinese culture, one popular way to greet a person is to say "Have you eaten your lunch?" "Are you full?" or "Where are you going?". These greetings, which have long existed in China, are believed to show care and consideration. However, if someone in a western society is greeted in this fashion, they would probably think you are crazy or that it is none of your business.

Another example is the differences of value orientation. In eastern countries like China, usually the group is considered more important than any individual. People usually focus on community, society, or nation. In contrast to this, people in western countries, on the whole, stress the priority of individual goals over group goals and the importance of the worth of individuals. One type could not be said to be better than another and both are known to come into existence naturally as a consequence of human nature. Based on this, it's easy for us to have a deeper understanding of various phenomena which occur in western countries, whether in the daily life or in the novels, films and so on.

The above examples prove invaluable for students' understanding of the English language. They enable the students to differentiate between appropriate and inappropriate circumstances in which to use English phrases and expressions that they have learned. So it is necessary and useful to pay much attention to the similarities and contrasts in the Chinese and English languages during the teaching process.

When possible, we can use the modern equipment such as multi-media to show students English films, videos or slides. All of these are closely associated with our daily life and work, and easy to obtain, which not only promote students' interest in learning English, but also their cultural awareness.

ii. Vocabulary Learning

The English language has a very large vocabulary. The words that senior high students learn to use are the most useful and more often used to express themselves. At times they may use wrong words, yet more often the words they use are not entirely wrong, but inappropriate, inexact, unidiomatic or uninteresting.[8] Moreover, many students find it hard to memorize the words and expressions. Relating the words with its cultural background may be of great help to students.

Vocabulary is part of language, and the meaning of a word has two aspects: denotative and connotative.[9] A word's connotation is the feeling or ideas suggested by it, which makes us think of many other things.

There are many words concerning culture. If we explain and analyze the cultural connotations of some words at the right time in teaching, students may use them properly and remember them easily.

For example, some students are probably puzzled at this sentence: "America is a vast melting pot." They only know "melting pot" literally refers to a place where a solid substance will melt or become a liquid. In fact its connotation is quite different. Actually it refers to a place or situation in which large numbers of people, ideas, etc. are mixed together or a place where people from different races, countries or social classes come to live together.[10]

Another example: A dragon is a legendary creature. There are two distinct cultural traditions of dragons: the European dragon and the Chinese dragon. The Chinese dragon (*lóng*, "[illegible]" in inscriptions on bones or tortoise shells of the Shang Dynasty, "[illegible]" in inscriptions on ancient bronze objects, "[illegible]" in small seal, "龍" in official script, "龍" in complicated Chinese characters and "龙" in simplified Chinese characters) is the highest-ranking animal in Chinese culture. It is strongly associated at one time with the emperor, and hence, power and majesty, and is still recognized and admired. It is the only mythological animal of the 12 animals that represent the Chinese calendar. Additionally, we Chinese often call ourselves "the descendant of dragons" proudly. However, the English word "dragon" derives from a Greek word, referring to a large aggressive animal with wings and a long tail that can breathe fire. [11] In Great Britain, the imaginary dragon, not the red dragon in Wales, is often regarded as an evil animal, and it is sometimes used to refer to "a woman who behaves in an angry, aggressive and frightening way."

In addition, in the English language, blue often represents the human emotion of sadness, for example: "That song always makes me feel blue." Here in this utterance, "blue" means "sad and without hope, depressed."

Sometimes, this word is connected with sex in a way that might offend some people, particularly in films, jokes or stories. A blue film is referred to a film showing sexual activity. [12] Yet in Chinese culture, the term analogous to the English "blue" is the word "yellow" (*huangse*), which can refer to pornographic material. For instance, "Some of his jokes were a little blue." [13]

From these examples, we can see the words convey not only the denotative meaning but also the connotative meaning, thus it is important to cultivate the students' cross-cultural awareness. Only in this way can the students' pragmatic errors caused by the cultural differences be reduled.

iii. Idiom Comprehending

An idiom is a phrase or a fixed expression made up of a group of words with a meaning of its own that is different from the meanings of each separate word put together, which has a figurative, or sometimes literal meaning, typically because of its common usage. [14] It is estimated that there are approximately at least 25,000 idiomatic expressions which occur frequently in English language. Idioms, as a major component of native-like communication, reflect customs, cultural beliefs and social conventions, so usually they have a sense of mystery and fun about them. The fixed words in the following examples are idioms.

When one says, "For a moment, I actually believed that his wife had royal blood. Then I realized he was pulling my leg," [15] one is not expressing the literal meaning of pulling one's leg, but rather one means he is tricking me. Here "to pull sb's leg" means to fool someone with a humorous account of something, make a joke by telling someone something that is not actually true, or getting someone to accept a ridiculous story as true.

Similarly, when one says, "With increasing expenses and a decreasing income, it is all I can do to keep my head above water," [16] one is not suggesting that he is trying to survive in the actual water, rather one means one wants to keep out of debt, because "to keep one's head above water" means to deal with a difficult situation, especially one in which there are financial problems, and just manage to survive.

One more example: "We wanted to surprise Mary with a birthday gift, but Alan let the cat out of the bag by asking her what she would like." [17] In this sentence, "to let the cat out of the bag" means to tell about something that is supposed to be a secret, tell a secret carelessly or by mistake.

Such expressions as these have figurative meaning. "Language and culture are inseparably intertwined, and the purpose of language learning can not be achieved without culture." [18] Therefore, it's vital for students to fully understand idiom use in their cultural contexts. Furthermore, they provide interesting insights into languages and thought processes of their speakers. Visualizing and understanding the differences between the two will enable the students to correctly judge the appropriate uses. Idioms can enable the students to understand the thoughts, emotions and views of the English native speakers. For this reason, accurate and appropriate idioms usage and understanding provides students with a significant chance to acquire information about the underlying parameters of a language. Awareness of idioms will improve teaching and assist students to have better communication strategies.

IV. Conclusion

As can be seen, there exists a close relationship between language and culture. Language is an essential and important part of culture. Nobody can really master a language and apply it properly unless they understand its culture. Therefore, we should do what we can to make sure the culture input serves the English teaching. In the teaching process, we should, through various activities based on the contents of textbooks, cultivate students' sensibility of cross-culture, compare English culture with our own Chinese culture and find out their differences, thus reinforcing students' English application ability.

Notes:

[1] Zhang Dayong, et al., *A General Survey of the Major English-Speaking Countries*, Chongqing: Chongqing University Press, 1995, "Forword".

[2] *Teacher's Book of New Standard English*, Beijing: Foreign Language Teaching and Research Press, 2010, p. viii.

[3] http: //dictionary. cambridge. org/dictionary/english/culture.

[4] *Longman Dictionary of Contemporary English*, Beijing: Foreign Language Teaching and Research Press, Longman Group Ltd., 2014, p. 457.

[5] *Oxford Advanced Learner's English-Chinese Dictionary*, Beijing: The Commercial Press, Oxford University Press, 2014, p. 497.

[6] 束定芳、庄智象, 《现代外语教学》, 上海: 上海外语教育出版社, 2001, 第151页。

[7] 朱通伯主编,《外语教学科研论文集》, 成都: 四川人民出版社, 1998, 第409页。

[8] Ding Wangdao, et al., *A Handbook of Writing* (Revised Edition), Beijing: Foreign Language Teaching and Research Press, 1996, p. 9.

[9] Ding Wangdao, et al., *A Handbook of Writing* (Revised Edition), Beijing: Foreign Language Teaching and Research Press, 1996, p. 13.

[10] *Longman Dictionary of Contemporary English*, Beijing: Foreign Language Teaching and Research Press, Longman Group Ltd., 2014, p. 1227.

[11] *Oxford Advanced Learner's English-Chinese Dictionary*, Beijing: The Commercial Press, Oxford University Press, 2014, p. 618.

[12] *Longman Dictionary of Contemporary English*, Beijing: Foreign Language Teaching and Research Press, Longman Group Ltd., 2014, p. 180.

[13] *Longman Dictionary of Contemporary English*, Beijing: Foreign Language Teaching and Research Press, Longman Group Ltd., 2014, p. 181.

[14] Ding Wangdao, et al., *A Handbook of Writing* (Revised Edition), Beijing: Foreign Language Teaching and Research Press, 1996, p. 20.

[15] *A Dictionary of English Idioms & Expressions with Chinese Translation*, Huhehot: Yuanfang Press, 2000, p. 716.

[16] *A Dictionary of English Idioms & Expressions with Chinese Translation*, Huhehot: Yuanfang Press, 2000, p. 514.

[17] *A Dictionary of English Idioms & Expressions with Chinese Translation*, Huhehot:

Yuanfang Press, 2000, p. 553.

[18] 张叉主编,《高中英语新课程教材解读与教学》，北京：外语教学与研究出版社，2014，第 60 页。

高中生外语学习焦虑与教师课堂行为的关系研究

黄　渤

四川省东汽八一中学，四川德阳 618000

摘　要：本文采用定性和定量相结合的方法对高中生外语学习焦虑与教师课堂行为的关系进行研究。首先，对学生进行问卷调查。接着，随机选取部分学生和教师进行采访，将所得到的结果进行整理分析。最后，得出外语学习焦虑与教师的课堂行为之间的关系，并在此基础之上提出应对措施。

关键词：外语学习；焦虑；课堂行为

一、研究背景与意义

情感态度是基础教育英语教学课程目标之一。根据《义务教育英语教学标准》的要求，教师在教学过程中应密切关注学生情感态度的发展，培养学生积极的情感态度。在众多的情感因素中，焦虑是影响语言学习效果的主要因素之一。区别于一般性焦虑，外语学习焦虑是“学习者因外语学习过程的独特性而产生的与课堂外语学习相关的自我知觉、信念、情感和行为的情结”[1]。在外语学习过程中，焦虑水平与学习效果成倒 U 字形关系：当焦虑处在一定水平限度之内时，与学习效果成正相关；当超过限度时，与学习效果成负相关。[2]影响外语学习焦虑的因素如下：（1）学习者自身及相互之间的因素；（2）学习者对语言学习的看法；（3）教师对语言教学的看法；

收稿日期：2016－11－24

作者简介：黄渤（1982—），男，四川德阳人，英语语言文学硕士，四川省东汽八一中学英语教师，中学二级，主要从事中学英语教学研究。

（4）教师与学生之间的关系；（5）课堂活动；（6）语言测试。[3]

教学活动是教师与学生之间互动的过程。作为互动的发起者和促进者，教师在课堂上的行为必然会对学生的情感产生影响。教师可以通过改变教学行为影响学生的情感和认知的发展，因此教师的行为对学生的语言习得具有重要的意义。综观国内外关于外语学习焦虑和教师行为的研究，研究者关注更多的是语言焦虑与听、说、读、写各项语言技能之间的关系以及对教师具体的课堂行为如话语、提问等方面的分析研究。而把语言焦虑作为一个整体进行分析，并研究影响外语学习的其他变量与其之间的关系的论文则比较少。本研究将外语学习焦虑与教师课堂行为联系起来，在研究高中生外语学习焦虑现状的基础上分析产生焦虑的原因，探讨这些原因与教师课堂行为之间的关系，找出最容易引起学生语言学习焦虑的教师行为，并针对这些行为提出相应的应对措施，从而帮助高中英语教师纠正课堂教学中的不恰当行为，以达到降低学习焦虑、提高英语教学效果的目的。

二、外语学习焦虑及教师课堂行为定义

（一）外语学习焦虑

第二语言习得理论认为，语言学习是一个内化的过程，学习者在接触语言材料后，对其进行过滤与加工，经检测、监控后输出新的语言。学习者的情感状态在此过程中起着举足轻重的作用，它们决定语言过滤的多少，影响语言学习的速度和质量。焦虑作为一个情感变量对语言内化的影响不可忽视。

焦虑根据其产生根源可分为特质焦虑、心态焦虑和特定情境焦虑。[4]外语学习焦虑在性质上有别于一般性焦虑，大多产生于与所学语言相关的情境中，因此常被视为特定情境焦虑的一种。

霍维茨（Horwitz）在1986年最早提出外语学习焦虑的概念并使用了“语言焦虑”（language anxiety）这个术语。他认为，外语学习焦虑是学习者因语言学习过程的独特性而产生的一种与课堂外语学习相关的自我知觉、信念、情感和行为的情结。[5]阿诺德（Arnold）等人认为外语学习焦虑是指个体由于不能达到预期目标或者不能克服障碍的威胁而形成的紧张不安、带有恐惧感的情绪状态。我国学者李炯英指出外语学习焦虑是学习者需要用目标

语进行表达时产生的恐惧或不安心理。[6]

外语学习焦虑是在特定的外语教学环境中，用不熟悉的外语进行交际时所产生的一种畏惧心理，主要表现为紧张、担忧、恐惧等情绪性反应。

（二）教师课堂行为

教师行为是指教师在组织教学活动的过程中所采取的一系列的具体行动。教师行为不仅体现了教师的教学素质与能力，还展现了教师的教育理念、身心健康状况等与教师自身密切相关的各方面的情况。同时，学生通过教师的行为来理解教师的要求，掌握知识、发展能力、形成品德。所以，教师行为研究已经成为教育研究的重要组成部分。[7]目前还没有明确的标准对教师行为进行分类。大多数学者通常从三个角度对教师行为进行划分：课堂行为和课余行为、语言行为和非语言行为以及有效行为和无效行为。

教师课堂行为是教师在课堂上所进行的各种行动及其影响与结果，包括外在显性现象和隐性内涵，是构成课堂形态的动态因素。施良方等人把教师在课堂上发生的行为分为主要教学行为、辅助教学行为和课堂管理行为。主要教学行为以课堂教学的目标和内容为指向，需要教师具备必要的专业知识与技能；辅助教学行为需要教师具备一定的课堂经验和个性素养；课堂管理行为主要为顺利实施教学创造条件，也需要教师的经验和一定的技能。[8]

教师课堂行为是教师在教学过程中，基于自己的教育理念、教学个性、专业知识与技能、教学实践知识与实践智慧，在具体教学情境中所表现出的教学行为操作方式，是构成教学活动的细节和内容，它大体包括两个方面的内容：一是直接指向教学内容的各种行为，二是为了使上述行为得以顺利实施而对自己和他人行为进行组织管理的行为。

三、研究方案

（一）研究问题

（1）学生学习外语时是否会存在焦虑现象？

（2）哪些因素会引起学生的外语学习焦虑？

（3）教师的哪些课堂行为会引起学生的外语学习焦虑？

（4）教师应如何降低外语学习焦虑？

（二）研究对象

四川某中学高一和高三学生215名，他们来自各个年级的平行班，英语学习水平相当。

（三）研究工具与步骤

本研究首先将采用课堂观察法，检验高中生在英语课堂上是否存在焦虑现象及其表现形式，接着采用霍维茨等人编制的外语课堂焦虑量表（Foreign Language Classroom Anxiety Scale）进行统计。为了保证调查结果的准确性，将采用郭薇等编译的中文版本。

另外，将分别对学生和教师进行访谈。通过了解学生和教师对外语学习焦虑的认识，探究造成焦虑的主要原因及其与教师课堂行为的关系。

四、研究结果

表1显示了外语学习焦虑的总体情况。量表中每个问题后面有五个选项，由强到弱，每个选项对应5到1分。3分是中间值，超过3分表示焦虑程度较高，低于3分，则较低。因此，量表中33个问题总分超过99分，被归为高度焦虑，分数越高焦虑现象越严重。总分低于99分，被归为低度焦虑。从表1可以看出，在高一年级中，高焦虑学生人数所占比例略低于低焦虑学生人数。而进入高三年级，高焦虑学生人数明显多于低焦虑人数。就被测学生总数而言，高焦虑学生也占多数。由此可以得出结论，外语学习焦虑普遍存在于高中学生之中，而且英语学习时间越长，焦虑现象越严重。在对量表和数据进行进一步分析后发现，交际恐惧是引起焦虑的重要原因。交际恐惧是指当人们使用外语与其他人交流时所感到的恐惧。在外语学习过程中，学生使用外语通常发生在与同学或老师的交流之中，而老师与学生之间身份和知识的差距必定会使学生产生交流时的恐惧感。

表1　外语学习焦虑水平概览

年级	学生人数	百分比		平均值
		高焦虑	低焦虑	
高一	102	43	57	95.423
高三	113	71	29	108.725
合计	215	61	39	102.115

五、教师课堂行为与外语学习焦虑的关系

为了探明究竟是教师的哪些课堂行为导致了外语学习焦虑，我们邀请部分学生和老师参加一个半开放式访谈。对访谈内容进行整理和系统分析后我们发现，教师的课堂行为被分成呈现行为和对话行为两个部分。前者指的是教师在课堂上的陈述行为，后者指的是包括提问和评价等在内的师生互动的行为。

（一）呈现行为

呈现行为是关于教师在课堂上说什么和怎样说的问题。教师的言语与表现言语的方式通常会直接影响学生，会对学生外语学习焦虑产生重大影响。而呈现行为又可以分为话语时间和话语风格。

在传统的课堂教学中，教师扮演着讲授者的角色。对大多数教师而言，讲授是教学过程中唯一有效的方式，教师几乎是从头讲到尾。研究表明，在高中阶段，教师的话语时间比其他任何阶段都还要长。也许讲授是节约时间的好办法，但是这绝非有效的教学方式，特别是对于像语言学习这样的科目。访谈中，学生的回答表明，在课堂上，教师说得越多，学生越感到焦虑。

话语风格指说话人讲话的方式，包括句子的长短、复杂程度、语速、停顿时间、条理逻辑和身势语。从受访者的回答可以发现，高中英语教师在课堂上有两种典型：其中一种典型代表是一些工作超过五年的老教师，他们在课堂上说中文的时间远多于说英文的时间。他们相信，过多地使用英语会浪费时间，也会妨碍学生理解。另外一种情况出现在刚参加工作的新教师身上。由于缺乏工作经验，他们通常高估学生的实际能力，在课堂上尽量用正

常语速，认为这种方式会帮助提高学生的英语水平。

人们普遍认为，在课堂上使用英语教学能帮助学生更好地理解语言，也有利于学生语感的形成。然而，教师在进行语言教学之前应先做好调查，掌握学生的语言水平。根据霍维茨的输入假说，外语学习的理想状态是略高于当前水平的知识输入。如果教师在课堂上总是使用母语进行英语教学，则起不到刺激的作用，学生的求知欲不能得到满足，最终会导致他们失去学习的动力。如果教师所讲的内容超出了学生的理解范围，学生就会开始怀疑自己的英语学习能力，从而失去兴趣，最后每到学习英语时就会产生焦虑。在访谈中还发现，其他一些如教师不当的手势、表情等身势语也会使学生产生焦虑。

（二）对话行为

对话是师生、生生交流的最常见的一种方式。这种行为可以分为提问和课堂评价两方面。

提问是刺激学生产生学习动机的最主要的一种方式，可以帮助学生巩固所学知识，确保学生始终将注意力集中在教师身上。对于教师来说，从学生那里得到的反馈能有效地帮助教师改善教学策略、提高教学质量。然而，受问题的难易、数量、类型、点名方式和等待时间等因素的影响，提问却成了最能引起焦虑的潜在因素之一。在课堂上，较低层次的提问会让学生觉得无聊而失去学习动力，而较高层次的提问却会引起焦虑。

课堂评价分为正面评价和负面评价。正面评价指的是包括表扬和鼓励在内的能够帮助降低焦虑的评价；负面评价指的是直接指出错误，有时还带有指责行为的评价。

霍维茨指出，由于学生与教师在语言能力上的差异，学生通常害怕因语言使用错误而得到负面的评价。同时，学生也担心同学之间的潜在的评价。每个学生都渴望给老师和同学留下好的影响，但是，持续失误所导致的负面评价使学生逐步丧失学习信心而变得紧张焦虑。当错误发生时，大多数学生都希望从教师那里得到帮助以避免尴尬。

六、降低外语学习焦虑的措施

（一）营造轻松和谐的课堂环境

对于英语教师而言，最重要的工作就是创建一个安全、自由的语言学习环境。教师可以通过精炼课堂用语、控制语速、合理安排话语内容和正确运用身势语等方式，让学生“乐于听、能听懂”。除此以外，还可以采取多种方式来改善英语课堂环境。比如，偶尔做一做语言游戏不仅可以使学生放松，还能在不经意之间对所学知识进行复习。两堂课之间播放一些轻快的音乐也能起到减轻紧张焦虑的作用。

（二）转换教师的角色

教师应该多关心学生的内心世界，做学生成长的引导者、帮助者和促进者。在课堂上，教师应尽力营造出轻松的、和谐的，以学生为中心的课堂教学环境，给学生充足的时间去消化和体会。授课时，教师应友善和蔼；在布置任何练习之前，应确保难度在学生的能力范围以内；提问时，应根据不同学生的语言能力改变提问方式。教师应采取多种方式，鼓励学生投入课堂活动，充分体会到成功的喜悦，从而降低焦虑水平。

（三）采取恰当的评价方式

对于在本族语言环境中学习外语的语言学习者来说，犯错是不可避免的。不停地犯错会减少学生体验成功的机会。同时，来自教师和同学之间的评价将不可避免。因此，对于学生所犯的错误，尽量不要直接指出。教师应该多用正面评价，减少负面评价对学生情感上的伤害，降低焦虑水平。另一方面，教师也要试着帮助学生培养“接受”错误的能力，提高对负面评价的容忍度。

注释：

[1] E. K. Horwitz, Horwitz, M. B. and Cope, J. A., “Foreign Language Classroom Anxiety”, *Modern Language Journal*, Oxford: Blackwell Publishing, 1986, p. 128.

[2] P. D. MacIntyre, *How Does Anxiety Affect Second Language Learning? A Reply to Sparks*

and Ganshow, Oxford: Blackwell Publishing, 1995, p. 92.

[3] Young, D., "Creating a Low Anxiety Classroom Environment: What Does Language Anxiety Research Suggest?", *The Modern Language Journal*, Oxford: Blackwell Publishing, 1991, p. 427.

[4] 李炯英、林生淑,《国外二语/外语学习焦虑研究30年》,《国外外语教学》2007年第4期,第58页。

[5] E. K. Horwitz, M. B. Horwitz, and J. A. Cope, "Foreign Language Classroom Anxiety", *Modern Language Journal*, Oxford: Blackwell Publishing, 1986, p. 128.

[6] 李炯英,《外语学习焦虑的心理学和神经生物学分析》,《天津外国语学院学报》2004年第4期,第46页。

[7] 林正范等,《对教师行为研究的认识》,《教师教育研究》2006年第2期,第23页。

[8] 施良方、崔允漷,《教学理论:课堂教学的原理、策略和研究》,上海:华东师范大学出版社,1999,第149页。

On Cultivation of Students' Autonomous English Learning Ability in Senior Middle School from the Perspective of Constructivist Learning Theory

曾　双

四川省绵竹中学，四川绵竹　618200

Abstract: Constructivist Learning Theory focuses on student-centered classroom teaching and encourages students to bring their initiative and creativity into full play with the help of their teachers. This paper makes a brief introduction to Constructivist Learning Theory and explores effective ways to cultivate students' autonomous English learning ability.

Key words: Constructivist Learning Theory; autonomous learning; autonomous learning ability; English teaching

I. Introduction

When we say autonomous learning, [1] we mean that learners can manage their own learning, make clear learning goals, make learning plan, and choose learning ways and monitor learning process according to their own conditions. It is put forward on the basis of Constructivism. Constructivist Learning Theory [2] is a new theory which is developed based on many learning theories, such as Behaviorism and Cognitive Theory. Constructivist Learning Theory points out that

---

收稿日期：2016－12－04

作者简介：曾双（1987—），女，四川绵竹人，四川省绵竹中学英语教师，中学二级，主要从事基础英语教学研究。

for any learning task each learner has his own system of construction. Knowledge can only be absorbed by learning. It is actually constructed by learners. According to the Senior School English Curriculum Criteria in China, during three-year learning in school, every student is required to obtain autonomous learning ability[3] which is useful for their lifelong study. However, some researches show that most students in senior middle school prefer to rely on the help of their teachers rather than explore knowledge using their initiative. There are several reasons which can explain the occurrence of this phenomenon. Lots of students do not know the true meaning of learning. They are not responsible for their own study. They feel very easy and relaxed in learning by absorbing knowledge directly from their teachers. Therefore, there is no doubt that students learn passively. So, it is our responsibility to help students train their autonomous English learning ability. We should try our best to implant ways of cultivating autonomous learning ability in English classroom teaching and after class. We should make what we do catalyst of inspiring students' learning interest, a timely rain that stimulates students' imagination and creativity.

II. Ways to Cultivate Students' Autonomous English-learning Ability

i. Changing the Concept of English Teaching[4] and Learning

In order to give the learning platform to students, the first thing for teachers and students to do is to change their concept of English teaching and learning. As we all know, traditional education has made students largely rely on their teachers and books. Students easily think that they study only for examination. Thus, they lose the opportunity for English learning and autonomous development. If teachers want to cultivate their potential competence, they must help students change their learning concept. Teachers should let students know that English learning is not for examination, but for information exchange. Therefore, language knowledge must be transformed into language skills. In fact, the process is an activity of language practice; second, teachers also should let students realize that as the carrier of different kind of information, language is full of social, natural and human knowledge. That is to say, students themselves must have rich knowledge so that they can meet the need of language communication when they learn a language. All in all, teachers should help students know they are facing a more open and developed society and they must guide their learning by adhering to a higher standard. Last but not least, teachers should show their students that passive learning way cannot improve their learning in the end. Language learning and competence are connected to each other firmly. What's more, teachers should believe in their students and give them more space for autonomous learning. The key point for teachers is to find out a good teaching way. In the past, during a class, it is always teachers that control the class. But now, it should be students that become the main part of a class. Students' role is widely expanded. In the process of autonomous learning, students absorb language knowledge and at the same time obtain space for autonomous learning.

ii. Stimulating Students' Consciousness of English Learning

Teachers should stimulate their students' consciousness of English learning to inspire them to learn willingly and autonomously. That means teachers should try some ways to help bring their initiative and creativity into full play. First of all, teachers should find some good ways to answer students' questions. It is not only about "ask and answer" but also an opportunity for students' thinking and learning. Teachers should be patient and encourage their students to ask more questions. Thus, students can ask questions bravely, which provides them with a good chance to learn. In fact, if teachers encourage their students to find out answers through their own ways and enlighten them to search some references, students' consciousness of English learning can be well developed. Second, teachers encourage students to talk properly and put forward some good questions to discuss with them. Chances of talking and discussing should be given to students. This kind of discussion not only helps cultivate students' creativity, inspire students, but also benefits cultivation of students' English learning consciousness.

iii. Fostering Students' Learning Interest in English[5]

As the saying goes, interest is the best teacher. It is quite true that students' initiative is difficult to spur without interest. All the teachers should try their best to foster students' interest in English learning in order to help them learn English autonomously.

(i) Giving Students More Love and Encouragement

First of all, teachers should always love and respect students, which is the foundation of a good relationship between teachers and students. The feeling of love for students is important and necessary for teachers. And all students should know that their teachers really love them. A famous person once said that gifts of people were like sparks, they could burn out, at the same time, they could burn up. Love can kindle students to make great progress. Teachers should know the importance of encouragement: it can make students more active and do better in learning activities. Encouragement may also build students' confidence. Students do not want to be considered as a failure and they hope their teachers would understand them and encourage them when they've done something wrong.

(ii) Helping Students Build Confidence

Confidence is very important for one's success. If students have confidence, they are more likely to be successful in their English learning. At first, teachers should help students set up a realistic goal, so that students can make progress little by little to achieve it. Then, teachers should give respect and trust to their students in English teaching and learning. The building of confidence, students' successful experience of learning, teachers' attitude and students' self-accessment cannot be separated. When they collect information, discuss with teachers and classmates and take part in classroom activities, students experience sense of success, which will strengthen their interest in English learning.

(iii) Cultivating Students to Form Good Habits

The good habit of student could not obtained immediately, but formed gradually in his/her practice. So the teacher should pay more attention to the cultivation of students with good habits in English teaching. A good habit is not easy to form. But if a student can learn English well, then he/she must have good habits of learning English including learning earnestly, independently, being good at finding problems, and being active in answering teachers' questions. For example, when a teacher teaches some new words to his students, first, he must guide his students to pronounce the new words correctly. Then, he must guide his students to master the meaning of the words according to some sentences and context. For the last step, the teacher must guide his students to use the new words correctly. Meanwhile, more practice such as listening, speaking, reading, writing and translating should be done according to the teaching contents. While doing these practice, the teacher should encourage students to be brave and confident. Students pay more attention to the pronunciation, usage and meaning of the new words. Gradually, with the careful guidance of teachers, students can form good habits to learn English.

iv. Helping Students Optimize English Learning Ways [6]

Good learning ways are keys to autonomous learning. But as for many senior school students, they do not have their own effective learning ways, which leads to their passive learning. Therefore, teachers should help students remove the obstacle and open the door of autonomous learning for them.

(i) Requiring Students to Make Their Own Effective Learning Plan

For all students, they should make English learning plan of every term in order to make clear learning tasks. The term plan usually consists of learning aims, learning tasks, learning requirements, learning content, learning ways and time arrangement of the term. We can even make leaning plan every month, every week and even every day when necessary. The plan must be realistic, flexible and effective. Once the situation changes, the learning plan must change in time. Many students may do not know what learning plan is and what it is used for. At this time, teachers should first put forword the aim and importance of learning plan, and then ask every student to make their own effective learning plan at the very beginning of every term. If possible, teachers should put all these plans on a blackboard in order to make all students know whether what they are doing now according to their own learning plan and their learning goals.

(ii) Guiding Students to Review and Do Homework Independently

Reviewing is the process of consolidating what one has learnt and is also an important link of learning. Teachers should be a good instructor in students' process reviewing. First, guide them to review in time. Reviewing is often done right after the end of a new lesson. Second, guide students to review on the basis of the knowledge they have learned before, that is to say, combine old knowledge with new one. Third, guide students to take notes when reviewing. During the reviewing, teachers should encourage students to read aloud and recite in order to consolidate and master all newly-learned knowledge. Doing homework independently is the process in which students analyze, solve problem, and consolidate newly-learned knowledge and skills based on their own thinking. It is useful to cultivate students' autonomous learning ability. Therefore, teachers should tell their students how to solve a problem. It should be based on reviewing, thinking and summarizing regular patterns. Students should pay attention to listening materials and reading passages and try to improve listening and reading skills through practice.

(iii) Cultivating Students' Habit of Self-study and Rethinking Profoundly

Self-study is a kind of learning way which could help students understand knowledge they have learned in class well, enlarge their range of knowledge, foster learning interest and cultivate autonomous learning ability. We teachers should help students make full use of their part-time. First, teachers should encourage students to take part in extracurricular activities such as singing, stage play, English corner, story-telling, film appreciation and guessing games. These activities aim at cultivating and developing students' ability of using English, expanding range of knowledge and expand students' strong points. Second, teach students to distribute learning time rationally. In the morning and evening, they can read and listen to some English materials. They can memorize words and practice dialogues by using sporadic time. Last but not least, recommend more English programs such as TV, films, news, radio to students when they are on holidays. All these ways will help students begin to love self-study and form the habit of self-study gradually.

Being the core of autonomous learning, rethinking means learners can inspect strategies they have used in their language learning and rethink whether they are suitable or not. There are many ways of rethinking, such as introspective method, keeping diary and filling in evaluating chart. For example, keeping a diary can help students organize and arrange learning activities, monitor learning process and evaluate learning strategies and learning ways so that can find out problems, analyze problems and put forward correcting suggestions.

v. Cultivating Students' English Learning Strategies

Language learning strategies[7] are strategies used by learners so as to get better effects in language learning. According to the *New English Curriculum* Standard, learning strategies are actions and steps taken by students in order to have an effective study. And language learning strategies consist of cognitive strategy, metal-cognitive strategy, communicative strategy and resourceful strategy. Metal-cognitive strategy is used by students in order to make a learning plan, have reflection and assessment for their learning process. Communicative strategy can help students take more chances to communicate and improve the ability of communication. Resourceful strategy is taken by students so that they can study effectively and rationally with the help of multimedia. According to some researches, learning strategies can promote development of intelligence, attitude and characteristic. It can also help cultivate autonomous learning ability. Therefore, carrying on learning strategies in English teaching can build up students' confidence in autonomous learning. But unfortunately, a lot of senior high school students do not even know what learning strategies are, which causes them to study passively. So, it is necessary that teachers carry on learning strategies in classroom teaching. Teachers' duty is to make students know the importance of learning strategy, help them foster the consciousness of using learning strategies and let them use learning strategies in proper time.

For example, in listening class, there are many listening activities. Learners often take strategies such as predicting, guessing, judging and reasoning. Good effects can be achieved only when students take proper learning strategies. In dealing with some listening questions concerning scenes, teachers should teach students to read every choice and predict the scene that each choice refers to in a very short time. Then, students could choose the correct answer according to the listening material. Here is an example:

A. Don't you know?

B. Thanks a lot.

C. No problem.

D. It doesn't matter.

According to the four choices, A refers to the scene that someone wants to confirm something. B refers to the scene that someone has done something for you. C refers to the scene that you have done something for others. D refers to the scene that someone has bothered you. Therefore, when you hear "Could you get us another room on the floor?" you will choose C without doubt. Gradually, teachers train students to learn to use these strategies unconsciously.

In brief, using proper learning strategies can make autonomous learning possible. Learning strategies are key factors of autonomous ability. The stronger consciousness of using learning strategies students have, the greater progress they will make in the process of autonomous leaning.

vi. Carrying on Developmental Evaluation

Developmental evaluation can be divided into student's self-evaluation, student's interactive evaluation and teacher's evaluation. Student's self-evaluation is the judgment of self-learning and development made by students themselves according to the aim and standard of evaluation. It is one of the aspects of students' self-understanding. The way of launching the evaluation is to ask students to make learning files. First, teachers should help students make learning plan according to their real learning conditions. Then, ask students to write learning reports every week or every month. The learning report is about students' learning content, learning progress, learning strategies and learning results. Students learn to rethink their learning process and find out their shortcomings by writing a learning report. Thus, students can make a clear learning direction and explore suitable learning ways. Finally, their autonomous learning ability can be improved. Student's interactive evaluation can be used in teaching activities. Teacher can divide the class into several groups. Every group member is evaluated by other members in the same group based on the same standard. This kind of evaluation can encourage students to have a cooperative and autonomous learning. Teacher's evaluation includes many aspects. First, teachers should observe students' performance in classroom teaching. Teachers can evaluate how their students perform through questions, debates, role-play and some other activities. Second, interview and questionnaire should be used in evaluating students. They will help teachers make a correct and objective evaluation. Finally, when teachers are correcting students' homework, they should give some sincere remarks instead of only marks.

III. Conclusion

Teachers are leaders of students' autonomous learning. What teachers pass on to their students are key to their autonomous learning. Therefore, teachers should update their teaching concepts, absorb new teaching theories, reform old teaching ways and perfect teaching roles so as to support the students' independence and creativity in learning. Only by doing this can we open the door of students' autonomous learning and achieve the final goal of modern education.

Notes:

[1] D. Bound, *Moving toward Autonomy*, London: Kogan Page, 1988, pp. 17 – 39.

[2] B. Wilson, *Constructivist Learning Environments: Case Studies in Instructional Design*, New Jersey: Educational Technology Publications, 1996, pp. 17 – 39.

[3] 胡丽妃,《英语课堂教学中学生自主学习能力的培养》,《湖南科技学院学报》2006年第1期, 第20页。

[4] 顾曰国,《外语教学法》, 北京: 外语教学与研究出版社, 1999, 第55页。

[5] 惠亚玲,《外语教学中自主学习能力的培养》,《西安外国语学院学报》2003年第4期, 第20 – 22页。

[6] 李红,《学习自主性与中国英语教学》,《外语与外语教学》1998年第10期, 第24 – 26页。

[7] H. D. Brown, *Teaching by Principles: An Interactive Approach to Language Pedagogy*, NJ: Prentice Hall Regents, 1994, pp. 53 – 58.

On English Learning Strategies in Rural Senior High School

石　林

攀枝花市第七高级中学校，四川攀枝花　617005

Abstract: English learning strategies cover a lot including classifications of English learning strategy, strategies in specific fields such as reading and speaking, strategies for particular group of English learners and so on. Based on the previous influential studies this paper discusses the current situation of the application of English learning strategies in rural senior high schools and tries to figure out ways of efficient English learning for students.

Key words: English learning strategy; application; rural senior high school

For rural senior high school students, English learning still remains the biggest problem among all the school subjects. According to *English New Curriculum Standards* administrated by the Education Ministry of the People's Republic of China in 2003, the overall goal of English teaching is to let students further clarify the purpose of learning English, to develop the ability of autonomous learning and cooperative learning, to form effective English learning strategies, and to cultivate the comprehensive application capability of language. [1] To achieve the overall goal, students should master some necessary learning strategies. In rural senior high school both teachers and students have realized the importance of English learning strategies. The key is that students

---

收稿日期：2017 - 01 - 26

作者简介：石林（1988—），男，四川宜宾人，四川省攀枝花市七中英语教师，中学高级，主要从事中学英语教学研究。

should have training and practice and the question is how to achieve this purpose. [2]

I. English Reading Strategies

Reading is an important way for students to cultivate the abilities of English comprehension and English skill application. On the one hand, it can improve students' abilities for handling the information and solving the problem. On the other hand, it can help them cultivate aesthetic interest and edify their moral sentiment. For the students in rural senior high school, what is the most important is that English reading has a large proportion in the College Entrance Examination. [3]

One of the efficient strategies is discourse analysis. In the process of language communication, the significance of language can only make sense in the given context. By means of the discourse analysis model, it lets students understand both what the author tries to express and the way in which the author expresses his idea, while allowing them to enlarge their vocabulary during the analysis procedure, and then they can obtain the information from the title better. [4] Rural high school students should avoid simply reading because reading while memorizing vocabulary is the only way to achieve a good comprehension of the reading materials. Teachers should try to train their students' skills of memorizing vocabulary, word formation knowledge, phonetic knowledge, and especially vocabulary application in specific discourse. Because of the various functions of communication, the themes and the contents of the text will be different; and the different genres of articles will result in varied text structures. Concerning reading comprehension in English examinations, the common genres are generally narrative articles, expository writing and a few arguments, which are also commonly found in the textbook. Hence the analysis of specific structure, and the connection or the cohesion, is very important.

For the sake of reading quality, especially with the limitation of time in the examination, efficient practice can bring about a breakthrough. This is often ignored in the English teaching in rural senior high school. [5] In general the reading practice can be divided into three stages—pre-reading, while-reading and post-reading and here lies the emphasis on while-reading. Students then should learn the efficient skills of skimming and scanning. The former refers to the process of reading only main ideas within a passage to get an overall impression of the content of a reading selection. For example, we can know what happens every day by only reading the titles of a newspaper. [6] There are five steps for efficient training: reading the title, reading the introduction of the first paragraph, reading the first sentence of every other paragraph, noticing some pictures, charts or graphs, and reading the summary or the last paragraph. And the latter is a reading technique used when the reader tries to figure out specific information quickly, which requires the reader to raise questions in his mind and have the sense of ignoring unrelated information. [7] When students are engaging in this kind of practice, they should be informed of the following: first, they must make clear what specific information they are looking for and try to anticipate how the answer will appear and what clues they might use to locate the answer; secondly, they should use headings and some other aids, and then selectively read and skip through sections of the passage. [8]

II. English Listening and Speaking Strategies

" 'Listening' is one of the major 'inputs' in senior high school English learning" [9] and " 'speaking' is one of the major 'outputs' in senior high school English learning." [10] English listening and speaking are closely related to each other, and thus here I would like to put them together for discussion. Rural senior high school students pay less attention to training the two abilities and thus have more problems than urban senior high school students. For instance, many of them have a poor mastery of consonants, vowels, stress and rhythm, and they have a bigger problem with pronunciation and intonation. Teachers need to help them improve the two abilities.

Firstly, strengthening students' knowledge of English-speaking countries, the U. K. and the U. S. A., for example, is very important. Teachers can introduce background information by mass media such as, television, newspaper and the Internet. Since the content of the textbook is limited, while teaching a text, instead of only explaining grammar or sentence structure, teachers should introduce background knowledge. With the help of modern teaching technology, teachers can obtain abundant English teaching resources. For example, there is much learning software for pronunciation that teachers may bring into classroom. This may better help students improve English listening and speaking abilities.

Secondly, teachers should create a relaxing learning environment for their students. The communication of language can form its function only within the daily life. However, English teaching in rural senior schools is far from effective as both students and English teachers are under great pressure to memorize vocabulary and do exercises. Hence something should be changed. Classroom activities including English story retelling and English speech can guide the traditional English class to a new direction. For example, we can bring classic American movies into the classroom and train students to listen to the original English broadcasting such as BBC, VOA, CNN, etc. In this way students can experience the authentic real English from the dialects to the intonation, especially the way they are thinking. After listening to a certain piece of information, we can help students to retell what they have listened to in the speaker's way—help them overcome shyness and encourage them to express themselves in English.

III. English Writing Strategies

It is a common phenomenon that enough importance is not attached to English writing in a rural senior high school. Only when dealing with the last part of the test paper does the teacher present a sample composition to his students every time. Here the sample is the English translation of the given Chinese information. As for the students, they have no concept of types of writing, rhetorical figures, genres, etc. and even does not know what to write about. English writing in their mind is only Chinese-English translation. In fact, as one of the methods of English skill training, English writing aims to improve students' ability of using written English to express themselves. This involves not only the abilities of application of vocabulary, grammar, figure of speech, etc., but also the abilities of discourse analysis and semantic connection. To achieve this aim, two strategies can be used as follows:

First, to combine teacher's instruction and students' writing. Journals can be used to describe our daily life, to express individual emotion, to create literary works and so on. Additionally, for English learners English journals can encompass the English learning procedure description, summary or review. It can avoid the separation of English learning and real life while training students' habit to think. Furthermore, there is no doubt that teacher's instruction is very important during this process and the instruction of every writing stage is crucial. For example, before writing, let students learn to map out what to say and how to say it and after writing allow them to proofread in a timely fashion.

Second, to make full use of the textbook. In rural senior high school, many English teachers create a predicament that their English textbook usage is only confined to figuring out new vocabulary, grammar and specific sentence structure learning, and it has nothing to do with writing. Actually the exploration of this aspect can lead to good use of a textbook. We can design a composition writing anywhere: for instance, in the Warming up of Unit Five "Mandela Nelson—A Modern Hero,"[11] it can be a writing practice of a great person.

Of course, to improve the English learning of rural senior high school students, some core conditions are crucial.[12] School authorities and students' parents should try to create some appropriate environment for students to help them establish the sense of English.[13] For instance, on the one hand, school authorities need to enrich the library by buying more authentic English books. On the other hand, students' parents should give their children time and space to read instead of hastening homework or even farm work.

All in all, English learning strategies play a very important role in senior high school, especially rural senior high school, and what this paper discusses may be positive in rural students' autonomous English learning on a more pragmatic, rather than theoretical level.

Notes:

[1] 陈琳、王蔷、程晓莹,《普通高中英语课程标准(实验)解读》,南京:江苏教育

出版社，2004，第2－5页。

[2] 向时荣，《农村高中生英语自主学习的障碍与对策》，江西师范大学硕士学位论文，2006，第4－6页。

[3] 刘小玉、陈媛，《农村高中英语听力课堂教学的误区及对策研究》，《中学生英语》2009年第8期，第17－18页。

[4] 邓金娥，《农村普通高中英语口语的现状分析及教学策略》，湖南师范大学硕士学位论文，2005，第7页。

[5] 徐兴霞，《农村中学生英语口语缺陷成因及对策》，《林区教育》2008年第8期，第96－97页。

[6] 仲昭云，《新课改背景下如何提高农村中学生的英语口语水平》，《新课程研究》2009年第3期，第79－80页。

[7] 冯春梅，《新课标下如何实施高中英语听力教学》，《中国科教创新导报》2009年第21期，第26页。

[8] 刘进宝，《高中英语写作的现状分析》，《教学研究》2010第33期，第308页。

[9] 张又主编，《高中英语新课程教材解读与教学》，北京：外语教学与研究出版社，2014，第89页。

[10] 张又主编，《高中英语新课程教材解读与教学》，北京：外语教学与研究出版社，2014，第95页。

[11] Chen Lin，Simon Greenall，*New Standard: Compulsory English in Senior High School*，Grade I，Beijing：Foreign Language Teaching and Research Press，2006，pp. 1－41.

[12] 黄蝉，《农村小学生英语阅读能力培养的策略研究》，《教学研究》2011年第8期，第134页。

[13] 郜玉红，《阅读策略在高中英语阅读中的运用》，内蒙古师范大学硕士论文，2008，第12－17页。

从国家新课程标准看高中英语教学

徐显芝

四川省绵竹中学，四川绵竹　618200

摘　要： 教师应该按照《普通高中英语课程标准（实验）》的要求转变教学理念，在教学中有的放矢，改变教学方式，努力培养学生的语言应用能力。针对高中英语教学中存在的诸多问题，教师可以找到相应的解决对策，主要对策有：注重学生兴趣的激发和培养；为学生营造良好的课堂气氛，提高学生学习英语的能力；培养学生自主学习的能力。

关键词： 新课标；教学实践；教学理念；学习兴趣；学习能力

一、引　言

《普通高中英语课程标准（实验）》明确指出："此次课程改革的重点就是要改变英语课程中忽视对学生语言应用能力培养的倾向，强调课程从学生的学习兴趣、生活经验和认知水平出发，发展学生的综合语言运用能力。"[1] 为了达到高中新英语课程标准要求，教师应清醒认识当前高中英语教学的状况，转变教学理念，改变教学方式，在教学中有的放矢，一切为了培养学生的语言应用能力进行教学实践。

收稿日期： 2016－12－04

作者简介： 徐显芝（1979—），女，四川绵竹人，四川省绵竹中学英语教师，中学一级，曾获德阳市教科所授予的"高中英语学科教学先进个人"荣誉称号，主要从事基础英语教学研究。

二、当前高中英语教学的主要状况

（一）听力教学状况

听力是语言交际行为的基础，而目前高中学生很少有意识地通过现有设备如电视、电脑等途径来提高听力水平。许多学生停留在把课内教师播放的录音和练习作为提高听力水平的唯一途径，只指望在老师的帮助下提高听力水平。甚至一些学生不把听力当回事，对听力重要性的认识不到位。在听力训练时，心理障碍、读音障碍、词汇障碍、文化背景知识的障碍，使得他们在听的过程中过度紧张导致头脑不清醒，注意力不够集中，根本没法听进去。更严重的是，他们还缺乏一定的听力技巧和方法，无法跟上说话者的语速，结果听完听力材料后一脸茫然。我们知道，没有听力就无法交流，语言学习也就失去了意义，英语学习也是如此。就拿高考试卷来看，全国大部分省市将听力作为重要的考查内容，以 30 分的分值加进了高考试卷中，占总分值的五分之一，英语听力训练应该引起广大中学生的高度重视。

（二）口语教学状况

口语是语言交际的手段，而随着我国对外开放的不断深入，中国与外国的交往日益频繁，口语教学越来越重要。但是许多高中英语教师在英语课堂教学中不重视口语课堂教学的开展。由于中学阶段没有口语测试来发挥其指导学校英语课堂的作用，学生在实际学习中得不到大量的语言实践机会。教师认为高考不考口语，所以训练口语是浪费时间，还不如直接用汉语讲授，让学生容易懂，从思想上轻视口语。从学生来看，很多学生把注意力集中在语法学习上，产生了宁可不说的心理。这使得他们胆怯，丧失自信心，怕人耻笑。很多学生也缺乏抓住各种机会练习口语的意识。相当多的学生依然把课内训练作为唯一手段。而且在中学阶段，由于班级人数多，上课时间有限，学生锻炼口语的机会很少。很多学生的英语成了“哑巴”英语就不难理解了。

（三）阅读教学状况

阅读是理解和接收信息的言语活动。在中学阶段，阅读是语言学习的重中之重，是获取英语信息的重要手段。阅读能开阔学生的视野，扩大他们的知识面，提高应用语言的能力。但是在阅读上，不少学生缺乏有效的阅读技巧和良好的阅读习惯。因此，他们在阅读过程中，一碰到生词就查词典，逐字逐句翻译，基本上不会采取跳读或根据上下文及语境猜测生词意思，因而阅读速度慢，理解能力也难以得到很大的提高。况且他们认为高中阶段作业多，也没时间看课外读物，也不知看何种课外读物。

（四）写作教学状况

写作是言语“输出”的重要途径和方法，而目前，中学生的英语写作能力总的来说比较薄弱。首先思想上不够重视。很多教师在教学中只重视语法、阅读能力方面的培养。对于学生来说，在英语写作上只有极少数的学生能主动通过日记、信件等形式练习写作。大部分学生只是被动地按照老师课内要求进行写作，有的学生纯粹是为了应付。写作时常用中文构思再翻译成英文，再加上学生没有掌握足够的词汇量和正确的语言表达结构，导致他们写的是汉语式作文。其次，学生缺乏高效的写作技巧和良好的写作心理和习惯。这样学生在写作技巧上常常表现为语篇布局差、句式单一，不能在较高层次上灵活运用所学知识。语意不够连贯，没有一定的语篇衔接手段。而且在写作训练中学生存在紧张、焦虑、恐惧和厌恶的心理状态。在写作过程中也有许多不良习惯：忽视审题、不做检查、不讲规范、轻视书法等。

（五）学生语言活动展示状况

课堂教学是学生语言活动展示的舞台，而在目前的高中课堂上许多学生没有积极主动地参与课堂活动，往往以老师为中心，学生被动地接受。学生死记硬背，不会活学活用，没有举一反三的能力，学习习惯差，兴趣不够，缺乏自主学习的能力。

三、高中英语教学的应对策略

（一）激发和培养学生的学习兴趣

根据李洪玉、何一粟的研究，兴趣是学生的一种带有情绪色彩和选择性的认识倾向，它以认识和探索某种事物的需要为基础，指向该领域的对象及掌握知识的过程，是推动人去认识事物、探求真理的一种重要动机，是学生学习动机中最活跃的因素。[2]兴趣是最好的老师，也是每个学生自觉求知的内动力。只有学生感兴趣的东西，他们才能集中注意力以最佳的状态来接受。因此，在英语教学中，教师能否成功培养学生产生浓厚的学习兴趣，关系到学生能否以积极主动的状态投入学习，关系到学生是否真正学到一些知识，关系到教师教学质量的提高。[3]那么，怎样激发学生的英语学习兴趣呢？首先，教师应注重利用学生感兴趣的话题或与现实生活紧密联系的话题设计情景，吸引学生进入学习状态，同时注意维持他们在课堂上昂扬、积极的态度。用这种方式引入所学内容既亲切又新颖，学生的积极性很容易调动起来。其次，在教学过程中，教师应注意教法的改进和课堂的优化，提高学生的学习兴趣。在新课程理念的指导下，教师要改变传统的那种“满堂灌”“填鸭式”的教学。教材不再是我们唯一的教学资源，要合理分析教材内容，创造性地使用教材，教师应有依据课程标准分析教材内容价值的意识和能力。[4]我们还可以通过图书馆、计算机网络、广播、电视等资源来获得更广泛的英语信息，辅助教学，扩展所学知识。显而易见，我们的教学内容的呈现方式也变得多种多样，有多媒体、电视、投影仪等。这些带有声音、图画的现代手段大大丰富了学生的课堂教学，可以激发学生的学习兴趣，为学生的主动参与创造条件。

（二）营造良好的课堂气氛，加强学生的英语学习能力

首先，良好的课堂氛围能使学生消除紧张、焦虑的情绪，使他们处于最佳学习状态中。教师在长期的教学实践中应形成民主、宽松、和谐的课堂氛围，充分调动每一个学生的主观能动性积极参与教师的教学活动。同时在教学中教师对教学充满激情，丰富的表情、幽默的语言，一举手一投足都创设出和谐的交际氛围。这样教师才有机会去提高他们的英语学习的素养。

其次，在教学过程中，教师为每个学生创造听说英语的机会。教学是师生交流思想、情感和信息的过程。英语教学应努力使课堂教学交际化，将传统的教师讲学生听的单向交流变为师生之间的互动教学。如果教师坚持用英语讲课，使课堂成为一个小小的英语世界，可以大大增加学生听说英语的机会，使每一个学生在耳濡目染中自然形成听觉记忆，从而促进听说能力的提高。在平时的听说训练中，教师应努力消除学生的紧张和胆怯的心理，同时给予学生必要的听说方法指导，使之养成良好的听说习惯。教师对课堂教学

要精心设计，积极开展学生喜闻乐见的活动，如两人对话、角色扮演、表演自编话剧、猜谜、游戏、唱歌、绘画、讲故事、讨论、演讲、辩论等。同时我们也知道学习者的语言水平、记忆力、情感因素和背景知识等都是影响听力理解的重要方面，但许多学生都只是把课堂作为提高听说能力的唯一场所，放弃了许多良好的机会和手段。因此，教师应该鼓励学生进行大量的听力练习，包括课余时间的个人练习。学生可以自己听录音对着镜子练习。在不用面对听众的情况下练习，可以克服羞涩心理，大胆开口。经过这样一段时间的练习，学生即使面对真实的听众，也能信心十足地用英语表达了。老师在他们尝试后给予及时的肯定和鼓励就显得尤为重要。一个默许的眼神、一句鼓励的话语、一份由衷的赞许，都将极大地调动学生开口说英语的积极性，使他们树立学习英语的信心。同时学校和教师要认真学习教育教学理念，更新观念，强调听说在教学中的重要地位，尽其所能为学生创设听说训练的空间。最显著的活动是开展英语角，有条件的学校可以聘请外教进行听说教学。

第三，教师还应培养学生的读写能力。在教学实践过程中，教师应该培养学生养成良好的阅读习惯，提高阅读技巧。因为良好的阅读习惯是提高阅读能力的前提，不同的阅读技巧产生不同的结果。不要出声读和指读而要默读。默读可以集中精力边读边思考，可以设问，可以推测；不要逐字逐句地读，要以意群和句子为单位；不要重复阅读，要用自己的全部知识和智慧，一口气读到底；不要一见生词就查词典，要养成根据上下文猜测生词词义的习惯，在不影响全文理解的地方，要舍弃难点，只有这样，才能保持阅读的兴趣。在提高学生阅读技巧的同时教师还要引导学生进行大量的课外阅读，做到课内与课外相结合。对于学生写作难的现状，教师应该强化学生的写作基础，让学生接受一些写作训练，循序渐进，从简单句到复杂句、从句子到段落，分阶段训练。而且还可以采用背诵范文、默写练习、造句、英汉互译、句型转换、变通表达、短文改错、改缩写课文、限时作文、坚持写日记等方式来增强英语思维能力，教授学生一定的写作技巧、句型结构和不同文体的写作模式。

（三）优化指导方法，培养学生自主学习的能力

《普通高中英语课程标准（实验）》提出，课堂教学应改变以教师为中心、单纯传授书本知识的教学模式，教师应帮助学生发展探究知识的能力、

获取信息的能力和自主学习的能力。这就要求中学教师在教学中要了解学生特点，了解学生的学习需求，让学生充分参与英语课堂教学活动。[5]因此，教师不只是要交给学生知识，更重要的是应有意识地帮助学生养成自主学习的习惯并提高自主学习的能力。“授人以鱼，不如授人以渔。”在平时的英语教学中，教师要注意知识的渗透和学法指导，还要让学生主动参与学习过程，灵活运用知识与技能，分析问题、解决问题。在英语各个板块的教学中，教师应对学生进行学法指导，注重学生自主探究、自我展示，鼓励学生在活动中学习，在自我练习中提高，培养他们探究问题的能力。例如，阅读第一课时的教学重点是培养学生的阅读能力，教师还可以通过小组学习培养学生的能力，使他们在相互学习与探究的过程中增强自主学习的能力。再如，在单词的识记上，教师应有意识地渗透一些记单词的方法，学生在有效的启示下，也乐于自己想办法记单词。在这种积极的学习活动中，他们不仅可以牢固掌握新知识，养成勤查词典、勤翻资料进行自主学习的好习惯，而且可以开发自主和创新的学习潜能。自主学习并非学生我行我素，而是指学生学习目标明确，认真听课，主动识别老师的教学目的与内容，充分调动主观能动性，积极配合老师，参与各种活动，取得最大程度的输入和内化。教师在教学过程中要帮助学生形成适合自己的学习策略。实践证明，让学生独立完成力所能及的学习任务是培养自主学习能力的好方法。这不仅有利于学生把握学习的方向，采用科学的途径，提高学习效率，而且还有助于学生运用所学的方法和策略去收集资料、处理信息、解决实际问题，从而形成自主学习的能力，为终身学习奠定基础。

四、结　语

上文针对新课改下高中英语学科出现的问题进行了分析与研究。在高中英语教学中，我们发现学生在学习策略上存在一定的问题，同时也意识到教师方法上的不足。所以，教师在教学中应该调整方法与学生的学习策略一致，相互适应。新课改不仅仅对学生提出更高的要求，同时要求教师要有意识地、系统地改变并教会学生学习英语的方法和技巧，从而提高学生学习英语的能力。总之，高中英语教学的道路是复杂而漫长的，在新课程改革过程中，教师要更新观念，吸取传统教学的优点，与时俱进，提高自身修养和教学素养，持之以恒地对学生进行听、说、读、写的英语语言综合训练，使学生顺应时代的要求，成为国家所需的英语人才。

注释：

[1] 中华人民教育共和国教育部，《普通高中英语课程标准（实验）》，北京：人民教育出版社，2003，第5页。

[2] 李洪玉、何一粟，《学习动力》，转引自：杨颖育，《小学生英语学习兴趣持久力研究》，张叉主编，《外国语文论丛》第5辑，成都：四川大学出版社，2012，第191页。

[3] 王小平，《怎样激发学生的英语兴趣》，《学英语》（高中教师版）2008年10月21日第7版。

[4] 李宝荣、李慧芳，《在中学英语教学中合理使用教材的建议》，《中小学外语教学》2011年第34期，第13页。

[5] 张叉主编，《高中英语新课程教材解读和教学》，北京：外语教学与研究出版社，2014，第6页。

初中英语词汇教学法研究

王远勤

成都市实验外国语学校（西区），四川成都，611731

摘　要：词汇教学是初中英语教学的一个重要组成部分，也是初中英语教学的难点之一。本文结合作者在成都市实验外国语学校（西区）多年的初中英语教学实践，对初中英语词汇教学的问题进行了研究，总结、提炼出了实物展示法、图片展示法、直接表演法、以旧释新法、以构词式释词法与句型练词法六个行之有效的初中英语词汇教学的方法。

关键词：初中英语；词汇教学；研究

本文作者从进入四川师范大学外国语学院以后不久便开始兼职家庭教师工作，大学毕业后来到成都市实验外国语学校（西区）又开始从事专职教师工作，掐指一算，已经有整整六年的初中英语教学实践的经历，对于初中英语教学亦可谓拥有了初步的认识。在教学期间同初一、初二与初三每一个年级的学生都打过交道。在成都市实验外国语学校（西区）担任专职教师期间教出了三届初中学生。在所教学生中，有性格乖巧、听从教师引导的，也有桀骜不驯、对教师的教诲不以为然的；有成绩拔尖的，也有成绩靠后的。然而，无论什么层次的学生，他们在英语单词的学习上都遇到了各种各样的问题。其实，在一门语言的学习中，单词都是基础中的基础，英语学习也是不能例外的。“如果不运用词汇，即使掌握了语法结构也绝不可能表达任何意思。”[1] “没有足够的词汇，就不能进行有效的听、说、读、写，就

收稿日期：2016－10－16

作者简介：王远勤（1987—），女，四川雅安人，英语学科教育硕士研究生，成都市实验外国语学校（西区）英语教师，曾获“天府新区成都直辖区首届学科教学大比武”一等奖，主要从事初中英语教学研究。

无法用英语进行有效的交际。”[2] 仅以成都市实验外国语学校（西区）的初中学生为例，他们平均每天学习的新单词数量大概为20~30个，换句话说，一个像成都市实验外国语学校（西区）这样的外国语学校的初中英语教师平均每天要教会学生20~30个新的单词。如何让学生在两个课时80分钟的教学时间内理解、掌握、运用好这些单词是每一个教师每天都在思考的问题。可以毫不夸张地说，词汇教学是初中英语教学的一个重要组成部分，也是初中英语教学的一个难点之一，值得学术界认真研究。初中英语词汇教学重在方法，本文拟结合作者多年的教学实践，对初中英语词汇教学的方法问题作一个粗浅的研究。

初中英语词汇教学的方法是多种多样的。总结起来，主要有六个：实物展示法、图片展示法、直接表演法、以构词式释词法、以旧释新法与句型练词法。

（一）实物展示法

实物展示法指的是教师在教学中通过向学生展示相关实物的方式引导学生理解新的单词从而准确理解、把握这一单词的方法。这一方法多用于对常见名词的解释之中。

例如，在*Look, listen and learn*！教材“Lesson 60 Give... show... bring... pass...”中，出现了一个单词“plate”：

> Bring me that plate, bring me those plates. [3]

对于“plate”这个单词，很多学生通过图片和读音记住的是单词所表达的中文意思，而没有理解这个单词在目标语言中的用法，也忽略了相应的目标语言文化。他们第一步是把“plate”翻译成母语“盘子”，然后就将“plate”完全等同于“盘子”，从而忽略了其最根本的含义是“平坦的”，所以他们可能就会造出这样的句子来：“The soup is in the plate.”而是实际情况是，“plate”是不能盛汤的。出现这种情况，主要是因为学生在用母语思维去翻译这个单词，然后以母语反义词反过来理解这个名词。教师可以尝试的方法是，在课堂上向学生直接展示什么是“plate”，给予学生一个直观的印象，“plate”是平坦的。而直观的印象也往往是生动的印象。同时，教师还可以让学生在学习目标语言的过程中培养出一种西方文化的思维模式，学会理解一个英语单词的最初的来源与最根本的含义，这样才能帮助学生正确理解与运用这个单词。比如，“plat”一词表示“平坦的”，那么“plate”就是“平的盘子”，“platform”就是“平的站台或者月台”。学生在思维中有了这样的基本构建以后，以后再遇到“plat”开头的词就可以有一个大体的预判。教师也可以把以“plat”开头的单词集中起来讲解，方便学生对这些单词的理解、把握与运用。

（二）图片展示法

图片展示法指的是教师在教学中通过向学生展示相关图片的方式引导学生理解新的单词从而准确理解、把握这一单词的方法。

例如，在 *Look Ahead2* “Unit 1 Special Interests”中，出现了一个单词“meteorite”：

> The meteorite man collects and sells rocks from space. [4]

“Meteorite”本来是一个抽象的单词，单词本身意义不多，出现的频率也不高。这种单词可直接给出图片，附加一点简单的解释：“It’s a kind of rock from space.”多重复几遍这个单词的发音等，学生基本上就能够掌握这个单词了。

（三）直接表演法

直接表演指的是教师在教学中通过鼓励学生直接上台表演、亲身体验的方式引导学生理解新的单词从而准确理解、把握这一单词的方法。这一种方法主要运用于“run”“jump”“talk”“take”“bring”“get”与“smile”这类实义动词的教学之中。

例如，在 *Look，listen and learn*！教材的“Lesson 59 Good old Billy”中，出现了一个单词“bring”：

> Bring me that ball please，Tom. [5]

“bring”和“take”都有“带”的意思，“bring”是带来，带给我；而“take”是带去，带给他。如果学生只停留于理解其“带”的意思的话，那么他们就很有可能会造出这样的句子："Don't forget to take it here." 这不符合英文的表达习惯，所以在记住词义的同时，更重要的是理解这类动词的内涵和用法。让学生以自己的位置造句，以"bring me something"为句子的开头，让学生在造句的时候，形成"bring me"的思维，这样就容易理解"bring"暗含的意思。

又如，在*Look, listen and learn*！教材的"Lesson 57 Silly Billy"中，出现了一个单词"get"：

Get into lines, boys. [6]

"get"作为动词既可以作实义动词（lexical verb or full verb），有"得到；抓住；说服；受到（惩罚等）；到达；来；开始；设法对付；获得利益或财富"等意思，如"get into trouble""get my teeth fixed""get off the bus""get to work""get a bike""get a ticket"；又可以作联系动词（link verb, linking verb, or copula），有"变得"等意思，如"get cold""get old""get green""get it clean"等。一个简单的单词有如此多的含义，怎样才能让学生在记住这些含义的基础上还能正确加以运用呢？怎样才能让学生对这些含义有一个扎实的把握呢？笔者在多年的教学中发现，教师可以在日常的教学中先让学生理解这些重要动词中常用的一两个最基本、最常用的意思，真正把这一两个最基本、最常用的意思理解透彻、熟练运用，然后再考虑让他们去理解这些重要动词的其他意思，这样循序渐进，各个击破，便会达到事半功倍的效果。为了达到这个目的，教师还可以开展一些注入"多义词王"之类的活动，激发学生学习英语单词的兴趣、积极性与效率。

（四）以旧释新法

以旧释新法指的是教师在教学中使用以前在课本中已经学习过的英语来对新的单词进行解释。可以说，以英语解释英语是成都市实验外国语学校（西区）一直坚持的教学方法，而要使这样的方法行之有效的一个前提是学生必须要有一定的单词量的积累。这一种方法主要可以运用于某些简单的形容词和副词的教学之中。

例如，在*Look Ahead 1*，"Unit 6 Meeting the Family"中，出现了一个单词"slim"：

A slim, handsome man, with grey hair and brown eyes, he is especially popular with female audiences.[7]

对于“slim”一词，可以用英语解释如下：“It is an adjective, used to describe a person who has an attractively thin and well-shaped body.”在解释了这个单词的意思以后，可以引入学生以前在课本中学习过的“thin”“skinny”来进行对照分析。在辅以图片强调“attractively thin”和“skinny”之间的区别的基础上，阐明“well-shaped”也是褒义，说的是“瘦得好看”。这样，学生就很快能够理解“thin”“slim”“skinny”各自的含义，并且十分容易地理解这三个单词之间的差别，确保在今后的生活中对这三个单词进行正确的运用。

接着，教师可以让学生用“slim”这个单词来造句，学生可以把同伴、同学甚至授课老师作为描述对象。在这种练习中，学生就引出诸如“plump”“overweight”“skinny”“chubby”“well-developed”“full and round”之类的一连串的其他的单词、短语。以旧释新的词汇教学可以帮助学生在头脑中对这一类描写体态的形容词有一个清晰的理解和认识，不仅可以推动学生对“slim”这一新的单词的学习，而且还可以帮助学生对“plump”“overweight”“skinny”“chubby”“well-developed”“full and round”等旧的单词、短语的复习与巩固，学新而温故，“温故而知新”[8]。

（五）以构词式释词法

以构词式释词法指的是教师在教学中借助于对课文中出现的新词的构成方式进行追述、分析从而完成对该词进行教学的方法。

在初中英语教学中，教师经常会遇到这种情况，即有一部分单词属于抽象的形容词或者副词，如果教师只是根据自己的理解进行间接的阐释，或者从权威英语词典中直接引用解释，那么学生是有可能无法很好地理解、接受的。

例如，在*Look Ahead1*，“Unit 12 When We Were Young”中，出现了一个单词“rewarding”：

It was rewarding, extremely rewarding.[9]

对于“rewarding”这个单词，上海外语教育出版社2000年出版的，约翰·辛克莱尔（John Sinclair）编辑的《柯林斯COBUILFD英语词典》（*Collins COBUILFD English Dictionary*）的解释是“An experience or action that is rewarding gives you satisfaction or brings you benefits”[10]，牛津大学出版社（Oxford University Press）与商务印书馆2004年联合出版的，莎莉·韦赫梅尔（Sally Wehmeier）主编的《牛津高阶英汉词典》（*Advanced Learner's English-Chinese Dictionary*）的解释是“(of an activity, etc.) worth doing; that makes you happy because you think it useful or important”[11]，上海外语教育出版社2001年出版的，朱迪·皮尔索尔（Judy Pearsall）编辑的《新牛津英语词典》（*The New Oxford Dictionary of English*）的解释是“providing satisfaction; gratifying”[12]。如果教师在课堂上对这些词典上来的解释照搬照抄而不作其他阐释，那么学生要领会这一个单词很可能会有困难。笔者在讲解这个单词的时候，除了直接解释它的含义之外，还给学生设置出了两个具体的情景来进行启发：

Being a volunteer and helping the people in need is extremely rewarding.

Being a teacher is emotionally rewarding.

结果发现，有相当一部分学生不能理解“worth”和“emotionally”的含义，更多的学生很容易得出的结论是“rewarding”这个单词的意思与“useful”或“important”差不多，这说明学生其实没有理解这个单词，当然就更谈不上正确运用这个单词了。在这样的情况下，可以结合构词法切入。从构词上说，“rewarding”是个派生词，是动词“reward”加上后缀“ing”而来的，“reward”这个单词的意义为“to be worth spending time or effort on something”。同时，教师还告诉学生，“reward”还可以作名词使用，意思是“a thing that you are given because you have done something good, worked hard and so on”。然后，从词性变化的角度来对“rewarding”进行分析。最后，学生终于完全弄明白，在构词法中，凡是加后缀派生而出的新词，词性发生变化而基本词义保持不变，“rewarding”由“reward”派生而来，词性由动词转变为形容词，“酬谢；奖赏”的这个基本词义未发生变化，因此“rewarding”的词义为“值得的；有报酬的”。

（六）句型练词法

句型练词法指的是教师在教学中用课文中重复出现的句型或者同义句来体现某个单词的意思和用法，这种方法主要用于能够体现出句型的语法词中的教学之中。

例如，在*Look Ahead 1*，“Unit 12 When We Were Young”中，出现了一个单词“either”：

When I was small, you either were going to be a nurse, a teacher, a secretary or get married. [13]

这个单词的教学可以采用重复出现的“either... or...”：

Either A or B likes staying here.

= One of them likes staying here. (them refers to A and B)

首先，可以对这一单词的含义、用法等进行简单讲解，然后，鼓励学习利用这一句型对这一个单词反复进行练习，甚至还可以鼓励学生借助于一定的图片辅助来造句。在这种情况下，学生一般是能够很快理解“either”的含义的。这个时候，可以抓住时机及时引入另一个句型：“neither... nor”。

Neither A nor B likes staying here.

= A doesn't like staying here.

B doesn't like staying here, either.

在晚课的时候，若学生已经正确理解了这两个短语，还可以进一步深入，给学生引出下列句型：

A likes staying here. So does B.

要把这一个句型同第一个句型有机结合起来：

A likes staying here. So does B.

B doesn't like staying here. Neither does B.

一部分学生很快能猜出第二个句子的意思，这样一方面是一个强化，另一方面也是对新知识的一个扩展，这对于学生掌握这个句子有着良好的效果。但是在操作的过程中一定要注意，要在学生熟练掌握一种句型的基础上再引出另一个句型。否则学生容易混淆，反而得不偿失。

笔者在多年的初中英语教学工作实践中，一直非常重视词汇教学，不断探索词汇教学的方法，不断提高教学工作水平。通过长期教学实践的检验，本文所总结、提炼出来的实物展示法、图片展示法、直接表演法、以构词式释词法、以旧释新法与句型练词法等六种初中英语词汇教学的方法是行之有效的。当然，教学有法，但无定法，初中英语词汇教学也是这样的。本文所讨论的这么一些初中英语词汇教学的方法，仅仅提供给学术界同行参考之用。

注释：

[1] 英国著名英语教育学家杰里米·哈默（Jeremy Hammer）语，转引自：刘宇梅，《认知策略在初中英语词汇教学中的运用》，张叉主编，《外国语文论丛》第6辑，成都：四川大学出版社，2012，第202页。

[2] 岳茂，《初中英语词汇学习中的问题与对策》，张叉主编，《外国语文论丛》第6辑，成都：四川大学出版社，2012，第199页。

[3] L. G. Alexander & Dai Weidong, *Look*, *Listen and Learn*, Shanghai: Shanghai Foreign Language Education Press, 2005, p. 60.

[4] Andy Hopkins, Jocelyn Potter, *Look Ahead* (Student's Book 2 Classroom Course), Shanghai: Shanghai Foreign Language Education Press & Longman Asia Limited, 1996, p. 8.

[5] L. G. Alexander & Dai Weidong, *Look*, *Listen and Learn*, Shanghai: Shanghai Foreign Language Education Press, 2005, p. 59.

[6] L. G. Alexander & Dai Weidong, *Look*, *Listen and Learn*, Shanghai: Shanghai Foreign Language Education Press, 2005, p. 57.

[7] Andy Hopkins, Jocelyn Potter, *Look Ahead* (Student's Book 1 Classroom Course), Shanghai: Shanghai Foreign Language Education Press & Longman Asia Limited, 1995, p. 49.

[8] Andy Hopkins, Jocelyn Potter, *Look Ahead* (Student's Book 2 Classroom Course), Shanghai: Shanghai Foreign Language Education Press & Longman Asia Limited, 1996, p. 92.

[9] Andy Hopkins, Jocelyn Potter, *Look Ahead* (Student's Book 2 Classroom Course), Shanghai: Shanghai Foreign Language Education Press & Longman Asia Limited, 1996, p. 8.

[10] John Sinclair, *Collins COBUILFD English Dictionary*, Shanghai: Shanghai Foreign Language Education Press, 2000, p. 1427.

[11] Sally Wehmeier, *Advanced Learner's English-Chinese Dictionary*, Oxford / Beijing: Oxford University Press / The Commercial Press, 2004, p. 1491.

[12] Judy Pearsall, *The New Oxford Dictionary of English*, Shanghai: Shanghai Foreign Language Education Press, 2001, p. 1590.

[13] Andy Hopkins, Jocelyn Potter, *Look Ahead* (Student's Book 2 Classroom Course), Shanghai: Shanghai Foreign Language Education Press & Longman Asia Limited, 1995, p. 92.

On Teaching English Vocabulary to Underachievers in Junior Middle School from the Perspective of Cognitive Strategy

钟　丹

四川师范大学　外国语学院，四川成都　610101

Abstract：This paper is a probe into English vocabulary teaching to underachievers in junior middle school in China from the perspective of cognitive strategy. It analyzes the main problems in current English vocabulary teaching in middle school，and accordingly adopts some approaches to solve them through Cognitive Strategy. The major approaches include direct teaching approach，situational teaching approach and grouping approach.

Key words：English vocabulary teaching；underachievers in junior middle school；cognitive strategy

Jeremy Hammer，a famous British linguist，holds that grammar is like bones of a body while vocabulary blood and flesh. [1] Without grammar，one cannot express many things；without words，one cannot express anything. [2] Certainly，vocabulary learning is the basis of English learning and vocabulary teaching is playing an increasingly important role in our English teaching. However，overwhelmed by an enormous and complicated vocabulary，gradually，most underachievers in junior middle school are afraid of memorizing so many words and even tired of learning English. Therefore，it is urgent and necessary for English

---

收稿日期：2017－01－18

作者简介：钟丹（1993—），女，四川德阳人，四川师范大学外国语学院英语专业学科教学方向硕士研究生，主要从事英语教学研究。

teachers to master the vocabulary teaching strategies in the entire process of language teaching. Many experts have posited cognitive strategy as an indispensable part of moving teaching strategies forward. According to *The New English Curriculum Requirement*, students are acquired to master 1500 - 1600 words and at least 200 - 300 phrases in junior middle school. However, it is an uneasy task for underachievers in junior middle school. The primary purpose of this study is to enhance English teachers' vocabulary teaching skills and help underachievers in junior middle school learn English vocabulary effectively from the perspective of cognitive strategy.

I. Cognitive Strategy for Underachievers in Junior Middle School on English Vocabulary Learning

Learning strategies are necessary for junior middle school students who want to update their knowledge or skills. Michael O'Malley and Anna Chamot have studied learning strategies for a long time. In their famous book *Learning Strategies in Second Language* published in 1990, they maintain that learning strategies can be divided into 3 main categories: meta-cognitive strategy, cognitive strategy and social strategy. For Oxford, learning strategies are specific actions taken by learners to make learning easier, faster, more enjoyable and transferable to new situations. [3] At the same time, he divided the learning strategies into two categories: one is direct strategy, and the other is indirect strategy.

To achieve the goal of being effective and efficient in English teaching, a large number of teachers pay attention to cognitive strategy. It is an important concept raised by Bruner in 1956. As far as the author is concerned, the definitions of cognitive strategy are various and embraced by different learners. It can be characterized by having a direct impact on the students' academic achievements. Generally speaking, it refers to a specific method that people use to solve problems, including all sorts of reasoning, planning, arithmetic, etc. [4] Therefore, it does help underachievers in junior middle school learn English vocabulary efficiently and effectively.

The English learning situation for underachievers in junior middle school has become one of the hottest topics in the field of language learning. As for Sukhomlinskii, he labeled the underachievers in junior middle school as "hard to teach children," "slow-witted children" and "children with learning difficulties." [5] Furthermore, he added that those students are unwilling to learn and have lower learning initiative. In China, there are two kinds of underachievers in junior middle school: one group is students with learning disabilities; and the other group is students with poor academic performance. The first group refers to students with physiological barriers who are not able to learn smoothly and efficiently. The latter group refers to the students with normal or higher intelligence but who have poor academic achievements in school. Therefore, in China, underachievers in junior middle school do not include mentally handicapped and physically disabled students. According to the author, the definition of the underachievers in junior middle school in this paper refers to junior middle school students who have normal intelligence but lack a good habit of English learning and usually lack strategies in English learning. Generally they memorize vocabularies mechanically and passively. Gradually it becomes difficult for them to master a certain amount of vocabulary. As a result, most of them usually get lower grades in English than others in the class.

II. The Problems with Teaching English Vocabulary to Underachievers in Junior Middle School

English vocabulary teaching is still a focus and difficulty in English classes. The traditional vocabulary teaching has a lot of disadvantages that cannot meet the needs of today's foreign language teaching standards. There are three main problems that exist in the course of English vocabulary teaching to underachievers in junior middle school.

i. Traditional Unitary Teaching Method

The traditional English vocabulary teaching method is unitary. On the one hand, under the pressure of enrollment rate, teachers still tend to spend several minutes on vocabulary teaching, which is not enough for students to learn words well in such a limited time. As we can see in junior middle schools, most teachers usually use a recorder to teach the pronunciation of words. Moreover, generally it is teachers who talk the most when teaching English vocabulary. Therefore, the traditional vocabulary teaching is a way of imparting knowledge to the students in classroom instruction. On the other hand, when it comes to the junior middle school students, usually their English homework consists of memorizing and reviewing vocabulary. However, lacking learning strategies is one of the main factors which leads to junior middle school students memorizing words by rote-learning. For a long time, most junior middle school students will be tired of this teacher-centered vocabulary teaching, let alone those underachievers. All in all, to attract underachievers' attention in junior middle school and improve English vocabulary teaching efficiency, teachers should use modern media to make teaching content more direct and vivid rather than using a unitary teaching method.

ii. Simple Teaching Content

When teaching English vocabulary, teachers always concentrate on basic knowledge of the word, pronunciation, meaning and usage. Furthermore, they always emphasize the vocabulary in the textbooks but ignore the vocabulary of extracurricular reading. However, vocabulary presented in the examination is usually beyond what students have learned in class. As a result, they cannot perform well in the examination due to the shortage of vocabulary. Additionally, traditional English vocabulary teaching is usually out of context, which is, namely, the set of facts or circumstances that surround a situation. That is to say, it is close to literal translation, which is time-saving in English vocabulary teaching, but it can be harmful to students' comprehensive language competence. Accordingly, there is a phenomenon that junior middle school students know many meanings of a word, but they have no idea how to use it. What's worse is that underachievers in junior middle school do not know enough meanings of the word and its usage.

iii. English Vocabulary Learning of Underachievers in Junior Middle School

Compared with the other junior middle school students, underachievers in junior middle school are not liable to be interested in English vocabulary learning and have few strategies of learning with ease. As time goes by, most of them will lose confidence in learning English vocabulary after many failures in memorizing vocabulary and examinations. Some of them even stop learning English. Generally, teachers have a responsibility and obligation to change and improve teaching strategies in English vocabulary teaching. They should also spare no effort to instruct undeveloped students to find their own way of learning English vocabulary. For underachievers in junior middle school, the best way to improve their own English lies in mastering vocabulary first. Wen Qiufang has studied the differences between learning strategies of good English learners and poor English learners. He made the conclusion that different learning strategies would cause big difference in students' English achievements. [6] Therefore, it is better to acquire some strategies in English vocabulary learning in addition to diligence.

III. Major Approaches to Teaching English Vocabulary to Underachievers in Junior Middle School through Cognitive Strategy

In light of existing problems in English vocabulary teaching, I proposes several countermeasures that are likely to solve the bulk of problems in teaching English vocabulary to underachievers in junior middle school from the perspective of cognitive strategy.

i. Direct Teaching Approach

The direct teaching approach is a teaching method for teaching foreign language with the target language. In addition, pictures, movements, sound, body language and any concrete things can be used in this approach. Concerning English vocabulary teaching, the direct teaching approach can attract underachievers' attention in junior middle school and make them easier and more efficient in learning English vocabulary. For example, the traditional way of teaching a new word involves a process of reading and speaking. This method may be acceptable to most junior middle school students for a brief amount of time. However, it is difficult as well as boring for junior middle school students in the long run, especially for underachievers in junior middle school. In light of cognitive strategy, we can attract students' attention through a direct teaching approach when teaching English vocabulary. For the word "lipstick", as an example, the teacher can draw a lipstick for the class and present a picture of lipstick and also bring a real lipstick to the class, etc. With this vivid teaching approach, underachievers in junior middle school will have a deep impression as to the vocabulary that teacher has taught.

ii. Situational Teaching Approach

It is a common sense that a word may have different kinds of meanings, such as connotative meaning, denotative meaning and lexical meaning, etc. To learn a word through context is advisable for students to discriminate its meanings. Deduction, reason and analysis are the main methods of cognitive strategy in learning English vocabulary. At the same time, teachers are required to provide a good environment for these methods. Therefore, a situational teaching approach is encouraged and has made great achievements. Regarding the reformation of the Chinese situational teaching approach, Li Jilin said, "The training language in situational teaching approach is vivid, lively and interesting; It seems that we can learn it through daily life." [7] That is to say, it is necessary and efficient for teachers to use in English vocabulary teaching. For instance, if we want to teach a word like "knee," we can use our body language to assist. Meanwhile, we can also make room for role-play. During this activity, students can learn English vocabulary through communication and role-playing. All in all, it has been adopted and proved effective and interesting in English vocabulary teaching. As for underachievers in junior middle school, they can learn to guess and analyze the meaning of a word from the context. Little by little, they will be good at reading comprehension even if there are many new words. In addition, creating a good environment or context can not only help them memorize vocabulary easily, but also improve their capacity for learning and understanding English vocabulary.

iii. Grouping

There is another way for us to engage in efficient English vocabulary teaching. That is to say, we can teach by dividing them into different categories. For instance, we can divide them according to their nature, such as fruits, animals, transportation, etc. We can also divide them by their part-of-speech, such as noun, verb, adjective and adverb, etc. Sometimes, there are no strict rules for grouping. People's acknowledgment about common objects and concepts will form a system in which we can learn well. Moreover, it is suggested that everything in our daily life can be memorized easily and effectively by grouping. As we all know, it is a tall order for underachievers in junior middle school to memorize vocabulary. Therefore, the grouping teaching approach is an indispensable way for underachievers in junior middle school to learn and memorize English vocabulary effectively. At the same time, we can see there is a number of English vocabulary books that are edited in grouping method so that students can learn them well.

In sum, cognitive strategy plays a significant role in English vocabulary teaching for underachievers in junior middle school. Although some problems exist in the course of English vocabulary teaching, English teachers can to some degree solve them with cognitive strategy. For example, direct teaching approach, situational teaching approach and grouping approach are useful strategies that can improve the quality and efficiency of English vocabulary teaching. Furthermore, each teacher should be patient and responsible enough to help all underachievers in junior middle school with a learning dilemma. Last but not least, not only should teachers consider common problems in the English vocabulary learning among students, but also they should take underachievers' learning deficiencies into consideration. At the same time, underachievers in junior middle school are supposed to become active learners to review and consolidate vocabulary. Due to limited time and knowledge, the study has some inevitable limitations. For instance, the reference books and related theories of cognitive strategy are not enough to make a deep analysis. In further study, we should put more emphasis on searching for materials and studying more related cognitive strategies in English vocabulary teaching to underachievers in junior middle school.

Notes:

[1] 刘宇梅,《认知策略在初中英语词汇教学中的运用》,张叉主编,《外国语文论丛》第6辑,成都:四川大学出版社,2012,第202页。

[2] D. A. Wilkins, *A Linguistics in Language Teaching*, Cambridge: MIT Press, 1972, p. 111.

[3] Oxford, R. L., *Language Learning Strategies: What Every Teacher Should Know*, Boston, MA: Heinle & Heinle Publishers, 1990, pp. 12 - 25.

[4] https://en.Wikipedia.org/wiki/Cognitive_strategy.

[5] 苏霍姆林斯基,《给教师的一百条建议》,天津:天津人民出版社,2002,第76页。

[6] 文秋芳,《英语学习成功者与不成功者在方法上的差异》,《外语教学与研究》1995年第3期,第61-66页。

[7] 李吉林,《为儿童快乐学习的情景教学》,《课程·教材·教法》2013年第2期,第3-8页。

大学英语教学研究

乔纳森 CLEs 视野下英语专业“陶行知创新人才培养实验班”泛读教学改革实践

刘芹利

四川师范大学　外国语学院，四川成都，610101

摘　要：泛读课程是英语专业的核心基础课程。本文主要探讨建构主义理论家乔纳森提出的建构主义学习环境设计理论如何从课程问题设计、情境创设、协作与对话三方面指导“陶行知实验班”英语泛读课程教学改革创新。在泛读课程中构建乔纳森 CLEs 可以使英语专业核心课程更具有针对性、实效性，充分发挥学生在“陶行知实验班”英语课堂中的积极性、主动性和创造性，扩大学生的知识面，培养学生的阅读能力尤其是运用英语的综合能力，以培养应用型、复合型人才。

关键词：英语泛读；建构主义；乔纳森 CLEs；教学改革

四川师范大学从 2010 级本科生起试办“陶行知创新实验班”，实施“卓越人才培养计划”。目前我校陶行知创新实验班培养目标主要是培养一批创新实践能力较强的高素质人才。而英语专业传统教学由于仍以教师讲授为主，学生主动性、积极性不够，教与学缺乏交流。美国建构主义理论家、教育心理学家戴维·H. 乔纳森（David H. Jonassen）提出的创设建构主义学习环境（Constructivist Learning Environments，简称 CLEs）将最大限度解

收稿日期：2017－02－17

基金项目：2012 年四川师范大学校级教改重点项目“乔纳森 CLEs 视野下的英语专业陶行知实验班泛读教学探讨”（序号 4）、2013 年四川省教育厅四川师范大学基础教育课程研究中心外语课程研究中心“基础教育外语课程研究第三批科研项目”重点项目“乔纳森 CLEs 视野下的基础英语教学探讨”（编号 JCWYKC 201305）研究成果之一。

作者简介：刘芹利（1979—），女，四川宜宾人，英语语言文学硕士，四川师范大学外国语学院副教授、英语学科教学硕士研究生导师，主要从事英语语言文学和英语教育研究。

决传统英语教学存在的问题，有助于为“陶行知实验班”（以下简称“陶班”）英语课程设计出适合新时代要求的建构主义学习环境，设计出适合“陶班”的英语课程教学模式。泛读课程是英语专业的核心基础课程。在泛读课程中创设乔纳森 CLEs 可以使英语专业核心课程更具有针对性、实效性，充分发挥学生在“陶班”英语泛读课堂中的积极性、主动性和创造性，扩大学生的知识面，培养学生的阅读能力尤其是运用英语的综合能力，最终实现应用型、复合型的卓越人才培养。

一

乔纳森对 CLEs 的设计研究自成体系，既丰富完善了建构主义理论，又为其在教学过程中的具体应用创造了条件。根据乔纳森的观点，“从建构主义的角度知识是发展的，是内在建构的，是以社会和文化的方式为中介的”[1]。乔纳森的 CLEs 设计模型具体指出了如何创设建构性教育的学习环境。其中 CLEs 设计模型的六大要素为主要问题、相关案例、信息资源、认知工具、会话或协作工具和社会或境脉支持[2]。

CLEs 设计模型的六大要素中问题设计尤为重要，教师明确自己的教学目的，然后设计出紧扣教学内容、能调动学生兴趣和积极性的问题。设计问题时融会贯通，准备相关的题材与资料库，帮助学生举一反三，进行扩展性的学习。情境创设是“意义建构”的必要前提，也是教学设计最重要的内容之一。因此，教师的指导主要体现在创设真实的语言文化情境上，将英美社会、文化与文学自然地引进泛读课堂，使学生既掌握英语语言知识，又能运用英语语言了解英美国家与文化。创设情境时可利用广播、电视、电影、报纸杂志、网络和多媒体等各种现代传媒工具结合多种教学手段方法引导学生学习跨文化知识。创设科学合理的情境后，建构主义教学观强调以学生为中心进行“协作”与“会话”学习。[3] 教师提出适当的问题引起学习者的思考和讨论，学习者互相协商与会话，培养协作精神，建立学习群体，在愉快的氛围中开展讨论、交流信息、相互启发。在“协作”与“会话”过程中，学习者主动探索和发现关于事物的客观规律与内在联系，不断肯定与修正自己的思维，实现知识的建构。乔纳森 CLEs 设计模型视野下，教学过程从以教师为中心的教学转变为在教师的指导下以学习者为中心的学习。在整个教学过程中教师充当组织者、指导者、帮助者和促进者，充分创设建构主义学习环境，最大限度地激发学生的积极性、主动性，最终使学生实现对当前所学知识的意义建构[4]。

国内外语言学界学者对建构主义理论与语言教学进行过大量的分析、研究和描写，材料非常丰富。其中澳大利亚学者凯特·威尔逊（K. Wilson）曾将建构主义理论家维果斯基的理论运用于英语阅读教学中[5]；加拿大学者基斯·斯坦诺维奇（K. E. Stanovich）也曾讨论过建构主义理论在阅读教学中的运用[6]；美国学者伍尔夫·M. 罗斯（W. M. Roth）曾研究过建构主义学习环境模型设计与中学生科学课学习成绩之间的关系[7]；中国学者李妍的博士论文对乔纳森建构主义学习环境模型进行了较为系统的研究和评价[8]。基于这些研究资料，本研究主要结合乔纳森关于 CLEs 设计模型的六大要素，着重从课程问题设计、情境创设、协作与对话三方面探讨建构主义视野下乔纳森 CLEs 设计模型如何指导陶行知实验班英语泛读课程教学改革创新。具体研究内容如下：（1）乔纳森 CLEs 设计模型如何指导陶行知实验班泛读课程调整教学目标和重点，指导课堂问题设计；（2）运用多媒体教学（CAI）更新教学手段和内容，实现“陶班”泛读课程 CLEs 情境创设；（3）科学组织学生开展协作与讨论活动，引导学生在 CLEs 群体学习中提高阅读与理解能力，实现意义的建构。

二

在建构主义理论指导下，教育关注的焦点从教师的教学转移到学生的学习与知识的吸收。知识不是通过教师传授得到，而是学习者在一定的情境即社会文化背景下，借助其他人（包括教师和学习伙伴）的帮助，通过人际间的协作活动，利用必要的学习资料，通过意义建构的方式而获得。[9]因为笔者研究期间主要担任英语专业一年级陶班泛读课程教学，所以本研究主要结合 CLEs 设计模型的六大要素，以北京大学出版社武波、王振玲主编的《英语时文泛读》教程，复旦大学出版社、高等教育出版社《21 世纪大学英语读写教程第三册》这两本教材为主，从问题设计、情境创设、协作与对话三方面探讨乔纳森 CLEs 设计模型如何指导构建“陶班”英语泛读教学的建构主义学习环境，全面提高学生的泛读能力和英语水平。研究持续了一学期，从 2015 年 9 月至 2016 年 1 月，共 32 课时。通过一学期的泛读课堂实验与课堂观察两种方法来探讨如何构建 CLEs 课堂，有效提高学生的阅读理解能力。

（一）教学设计

问题设计是整个 CLEs 设计的中心，也是进行教学设计的开端和关键。教师应确定合适的学习主题，仔细分析现有的教学目标和学习内容。确定主题时教师需考虑到大一学生的特点、学习者原有的知识经验与已有的认知结构。除此之外还需考虑到主题的真实性、趣味性与可行性等。主题确立后教师还需要准备相关的案例，这也是 CLEs 设计的重点。相关案例可以增加学习者的学习体验，加深其对问题的理解，真正做到举一反三。根据乔纳森提出的教师与学习者应建立案例库的构想，结合实际教学内容构建案例库，帮助学习者自主学习和反思。

在 CLEs 设计模型中，情境创设是“意义建构”的必要前提，也是教学设计最重要的内容之一。情境创设中教师的指导主要体现在利用信息资源及可视化的智能信息处理软件，模拟创设出真实的或是类似的文化与社会环境，将英美社会文化与文学知识自然而然地引进泛读英语课堂。创设情境常见的两种方式有再现生活情境与通过多媒体教学（CAI）创设虚拟情境。

学习者在教师的组织和引导下建立学习的共同体，在愉快的氛围中对各单元内容进行讨论交流，畅所欲言，相互启发。在“协作”与“会话”过程中，学习者主动探索和发现关于泛读内容的客观规律与内在联系，不断肯定与修正自己的思维，个性与能力也能获得充分的发展与张扬。同时，学习群体共享每个学习者的思维与智慧并共同完成对所学知识意义的建构。

（二）课堂观察

课堂观察主要是观察泛读课程中教师如何运用乔纳森 CLEs 设计模型进行英语泛读课程教学以及学生们在课堂问题、情景创设以及课堂协作讨论活动中的参与度和实际反应，从而对教师的实验教学效果做出反馈和评价。关于观察工具的选择，由于研究问题是关于乔纳森 CLEs 设计模型如何指导陶行知实验班英语泛读课程教学，观察目的决定了应选择定性观察记录工具。观察过程中需记录一些教学片段中的提问、情境、对话与讨论等细节，因此观察者需要采用随堂录像和课后观察笔记等方式进行数据的搜集和整理。观察笔记主要从以下几方面进行记录和描述：时间、地点、人物、课程安排与教学目标、教学步骤、师生互动、学生讨论以及教学效果和教学反思。观察中使用录像和拍照等形式对观察的内容进行记录。所获得的数据应尽量如实反映每次泛读教学的课程设计和师生互动活动情况。

三

英语泛读是英语专业本科的核心基础课程之一，泛读课程主要教学目的是通过课堂教学，将抽象的阅读技巧和理论传递给学生，使学生运用所学的阅读技巧与理论进行更有效快捷的英语阅读，深入透彻地理解课文，进一步丰富英语语言文化知识。“陶班”的泛读课程改变以教师讲授为主的传统教学，实践建构主义理论指导下的 CLEs 设计模型，实现由教师为中心向以学生为中心的转变，使学生能更有效地提高阅读理解能力，更主动地实现意义的建构。

（1）在乔纳森 CLEs 设计模型指导下，“陶班”泛读课程真正从学习者角度出发，重新修订每个单元的教学目标和学习目标以及相应的教学和学习重点，以解决问题为导向重新设计课堂问题。问题设计是整个 CLEs 设计的中心，也是进行教学设计的开端和关键。传统的教学法中教师始终是教学的主体，因此在问题设计的时候，会尽管考虑学生的具体理解和接受情况，教师总是围绕自己的教学目标和内容设计教学问题。CLEs 模型指导下，教师将学习者学情分析纳入重点考虑的范畴，根据学习者学习阶段、学习背景和特点，为每一位学习者制订恰当的学习主题和内容。建构主义环境设计时教师要考虑到每一位学习者的特点及其原有的知识经验、认知结构，将已知和未知有机结合，实现有意义的问题设计，除此之外，还应考虑到设计主题的真实性、趣味性与可行性等。主题确立后教师还需要准备相关的案例，这也是 CLEs 设计的重点。相关案例可以丰富学习者的学习体验，加深其对问题的理解，真正做到举一反三。

以《英语时文泛读》第三册“Unit 2 People and Environment”[10]为例，这个单元的问题设计可结合环境污染危机这个话题设计出学生感兴趣的一系列问题，并搜集环境污染方面的一系列文章，有选择性地让学生阅读。设计的问题有以下几个方面：（1）谈谈你身边的环境状况；（2）你身边的人与环境之间关系怎样；（3）我们怎样保护身边的环境。设计教学目标和内容时，教师应指导学生自主搜集环境污染以及工业发展带给城市影响等方面的文章，让学生自主阅读并分享精彩片段和感想。课堂观察发现，教师授课过程将教学目标、重难点以及课堂问题做出调整后，学生们真正成为课堂的主导者。教师的授课充分考虑到每一位学生的学习特点，引领每一位学习者有针对性、有重点地主动学习，吸收新知识，解决问题，大大调动了学习者的能动性。

（2）运用多媒体更新教学手段和内容，“陶班”泛读课程 CLEs 情境创设增强了课堂的实用性和趣味性，从而大大提高了学习者的积极性，有效提升了学习者的阅读能力和水平。在 CLEs 设计模型中，情境创设是“意义建构”的必要前提，也是教学设计的最重要内容之一。情境创设中教师的指导主要体现在利用信息资源和可视化的智能信息处理软件，模拟创设出真实的或是类似的文化与社会环境，使学习任务真实化，将英美社会文化与文学知识自然而然地引进泛读英语课堂。

创设情境常见的两种方式是再现生活情境和通过多媒体创设虚拟情境。《21 世纪大学英语读写教程第三册》第五单元讨论的是美国价值观与美国生活，这部分视频、报刊、网络上相关资料较多，方便教师对其进行情境创设。[11]课堂中笔者利用多媒体和网络给学生现场介绍和展示美国餐厅订餐网站，设定几个不同情境，模拟点餐过程。对于这种基于真实情景的教学，学生积极性和参与度很高，能有效地将学习和真实生活结合起来，做到活学活用，还能运用泛读课学到的词汇和阅读方法进行延伸阅读，有效扩大知识面，提高阅读水平。

（3）学习任务互动化，科学组织学生开展协作与讨论活动，引导学生在 CLEs 群体学习中加深与巩固阅读与理解，实现意义的建构。学习者在教师的组织和引导下建立学习的共同体，在愉快的氛围中对各单元内容进行讨论交流，畅所欲言，相互启发。在“协作”与“会话”过程中，学习者主动探索和发现关于泛读内容的客观规律与内在联系，不断肯定或修正自己的思想，个性与能力也获得了充分的发展与张扬。同时，学习群体共享每个学习者的思维与智慧，共同完成对所学知识意义的建构。

在《英语时文泛读》第三册“Unit 3 Agriculture vs. Urbanization”这一部分，关于农业与城市发展之间的矛盾与问题可组织同学自主学习，分组讨论，开展辩论。[12]学习《21 世纪大学英语读写教程》第三册“Unit 7 So What’s So Bad About Being So-So”时，关于如何看待业余爱好和特长这个话题任课教师也可组织同学分组讨论以及相互辩论，进行小组内自主学习。[13]教师在各小组讨论学习的过程中引领学习者做好讨论学习的流程安排、记录和总结。协作讨论活动完成后，各组负责人就本组讨论学习的内容进行全班汇报总结，其他小组成员对各组负责人的汇报总结进行评价。在分组协作讨论中，每位同学的能动性都被充分调动起来，学习者在学习中具有决策权，思想的相互碰撞加深了对学习内容的理解，形成了自己的观点，更利于知识的迁移，真正实现了意义的建构。

四

通过一学期的“陶行知实验班”英语泛读教学改革，我们在乔纳森 CLEs 设计模型指导下构建了“陶班”泛读教学的建构主义学习环境，使这门英语专业的核心基础课程更具有针对性与实效性，以教师讲授为主的传统教学逐渐转变为以学生为中心的个性化教学。在乔纳森 CLEs 设计模型指导下，“陶班”泛读课程真正从学习者角度出发，重新修订每个单元的教学目标和学习重点，制定相应的学习目标和学习重难点，以解决实际问题为学习目标，重新设计引领学生主动思考的课堂问题；运用多媒体更新教学手段和内容，进行 CLEs 情境创设，增强了课堂的情境性、实用性和趣味性，有效提升了学习者的自主学习能力、解决问题的能力和阅读能力；有体系地组织学生开展协作与讨论活动，引导学生在 CLEs 群体学习中自主学习和思考，实现学习任务的互动化，从而达到意义的建构。在以学生为主的课堂教学中，学习者更有针对性、更加主动地学习阅读技巧和理论，既加深了对课文的理解，又丰富了英语语言文化知识。

虽然教学实验的课时有限，范围又只局限于“陶班”一个教学班中，而且只实验了六大要素中的三大要素，但是学生们的反馈都是非常正面的。经过一学期的教学改革，任课教师得到了学生们的一致认可，学期结束后“陶班”的英语泛读期末考试平均成绩高于其他平行班级平均成绩 10% 左右。因此，不管从教学效果还是学生成绩来看，用乔纳森 CLEs 设计模型指导陶行知实验班英语泛读课程教学改革，其结果是值得肯定的：既调动了学生学习的积极性和主动性，扩大了学生的知识面，又培养了学生的综合能力，有助于培养应用型、复合型人才。

注释：

[1] 莱斯利 · P. 斯特弗等，《教育中的建构主义》，高文等译，上海：华东师范大学出

版社，2002，第6页。

[2] C. M. Reigeluth, eds., *Instructional-design Theories and Models, Volume II: A New Paradigm of Instructional Theory*, Hillsdale, NJ: Lawrence Earlbaum Associates, pp. 215 - 239.

[3] 丰玉芳，《建构主义设计学习六要素在英语教学中的应用》，《外语与外语教学》2006年第6期，第35页。

[4] 朱玉梅，《大学英语教学模式改革探析》，《外语与外语教学》2006年第6期，第38页。

[5] K. Wilson, "A Social Constructivist Approach to Teaching Reading: Turning the Rhetoric Into Reality", *China English Teaching*, 2007, pp. 17 - 24.

[6] K. E. Stanovich, "Constructivism in Reading Education", *The Journal of Special Education*, 1994, 28 (3), pp. 259 - 274.

[7] W. M. Roth, "Teacher-as-Researcher Reform: Student Achievement and Perceptions of Learning Environment", *Learning Environments Research*, 1998, 1 (1): pp. 75 - 93.

[8] 李妍，《乔纳森建构主义学习环境设计研究》，华东师范大学博士学位论文，2007，第1 - 196页。

[9] 戴炜栋、刘春燕，《学习理论的新发展与外语教学的嬗变》，《外国语》2004年第4期，第12页。

[10] 武波、王振玲主编，《英语时文泛读》，北京：北京大学出版社，2009，第15 - 26页。

[11] 翟象俊、郑树棠、张增健主编，《21世纪大学英语读写教程》（第三册）（修订本），上海：复旦大学出版社，2006，第112 - 135页。

[12] 武波、王振玲主编，《英语时文泛读》，北京：北京大学出版社，2009，第31 - 43页。

[13] 翟象俊、郑树棠、张增健主编，《21世纪大学英语读写教程》（第三册）（修订本），上海：复旦大学出版社，2006，第168 - 181页。

大学英语翻译教学中的跨文化意识培养

钟玉国

攀枝花学院　外国语学院，四川攀枝花　617000

摘　要：翻译需要我们对西方文化有深层次的了解。因此，在大学英语翻译教学中，教师不仅需要讲授翻译技巧和理论、相关文化背景知识，还要注重跨文化意识的培养，以防止学生的英语学习以汉语文化为基础，陷入纯语码转换的误区，造成对英语的无意识误读。

关键词：跨文化；载体；语码转换；敏感性；有效性；文化视野

“语言是社会文化的产物，不同的语言反映着不同的社会文化，积淀着不同的社会文化心理，揭示着不同的社会文化世界。”[1] 由于民族、地域和时代的特性，不同文化之间的沟通自然也离不开翻译，语言文字是文化最重要的载体之一。文化及其交流是翻译能够发生的本源，翻译是文化交流的产物，翻译的难易、优劣与其说与我们的语言有关，倒不如说主要与文化有关。翻译需要学习者对西方文化有较深层次的了解。因此，在大学英语翻译教学中，教师不仅需要讲授翻译的技巧和理论、相关的文化背景知识，还要注重跨文化意识的培养，以防止中国学生的英语学习以母语汉语文化为基础，陷入纯语码转换的误区，造成对英语的无意识误读。最近几年，国内各高校加强了对翻译教学中跨文化意识的培养，但在教学实践当中还没有形成系统性的体系。伴随着全球文化的频繁交流，我们很有必要在翻译教学过程中研究跨文化意识培养的途径和方法，以促进学生整体翻译技能的提高。基

收稿日期：2016－11－26

基金项目：2014 年攀枝花学院翻译研究所“一般研究”项目“大学英语翻译教学中的跨文化意识培养”（编号 PFY2014009）研究成果之一。

作者简介：钟玉国（1968—），男，四川巴中人，攀枝花学院外国语学院副教授，主要从事英语教学法、英美文学研究。

于大学英语翻译教学的全过程，本文从教材、教法两方面来阐述跨文化意识培养的策略。

一、概念的界定

所谓具有“跨文化意识”，是指外语学习者对目的语文化具有较好的知识掌握和较强的适应能力和交际能力，能够像目的语本族人一样思考问题并及时做出反应，进行各种交往活动。具有良好的跨文化意识就意味着外语学习者能够自觉地消除在与目的语本族人进行交往的过程中碰到的种种障碍，从而保证整个交际过程有效进行。“跨文化交际”这个概念是从英文的“intercultural communication”一词翻译过来的，指的是具有不同文化背景的个人之间的交际。贾玉新在《跨文化交际学》一书中指出：“跨文化交际是指不同文化背景的人（信息发出者和信息接收者）之间的交际。从心理学的角度讲，信息的编、译码是由来自不同文化背景的人所进行的交际就是跨文化交际。”[2]

美国语言学家拉多早在20世纪50年代就认为外语教学除了语言教学外还应该包括文化教学。[3]社会语言学家海姆斯也提出了“交际能力”的概念，他认为交际能力不仅包括语言能力，同样也包括对与语言密切相关的社会文化因素的了解和掌握。[4]学习者的外语交际能力应该包括五种要素，即四种语言能力（听、说、读、写）再加上一种社会文化能力（能够与另一文化的人进行和谐的交往）。

跨文化意识作为跨文化交际研究的一个重要内容，是指外语学习者在跨文化交际中所特有的一种思维方式、判断能力以及对交际过程中不同文化因素的敏感性。跨文化意识的强弱程度直接影响着跨文化交际的质量。跨文化意识和跨文化的交际能力的培养需要经过长期的有意识的艰苦训练。因此有学者称，跨文化意识的培养就是一种“内功”的修炼。它最终要使学习者形成一种文化的敏感度，有宽广的文化视野。英国学者拜勒姆（Byram）也指出：“文化意识的教育应该包括两种观点，使学生同时成为研究者和被研究者，让他们通过比较来获得一种视野。在从两个角度进行的比较研究过程中，学生获得了跨文化能力。”[5]他强调了培养文化意识的重要性，强调了获得一种新的文化视野会最终改变学习者的学习观念。

二、大学英语翻译教学中跨文化意识培养的必要性

翻译与文化相伴相生。随着经济的全球一体化，人们逐渐意识到翻译不仅仅是语言之间的简单转换，同时更是文化之间的转换。我国著名翻译家王佐良先生曾经指出："翻译不仅涉及语言问题，也涉及了文化问题。译者不仅要了解国外的文化，还要深入了解自己民族的文化。不仅如此，还要不断地把这两种文化加以比较，因为真正的对等应该是在各自文化中的含义、作用、范围、感情色彩、影响等都是相当的。"[6]因此，外语教学的重点应该是培养学生的跨文化意识，提高学生的跨文化交际能力，从而使学生形成一种跨文化视野。[7]而学术界达成的共识是，要在跨文化交际中避免误解、摩擦和失误，只学习语音、语法、词汇和句型等是远远不够的，必须同时学习与掌握目的语的文化和跨文化交际学研究范围内的各种知识及跨文化交际的策略。

我国的英语翻译教学模式长期以来以教师为中心，即教师传授基本的翻译基础知识和基本技能，介绍相关翻译理论和翻译技巧，使用几个译例加以说明或对几个译文进行一些比较，指出哪一种译法更符合句子的具体情况并讲明原因。这种模式有很多不足之处：一是注重最终结果而不是整个翻译过程，会不同程度地影响学生的主体作用的发挥。二是注重句子结构层面上的转换，容易使学生产生误解，会对培养学生的整体语篇意识造成影响。[8]三是注重语言形式的转换，但忽视了文化因素的处理，难以培养学生的文化意识以及提高他们的文化素质。[10]这是提高我国学生翻译能力的一大障碍。由此可见，教师在大学英语翻译教学过程中，在讲授翻译技巧和理论的同时，还要把汉英文化差异及其语言特色结合起来，通过讲解译例，对因文化背景知识的差异而造成的影响进行详细分析，进行大量训练以提高对文化差异的敏感性，同时培养学生的翻译技能和知识，这一点对翻译教学来说是尤为重要的。

然而，根据笔者的调查，跨文化意识的培养和将跨文化交际引入教学与研究虽然引起了一定的关注和重视，但其深度和广度与教学中的客观要求仍有相当大的距离。而对在大学英语翻译课程中培养跨文化意识的研究更是少之又少。目前，大学英语翻译课程的教学仍然处于传统的翻译教学模式中，即教师着重于对翻译技巧技能和知识的讲授和训练，训练的材料也多是脱离

上下文的单句。教师对学生的翻译实例也只是做最基础的语言层面上的评论、解释和修改，很少涉及文化方面的阐述和总结，即使遇到一些典型的文化例子，也只是一语带过。

在大学英语翻译教学中，我们应着重对跨文化交际能力的培养。因为翻译的能力与听、说、读、写能力并存，但不能用它们来代替。翻译是一种跨文化的交际活动。翻译不仅是一种语际间的转换，更是一种跨文化转换。[11]翻译教学是一种跨文化交流的实践教学，学生们的跨文化交际障碍往往体现在学生的翻译实践当中。对英语学习者来说，只有了解了所学国家的相关文化背景知识，才能正确地理解语言信息所传达的真正含义，才不会产生理解上的偏差。[12]翻译教学以及英语学习中的很多情况表明，对原文理解的主要障碍并不是语言本身造成的，而是对英美等国家的相关文化背景知识了解不够造成的。学生对英语文化背景知识的缺乏往往会导致误译或错译。西方的社会制度、民俗习惯、风土人情、宗教信仰，人们的思维方式以及价值观等这些文化背景知识无疑是语言学习者的重重障碍。这就要求英语教师在教授语言的同时，还要传授英语国家的历史、地理、人文、政治、宗教等文化背景知识，培养学生跨文化意识，运用跨文化交际能力来处理翻译实践中所遇到的文化障碍，尽量化解文化冲突。

三、大学英语翻译教学中跨文化意识培养的策略

在大学英语翻译教学中，语言文化传授的必要性已成为越来越多的教师和学校的共识，大家也普遍意识到学习语言的最终目的是交际。如何在有限的课时中既培养学生正确运用英语语言的能力，又有机地建立他们的跨文化意识，乃至构建培养跨文化交际能力的教学体系是一项繁杂的系统工程。笔者据此提出如下建议。

（一）提高大学英语教师的跨文化素养

大学英语教师只有在具备较高的多重文化理解能力、较强的文化差异洞察力的情况下才能对学生加以正确的引导和示范，才能在翻译课堂上进行有效的跨文化交际教学。教师要有强烈的跨文化交际意识，不但要注意语言知识和翻译技巧的讲授和研究，还要注重相关文化背景知识的传播。为了弥补目前大多数教材没有将跨文化交际意识贯穿整个教材编写过程的不足，教师

应尽量将西方的自然环境、历史渊源、风土人情、传统习惯、宗教信仰、文化心态、思维方式、价值观念等文化知识覆盖到课堂讲授和课后作业中。教师应根据学生的语言基础、接收能力和理解能力，选择文化知识的传授内容和传授方法，循序渐进，培养学生的跨文化意识，从而使学生在潜移默化中掌握英美文化背景知识，提高英语理解和翻译能力。

（二）跨文化理论的系统学习

在课堂教学过程中有必要适当介绍一些跨文化理论。一些跨文化理论知识，诸如不确定因素减少理论（uncertainty reduction theory）、适应理论（adaptation theory）、文化构建主义理论（constructivism theory）、文化冲突理论（conflict and culture theory）等只是在一些英语专业课程中才涉及。笔者认为，大学英语课堂教学有必要有机融入这些理论，并且可以选取一些生动的翻译实例，比较中西方价值观的差异和思维方式的不同，培养学生对文化差异的敏感性和宽容性。学生们在了解了一定的英语国家物质文化、制度文化、习俗文化和精神文化等异域文化后，其综合、概括、分析和整合能力自然也会大大提高，从而避免文化冲突。

（三）从“以教师为中心”逐步过渡到“以学生为中心”的授课模式

在传统的课堂讲授模式中，教师往往受限于教学进度和指定的教材，按部就班地进行语法、语言、知识的传授和能力的训练，而很少有时间去培养学生跨文化交际的能力。在“以学生为中心”的授课模式中，教师是教育的主导，学生才是教育的主体。教师可以采用各种文化导入手段，在讲授和训练中逐渐培养学生对文化差异的敏感性和跨文化意识，充分调动学生的积极性，使他们在英语学习中主动发掘更多的文化差异，并主动去处理种种文化障碍。

（四）在翻译教学中培养学生的跨文化意识

翻译是通过语言载体的转换实现跨文化的交流活动，而跨文化的交流是在一定的语境中进行的，并且每个语境都有它自己独特的风格和特色，所以语境尤其是文化语境制约着翻译的过程以及翻译方法的选择。[13]因此，翻译教学的特点要求教师必须培养学生的跨文化意识。但是，由于时间限制，翻译课堂又不可能向学生系统介绍各国的历史文化知识。因此，笔者认为，在大学英语教学中，要想取得良好的教学效果，必须紧密结合翻译实例，培养学生善于用一种语言文化来攻克另一种语言文化难题的能力。比如说，我们的母语是汉语，就不应该脱离汉语去学习英语。我们必须告诫学生，没有良好的汉语功底和历史文化修养，是做不好翻译工作的。

（五）翻译教学中的译例要精益求精，充分照顾文化语境

翻译不仅是一个语际转换过程，也是一种跨文化交际行为。语际转换的基础是对两种语言进行比较，从而了解二者的差异。必须在翻译过程中建立译语意识，排除源语的干扰，传递源语意义。然而，意义是依赖于语境的，语境却蕴含在大量的文化背景之中。在解读句法意义时，一定要从译入语文化的角度去考虑，这样才能有效地进行语言转换，实现跨文化交流。汉译英过程中必须保持头脑高度“冷静”，时刻考虑到译文所处的英语文化背景，时刻警惕生硬的直译，以免上原文的“当”。

在当前知识爆炸的信息时代，大学英语教学的改革已历经多年，其成效究竟如何，有待时间的验证。不过，正如董洪丹所说的那样：“接触和了解英语国家的文化有利于对英语的理解和使用，有利于加深对本国文化的理解与认识，有利于培养世界意识，有利于形成跨文化交际能力。”[14] 作为大学英语教学工作者，笔者借此文建议，大学英语翻译教学中应加强跨文化意识的培养，帮助学生掌握跨文化交际技巧，对多元文化进行必要的反思，学会尊重并包容异域文化，把握这种文化差异，实现不同文化的有效沟通。

注释：

[1] 张叉主编，《高中英语新课程教材解读与教学》，北京：外语教学与研究出版社，2014，第60页。

[2] 贾玉新，《跨文化交际学》，上海：上海外语教育出版社，1998，第143页。

[3] R. Lado, *Linguistics Across Culture: Applied Linguistics for Language*, Ann Arbor: University of Michigan Press, 1957, p. 97.

[4] Eugene A. Nida, *Language, Culture and Translation*, Shanghai: Shanghai Foreign Language Press, 1977, p. 146.

[5] M. Byram, *Culture Studies in Foreign Language Education*, Clevedon: Multilingual Matters, 1989, p. 225.

[6] 王佐良，《翻译中的文化比较》，北京：中国对外翻译出版公司，1999，第87页。

[7] 王佐良，《翻译：思考与试笔》，北京：外语教学与研究出版社，1989，第 171 页。
[8] 邓炎昌，《语言与文化》，北京：外语教学与研究出版社，1991，第 233 页。
[9] 关世杰，《跨文化交流学》，南京：南京大学出版社，1995，第 59 页。
[10] 顾嘉祖，《跨文化交际》，南京：南京师范大学出版社，2000，第 98 页。
[11] 金惠康，《跨文化交际翻译续编》，北京：中国对外翻译出版公司，2004，第 116 页。
[12] 刘宓庆，《文化翻译论纲》，长沙：湖北教育出版社，1999，第 124 页。
[13] 林以亮，《翻译的理论与实践——翻译研究论文集》，北京：外语教学与研究出版社，1984，第 140 页。
[14] 张叉主编，《高中英语新课程教材教学实作研究》，成都：四川大学出版社，2014，第 62 页。